大家

ACADEMICIANS

同济大学土木系科院士风采录
A CHRONICLE OF CIVIL ENGINEERING ACADEMICIANS
AT TONGJI UNIVERSITY

黄雨 周颖 主编

同济大学出版社·上海
TONGJI UNIVERSITY PRESS·SHANGHAI

图书在版编目（CIP）数据

大家：同济大学土木系科院士风采录/黄雨，周颖主编. —上海：同济大学出版社，2024.10. —ISBN 978-7-5765-1368-4

Ⅰ. K826.1

中国国家版本馆CIP数据核字第202454LR46号

上海光华教育发展基金会－同济学人图书馆支持

大家——同济大学土木系科院士风采录

黄　雨　周　颖　主编

责任编辑：胡晗欣　陆克丽霞
责任校对：徐逢乔
排版制作：嵇海丰
封面设计：完　颖

出版发行	同济大学出版社　www.tongjipress.com.cn （地址：上海市四平路1239号　邮编：200092　电话：021-65985622）
经　销	全国各地新华书店、建筑书店、网络书店
印　刷	上海安枫印务有限公司
开　本	787mm×1092mm　1/16
印　张	21
字　数	419 000
版　次	2024年10月第1版
印　次	2024年10月第1次印刷
书　号	ISBN 978-7-5765-1368-4
定　价	188.00元

版权所有　侵权必究　印装问题　负责调换

编委会

主 编
黄 雨　周 颖

副主编
程春兰

委 员
（按姓氏笔画为序）

丁 陶	王达磊	冯永玖	乔亚飞	任晓丹	刘 芳	刘 琦
刘志坚	闫治国	许建聪	阮 欣	孙 毅	孙飞飞	苏庆田
李晓军	李培振	吴 昊	宋晓滨	张娇龙	陈建兵	陈建峰
周志光	顾旭峰	钱 江	徐培芳	葛耀君	程国政	潘钻峰

序

　　扎根大地不离土，培育栋梁参天木。同济大学自1914年开启土木系科教育，始终坚定地"与祖国同行，以科教济世"，秉持"兼容并蓄、求实创新"之理念，汇聚学贯中西之大师，做经世致用之学问，育可堪大任之人才。土木系科百十年发展的漫漫长卷，饱含了悠悠岁月厚笃积淀所散发出的熠熠光辉。

　　励精图治，弦歌不辍。回望110年发展轨迹，同济土木系科的发展与服务国家、民族、社会的发展紧密相连。土木科创立之初，效仿德国教育模式，一批批同济青年成为我国早期为数不多的土木专业栋梁人才。抗战期间，系科师生在颠沛流离中薪火相传，辗转多地坚持办学，艰难困苦中，仍坚守平静书桌，传承文脉。新中国成立，同济土木发挥专业所长，满怀热忱投身于新中国建设的滔滔洪流之中。在全国高校院系调整中，同济土木集结强大力量，逐渐发展成为国内土木系科创新领军人才和教学科研高地。改革开放以来，李国豪老校长引领同济大学推动"两个转变"，土木系科随之恢复调整，快步前进。随着国家建设发展，同济土木系科这棵参天大树更加枝繁叶茂，同时也建成数个国内领先、国际有影响力的重大科研平台和教学实践基地。目前，学科整体实力位列国内乃至国际前列，学科坚持在继承中发展、在发展中创新，持续巩固、调整、转型、提升，不断积蓄"同济土木"品牌发展新势能。

　　国之大者，奋力担当。华夏大地，万千广厦、碧波长虹、地下巨龙，处处烙下了同济土木的深深印记。1987年，李国豪老校长力主中国人有能力建造自己的大跨度桥梁，他的学生项海帆致信当时上海市主要领导，最终赢得南浦大桥修造的自主权；1991年，南浦大桥建成通车，开启中国大跨度桥梁自主创新的崭新时代；进入21世纪，孙钧院士团队为攻克港珠澳世纪工程沉管隧道抗震、接头防水等难题注入硬核技术力量；吕西林院士团队参与研发的"上海慧眼"，保障中国第一高楼上海中心屹立不摇；李杰院士提出李－陈方程，实现了结构抗灾可靠性设计理论的原始创新；朱合华院士带领团队长期深耕数字地下空间领域；

大批同济土木师生校友深度参与长三角一体化、粤港澳大湾区、雄安新区等建设，书写了中国式现代化中的同济新篇章。

立德树人，桃李天下。大学的根本任务是立德树人。不断创新的人才培养体系，是同济土木又一张靓丽的名片，也是同济土木长期保持较高学科水平的一个关键因素。随着人才培养需求的变化，土木工程专业人才培养体系经历了"土木工程宽口径人才培养""注重学生工程素质和实践能力的培养与提升""创新型、国际化工程人才培养""卓越工程师教育培养""本硕博一体化人才培养体系""世界一流人才培养"的发展，这些变迁和提升都在不断契合国家战略布局、社会进步需求和国际发展趋势。百十年来，数万名优秀土木系科青年从同济园走向世界各地，他们中很多人成为国家建设浪潮中的中流砥柱。共有40余位两院院士曾经在同济大学土木系科学习过、工作过或正在工作着，他们蜚声国际学术界和工程界。

百十土木续风华，向新而行赴未来。站在新的历史起点上，围绕"面向未来的土木工程学科发展"这一富于挑战的时代命题，亟待同济土木人主动超前布局、有力应对变局、奋力开拓新局。

知史鉴往念前贤，启迪后学著新章。本书记载着百十年来土木系科发展背后的印记与传承，静下心来阅读此书，能触感土木系科发展的温度，也能感受到同济人的坚守与激情。相信在以中国式现代化全面推进强国建设、民族复兴的历史伟业中，在学校全面开启中国特色世界一流大学高质量发展新征程中，同济土木人定能续写彰显担当、体现价值、诠释追求的新篇章。

方守恩

2024年10月

前言

兼容并蓄，求实创新！

同济大学自1914年开启土木系科教育，110年来薪火相传，勇立土木工程领域改革和发展的潮头，为祖国建设培育栋梁之才，在世界舞台传播铿锵有力的中国科技之声。一代代同济土木人接续奋斗，持续深耕城市功能提升、国土空间开发和疆域纵深拓展，武汉长江大桥、南京长江大桥、南浦大桥、三峡工程、汶川地震灾后重建、上海世博会、港珠澳大桥、北京大兴国际机场、川藏铁路、雄安新区……处处留下了建设人类美好家园的同济印记，印证了习近平总书记在同济百年校庆上的"三个一百年"重要讲话精神：同济的100年，是与中华民族命运休戚与共的100年；同济的100年，是与祖国科教事业心手相牵的100年；同济的100年，是与上海城市发展相濡以沫的100年。

来自大家，成为大家。百十年励精图治，经过一代代同济土木人的共同努力，同济土木已然成为同济大学办学成就的一面旗帜、一张名片。围绕"立德树人"的中心工作，学院在人才培养、科学研究、社会服务、文化传承创新、国际交流合作等方方面面硕果累累。这些成绩的背后，是以李国豪等为代表的科学家，他们为同济土木的改革与发展、为同济大学的建设与腾飞、为国家的科技事业和人才培养作出的卓越贡献。站在历史与未来的交汇点，发掘、传承、发扬蕴涵其中的精神力量具有十分重要的意义。

我们编撰、出版土木系科110周年发展系列丛书，谨以此作为对同济土木系科庆的献礼。110年发展历程中，在土木系科工作及从中走出的两院院士有30余位，本书结合部分在同济大学土木系科工作过的两院院士的自述、采访等资料，以同济土木发展过程中人文精神的代际传承为主线，展现百十年同济土木深厚的文化底蕴、学科实力和大师风采，进而激励读者去传承蕴藏其中的精神内核。

本书可供大中小学生、关心土木系科发展的广大校友、有志于献身祖国建设的青年、土木工程及相关学科同行、致力于学科发展史等方面的研究者阅读参考，从中学习感悟科学家精神。受限于时间等因素,部分内容尚存不足,我们期望未来能以此为基础,持续修编完善。

百十薪火相传,前路再启新程。每一位同济土木人都将接力继承和发展科学家精神与教育家精神,努力在强国建设、民族复兴的新征程中再写辉煌。

本书编写组
2024年10月

广东梅县（今梅州市梅县区）人，著名桥梁工程与力学专家、教育家。历任同济大学土木工程系主任、工学院院长、教务长、副校长、校长、名誉校长等。1955年被选聘为首批中国科学院学部委员（院士），1994年当选为中国工程院首批院士。曾任政协上海市第六届委员会主席、全国政协常委等职。我国自主建设大跨度桥梁的首要功臣和学界先驱，曾获多项国家重大学术奖励，被推选为世界十大著名结构工程学家，获国际桥梁与结构工程协会"功绩奖"；2003年荣获首届"上海市教育功臣"称号。

李国豪

1913.4—2005.2

生于江苏苏州，隧道与地下建筑工程专家。长期从事高校地下建筑工程专业教学，进行地下结构理论研究，对发展地下结构流变力学、黏弹塑性理论和防护工程抗爆动力学等学科作出了重大贡献。1991年当选为中国科学院学部委员（院士）。曾获国家级各类奖励4项、省（市）部级奖励17项，其中一等奖3项。1997年入选英国剑桥国际名人传记中心名人录；2015年被授予"国际岩石力学学会会士"荣誉称号。

孙　钧

1926.10—2024.3

浙江杭州人，桥梁工程专家。主要从事桥梁工程研究，是我国大跨度桥梁抗风研究的开拓者和风工程学科的主要学术带头人。1995年当选为中国工程院院士。曾获国家科学技术进步奖一等奖和二等奖、国家自然科学奖二等奖和四等奖，以及国际桥梁与结构工程协会"工程及教育奖"和"功绩奖"、美国土木工程师学会"风工程与空气动力学奖"、国际风工程协会"终身成就奖"。

项海帆

1935.12—

卢耀如

1931.5—

福建福州人，水文地质、工程地质与环境地质专家。主要从事水文地质、工程地质、地质环境与工程效应、岩溶地质研究。1997年当选为中国工程院院士。曾获全国科技大会奖、地质科技二等奖、全国优秀科技图书二等奖、李四光地质科学奖荣誉奖、河北省科学技术奖（自然科学奖）三等奖、河北省院士特殊贡献奖。

范立础

1933.6—2016.5

原籍浙江镇海县（今宁波市镇海区），桥梁结构工程与桥梁抗震专家。主要从事桥梁与结构工程领域的教学和科研工作。2001年当选为中国工程院院士。曾获国家科学技术进步奖一等奖1项、交通部科学技术进步特等奖1项、省部级科学技术进步一等奖5项。2004年荣获"全国优秀教师"称号，2010年获何梁何利基金科学与技术进步奖。

沈祖炎

1935.6—2017.10

浙江杭州人，钢结构专家。为中国钢结构学科发展和工程建设作出了重大贡献。曾任同济大学副校长、国家土建结构预制装配化工程技术研究中心技术委员会主任委员、英国土木工程师学会及英国结构工程师学会资深会员。2005年当选为中国工程院院士。曾获国家及省部级科学技术进步奖33项、省部级以上教学成果奖13项。2001年荣获"全国模范教师"称号，2006年获全国第二届高等学校教学名师奖。

河南灵宝人，矿山工程岩体力学专家，同济大学大科学工程首席科学家。主要从事矿山岩体大变形灾害控制理论和技术研究。2013年当选为中国科学院院士。作为第一完成人，相关研究成果获国家技术发明奖二等奖1项、国家科学技术进步奖二等奖3项。曾获国家有突出贡献中青年专家、全国杰出科技人才奖等荣誉表彰。

何满潮

1956.5—

陕西山阳人，建筑工程专家，同济大学智能建造首席科学家。主要从事建筑施工、绿色施工与绿色建造研究。2013年当选为中国工程院院士。曾获国家科学技术进步奖二等奖4项，省部级科学技术奖一等奖8项。担任主编或副主编的国家和行业标准有十余部，主编并出版专业技术书籍十余部。曾获全国优秀科技工作者、国务院政府特殊津贴专家、中建集团功勋员工、中建集团"中国建筑科技创新特殊贡献奖"等荣誉。

肖绪文

1953.4—

奥地利维也纳人，结构工程和计算力学家，同济大学教授。主要从事结构工程和计算力学研究。陆续当选欧洲科学院、美国国家工程院等18个国家或地区的院士或外籍院士。2015年当选为中国工程院外籍院士。曾获多国和多个国际组织的奖励总计24项。2014年获美国土木工程师学会"纽马克奖"，2019年获中华人民共和国国际科学技术合作奖。

赫伯特·芒
（Herbert A. Mang）

1942.1—

吕西林

1955.1—

陕西岐山县人，结构工程专家。主要从事建筑结构抗震减震、混凝土结构理论及结构鉴定加固研究。2019年当选为中国工程院院士，2021年当选为日本工程院外籍院士，2022年当选为欧洲科学与艺术院院士。曾获国家及省部级科学技术奖17项，曾获"全国优秀教师""上海市'四有'好教师""上海市优秀共产党员"等荣誉称号。2015年获何梁何利基金科学与技术进步奖，2017年获美国土木工程师学会"纽马克奖"。

李 杰

1957.10—

河南开封人，结构工程专家。长期从事结构工程与工程防灾领域的教学和研究工作。2021年当选为中国科学院院士。领衔获得国家自然科学奖二等奖、国家科学技术进步奖三等奖各1项。曾被授予"全国优秀教师""上海市劳动模范""全国优秀科技工作者"等荣誉称号。2014年被美国土木工程师学会授予学术成就奖——Freudenthal奖章，2017年当选为国际结构安全性与可靠性学会主席。

朱合华

1962.10—

安徽巢湖人，隧道与地下空间工程专家。多年来主要从事数字地下空间工程研究。2021年当选为中国工程院院士。曾获科技部"十一五"国家科技计划执行突出贡献奖，"全国优秀科技工作者""上海市教学名师"等荣誉。2012年获卞学鐄国际学术贡献奖，2015年获德国洪堡研究奖，2021年获中国公路学会科学技术奖特等奖、中国岩石力学与工程学会自然科学奖特等奖。

希腊人，计算力学和结构动力学专家，同济大学教授。长期致力于计算力学的研究与教学工作，在边界元法及结构动力学研究方面作出了杰出贡献。2021年当选为中国工程院外籍院士。

贝斯科斯
(Dimitri E. Beskos)

1946.1—

江西东乡（今抚州市东乡区）人，测绘遥感专家。主要从事行星测绘遥感研究，研究成果推动了测绘遥感从地球到深空天体、从广域到实时的技术发展，取得了系统性创新成果并支撑多项重大工程。2023年当选为中国工程院院士。曾获国家科学技术进步奖一等奖、国家自然科学奖二等奖、国家级教学成果二等奖、全国创新争先奖、光华工程科技奖。

童小华

1971.2—

目录

序

前言

016　战略科学家李国豪——参与宝钢建设、国际航运中心选址等战略决策纪实

038　"工程医生，不到现场怎么行？"——孙钧院士的科教人生

074　扬帆自强——项海帆院士的"风桥诗乐"

116　"喀斯特卢"的地质人生——记卢耀如院士的如歌岁月

166　"桥梁是有生命周期的"——范立础院士的科研探索、人才培养、品格情趣追记

194　"教师培养的是人"——沈祖炎院士的科研与人才培养追记

230　"到同济来做一流科研"——同济大学大科学工程首席科学家何满潮院士掠影

250　"要为高质量发展做些有意义的工作"——中国工程院院士肖绪文速写

256　"这里充满活力"——中国工程院外籍院士赫伯特·芒的同济日子

270　为了世界上的建筑都成"不倒翁"——吕西林院士和他的团队风采录

280　"要让中国的结构工程设计理论领先世界"——李杰院士的科研与人才培养之道

294　数字化地下空间科研的领头雁——记朱合华院士的数字地下空间与数字化地下工程研究

314　"同济的氛围吸引我"——同济大学首席教授贝斯科斯速写

324　深耕航天测绘遥感，服务深空探测任务——童小华团队的航天测绘遥感与深空探测研究掠影

333　后记

战略科学家李国豪

参与宝钢建设、国际航运中心选址等
战略决策纪实

"历史将会证明""让外国人在虎门造桥是不可想象的""海上波涛翻滚,大、小洋山风平浪静"……斯人已去,言犹在耳。强烈的爱国之心、独立的学术品格让李国豪从一名普通的科学工作者站到了国家、民族振兴的前沿阵地,成为中华民族急需且稀缺的一位战略科学家。

2021年9月，习近平总书记在中央人才工作会议上指出，要大力培养使用战略科学家。何谓战略科学家？战略科学家首先是科学家，是在科研战场上一步步打拼出来、跻身于某一领域前沿的佼佼者。与一般科学家不同的是，他们既能深入专业探幽发微，做得了科研，带得了队伍，又能把握住国家的战略需求，看得准国家发展的未来，把得住经济社会的发展方向，洞纤微若秉烛、察杳渺如电炬。李国豪就是这样一位战略科学家。

在新中国经济社会发展的关键节点，在上海发展的紧要时刻，李国豪数次站出来，为宝钢建设、上海国际航运中心建设振臂一呼。他是同济历史上杰出的战略科学家之一。

一、参与拯救宝钢

大钢厂建在海边

1978年12月23日，上海宝山钢铁公司开工兴建。国务院批准了国家计委、建委的报告，决定从日本引进成套设备，总投资214亿元人民币，其中外汇48亿美元，国内投资70亿元人民币。

1977年5月，即将出任冶金工业部部长的唐克拜访邓小平，谈起打算在沿海引进设备，利用海外矿石资源建一座钢厂（当时新中国的钢铁厂都是在内陆依矿建设，靠近海岸建厂则为世界先进模式）。邓小平表示，要搞就搞个大的，花点钱，买些现代化的设备回来。

图1 宝山钢铁总厂建设奠基仪式

动工典礼的日子也是精心安排的。熟悉当年情况的老同志介绍，基建的准备早已就绪，领导们都在北京开会，历时36天的中央工作会议之后紧接着是十一届三中全会。接着传来消息，22日三中全会闭幕，于是就把动工典礼定在了23日上午，谷牧副总理出席了典礼。

邓小平亲自拍板的这个项目，耗资巨大、技术复杂，在百废待兴的20世纪70年代末可谓极其引人瞩目。宝钢打下第一根桩的那天，恰逢党的十一届三中全会公报发表。一切似乎都预示着宝钢建设将会很顺当。

毕竟是一个投资数十亿元的"国字号"项目，在当时国家财力非常薄弱的时代背景下，为了确保宝钢建设不走弯路，李国豪极力主张成立顾问委员会。有关方面采纳了他的建议，选择了二十余位科技界、经济界的专家学者组成宝钢技术顾问委员会，李国豪任首席顾问。

然而，从宝钢打下第一根桩开始，争论就愈演愈烈，"下马"的呼声也越来越高。"我们上了日本人的当！""从外国运铁矿砂来炼钢铁，人力、物力、运费、时间合算吗？""国家还这么穷，拿出300亿元来建厂，吃得消吗？""这么大的工厂，环保怎么搞呀？"……各种质疑声异常尖锐，其间还夹杂着一些不怀好意的谣言。

屋漏偏逢连夜雨。顾问委员会成立不久，一期工程的高炉区、焦炉区、初轧区和炼钢区建设工地均不同程度地出现了桩基位移，最大位移达到50厘米！各种议论与指责纷至沓来："把工厂建在沙滩上，真是瞎胡闹！"《人民日报》曾发表的《替宝钢算一算账》一文更是把宝钢建厂选址是否恰当的质疑公开化了。

必须弄清楚桩基位移的真正原因。

宝钢厂址位于上海市北翼宝山月浦一带，北濒长江。江水日夜不息地从上游携带大量泥沙，在长江喇叭口形成了又深又厚的软土层。当年，宝钢能否建在软土地基上，一直是全国人民关心的问题，外界甚至传言"花了几百亿投资，说不定哪天钢厂就滑到长江里去，代价太高"。

根据日本的经验，采用软土处理技术——钢管桩加固地基是科学合理的做法。

1978年末，宝钢工程开始大规模地进

行钢管桩加固地基施工和大体积混凝土基础工程施工，工程进展迅速。然而，一次测试发现，宝钢1号高炉与热风炉的轴线发生"磕头"位移，经进一步测试证实：各大分项工程都有不同程度的位移，特别是正在施工的初轧厂开挖工程，桩基位移尤为严重，竟达到了300~500毫米，这引起了宝钢指挥部领导的高度关注。

宝钢下马呼声高涨

1980年6月，顾问们齐聚宝山宾馆讨论桩基水平位移对策。李国豪翻来覆去、仔仔细细查看了每一个桩基位置和周边环境，心里有了底：不是选址问题，而是由于附近开挖基坑引起土体移动，进而导致了桩基位移。

当夜，他就在宾馆演算这种情况下桩的弯曲微分方程，直至深夜。第二天开会时，李国豪分析了桩基位移的成因，提出了理论分析方法和基本微分方程。同时，为了更准确地确定桩基位移成因，他建议宝钢工程指挥部开展一些桩基试验作为理论计算的依据。顾问们认真讨论后，认为李国豪的发言很有说服力，均表示赞同。7月19日，宝钢建设总指挥叶志强送来《位移桩载荷试验情况简报》，结果正如李国豪料想的那样。

7月底开始，李国豪不顾天气炎热，独自一人在家中参考宝钢建设指挥部的试验结果，写出了一篇1.3万字的论文——《关于桩的水平位移、内力和承载力的分析》，对位移桩的承载力、需要加固的范围和合理的措施，作了理论上的分析和论证。宝钢几位副总工程师阅读该论文后，都认为这是一篇从宝钢实际出发的高水平论文。大家结队登门致谢："论文解决了我们的大问题，而且很及时，因为我们过两天就要和日方谈判此事。论文增强了我们的安全感，我们的信心也更足了。"那一年，李国豪已67岁。

对于位移桩的处理，宝钢采用了李国豪的研究成果，该研究成果既节约了资金，又缩短了施工时间。事后，日本专家来到宝钢工地，仔细查看了桩基处理情况，得知是应用了李国豪的研究成果，纷纷竖起了大拇指。

然而，争论还在继续。1980年9月，在五届全国人大三次会议上，有代表就宝钢问题，向冶金工业部部长唐克进行了尖锐的质询。甚至有代表在发言中说出了这样的话："宝钢决策者是千古罪人，应该从楼顶上跳下去！"

此时的宝钢真可谓是火烧油煎、前途渺茫。

一波甫平，一波又起。差不多与宝钢出现桩基位移问题的同时，中央要对国民经济进行调整，提出基本建设必须压缩规模。1980年9月4日，日本自民党议员古井喜实面见国务院副总理谷牧时便谈到这一问题[1]："听说宝山工程进展不好，不知是什么原因……对经济进行调整，我认为这绝不是失败，而是更扎实地前进，走的是一条正确的道路。"谷牧副总理坦率地陈述了国内外的议论和政府的立场。他在总结了国内外的一些议论之后，指出：

> 责任在我们方面，调查研究不够，对所管部门提出的计划，研究考虑得不全面。如果再谨慎、认真一些，全面地比较、研究一下几种方案就更好了……宝钢是打倒"四人帮"以后中日合作的第一个大项目，我们下决心把它搞好，不会采取其他方针……选厂址和建设时虽有不少问题，但从长远来看还是有利的。

虽然谷牧副总理的表态基本是积极的，但是随着国家经济调整的力度加大，"去""留"还是时刻悬在宝钢工程头上的"一把利剑"。即使在顾问们当中，主张宝钢下马的人也不在少数[2]：

> 最近跑了全国许多冶金企业，听到大家对宝钢矿石问题都十分担心，因为日方推荐的各种配矿方案，无论是澳大利亚、巴西、秘鲁，这些矿山的资源，日本都掌握了百分之四十九的产权和决策权。大家担心，这一头掌握在外国人手里，现在成本算得再好，将来说涨就涨。希望趁这次调整，尽量解决好自力更生问题，加快鞍山、本溪矿山的开发。

> 过去宝钢决策错误，错在迷信"洋"和"大"。如果搞2 500立方米的高炉、100多吨的转炉，主动权就完全在我们手里。
>
> ——××厂总工程师××

> 宝钢这次调整对原来脱离实际的技术要求，过高的全自动化，如无头轧制等一定要认真审查，尽量少花外汇。
>
> ——××厂总工程师××

> 过去宝钢提供给日方的勘察资料是保守的，日方进行的设计当然更保守。如宝钢地基改由国内设计，可省很多钱；还有打砂桩，完全可以节约。我们先后提出了堆砂试验和强夯，但现在仍然在打砂桩。
>
> ——××市政工程管理局副总工程师××

> 宝钢建设花钱多，对人民的血汗钱一定要精打细算，总概算一定要认真地实事求是地编制，不能迎合领导，说假话。如果怕现在概算数字大，拿不出去，到将来还是国家受损失。
>
> ——××厂总工程师××

此时，调整已经势在必行。这份文件概括了顾问们的意见："听了中央调整的决定，可以压缩这么多投资，我们心里高兴，全国人民、上海人民知道了也一定会高兴。"

1981年初,有关部门领导提出:宝钢"两板"(指"热轧板"和"冷轧板")退货;二期工程停建;对一期工程进行论证,做好政治思想工作。归纳起来两个字——"下马"。

宝钢究竟何去何从?!

"历史将会作证"

1981年1月中旬,国家计委、建委等19个部委的220多名专家和领导齐聚宝钢现场,召开论证会。这次会议要求贯彻调整方针,论证如何搞好调整工作以减少损失。调整方案包括:将打到地下的钢桩全拔出来,把进口的设备分给国内各钢铁厂,初轧机分给鞍钢,4 000立方米的高炉分给马鞍山,炼钢系统分给本钢……

面对宝钢生死存亡的重大抉择,与会的李国豪和顾问委员会的诸多顾问们,也和宝钢广大建设者一样坐不住了:已经投入了几十亿元的项目怎么说停就停了?这是实事求是吗?宝钢建设真的非停不可吗?!

华东纺织工学院教授张振义从数字方面算了一笔账:目前80多亿元的设备购置费已不可能撤销;打桩等前期工作已投入10多亿元;即使下马,国家也要投入仓库建设费、设备维修费、人员开支费等,这又是10多亿元。这几笔费用相加已是118亿元,而宝钢一期工程共需投资128亿元,实际上真正需要国家再投入的就是10多亿元,再花这10多亿元,宝钢就建起来了,已经投入的资金就全部救活了。"如果仅仅是缺少资金,我们情愿到街头去乞讨,我们不相信偌大的中国养不活一个宝钢!"一位白发苍苍的老教授说着说着,竟声泪俱下[3]。

在那段非常时期的无数个日夜,年近古稀的李国豪经常失眠。思来想去,李国豪最终决定实事求是、坦率直言,为国家、民族的未来放手一搏!

《宝钢志》清楚地记录了李国豪这篇关乎宝钢生死存亡的发言:

第一,中央有关部门先定下停建一期工程,再来论证。这是程序颠倒了,不恰当,应先论证再决策。

我国在以往经济建设中的教训很多。1958年大炼钢铁"大跃进"是错误的。1978年一次人民代表大会上,提出要年产6 000万吨钢,建设10个大庆,是没有科学根据的,这也是错误的。对于经济建设,如果忽视了科学,只能是决心大、成功少。这次中央调整宝钢是否作了充分调查?现在有"一风吹"的情况,很是令人不安。20多年的教训,大起大落不好,宝钢不能如此,对宝钢不仅要算经济账,政治账也要算。

算经济账,现在不能从零开始,而是要从宝钢目前的现状算,宝钢项目上要花多少钱,不上要赔多少钱,应想到已花的投资和合同的赔偿等因素，现在不应从零开始算。算账还不能只算宝钢本身，还要算与宝钢有关的全国各厂的账。宝钢项目不上，其他的厂要停工。工人空在那里也要成问题，也会造成不稳定的因素。

第二，不要孤立地看宝钢，要从上海、从全国来看，全国一盘棋。不顾客观现实，浮夸提6 000万吨钢是不对的。但现在放了宝钢，日后将会感到是错误的。今后我们的国家还是要向6 000万吨、1亿吨钢发展的。

第三，一期工程不能下，二期工程也不能下，这是宝钢的两条腿。原来设计两条腿，是一套。现在是要想办法把一套搞好，不能只搞半套。一条腿不能走路，技术、经济上不合理，是错误的。

对宝钢事业，历史将会作证。

李国豪那带着浓厚梅州口音的"历史将会作证"话音一落，全场安静极了。

接下来，原本心存疑惑的众多顾问们纷纷抢着发言，或重申他的观点，或补充一些事例。在李国豪发言的基础上，大部分顾问们逐渐达成共识：对宝钢工程采用"缓中求活"的方案，提供给中央作决策咨询方案。

该方案受到极大的重视。随后，上海市委和国务院领导都认为李国豪言之有理，对其加以赞赏并采纳其意见。当时上海市分管宝钢工作，时任市委副书记、副市长和宝钢党委书记的陈锦华极力主张宝钢建设继续进行，并感慨表示，国豪同志的意见给了他很大的底气。

1981年8月7日，国家计委、建委联合发文《关于宝钢一期工程改列续建项目的通知》，把宝钢列为续建项目，准许开工。宝钢工程在停顿了一年后又开始了机声隆隆、热火朝天的建设场面。

宝钢得以续建，李国豪也从一位相对单纯的科学工作者，转变成为一位与国家同呼吸、共命运的战略家。

水源问题

中央一声令下，7万建设大军又在上海的长江边上热火朝天地干了起来。可是，问题又来了。

1978年开始建设的宝钢，是当时我国从国外引进的最大钢铁企业，全部由日本新日铁钢铁公司设计。水是钢铁厂瞬息不能间断的资源，而且用量很大。新日铁在设计中提出的12项水质指标，长江水大多都能满足要求，唯有氯离子含量一项，在枯水期受咸潮干扰有时会超标。对于氯离子含量这项指标，新日铁强力坚持，不肯让步。因为有串接循环水、软水、纯水等多种水，所以工艺上对氯离子含量的要求较高。此外，还有氯离子对设备的腐蚀问题。经过与新日铁三个阶段的艰苦谈判，最后新日铁作出让步，确定氯离子含量最高不得超过200毫克/升，年平均含量要小于50毫克/升。中日双方达成以下共识：认定长江水在5月至10月为丰水期，水质完全合格；11月至次年4月为枯水期，水质不合格。即半年合格，半年不合格。在枯水期，宝钢附近没有合格的水源。宝钢水源解决的办法是丰水期水源用长江水，由新日铁设计，取水泵房设在宝钢自备电站水泵房内。关于枯水期的水源，新日铁提出海水淡化的方案，每天需要淡化海水8万多立方米，投资大、耗电量高，制水成本高，因而被否决。随后，新日铁主动放弃枯水期水源的设计权。枯水期水源改为淀山湖水源。

淀山湖又称薛淀湖，位于上海青浦，距市中心约60千米，邻接江苏省。湖面呈葫芦形，面积约63平方千米，水深约2米，与黄浦江、吴淞江相通。淀山湖古代曾是陆地，秦、汉时沉陷为湖，湖中原有淀山，湖名即源于此。淀山湖水澄碧如镜，沿岸烟树迷茫，一派浓郁的江南水乡风光，是上海人民的水源地。1979年，长江上游干旱，上海市这一年也发生了春旱，淀山湖水量大幅减少。为了满足工农业和航运的需要，从长江大量引水，导致淀山湖水的氯离子含量高达251毫克/升，年平均含量为89毫克/升，淀山湖水质也不合格了。

1978年筹建的宝钢给水工程，生产用水量不仅规模大，而且按照日本方面的要求，水中氯离子浓度指标最大不得超过50毫克/升。当时国家建委组织全国有关专家对宝钢生产用水的水源选择进行研讨，提出了淀山湖引水方案，并施工了一段。

但是，由于淀山湖也存在氯离子含量超标问题，且长江水有半年不能用，宝钢建设指挥部召集顾问们讨论此事。在"宝钢附近无合格水源和避咸取淡节节上溯"的思想指导下，顾问们提出把水源上溯到太浦河上的金家坝，此处距淀山湖水源16千米，这样一来将增加投资2000万元左右。经过讨论，顾问们认为，金家坝的水实质上就是太湖的水。因为那时黄浦江和太湖相连的太浦河尚未挖通，挖通后金家坝的水就和黄浦江连起来了，如遇到特大咸潮入侵，水质也会受到咸潮影响，以致水质不合格，和淀山湖的情况一样，此方案遂未通过。

1980年底，宝钢工程缓建。当时为宝钢工程水源问题忙碌的还有冶金工业部宝钢工程办公室副主任王中正，他利用这段时间对水源问题进行了深入调查。他在《宝钢长江水源决策始末》[4]一文中回忆：

长江究竟能否作为宝钢枯水期的水源？衡量的标准就是新日铁提出的12项水质指标。这其中的主要矛盾是氯离子含量。调查从了解情况开始，先定性，逐步深入定量。

在经过查阅资料，走访设计，水厂、科研、水利、港务、规划、环保、工厂及有关部门和科技人员考察现场，以及访问老乡等活动的基础上形成了以下概念：

❶ 长江迁流水质符合宝钢12项水质指标要求，氯离子含量为10~20毫克/升。宝钢附近长江水质是以径流为主，潮汐只起干扰作用。只要取到通流水，水质就合格。在丰水期，长江流量大，潮汐顶托不上来，径流占领了宝钢附近长江水面，长江水质合格。在枯水期，长江水质也有合格的例子，如：1975年11月至1976年4月这一枯水期，通流水质只有两天不合格，据吴淞水厂1974年至1980年小时水质分析，在7年之中有81%小时数的水质合格。这说明水质主要取决于长江径流。

❷ 落潮时可能取到合格水。宝钢处在长江的感潮段，长江迁流有大小，潮汐有强弱，它们无时无刻不在交锋，在不同组合的情况下，出现了不同的水质变化情况。丰水期，长江径流强大，潮流被阻，到不了宝钢附近，长江透流占领了江面，水中氯离子含量多在10~20毫克/升。枯水期，在还流有时偏小的情况下，宝钢附近江面失去了丰水期的绝对优势。水质不稳定，波动很大，出现了一天24小时全部合格，24小时中有时合格有时不合格和24小时全部不合格，甚至连续几天或多天不合格的情况，也出现过枯水期天天可取到合格水的情况，总之水质合格的时间长。一般在落潮后一小时左右就出现径流合格水。也就是说，在落潮时可以取到合格水。吴淞自来水厂8年每天24小时的水质分析，完整地体现了这一规律。

❸ 所谓长江水质半年合格半年不合格，是不符合实际情况的。把水质截然分为两个半年是不科学的。枯水期需要解决的用水量不是半年的用水量，而是连续取不到合格水的天数的需水量。

❹ 长江径流水质合格，只要排除咸潮干扰，就可成为宝钢枯水期的良好水源。

基于这些调查分析，王中正提出"落潮取水，蓄水保质"策略，确保长江水成为宝钢的良好水源。具体做法就是筑一座水库，将氯离子含量10毫克/升左右的长江水储入库中，库容根据连续取不到合格水的天数的需水量进行合理设计，保证枯水期长江水质不合格时使用，以确保宝钢生产。为了保证设计的最大连续取不到合格水的天数的用水量，必须经常保持库容饱满。当水库中的水不满时，就在落潮时提取水样进行化验，若水质合格，即开泵取水以满库容。利用这一办法将流往东海的长江潜流截获并储存起来，使其成为水源。利用水库围堤，将库中蓄水与枯水期的咸潮隔绝起来，高壁分明，互不干扰。库外氯离子含量每升超过1千毫克，而库内水质合格，保证宝钢枯水期用水水质。用落潮取水以补库容的办法，库容可以大为缩小。

那段时间，宝钢建设指挥部的马成德[5]、陈锦华忧心如焚。

1981年5月，冶金工业部副部长、宝钢工程指挥部副总指挥马成德又一次专程访问了李国豪，请他召开会议，论证能否就近从长江取水的问题。

此刻，淀山湖取水工程东大盈引水工地正在热火朝天地忙碌着，因为宝钢一期投产日期日益迫近。

1981年8月，在一个热浪滚滚的日子里，上海市建委和市科协组织了有40多家单位、百余位专家参加的论证会。紧接着市科协和宝钢顾问委员会又召开了有50多家单位、百余位专家参加的讨论会，主题仍是引水问题。会议还组织、布置了水中氯离子对金属设备的腐蚀问题以及如何防腐蚀的科学试验和调查研究。

李国豪一直关注着论证的进展。他认真细致地分析了各方面专家的意见，权衡利弊得失，以其一贯的科学态度坦率建言。1982年4月5日，他给上海市副市长兼宝钢党委书记陈锦华写了一封信，又到市政府他的办公室，当面恳切陈词，建议从技术、经济和发展角度考虑，采用江边筑库、从长江取水的方案。

最后，各方认可李国豪与宝钢专家提出的在长江边筑库蓄水以防海潮倒灌的长江引水方案。因为长江水取之不尽，又与上海市民用水无争，且投资少，还节省了运营费用。

不久，陈锦华同志决定采用长江引水方案。

长江取水引水工程的日取水能力为36万立方米，日输水能力为22.5万立方米。方案根据水源地附近实测水质变化资料与潮汐影响的规律，计算出每月至少能取水的天数，根据"避咸蓄淡、待机取水"的措施，最后确定水库设计容量为1 087.7万立方米。为防止腐蚀，输水管外防腐采用"二布三油"环氧煤沥青涂层，外加电化学阴极保护；内防腐采用水泥砂浆涂层。

陈锦华回忆那段历史的文字收录在《宝钢志》中：

> 宝钢引水方案先后有多种取水方案，每种方案都各有所长，都有反驳另一种方案的技术经济数据。面对这些众说纷纭、莫衷一是的建议，如何比较、选择？靠谁比较、选择？我感到各方案中都有好的因素，好多方案的设计者都是我一向敬重的专家。但在最后决策时，我主要听取了李国豪教授的意见。我从工作中感到，他的深厚的理论知识，丰富的经验，认真负责的精神，严肃的科学态度，使我在决策时感到心里踏实。后来实践证明这个依靠是对的。

从长江引水的水库于1985年8月建成蓄水，9月及时为厂区输水。水库选定罗泾江边江滩为库址。江滩广阔稳定，不受冲刷，200多年来没有变化。从水下地图上观察，处于−5~0米的区域多年来没有变动。其地质和宝钢厂区相同，地耐力没有问题，渗透系数小，不占农田，是不可多得的库址。库址处距离江面约18千米。水库对长江航运、排洪都无影响。宝钢长江水源"避咸蓄淡"设施，自1985年9月投产，截至1991年9月已为宝钢一期工程正常生产和二期工程安全投产提供了16 335万立方米的淡水。特别是在发挥优化取水、调蓄、预沉三大功能后，水质比原预计的更为优良，不仅满足而且有许多项目远优于水质指标要求。[6]

宝钢水源地也成了钢城一景。在滚滚东流的长江之滨，出现了一池清水，微波荡漾，倍增景色。这就是宝钢水源之库。很多国家领导人参观之后，颇为赞赏，陈云高兴地为之题名为"宝山湖"。李先念为工程纪念碑写了"宝钢长江引水工程落成纪念"。[7]

二、洋山深水港

《向海而兴》[8]前言中写道：1996年至2001年围绕大、小洋山深水港选址，上海按照中央要求，动员上百家科研设计单位、几十位院士和几百位国内外权威专家，进行了6年艰苦而卓有成效的论证和前期工作。据统计，共有6 000多人次的科研人员参加论证和前期工作，完成专题研究200多项；参加各类专题成果评审和咨询的国内外知名专家有1 000多人次，两院院士达100多人次。

上海要建设国际航运中心

2005年12月10日，上海国际航运中心洋山深水港区隆重开港，上海从此结束了没有深水泊位的历史。

从19世纪后期开始，上海依托黄浦江以及通江达海的便利，航线辐射到长江、沿海乃至东南亚地区。到20世纪30年代，上海港的年货运量就已经达到1 400万吨，当时在世界排名第七，亚洲地区排名第一。上海这座城市凭借发达的航运，成为当时远东非常闻名的经济、贸易和金融中心，被誉为远东第一大都市。

改革开放后，黄浦江里的"文章"让上海的发展速度令人惊叹不已。经过几十年的努力，上海港已成为我国最大的港口，也是世界著名的大港之一。然而，河口虽利于做文章，限制也在于河口，黄浦江水深最深仅7米左右，这是一道难以逾越的坎。

20世纪90年代开始，集装箱运输成为国际海运业发展的主流，远洋运输船舶越来越大型化，主流型号都已经是吃水在13~15米的超大型集装箱船。为了适应这一变化，上海加快了集装箱专用码头的建设，但是新建的外高桥码头面临着困难，由于长江航道的吃水量只有10米深，集装箱船只能等待潮汐来临之时才能靠停码头。而潮汐每8小时出现一次，每当潮水涨高之际，所有的船只都抢着、挤着进来，极为不便，制约了海运业的发展。

长江成了上海作为远东枢纽大港的阻碍。而此时，东北亚地区的一些大港口纷纷斥巨资兴建集装箱港深水泊位：韩国釜山提出建设"21世纪环太平洋中心港"，日本神户提出建设"亚洲母港"。虽然在提法上各有不同，但焦点是在竞争东北亚地区唯一的国际集装箱枢纽港，形势逼人。上海市深水港工程建设指挥部港口分部总指挥归墨说："2001年，我们到韩国釜山光洋去参观，受了很大刺激。我们走进一个观摩室，它像演电影一样，把地球仪的北极、南极颠倒过来，然后切掉半个球面，地球的曲面自然地展开，指出釜山光洋是世界航运中心，把我们新疆口岸，以及青岛、大连、上海等港都作为它的喂给港！从光洋港出来我们两个小时没说笑，都懵了！"

时任上海市市长、上海市深水港工程建设指挥部总指挥韩正在接受中央电视台采访时更是一语中的："国际贸易中有85%的货物通过海运，而大的船运公司，其船只主要都是停靠在枢纽港。谁有枢纽港的地位，谁就占领了航运中心的制高点。2005年，上海港的年吞吐总量达到4.3亿吨，名列世界第一，其中集装箱达到1 808万个，位居世界第三。但是这样的快速增量，使得上海港缺乏深水航道的'软肋'愈发突出。而到了2006年，上海本埠所有的码头都是超负荷运转，增量一点没有了。"

其实，上海在20世纪90年代就开始筹划深水港建设。1992年，党的十四大作出"以上海浦东开发开放为龙头，进一步开放长江沿岸城市，尽快把上海建成国际经济、金融、贸易中心之一，带动长江三角洲和整个长江流域地区经济的新飞跃"的重大决策后，党中央、国务院又提出了建设上海国际航运中心的宏伟目标。

可是，上海是个滩。长江千百年的流淌带来的大量泥沙逐渐形成了面积巨大的滩涂、湿地，近代上海就是在这个基础上逐步发展起来的，因此，要在上海河汊、海边找到这样一个深水港口地址几乎不可能。

那时，宁波、广州、天津、青岛等城市纷纷提出建设枢纽大港的设想。上海能否在这些城市中胜利竞出？

1994年5月，国务院总理李鹏在上海调研时就提到了建设国际航运中心问题。1995年5月，李鹏在关于上海港口建设工作的一次谈话中，又提到了"航运中心"。他指出，上海如果没有深水港，就不能成为交通运输中心，有了航运中心，就能使上海成为贸易中心，成为金融中心，这三者是密切联系的。今后在"九五"规划中，要把这个问题定下来。同年12月，李鹏在浙江省委、省政府"关于建议组建上海—宁波—舟山组合港、加快建成上海国际航运中心"报告上作出明确批示："我一直认为把上海建成国际航运中心是开发浦东，使其成为远东经济中心，开发整个长江的关键。"1996年1月16日，李鹏同志在上海主持召开两省一市和国务院有关部门主要负责人参加的座谈会，就建设上海国际航运中心问题进行了研究，正式宣布建设上海国际航运中心，并部署了一系列工作。这是上海国际航运中心建设提出的一个重要标志。

随即，第一次上海国际航运中心专家论证会在上海新亚酒店举行，与会的是来自全国的20多位水利、港口等方面的专家，德高望重的李国豪院士再次被推举为专家组组长。

究竟把深水港港址定在哪里？这是个迫在眉睫、必须解决的问题。

时任上海市市长徐匡迪详细回忆了"三步走"设想，讲述了推动上海港走向深蓝的曲折历程。他表示，上海从20世纪90年代初提出要建设国际航运中心时，就有一个上海港跳出黄浦江的"三步走"设想，这是经过市委、市政府多次务虚会和讨论形成的。那么，什么是"三步走"？

第一步是把装卸港口从当时的十六铺迁移到吴淞口的张华浜。张华浜位于宝山，当时人们觉得那里离市区很远。但与十六铺相比，那里有三大优势：一是岸线水深条件比较好，可以稳定保持在8米以上，而十六铺一带黄浦江的水深一般在3米，涨潮时也不过才6米多；二是腹地比较广阔，货物卸下来后可以堆放的地方比较多；三是交通也比较便利，沪宁线、沪杭线都有货运支线进去，一直可以进到港口内部。通过第一步的迁移，上海港的水深从3米多提升到8米，可确保5万吨船舶的通行。

第二步是从张华浜到位于长江口的外高桥。这样，上海港的水深从8米进一步提升到12米，但搬迁到外高桥后的上海港面临的最大障碍，就是长江口还有个"拦门沙"。6 300多千米的长江带下来很多泥沙，到长江口被海水顶托，流速变慢，泥沙凝聚沉降形成"拦门沙"，最浅处的水深只有2米左右。这样，连载运五六千箱的集装箱船都只能借着涨潮进入外高桥。

所以，第三步是想跳出长江口，在上海附近寻找一个可以24小时装卸的深水港。为什么要24小时装卸呢？因为对于航运业来说，船期是很值钱的。在船主和货主看来，在航线基本一致的情况下，当然是船期时间越短越有利。因此，上海港建设的主要创新，就是想跳出黄浦江，建设能够使集装箱船24小时进港、卸货，并且水深在20米以上的深水港。

1995年，上海市委、市政府为贯彻党中央、国务院的重大战略决策，将深水港选址列为十大调研课题之首，当时，上海市提出了"北上、东进、南下"三个方案。

第一个方案是北上，北上到哪里？就是现在上海宝钢地区的罗泾；第二个方案是东进，东进到外高桥地区；第三个方案是南下，南下到杭州湾。但这些地方都不具备15米水深的航道和码头。

能否跳出长江口、钱塘江口，到外海去寻找上海的深水港新港址？尤其值得思考的是，在距离上海南汇芦潮港约30千米的浙江嵊泗县大、小洋山岛建设深水港是否可行？

在远离陆地的外海建设深水港，必须要有严密的测算和科学论证。建设海上深水港，前无古人，这是中国人的大胆设想。要将设想变为现实，自然条件、工程难度、技术难度、施工难度……乱麻般的问题都必须尽快解决。然而，这一系列问题在世界上都没有解决的先例，其中最大的困难在于缺乏可借鉴的经验。

时任市政府副秘书长的杨雄回忆，选址大、小洋山建设上海深水港，首个提出者是时任市政府副秘书长的吴祥明。

据杨雄回忆，从北京回来后，吴祥明同志就向黄菊同志汇报，随后就带队去了一趟大、小洋山岛。待吴祥明回来后，杨雄就问他看下来怎么样，吴祥明表示有戏。大、小洋山有水文资料，而且是长期积累的水文资料，这就为进一步的论证提供了基础。加之嵊泗历史上曾有一段时间隶属上海管辖，与上海的关系一直很密切。嵊泗的很多产品是供应上海市场的，上海的票证发放也一直是覆盖到嵊泗的，工业券、缝纫机票等票证嵊泗都有。改革开放以后，嵊泗县的科技副县长由上海市科委委派。他们向黄菊同志汇报以后，黄菊同志亲自乘船前往查看，认为大、小洋山基本具备建港条件，随后就启动了相关的前期工作。在这个过程中，嵊泗县、舟山市给予了非常大的支持，浙江省总体上也是很支持的，顾全大局。

1996年9月，根据国务院的要求和交通部下达的文件，交通部第三航务工程勘察设计院（现中交三航院）的科研人员经过论证，认为大、小洋山岛的建港条件比较好。大、小洋山岛位于浙江嵊泗列岛以北，航道平均水深15米以上，海域潮流强劲，泥沙不易落淤，地理位置优越，西北距上海南汇芦潮港约32千米，向东经黄泽洋水道可直通外海，距国际航线仅45海里，扼守亚洲—美洲、亚洲—欧洲两大国际航线要道，是距离上海最近的深水良港。

大、小洋山岛是我国东海海域崎岖列岛中两个名不见经传的小岛，岛上没有电，也没有淡水。上海乃至中国为什么要在这里建设远东最大的港口？

专家论证会开了一次又一次。1999年底，由国家计委组织，在上海再次召开专家论证会。这次重要的论证会分为两个阶段，第一阶段是关于在大、小洋山建设国际航运枢纽深水港的宏观经济论证，参加会议的经济学家都认为，无论是从国际航运需要，还是从我国经济发展着眼，在大、小洋山的地理位置建设一个东北亚国际航运中心，都是非常有必要的，战略上也迫在眉睫。

李国豪院士主持的另一组技术专家论证会，集中了全国水利、泥沙运动、港口建设、航运以及桥梁等各领域的专家。李国豪说："目前国际上第五代、第六代集装箱货轮要求水深15米，大、小洋山完全具备此条件。经水文地质调查，这一带泥沙运动情况100年间的资料基本无变化，说明海床稳定，水流也不太急，大货轮停泊应该没有太大问题。而气象资料也表明，这里每年可作业期超过了300天。"

李国豪兴致勃勃地描述："那年专家论证时，我还特意乘船去了一次洋山。航行中起先还有风，可是到了那里就风平浪静了。"他张开双臂，作环抱状："大、小洋山的地理位置是这个形状的，是一个极好的避风港。那里建港条件也很好，至少可以造50个泊位，能适应一年1000多万标准集装箱的运输量。"

"从上海南汇芦潮港往东，在海面上架设一座长桥，往来上海就方便快捷了。"李国豪有些兴奋地说道，"原本就是长江流域经济中心的上海，更成了这个深水港壮阔而又便捷的腹地。这是中国未来的战略选择。"

而此时，国际航运中心究竟选址哪里，从中央到地方的意见分歧还是相当大的。上海没有天然深水良港，在候选名单中作为港址之一，一度"命悬一线"，甚至有人主张将它剔除出去。

1999年这次论证会之后，李国豪提笔给时任国家主席的江泽民写了一封信。在信中，李国豪坦陈了自己对于在上海设立国际航运中心的看法，并且陈述在大、小洋山建设深水港的可行性，恳切希望这项关乎中国未来的工程尽快上马。随后，他拜访了德高望重的汪道涵同志，请教他对此事的意见。汪道涵仔细听取李国豪的想法后，十分赞成，并表示愿意代他向江泽民转交这封信。

2000年10月20日上午，万里长江上的又一座大桥——润扬长江公路大桥举行开工典礼，中共中央总书记、国家主席江泽民出席仪式，并为大桥奠基培土。李国豪作为大桥首席顾问，携夫人林凤棣也参加了典礼。

据林凤棣回忆，仪式结束后，江总书记一行就往外走。半道，江总书记说了句"我要和国豪同志聊聊"，就折了回来。后来从报纸上得知，谈话是从造桥开始的。

"国豪同志，我们国家的桥是越修越好了。"江泽民很高兴地说，"能不能造到国外去呀？"

"是啊。"李国豪说。

交谈几句后,李国豪再次向江泽民说到建设上海国际航运中心的事:"上海一直都是以港兴市的,深水港是上海发展的生命线,现在更是迫在眉睫的事。釜山和高雄都因有了深水港发展很快,我们得抓紧上马啊。"

江泽民神情凝重起来,认真地听着李国豪的话。早在他于上海工作期间,就曾听到过有关上海建设深水港的议论,所以他对此事一直很关注。

林风棣回忆:"典礼结束之后,我们到了南通。有一天晚上,李先生已睡下,南通市委的人来敲门,说上海市委来电,北京江办要了解李国豪写给江泽民主席另外一封信件的事情。这封信谈的就是国际航运中心的事。"

2000年11月2日,江泽民找国家计委有关负责人谈话,听取专家论证等各方面情况,第二天就对建设上海国际航运中心的事情作出了重要批示。

2001年1月30日,在吴邦国副总理率领下,曾培炎同志和国家经贸委主任盛华仁、国务院副秘书长尤权、国家发展计划委副主任张国宝以及交通部部长黄镇东和副部长翁孟勇等先在上海集中,接着在黄菊、徐匡迪和浙江省副省长卢文舸的陪同下,顶着风浪,在船上颠簸两个多小时,抵达了大、小洋山岛。大洋山有个乡镇建制,是嵊泗县洋山镇政府驻地,人口较多,当时有三万多人;小洋山人不多,只有三千六七百人。众人登上陡峭的小洋山岛,实地勘察深水港址,并乘船察看了大、小洋山岛海域情况,一致认为可以总体规划、分步实施,先行开发小洋山港区。

在吴邦国副总理的领导和推动下,洋山深水港区建设由此进入了快车道。2001年2月,国务院第94次常务会议批准上海港洋山深水港区一期工程立项。2002年3月,国家批准上海港洋山深水港区工程可行性报告;同年6月26日,上海港洋山深水港区一期工程开工建设。

建设上海国际航运中心的选址终于尘埃落定,历史再度垂青上海。

李国豪2001年在《老知识分子的心声》[9]中提及:

按照中央的部署和上海市经济和社会发展的需要,上海要建成为世界重要的国际航运中心。实现这个目标,没有一个优质的深水港是不行的。对此,上海市领导和有关部门根据多年考虑、研究,确定大、小洋山为对象,组成专家组,并请我担任组长,负责深水港的选址和论证工作。经过大量的调查研究和多次的专家论证,圆满完成了可行性研究。但由于各种原因,上海建造国际深水港的计划被搁浅了。去年9月和10月,我先后两次给江泽民同志写信,在信中充分表达了必须尽快在上海建造深水港的意见。10月20日,在镇江长江大桥（即润扬长江大桥）典礼上，我见到了江泽民主席，又向他进一步说明了建设上海国际深水港的可行性和紧迫性。江主席回京后很快召集国家经委领导了解情况，并在我的信上作了四点批示，特别强调建设上海国际深水港"意义非常重大"，要求"全国有关各方顾全大局，通力合作建设好"。在党中央、国务院的关心和支持下，大、小洋山深水港工程已正式开工。不久的将来，一个现代化的国际深水港湾将屹立在东海上。

李国豪说："从字面上看，桥是绕过一个障碍的意思，无论前面是山谷还是流水。"国际航运中心最终选址上海，最终定在大、小洋山建设深水港，李国豪对中国历史功莫大焉。可以说，从对洋山港决策中发挥的举足轻重的作用来看，李国豪作为科学界为数不多的战略科学家是当之无愧的。他的作用和贡献已远远超出他的专业领域。

《上海国际航运中心洋山深水港区一期工程可行性研究报告评估会专家组意见》材料长达30页，详细记录了2001年12月5日至13日的一次评审会的专家评审意见：

此次会议邀请74名专家组成了专家组。专家们认真研读了工程可行性研究报告及有关专题研究报告；听取了中交第三航务工程勘察设计院、上海市政工程设计研究院和上海航道勘察设计研究院分别对洋山深水港地区一期工程总体设计、芦洋跨海大桥和航道工程工可研报告内容的介绍；与设计、科研单位充分交换了意见；并分总平面布置、水工结构和泥沙问题、航道工程、船舶航行和靠泊安全、跨海大桥、配套工程和环境保护，以及运量预测和经济分析等7个专题组进行了深入的讨论。

通篇报告，字里行间无不彰显着或年富力强、或年届耄耋的专家们对国家、对历史的高度责任感，文字条分缕析，有好说好，有疵必究，从客观而朴素的字句中，我们感受到了火热的使命感、庄严的责任意识。

2002年2月22日，国务院最终批准洋山深水港建设方案。

2002年5月26日，上海市会同交通部召开"上海国际航运中心洋山深水港区一期工程初步设计审查会"，45位专家分成港区工程组、大桥工程组、配套工程组、经济组分项论证，29日便拿出了评审意见：同意在小洋山岛开工建设深水港一期工程施工方案，同意建设跨海大桥施工方案。

让专家们分外欣慰的是，由于国家经济形势良好，专家论证时考虑到投资问题而提出的分两期建设的跨海大桥方案（总投资100多亿元），中央决定一次性到位，按照六车道、行车速度80千米/小时建设这条长30.87千米的海上高速公路。

三、上海还应该成为国际文化艺术中心

早在1949年以前，上海便有"魔都"之称，是当时的东方文化大都会，但十年"文化大革命"阻断了中外文化交流的脚步。"文化大革命"结束后，文化交流的步伐依然缓慢，直到1986年这种局面依然如故：上海文化系统派出的艺术团体以杂技、木偶居多，越剧次之，歌舞、民乐、京昆剧则很少。出访的国家和地区以日、美较多，欧洲等国较少，东南亚地区还没有打开局面。20世纪80年代的政协委员们对此忧心如焚。

1986年9月11日，上海市政协六届十七次常务会议召开。一向乐于当幕后组织者的李国豪站了出来："上海不仅要成为国际经济、贸易、金融、科技中心，还应成为国际文化艺术中心。"李国豪指出，当时上海连一个开国际会议的合适场所都没有。外国人到上海，除了参加宴会、舞会，就无所去处。上海的文化设施和它所处的地位太不相称了，应该有比较像样的科学馆、博物馆、艺术绘画展览馆、歌剧院、音乐厅等场馆。周恩来总理20世纪50年代就提出要在上海展览馆附近建一座歌剧院，至今没有实现。"上海发展战略对文化艺术的重视不够，现在要把它提到议事日程上来，放到重要的位置上。这不是一句空话，要拿出钱来建设相应的设施。"

在这样的呼吁下，上海电视节于1986年创办，最早以"上海国际友好城市电视节"命名，是中国最早的国际性电视节。时任国家广播电视部部长艾知生说："上海国际友好城市电视节的举办，是中国电视史上的一个创举。"1988年，该电视节正式改名为"上海电视节"，并进入全面发展阶段。

多年来，在市场运营机制下，上海电视节下设的四项主体活动："白玉兰"奖竞赛、国际影视节目市场、国际广播影视设备展、"白玉兰"国际电视论坛，已成为世界认可的国际性品牌。截至2024年，上海电视节已举办了29届。

进入20世纪90年代，上海又陆续举办了上海旅游节、上海国际电影节（每两年一届）、中国上海国际艺术节等活动。进入21世纪后，上海还举办了上海市民文化节、电竞上海大师赛、电竞上海全民锦标赛、上海之春国际音乐节、上海高校外国留学生龙舟赛、上海世界华人龙舟邀请赛、上海国际茶文化旅游节等一系列活动。

上海国际文化大都市建设的成绩单如何？中国城市距离顶尖国际文化大都市有多远？2021年1月7日，中美学术团队在上海交通大学联合发布《2020国际文化大都市评价报告》，上海进入前十行列。

四、跂而缀言

2014年以来，习近平总书记在多个场合强调要重视战略科学家的发现、培养、选拔和任用工作。

战略科学家，首先应该是一个领域的佼佼者，如李国豪，"悬索桥李"的称呼早就蜚声欧美；战略科学家，要有洞幽察微的敏锐判断力，他能在"滑向长江"的惊悚质疑声浪中抓住问题的实质；战略科学家，还要有舍我取谁的勇气和担当，在"下马"的呼声海洋里能够认准国家未来的发展方向。具备这三者，大约就能在祖国和人民需要的时候，站出来拥抱浩浩汤汤的世界大势，如李国豪，如当年提出863计划的那一批科学家。

当今世界，风云激荡、波诡云谲，今天的中国比任何时候都更需要李国豪这样的战略科学家，我们在致敬他们的同时，呼唤更多的"李国豪"站到中华民族伟大复兴的前沿阵地！

附：生平简介

李国豪

（中国科学院院士、中国工程院院士）

李国豪（1913年4月13日—2005年2月23日），广东梅县人，我国杰出科学家、教育家和社会活动家，著名桥梁结构与结构力学家，同济大学桥梁工程学科奠基人和学术总带头人。毕生从事工程力学、桥梁结构、工程抗震和抗爆的教学、科研和高校行政管理工作，历任同济大学教授、土木系主任、工学院院长、教务长、副校长、校长（1977—1984年）、名誉校长（1984—2005年）等。

1929年至1931年在国立同济大学预科学习，1931年至1936年就读于国立同济大学土木系，获工学学士学位。1936年留校任结构力学和钢筋混凝土结构课程的助教，1937年代替离校的德国教授讲授钢结构和钢桥课程。1938年秋获德国洪堡奖学金资助赴德国达姆施塔特工业大学专攻桥梁工程及结构力学，并由于大学学业特别突出被破例批准直接攻读博士学位。1940年以论文《悬索桥按二阶理论的实用分析方法》（德文）获工学博士学位，并在欧洲桥梁工程界被誉为"悬索桥李"。1942年以论文《刚构分析的几何方法》成为第一位获得德国"特许任教工学博士"学位的中国留学生。在德期间发表的重要论文还有《弹性平衡分支的充分判别准则》及

《桁架和类似体系的结构分析新方法》等。

1946年夏回国，先后任上海市工务局工程师、同济大学土木系教授兼系主任和工学院院长。1952年任同济大学教务长。同年全国院系调整后，他领导学校的专业建设，创建了桥梁工程专业，并先后出版了《钢结构设计》（该领域中国最早的中文教材）和《钢桥设计》。1955年开始培养桥梁工程研究生。1956年任副校长，不久创办工程力学专业，并亲自讲授板、壳力学，培养首批工程力学专业大学生。1959年组建上海力学学会，任理事长直至1980年代。1960年代初，组建结构理论研究室，从事抗核爆炸结构工程的研究，不仅培养了一批这方面的人才，而且组织和促进了中国在这一领域的研究工作。1965年撰写出版专著《桥梁结构稳定与振动》初版（1991年再版）。"文化大革命"期间，在逆境中研究解决了武汉长江大桥和南京长江大桥的稳定和振动问题，并于1975年撰写出版专著《桁梁扭转理论——桁梁桥的扭转、稳定和振动》，1977年获上海市重大科技成果奖，1978年获全国科学大会成果奖，1982年获国家自然科学三等奖。同时从1970年代开始，结合工程实际致力于公路桥梁荷载横向分布的研究，出版专著《公路桥梁荷载横向分布计算》(1977年，1987年再版），获1977年上海市重大科技成果奖；后来又将用于梁式桥的方法推广于研究拱桥和曲线桥的荷载横向分布，其研究成果"桥梁实用空间分析理论及应用"获1982年上海市重大科技成果一等奖，"各类型公路桥梁荷载横向分布的统一理论与实用计算"获1993年国家教委科技进步奖三等奖。

1976年唐山大地震后，开始从事桥梁抗震研究，并带领助手取得了一系列有价值的科学成果，其中《桥梁抗震理论》获1985年国家教委科技进步奖一等奖。1977年10月，出任同济大学校长，提出"两个转变"的方针，即由土建单科性院校向多科性大学转变，由一般国内高校向国际性学府转变。他在恢复土建类专业的同时，大力筹办数、理、化、机、电和管理等专业，并恢复和新建八个研究所、室，开展科研和培养研究生工作。1979年在同济设置德语专业，同时受教育部委托，设立留德预备部，选派教师出国进修和聘请外国专家来校讲学。他还重建结构理论研究所，领导和参加地震工程与防护工程、工程抗震和抗爆及风工程方面的研究并指导博士研究生，先后主编出版了《工程结构抗震动力学》（1980年）、《工程结构抗爆动力学》（1989年）、《桥梁与结构理论研究》（1983年）和英文版专著《箱梁和桁梁桥的分析》（1988年）。此外，他还担任《辞海》副主编和土建分部主编及《中国大百科全书》（土木工程卷）主编等。同时，组建桥梁研究室，开展桥梁空间分析、稳定、抗震、风振和车辆振动等方面的研究，培养了一批博士研究生，并由此形成了地震工程和桥梁工程两个研究中心。

在学术组织活动方面，1980年代起先后担任国务院学位委员会第一、二届委员，上海市科学技术协会主席（1979—1983年），中国土木工程学会桥梁及结构工程分会第一、二届理事长（1979—1990年），中国土木工程学会第四、五届理事长（1984—1993年）及名誉理事长（1993—2005年），中国工程学会联合会主席及名誉主席，中国力学学会第二届副理事长，中国科学技术协会荣誉委员，中国老科技工作者协会主席及名誉主席，国际桥梁及结构工程协会（IABSE）常任执行理事，美国土木工程学会"缆索悬吊桥梁技术委员会"委员和顾问，加拿大土木工程学会名誉会员，美国结构稳定研究会通讯会员等诸多学术职务。1981年，作为国际桥梁及结构工程协会的多年会员和中国组组长，被国际桥协推选为世界十大著名结构工程专家之一，1987年秋又荣获国际桥协授予的国际结构工程"功绩奖"，是获此殊荣的首位中国学者。

在参与重大工程建设方面，1950年代至1960年代，任武汉长江大桥和南京长江大桥工程技术顾问委员会委员和主任委员。1979年起，任上海宝山钢铁总厂工程技术顾问委员会首席顾问，对宝钢工程免于停建和解决桩基水平位移问题作出了重大贡献，成果"宝钢引水工程咨询"先后获1986年上海市科技进步奖一等奖和1987年国家科技进步奖二等奖，"宝钢工程调整综合论证"获1988年上海市科技进步奖一等奖。1980年代起先后担任上海南浦大桥专家组组长、汕头海湾大桥和广东虎门大桥等顾问组组长，参加上海杨浦大桥、江阴长江大桥等的技术顾问工作，并为我国桥梁界争得设计建造大跨度斜拉桥和悬索桥的自主权，从而为促进我国桥梁工程技术水平跻身国际前列作出了重要贡献。1987年至1990年，在担任中国科协常委期间倡议和组织领导了重点决策咨询课题"中国交通运输发展战略与政策研究"，为国家提出了多项重要建议，课题成果获1993年国家科技进步奖三等奖。1990年代初，与世界著名结构工程专家林同炎教授携手创立工程咨询公司，从事跨长江口和杭州湾交通通道的研究。

发表论文100余篇，出版专著、教材等10余部。

1955年当选首批中国科学院技术科学部委员（院士），1985年被授予联邦德国达姆施塔特工业大学荣誉工学博士学位，1994年当选首批中国工程院院士，1995年获中国科学界最高荣誉——陈嘉庚技术科学奖，1996年获何梁何利基金科学与技术进步奖（技术科学奖），2003年被评为首届"上海市教育功臣"。由于他为发展中德文化交流和科技合作所作的贡献，联邦德国政府于1982年在歌德逝世150周年纪念之际授予他"歌德奖章"。1987年，联邦德国总统授予他"大十字功勋勋章"。曾任第三届及第五届全国人民代表大会代表、第六届上海市政治协商会议主席（1983—1988年）、全国政协常委。

1 参见《谷牧副总理会见古井喜实一行谈话记录》，同济大学桥梁工程系资料室藏。
2 上海宝山钢铁总厂工程指挥部办公室：《调研情况》（第五期），1980年12月2日，桥梁工程系资料室藏。
3 李春雷：《宝山》，石家庄：花山文艺出版社，2003年。
4 载《中国软科学》，1993（6），第14页。
5 马成德（1919—2003年），原名马骋德，奉天（今辽宁）营口人。北平大学肄业。1937年参加革命，同年加入中国共产党。新中国成立后，历任鞍钢轧钢部党委书记、鞍钢总炼钢师，冶金工业部钢铁生产技术司副司长、司长，冶金工业部副部长，宝钢工程指挥部常务副总指挥、党委副书记。1982年离休后任冶金部咨询委员会副主任。
6 张元德、杨绍根：《宝钢长江水源工程"避咸蓄淡"优化取水基本规律及应用》，载《宝钢技术》，1992（4），第16页。
7 王中正：《宝钢长江水源决策始末》，载《中国软科学》，1993（6），第13页。
8 中共上海市委党史研究室、上海市交通委员会、上海中国航海博物馆：《向海而兴》，上海：上海人民出版社，2020年。
9 《老知识分子的心声》，上海市政协"风雨同舟八十载"征文，见上海市政协网站。

「工程医生，不到现场怎么行？」

孙钧院士的科教人生

"工程医生，不到现场怎么行？"这是90多岁的老院士孙钧经常说的一句话。从林海莽莽的高山峻岭，到烟水渺渺的大海之滨，70余年来，孙钧院士的足迹遍布祖国重大工程建设工地。

一、目睹国土沦丧和政府腐败，他从小立下救国志

孙钧，祖籍浙江绍兴，1926年10月3日出生于江苏苏州。

孙钧出身书香门第，幼承家学。其父亲毕业于江西法政专门学校[1]，母亲毕业于蚕丝专科学院。父亲后来调到南京工作，成为国民政府高等法院的一名法官。他贤良方正、业务精湛、工作勤奋，官至高法庭长。新中国成立后，相关部门对原国民党政府公职人员进行了政治审查。孙钧的父亲虽然做过国民政府的法官，但属于进步人士，曾在两起大案中帮助共产党员渡过难关，因此，他继续在高等法院从事法律工作。孙钧的母亲不仅传承了中国女性的美德，而且接受了现代教育。孙钧院士说："母亲的英语很好，是我的英语启蒙老师。"

孙钧兄妹6人，他是老大，小名阿安。下面还有孙铢、孙铭等5个妹妹。

1926年出生的孙钧，少年时代便目睹日寇入侵中国，目睹了国土沦丧，经历了背井离乡的逃难生活。

1937年"七七事变"后，日本发动全面侵华战争，1937年8月"八一三"淞沪会战爆发，国难之际又加家殇，孙钧64岁的祖母也在这一年去世。时寓南京的孙家，饱尝国破家殇的苦涩。此时，日寇残暴的铁蹄进逼首都南京。黑云压城之际，孙钧父亲携一家老小先是乘渡船过长江，

到了泰县（今泰州市）。半年后，又辗转来到上海，最终租居在法租界一座旧房子里十分逼仄的三楼，蜗居度日。1937年12月13日，南京沦陷，紧接着，日寇开始了惨无人道的南京大屠杀。

孙钧院士回忆："1937年秋之前，我们一家居住在南京。后来，日本侵略者占领了上海，接着气势汹汹地一路进犯南京。我爸意识到灾难即将来临，但那时候还不知道会发生南京大屠杀。我们从镇江过江到扬州，从扬州再到泰县，在泰县待了半年，又从泰县坐内河轮船到南通换坐过长江的大船，进入黄浦江，直到外滩码头下船。那是1938年，我第一次到上海。"

少年时代的孙钧，聪明勤奋，书读得好，一到上海，便考入了一所名校——江苏省立上海中学（今上海中学，当时上海市属江苏省）。每天晚上，他都与几个妹妹一起，围坐在一张桌子边，就着昏黄的灯光，看书做习题。他说，客居"孤岛"期间，为防灯光外泄，招致美军飞机轰炸（太平洋战争后，日军侵占了租界，日军占领地成了美军的轰炸目标），窗子都严严实实地拉着黑布帘子，窗玻璃上还纵横交叉地贴着白纸条以防震碎。这样做，其他季节都还好，唯有夏天难过，室内又闷又热，租界当局又不让开窗通风透气——自然，生存状态与生死相比，性命更重要。

抗战时期，一身正气的父亲不愿意待在日伪统治区里苟且偷生，只身赴西南大学后方——陪都重庆，任职国民政府高等法院法官。由于战争，内地邮路不畅，父亲用来养家糊口的薪资只能从香港转寄。1941年太平洋战争爆发，香港的邮路也被迫中断，他只能托熟人将薪资带回上海，不确定性和风险性大大增加，妻儿常常陷入无米下锅、无钱买纸笔的境地。孙钧说，母亲是一位深明大义、目光远大的人，在几个孩子被迫辍学的紧要关头，她通过多方努力争取到了顾乾麟[2]先生设立的"叔蘋公高初中奖学金"，他们才得以完成学业。生活上，母亲四处借贷，勉强维持着一家大小7口人的生计。

艰苦备尝的经历坚定了孙钧学好本领、报效国家的志向。1944年秋，孙钧于江苏省立上海中学高中工科毕业，后以优异的成绩考入当时著名的教会大学——上海圣约翰大学[3]，但因为当时家境困难，无法筹集学费，只得辍学，转而谋生半年。第二年，又以高分被国立交通大学（今上海交通大学）土木工程系录取。

大学期间，他是班级系科代表，当年是交通大学地下党外围的爱国学生组织成员。他多次参加"反内战、反饥饿、反迫害"的爱国学生运动，积极参加各高校组织的集会大游行。那时，交大学生们还自己开着火车到南京请愿，到蒋介石的市内官邸外呼喊口号："反对内战！""反对迫害进步青年和爱国学生！"一时间，人们称交大校园是一处"还没有解放的解放区"。

有一年暑假，孙钧以赴杭州旅游为名，冒着坐牢的危险，随身携带着交大学生自治会的一大捆油印资料，面交浙江大学学生自治会。资料内容是号召沪杭两地学生无限期联合罢课，抗议政府打内战、迫害爱国学生。还有一次，他被上海警察局传讯，受到开除学籍的威胁。孙钧院士回忆说："我觉得自己做得对。在交大的四年，不只学到了土木工程的ABC（指打好基础的专业知识），更逐步树立起了爱国爱民的人生观和价值观。"

大学期间，参加爱国学生运动的同时，孙钧没有放松专业上的学习。除了教材，他还自学了十多本土木专业经典原著，做了上千道习题。晚年，他在给学生们讲演时经常说："当年因为自己各方面均严于律己，打下了功底，受用了一辈子。"

二、动荡岁月中

1949年，新中国成立。那一年，孙钧从国立交通大学土木工程系毕业，获得了土木工程工学学士学位。

在国立交通大学土木工程系求学的那几年，孙钧刻苦学习。时值政局动乱，师生们安不下心来，但他却通读了铁摩辛柯（Timoshenko）教授的十多本权威著作，从《应用力学》到《材料力学》《高等材料力学》《弹性理论》《板与壳》，从《结构力学》《高等结构力学》到《结构稳定与振动》，又啃完了太沙基的《理论土力学》，做了上千道习题，那时候他迷进去了。后来，他在桥梁力学、隧道与地下结构工程和岩石力学与工程等领域取得了丰硕研究成果后，深有体会地说："感谢这些书本和交大师长们教会了我如何处世做人，教给了我一些土木、结构工程的ABC，这些成了我日后从事土木工程最有用的知识储备。"

1949年5月，中国人民解放军进入上海。年轻的孙钧在挤满欢迎解放军群众的南京路上，与大家一起夹道欢呼队伍进城。随后，政府在华东人民革命大学[4]为应届大学毕业生们组织了为期三个月的政治培训。孙钧说："给我们上课的教授队伍可真是了得呀！红色哲学大师胡乔木从北京专程来沪给我们讲授'辩证唯物主义和历史唯物主义'，陈毅市长讲授'新民主主义论'，还有中共中央华东局常委、宣传部部长舒同也多次来班上做专题政治讲座。"这些课程和报告，为追求进步、一心想报效国家的他提供了强大的精神支撑，帮助他后来经受住了历次政治运动的磨炼和考验。

从华东人民革命大学结业后，孙钧参

加了华东航空处的录用考试。笔试时，他的"结构力学"得了满分，被该处航空工程研究室录用，这是他人生中的第一份工作。再后来，他又到上海公共房屋管理处做技术工作。短暂的专业工作后，他经市委组织部安排，返回母校交通大学任教并担任土木系秘书。1952年，全国高校院系调整，交通大学等市内其他高校的土木系一起，全部转到同济大学。此时，孙钧担任同济大学土木系工程力学讲师。

接下来的几年时间里，孙钧担任苏联桥梁结构专家И.Д.斯尼特柯教授的专业翻译。新中国成立之初，西方世界对中国实施全面封锁，中国可以学习的对象只有当时的苏联。早在交大任教时，孙钧就去中苏友好俄语学校学习了俄文，那时他用三年时间打下了很好的俄语基础，随后又成了斯尼特柯教授的翻译并跟随其攻读副博士学位。1957年，苏联专家们的聘期结束，他们纷纷回国。彼时孙钧也完成了副博士学位所需的10门专业课程，完成了副博士学位论文——《连续拱构跨江大桥施工中的力学问题》。孙钧接替了苏联专家的工作，教授钢桥工程力学等课程。

1957年，孙钧加入中国共产党。

1960年初，同济大学交给了他一项任务——创办地下建筑与工程专业并担任该专业的第一届教研室主任。接受任务后，孙钧从桥梁改行做隧道。没有人，就从各相关专业选配；没有现成的教学经验与研究设施，就自己摸索，逐渐制备和积累。用他自己的话说，地下建筑与工程专业"在战斗中成长"。在孙钧等人的努力下，地下建筑与工程专业迅速发展，为国家培养了该领域最早的一批专业人才，这些人才随即在建设第一线发挥起了骨干作用。1960年至1963年，孙钧率该专业一批高年级师生完成了我国第一座特大型地下飞机洞库及与其配套工程的规划、设计与施工。1964年至1966年，他又作为总体设计负责人，承担了上海轨道交通扩大试点地铁工程——首座采用气压沉箱施工的地铁车站和通风竖井的建设。他还担任了上海第一条黄浦江越江工程——打浦路隧道备用车道连续沉井的设计施工技术专家。

"文化大革命"期间，国家的"三线建设"正如火如荼地展开。孙钧积极投身到贵州和四川两处"大三线"地下洞库工厂的工程建设中；同济大学地下建筑教研室还与上海市人民防空办公室合作，开办了多期人防系统技术干部培训班，他一个人担任主讲。这一时期，同济大学为上海市人防设计了7处人防样板工程，实现了人防工程口部"三防"（防核爆冲击波、防核辐射、防核污染）设计施工的正规化和规范化。

孙钧先后奔赴云贵高原的鲁布革、天生桥、小湾和漫湾，西北的拉西瓦，浙江的天荒坪等一大批地下水电站和各类水工隧洞的工地现场，他一次又一次地承担了艰苦的工程勘察、设计和科研任务。

孙钧的学术研究一样精进不已。20世纪五六十年代，中央发出"向现代科学进军"的号召。经过层层筛选，全国遴选出17个国家重大、重点自然科学基金项目，孙钧承担其中的一项，时年他37岁，副教授职称。1967年的结题评审中，孙钧主持完成的课题被评定为全国第一名。评审专家们在鉴定意见中写道：本项目成果在理论研讨的广度和深度上达到了国际水平；更可贵的是能将研究成果及时应用于工程实践，取得了可观的经济效益和社会效益。

"经济效益和社会效益"包括在成渝一级公路四座长大隧道的运营通风和出入口照明技术处理方面。孙钧极力推荐当时国内公路隧道罕有使用的纵向诱导式射流通风方式，取代当时普遍沿用的横向或半横向通风；用计算机自动无极感光照明监控系统改善隧道洞口照明，取代当时洞外设置光过渡的老旧设计。仅此两项革新就为国家节约了3 000多万元。

在"文化大革命"那个是非颠倒的年代，孙钧做出的成绩恰恰成了整人者的口实。其后不久，孙钧就被发配到皖南山区"五七干校"接受劳动改造。他借居在一户老农家的三层阁楼上。白天，他主持修筑小水电站；夜里，一盏昏暗的油灯相伴，他钻研业务。虽然白天累得腰酸背痛，晚上依然坚持看书学习，逐字啃完了法国岩石力学家塔罗勃的《岩石力学引论》英译本著作。读着读着，已届中年的孙钧硬是从一个以前只懂得一点"土力学"而对"岩石力学"这门新的学科分支一窍不通的"门外汉"，慢慢地搞懂了岩石力学和土力学两个学科间的异同。他深入思考、分析了这两个学科各自的特色，已经登堂入室了。进而，他对岩石力学又产生了浓厚的兴趣，直至一头钻了进去。"学习—实践—再学习—再实践"，这就是后来他痴迷"与泥巴石头打交道"、干得兴致盎然的"源头活水"。他用西方的一句谚语来勉励困窘中的自己：Never say too late & too old to learn & to do（只要肯学、肯干，永不言晚、言老）。他深信，知识就是力量，科学的春天总会到来的。

三、赶上了国家建设的好时光

1976年10月，祸国殃民的"四人帮"倒台了，十年内乱结束。和我国众多知识分子一起，年已半百的孙钧迎来了科学的春天。

重新走进实验室的孙钧，闻到了熟悉而又亲切的味道，废寝忘食地投入科研。他和同行们一样，想把失去的岁月抢回来。那些年，他每年都要撰写10篇左右的高质量论文，每年都要马不停蹄地奔忙在各个工程工地：技术论证、课题立项、详细勘察、竣工验收、技术鉴定。他为工程把脉，在现场解决工程技术难题。他用一年年的坚持和探索，逐步建立并开拓了一门新的学科分支——地下结构工程力学，他被业界公认为"该学科分支的奠基人和开拓者"。

那时，李国豪担任同济大学校长，李校长领导了同济大学的"两个转变"。根据当时学校的情况，李校长不断派遣学术骨干接受国家资助去国外深造。已届"知天命"之年的孙钧去的是美国北卡罗来纳州立大学（North Carolina State University），从事博士后研究工作。经过1979年至1980年两年时间的学习，他的学术眼界大开，了解了西方的先进科学和技术，看到了我国与西方国家的巨大差距。

作于2018年的一份《孙钧先生从事工程简历》中写道：

20世纪80年代起，孙钧主持和参加了众多国家重大工程项目的岩土、隧道与地下工程以及特大桥梁工程的勘测设计与施工研究：担任长江三峡专家委员会技术专家，从事三峡工程永久船闸高陡岩石边坡加固与闸体结构、中隔墩预施高强预应力等方面的研究工作十余年，作出了卓越贡献；参与兰武铁路客运专线乌鞘岭20千米特长隧道、秦岭终南山长18千米特长高速公路隧道、厦门市翔安国内首座海底隧道、青岛市胶州湾海底隧道、上海市崇明越江长大盾构隧道工作；担任南水北调专家委技术专家，承担中线一期穿越黄河有压输水隧洞和两岸深大竖井工程；参与上海市青草沙长江原水过江限压输水隧洞、南京纬三路越江城市隧道、青岛市和呼和浩特市轨交地铁浅埋暗挖大跨车站和区间隧道、杭州市庆春路和钱塘江隧道、上海市中环线大跨度"管幕-箱框"北虹路下立交地道；参与拟议兴建的渤海湾跨海通道、京台线高铁/高速特长超大型台海隧道（规划方案）；等等。

数十年来，他在跨越江河湖海的诸多特大跨桥梁工程中也有卓越建树，如：跨越长江的江阴大桥、武汉阳逻大桥、润扬大桥、苏通大桥和泰州大桥等；杭州湾大桥、广东虎门一号和二号大桥、嘉绍大桥以及最近竣工的港珠澳大桥岛隧工程、正在施工的深中（深圳—中山）通道；等等。他还承担过各类国防和民防地下工程、多座城市轨交地铁、多座大型水电地下厂房和水工隧洞，以及矿山巷道、煤炭巷道等重大工程的科学研究任务，共达70余项。孙院士始终坚持"实践—理论—再实践"的原则，取得了一系列的创新成果。成果应用于生产实际，取得了巨大的技术效益和经济、社会效益。

长江三峡水利水电枢纽工程

长江三峡水利水电枢纽工程是贯穿整个中国20世纪的大工程。孙中山在《建国方略之二——实业计划》中提出建设三峡工程的设想；1932年，民国政府派员勘察后拟定葛洲坝、黄陵庙两处坝址，这是我国专为开发三峡水力资源进行的第一次勘测和设计工作。随后，三峡建坝呼声不断，新中国成立后的第二年，国务院长江水利委员会在武汉正式成立。此时，三峡大坝建还是不建、利大还是弊大，争论日炽。1986年6月，中央和国务院决定进一步扩大论证，责成水利部重新提出三峡工程可行性报告，以钱正英为组长的三峡工程论证领导小组成立了14个专家组，进行了长达两年八个月的论证。1989年，长江流域规划办公室重新编制了《长江三峡水利枢纽可行性研究报告》，认为建比不建好，早建比晚建有利。报告推荐的建设方案是：一级开发，一次建成，分期蓄水，连续移民。三峡工程的实施方案确定坝高为185米，蓄水位为175米。1992年4月3日，七届全国人大第五次会议以1 767票赞成、177票反对、664票弃权、25人未按表决器通过《关于兴建长江三峡工程的决议》。1993年1月，国务院三峡工程建设委员会成立，李鹏总理兼任建设委员会主任。

20世纪80年代，国家启动三峡工程论证、建设工作时，孙钧被聘为长江三峡水利水电枢纽工程的特聘专家，他的具体任务是为三峡永久船闸高边坡岩体的整体和局部稳定以及各级闸室墙体的变形控制（以求得控制钢闸门的安全启闭）做研究。

三峡永久船闸高边坡位于湖北宜昌坛子岭。现在，坛子岭已经是国家4A级景区。站在坛子岭上，可以俯瞰五级船闸和巍峨大坝，还有一汪如练如璧的清水。但在20世纪90年代，在这里造船闸可没有这么诗意充盈。坛子岭海拔虽然只有260多米，但那时沿山体开凿的双向五级船闸，全长6.4千米，其中船闸主体部分1.6千米，引航道4.8千米。三峡大坝坝前正常蓄水位为海拔175米高程，而坝下通航最低水位为海拔62米高程，这就是说，船闸上下落差达113米，船舶通过船闸要翻越相当于40层楼房的高度。

"也就是要把山体挖出一个大沟，远观犹如高度百米、上敞下窄的一只量米升子，万一山体垮下来怎么办？"孙钧院士的助手许建聪介绍，"三峡船闸为薄衬砌结构，与岩体共同工作，该结构最大高度达70米。你抬头看看20多层楼房试试，帽子会不会掉？"要保证岩体的稳定、船闸的安全，孙钧带领他的博士生以及博士后张子新、凌建明、王如路等对此展开深入研究，发表了《分形块体理论及其在三峡高边坡工程中的应用》《三峡船闸高边坡岩体的细观损伤及长期稳定性研究》《DDA理论及在三峡船闸高边坡工程中的应用》《三峡工程高边坡岩体长期变形与稳定研究》等论文。

孙钧在论文中说，三峡永久船闸系上下行分设的双线五级船闸，五级闸室段的总长约1.6千米，连同上下游引航道全长达6.452千米，上下行两闸室的全净宽为56米，闸室之间保留60米宽的中隔岩墩。人工深挖山体土石方4 166万立方米。文章中写道："边坡岩性主要属闪云斜长花岗岩，新鲜岩体坚硬致密，完整性较好，中夹有多处岩脉和捕虏体显露；表层风化壳较厚，其底板受地形和构造控制，起伏比较大，自上而下分别为全、强风化，中风化（放坡开挖部分），弱风化，以及微新岩体（直立墙闸室部分）。部分岩体结构面和节理裂隙较发育，闸室区发现有小尺度的断层77条，其中走向与船闸轴线交角小于30°的有两组，构造岩胶结较差，对边坡稳定不利。"

孙钧指出，观测资料表明，上层地下水位于弱风化带内，属季节性裂隙孔隙水，对降雨反应敏感；中下层水属裂隙水，渗透性弱，日后受库水补给有一定影响，呈动态变化。除少数断续性裂隙密集带外，多数出水点均沿单个结构面或岩脉接触面出露，便于疏排。他说，边坡开挖以后，岩体应力重分布，且在开挖爆破力的动力作用下，在坡帮岩体内将形成卸荷松弛带和塑性屈服区，这些都对岩坡的稳定与变形发展不利。孙钧团队在船闸开挖区内的岩体内埋设了1 500多件各种仪具。监测数据和分析表明，高边坡岩体总体上保持了较好的稳定态势。

孙钧团队除了对岩体完成了大量的室内岩石力学常规力学参数（含坡帮卸荷带内的相应值）试验、岩样流变试验以及现场测试工作以外，还对岩体进行了各项非常规岩石力学试验，其中包括利用附设有加载台的高倍扫描电镜，对岩体的细观时效损伤特征及其CT识别和损伤力学行为进行细观实验；复杂应力状态岩体在开挖卸荷条件下的多轴不同卸荷路径及卸荷破坏试验；岩样抗拉全过程的单轴破坏试验（直接拉伸与劈裂拉伸条件）；饱水岩样劈裂拉伸时效强度试验及其长期抗拉强度；等等。

在此基础上，孙钧团队建议：

❶ 三峡永久船闸高边坡南、北坡均存在一定数量的关键分形块体。由于闸室段是直立壁开挖的，故其分形块的分布在微新岩体的闸室段内反而多些，且南坡多于北坡；开挖临界坡度则是南坡（67.0°）小于北坡（73.9°）。因此，闸室加固（指以锚喷网支护）的重点应是闸室部分的微新岩体段，且南坡加固程度应高于北坡。上部放坡开挖段由于坡面设计平坦，一般仅需作防风化面层喷混凝土处理。

❷ 建议将闸室直立段底角隅做成凹圆弧形，这对改善这部分岩体的应力状态及其局部稳定性有利。

❸ 开挖时加强监测和施工中做好地质险情跟踪预报,就可以及时发现并作适当的锚固处理,确保施工期和船闸长期运行的安全。

针对岩体渗流场与损伤场的耦合相互作用将显著降低裂隙岩体的强度,恶化并加剧边坡岩体的失稳条件,孙钧建议:上下行船闸闸室段的中央部位、中隔墩上部以及直立岩壁与上面斜坡的交隅转折处,是岩体加固的重点部位,需要提高受渗压损伤后的岩体强度;在近地面和边坡内断裂、破碎带部分,由于渗流损伤作用明显,局部地段宜设计成灌浆锚固岩体,既能提高岩体强度,又可降低断裂、破碎岩脉带的渗透压力作用;根据在施工过程中对开挖卸荷与爆破引起裂隙岩体附加的卸荷损伤与爆破损伤所得的观测资料,应对现有的闸室段岩体加固设计作调整和修改。在一系列的研究、试验基础上,孙钧团队还提出要加强施工监测、控制爆破药量、优选爆破作业方式以及及时加固处理等建议。团队认为,做好以上各点,闸室段岩体开挖后的稳定性是有保证的。

同济大学地下建筑与工程系提供的一份材料中写道:孙先生"前后10多次下川江,攀爬坛子岭,挥洒了多少汗水和辛劳"!孙钧则说:"为国家效力,必须扑进去。"[5]

2003年6月13日,新华社以《三峡船闸实船通航测试成功》报道:

新华社三峡工地电(记者戴昕轩) 规模和总设计水头均为"世界之最"的三峡双线五级连续船闸,13日首次实船通航测试取得成功。

18时50分,随着三峡船闸南线第五闸室的人字门徐徐拉开,下午从坝上茅坪港出发的"民风号"集装箱轮和"江渝15号"客轮,在经历进出闸3小时16分的航程后,慢慢地驶入坝下宽阔的江面。

和记者一起一直站在江渝客轮船头的长江水利委员会设计院通航建筑物设计总工程师宋维邦见证了这一历史时刻。这位年已70岁的船闸设计专家高兴地说:"上午对北线船闸进行的测试同样顺利,三峡船闸的首次实船通航测试十分圆满!"

早上最新水情预报显示:三峡水库入库流量为每秒21 500立方米。参加测试的两艘船上午由下游逆流走北线船闸,下午则由上游往下走南线船闸。

按设计要求,三峡水库首期蓄水至135米水位后,一般只需要启用三级船闸。长江三峡通航管理局局长张庆松说:"由于坝前水位比预计的要高,三峡总公司昨晚临时决定启用四级船闸,目的在于尽可能多地检验船闸运行状况。"

上午,记者在三峡船闸总调度室看到,北线船闸测试基本按照计划时段进行,两艘船均在经验丰富的船长指挥下，以每秒0.9米的航速，慢慢地在狭长的闸室里前行，进出闸前后共耗时2小时44分。

据悉，如无意外，三峡船闸16日将举行试通航仪式。目前，各方准备工作均在顺利进行中。

现在，三峡船闸已经运行20余年。

乌鞘岭隧道

乌鞘岭，祁连山支脉，海拔3 650米，东西长17千米，南北宽10千米，四季雨水丰沛，一年中冬季长达7个月，山顶积雪终年不化，为坐落在东、西两面的天祝和古浪两县人民提供了醇美不竭的水源和辽阔丰美的草场。它作为河西走廊的天然屏障，自古以来就是中西方经济和文化交流的大动脉——古丝绸之路上的咽喉要道。乌鞘岭隧道位于兰新线兰武段打柴沟车站和龙沟车站之间，设计成两座单线隧道，隧道长为20 050米。

"乌鞘岭隧道群掘进最困难时两天仅打了0.5米，全线打通历时1 420天，其中难度最大的高岭隧道历时1 409天，约有3 000人参与隧道施工……在高海拔的乌鞘岭上修公路、打隧道，施工人员形象地把这里誉为'地质博物馆'。"这是"每日甘肃网"上一篇报道中的描述。因乌鞘岭隧道群地处内蒙古高原、黄土高原、青藏高原交汇地带，地质构造发育、工程地质与水文地质条件复杂，施工难度大。难度主要表现在三个方面：一是地质灾害频发，施工中经常发生断裂破碎带涌水、挤压性断层大变形、煤系地层瓦斯突出、泥石流倾泻等地质灾害；二是地基处理工艺、工序复杂，该隧道群湿陷性黄土多，原有旧路基基底处理复杂；三是年有效施工工期短，乌鞘岭地区海拔高、昼夜温差大，降雨（雪）量较大，年有效施工时间仅有四五个月。文章中写道："针对这一难题，乌鞘岭隧道群设计过程中先后两次邀请国内外有关岩土、地质与隧道方面的院士、专家进行现场咨询，创下多个历史纪录，成功设计出了一条便捷流畅、包含5座隧道的隧道群。"这些院士、专家中就包括孙钧。

针对现场遇到的难题、踏勘隧道里岩土的力学变化后，孙钧带领团队先后发表了《隧道围岩挤入型流变大变形预测及其工程应用研究》[6]《隧道软弱围岩挤压大变形非线性流变力学特性研究》[7]等论文。

《隧道围岩挤入型流变大变形预测及其工程应用研究》将高地应力条件下隧道软弱围岩发生挤入型大变形的复杂力学行为归属为变形速率快而收敛速率慢、量值大、达到稳定的时间长的一种非线性蠕变范畴，着重研究了对围岩挤入型大变形的预测方法及其可靠性评价。对乌鞘岭铁路隧道断层带施工开挖大变形问题进行了变形预测的工程应用，并对一种可用以解决上述围岩大变形问题的新型自进式压力分散型让压锚杆提出了应用建议。

《隧道软弱围岩挤压大变形非线性流变力学特性研究》讨论了高地应力条件下隧道软弱围岩发生挤压大变形的复杂力学行为，将挤压大变形归属为变形速率快而收敛速率慢的非线性流变变形范畴。在分析挤压大变形流变力学机制的基础上，分别提出非线性二维黏弹塑性本构模型和大（小）变形三维弹黏塑性本构模型，并进行相关专用程序的研发。此外，运用所研发的材料子程序，对相关流变模型进行理论分析，就乌鞘岭铁路隧道软弱围岩施工开挖大变形问题进行工程应用研究。

"我们以乌鞘岭铁路隧道为例，对其岭脊段断层围岩的非线性挤压大变形流变性态进行研讨，开展三维有限元分析。"孙钧指出，"乌鞘岭隧道岭脊段围岩断层带的挤压大变形性态一是由于围岩岩性极度软弱而又处挤压带地层构造上，挤压性强烈，挤压力大，其流变属性十分显著；二是由于处于高地应力状态，挤压构造带使围岩松散破碎，以及开挖施工扰动引起二次应力场调整变化大。我们采用非线性黏弹塑性本构模型，按小变形、平面应变问题并又另按大（小）变形三维黏弹塑性本构模型，分别对乌鞘岭隧道围岩进行了流变力学分析。结果表明，两种模型计算得到的拱顶下沉、两帮收敛和二衬接触压力，在洞体变形位移的变化趋势以及量级大小方面都能与现场量测数据基本吻合，认为所建议方法具有一定的可信度。"

孙钧等人对乌鞘岭挤入型大变形提出了预测方法，提出采用自进式让压锚杆支护挤入型隧道围岩的办法，并对此展开研究。研究认为，此处对初期支护设计所要求的应该是"边支边让、先柔后刚、先让后抗、柔让适度、支护稳定"。具体言之，为了在高地应力、大变形条件下采用合理而有效的初期锚杆支护，需要满足以下几点要求：

❶ 锚杆主要承拉，其上端需深埋在稳固岩体内，不能随围岩挤入位移而走动，并据此确定锚杆的最小长度。

❷ 普通锚杆刚度越大而延伸率越低时，难以适应围岩产生大变形位移的要求。

❸ 为使锚杆及早受力，建议改用"钻、锚、注"三位一体的迈式自进型锚杆，使三者工序一气呵成，成锚及时。

❹ 要求锚杆能提供恒定不变的锚固力，且能为适应围岩大变形而设计有相当充裕度的"让压量"。所采用的锚杆既能维护围岩不致在变形中垮落，又具有很好的让压性，称为让压锚杆/锚索，它可以是预施应力的，效果自当更好。

那时，年近八旬的孙钧院士带着氧气罐，多次前往海拔3 000米的乌鞘岭，爬山进洞，踏勘险情。

2006年8月23日，乌鞘岭隧道打通。

这样的现场"望闻问切"还有很多。

21世纪之初,我国首条海底隧道——厦门翔安隧道翔安段,在建设过程中通过深厚饱水流砂层时,被"软弱中细砂土""高承压水"及"变形过度"这三只"拦路虎"难住了。孙钧院士到达现场后,现场踏勘,并在与专家们深入探讨后提出:构筑地下连接墙和防渗帷幕,先改变原先的动水为静水,再采用"降水固砂、再凿深井降水"的治理方案,最终取得了成功。

2003年春,"非典"疫情暴发。全国各机场开始对乘客测量体温,气氛一时非常紧张。就在此时,孙钧院士接到了一通紧急电话,他立刻飞往兰州,随即奔赴问题现场——兰州—成都线上木寨岭隧道[8]施工现场(海拔2 432米),这里因软岩高地应力发生大变形,造成围岩塌方。

"木寨岭隧道是兰海高速公路渭武段的标志性工程,地处青藏高原、黄土高原两大高原交汇地区,历史上地质活动比较频繁,因此隧道施工区地质围岩极为破碎,节理裂隙发育,给施工增加了很多困难。塌方处是一个'五毒俱全'的烂洞子:高地应力、岩性松软破碎、涌水突泥、煤系地层瓦斯突出、挤压型大变形……"许建聪介绍,"孙院士仔细观察过这些后,与专家们一起制定了策略:适当扩挖、自进式锚杆,使'钻、锚、注'三位一体地尽快形成锚杆支护力;局部采用让压锚杆'边支边让,先柔后刚'。整治效果证明,这一方法切实可行,效果不错。"媒体报道称,2016年7月19日,木寨岭隧道顺利贯通,标志着我国在攻克世界级隧道施工难题——极高地应力软岩大变形隧道施工方面取得新的重大突破[9]。

2008年初夏,在四川汶川发生特大地震后,形成了多处堰塞湖。当时82岁的孙钧院士刚刚做完心脏支架手术,他决意报名去震区,勘察受灾位点,观察堰塞湖水流的走向,提出切实可行的解决方案。然而,几次争取、递交申请,都被医院医生、家人和亲友们否决,大家众口一词不让他去:"时值盛夏,废墟表面在阳光下动辄40多摄氏度,您还以为是坐在宾馆沙发上吹着空调?您是要站在大太阳下,在高温现场出主意、想办法的。万一晕倒了,大家是救您还是救灾呀?!"

孙钧院士说:"说得可是对啊!"于是,他只得继续躺在病房里,改用另一种方式——为地震灾区写了两篇文章,一篇是《对治理堰塞湖灾情的意见》,另一篇是《如何快速整治高坡塌方二次震灾的建议》。然后用快递将这两篇文章邮送到中科院转报汶川震灾办公室。"2008年汶川地震,我也积极报名要去抢险,但单位和医院都不放我走。我那时刚做了心脏支架手术,医院说要主刀医生签字,又说主刀医生去国外开会了,实际上就是坚决不让我去。"他对记者说[10],"那时候,川北形成了多处堰塞湖。一条大河本来是通水的，地震之后山上的岩土石头塌落下来，把河水给堵死了，水没了通路就泛滥出河床，给人民生命财产造成了很大威胁。我提出了一个可行的救灾方案，在病床上写好寄到中国科学院转给政府。后来了解到，最后定下来的方案同我提的完全一致，但我送去北京的材料到晚了，所以决策跟我的提议没有直接关系。但是，我还是觉得很欣慰。我们这代人，很多都是自觉地把自己跟祖国联系在一起的。"

2010年中秋节，孙钧院士再一次去了施工中的钱江隧道。钱江隧道面临的地质和施工问题较多。隧道先后4次穿越江南大堤、江北大堤。其中，江北大堤为明清老海塘，穿越大堤时由于覆土厚度变化梯度大，盾构施工参数控制困难，隧道之间净距离小，两次扰动土层对大堤也会产生一定的影响。钱江隧道进出洞施工有三难：一是覆土浅，且盾构大部分位于渗透性非常好的粉细砂层土中，易发生盾构正面土体坍塌或冒浆现象；二是对进出洞土体加固质量及辅助降水提出了很高的要求，稍有不慎就易发生水砂突涌现象；三是洞门断面面积较大，洞门圈直径比盾构外径大0.57米，给施工轴线控制和洞口止水工作带来较大困难。此外，还有长距离掘进带来的施工难点，如大断面隧道抗浮，通风和运输，长距离引发的测量偏差，盾尾钢丝刷和刀具磨损更换，等等。盾构推进过程中，若处理不当，后果很严重。

孙钧院士这次赴隧道，是因为八月十五钱塘江大潮来临，他担心"水上动一动，地下抖三抖"，万一隧道有不虞之事，那可是万万使不得的！孙钧院士以该江底隧道专家委员会主任的身份，一到现场，便一头钻进江底的钱江隧道深处，检查涌潮时盾构作业面的动静与安危。而此时，钱塘江正万马奔腾、怒涛拍岸，岸边人头攒动、惊呼连连。

烈士暮年，壮心不已。港珠澳大桥工地，也是孙钧院士常去的地方。"这10多年来，我去广州、珠海和中山等地参与大桥技术会议约有40多次。港珠澳大桥的技术创新共获得了400多项技术专利。是我最早提出要用深埋沉管，并获得了部里的大力支持。这是我坚持的，并在专家大会上获一致通过。在岛隧过渡段大范围软弱地基的土体加固上，我极力赞成用挤密砂桩取代PHC刚性长桩。实践证明，这种办法是完全正确的。对于人工岛采用钢质大圆筒围护结构支护的岛体，我建议必须用与塑料排水板相结合的超载预压，才能及早完成施工沉降；还有最终合龙接头和改用半刚性管段后该怎么做；等等。"老院士很自豪地对上观新闻的记者说。

《同济专家等为港珠澳大桥沉管安放"望闻问切"》[1]一文中写道：

"安装胜利完成！"2017年5月2日晚

10时33分,中交集团总裁陈奋健宣布。随即,鞭炮声"噼里啪啦"响起。"最终接头体积虽小,却比普通沉管复杂得多,难度最大、风险最大。"自始至终参与港珠澳大桥隧道审核咨询任务的我校土木工程学院徐伟教授介绍,最终接头是一个巨大的楔形钢筋混凝土结构,顶板长12米,底板长9.6米,宽37.95米,高11.4米,重达6 000吨,其"三明治沉管结构"是国内第一次使用。

2017年5月2日,港珠澳大桥沉管隧道最终接头。当天早上5时许,该隧道由世界最大单臂全旋回起重船"振华30"进行正式吊装,并进行海底对接。

与沉管安装的浮运沉放不同,最终接头安装采用吊装沉放。由于最终接头在水下安装,空间两侧严重受限,且三维方向上互相影响,可用的安全距离仅有5厘米左右。考虑风力、海流、浮力等多种因素,实际误差只允许在1.5厘米以内。"困难之大,前所未有。"徐伟说。

为此,今年4月8日,工程指挥部邀请包括我校孙钧院士、徐伟教授,校友叶可明院士在内的近百位专家赴中山参加"港珠澳大桥岛隧工程沉管隧道最终接头安装合龙施工方案专家咨询(评审)会",为最后12米沉管"望闻问切""把脉问诊"。

港珠澳大桥海底隧道全长5 664米,是目前世界上综合难度最大的交通隧道工程之一。海底隧道由33节巨型沉管连接而成,沉管之间使用"接头"组装。此前,港珠澳大桥已完成全部33节沉管的沉放。安装最终的12米接头,是港珠澳大桥主体工程全线合龙的最后环节。

会上,11个课题负责人分别介绍了12米沉管的整体情况、浮吊安装、海流监控、安装方案、施工方法、索具制造、姿态分析及试吊方案、最终接头龙口位置控制、安装风险、接头焊接等。三年时间内,11个课题负责人分别在江苏、上海、浙江、广东等地开展攻关试验、研究,如安装风险课题组就提出槽床基础沉降不均匀、复杂海流、自重巨大、精度要求高、顶推止水、水下焊接等9项风险,并一一开出"药方"。当天下午,专家们又来到大桥隧道、西人工岛现场考察,听取汇报。

第二天上午,在全部课题完成汇报后,92岁的孙钧院士第一个发言。他说,自己已经在这家宾馆住了四回了,为的都是沉管隧道。12米连接沉管的安装需要水文窗口(4月至5月只有两个,5月后伶仃洋就不适宜安装作业了),需要海面风平浪静,需要晴空万里(能见度1 000米以上),所以天气的短期预报、实时预报都要跟上。"我想到的,你们都想到了;改进措施都跟上了,纸上、实战演练做得好。"孙院士说,"今天中午,我仔细想了想,尽管大家做得慎之又慎,但以下风险还请同志们认真考虑：沉管最终接头下的基床土力学分析应该更深入研究，最终接头就位着床过程中的侧向水流力作用影响要受控，早期的结构沉降分析要准确。这些关键问题你们一定要研究透、把握好，用正确的结果来指导最终接头的安装施工。"

徐伟介绍，5月2日早上7时20分许，"成熟稳重"的"振华30"吊着重达6 000吨的接头，在施工海域完成90°旋转后，缓慢下沉，中午12时，最终接头成功着床。"整个过程克服海流、波浪的影响，平面误差始终保持在1.5厘米，最终实现了史无前例的海底穿针。"徐伟说，从堪称完美的过程来看，工程人员很好地消化了专家们的意见，并将之转化为完美的施工方案。

据悉，最终接头对接完成后的水下临时止水环境只能维持约30天。接头沉放到位后，160人的焊接团队随之跟进，将在临时止水环境中进行大约15天的钢接头焊接作业。完成后，港珠澳大桥便实现全线合龙[12]。

针对港珠澳大桥工程，孙钧院士先后共提出大小合理化建议20多项，绝大部分被专家认可，最终为设计施工所用。

孙钧院士认为，岩土和地下工程具有普遍的不确定性，各种病害往往难以理论模拟，在办公室里只能对空而构，问题的第一现场都在工地。"我作为一名工程医生，我的病人是工程，工程害了病，一个工程医生，不到现场把脉问诊，怎么开药、配方？"正是在这样的理念下，几十年如一日，他都置身工程建设第一线，每年奔忙于施工工地多达30余次，无论酷暑炽热如火，还是数九严寒如剑，都从未挡住他亲临生产建设第一线的脚步。

实地解决工程问题往往都是非常艰苦的。20世纪末，孙钧院士在去湖北恩施现场查看四渡河一座特大跨谷悬索大桥的隧道式锚碇时，因为要亲眼看到锚峒岩体构造和岩性发育状况，他一脚高、一脚低地从约35°的陡坡道一步步到达70余米深处的地下峒底，花了一个多小时认真察看岩体结构产状。看完后，上来怎么办？时已年届古稀的孙钧院士在别人的搀扶下，从铁索阶梯艰难地爬到地面。到了峒口，他足足有5分钟喘着粗气、不能说话，眼睛环视着焦急、忐忑的同行们，终于，他面带笑容地说："这次是真的考验我的体力极限了！"

有一年中秋节，孙钧院士从乌鲁木齐前往吐鲁番盆地，冒着44℃的高温，在"火焰山"上长途跋涉，踏勘边防工事。2002年元宵节，北方彻骨严寒、雾凇片片，室外温度-18℃，在南水北调中线穿越黄河盾构隧洞的北岸深大竖井处，他手握冰冷刺骨的铁扶梯，一步一步顺着阶梯艰难地下到近50米深的井底。为什么要这样?他说:"乐在其中啊!感觉真是好极了啊!"他又说:"岩土这东西,不能只关在学术殿堂里做空头学问,而是一定要去工地现场'验明正身',不放心呐!"因此,他沉迷、执着,乐此不疲地坚持了一辈子。

四、老院士眼光高远

2019年5月,第八届国际桥梁与隧道技术大会(IBTC)在上海召开。93岁的孙钧院士在会上发言说,渤海湾跨海通道的内部研究已到关键节点,课题组已完成通道方案的战略性规划研究报告,并已上报国家发展改革委审批。

会上,孙钧院士作了题为"对兴建渤海湾跨海通道问题的若干思考"的演讲。他表示,关于兴建渤海湾跨海通道问题,有关方面的前期研究已经长达20余年。但由于部分专家一直持有疑虑,工程迟至今日尚无法立项启动。

就修建渤海湾跨海通道的迫切性问题,孙钧院士提出三方面意见:其一,山海关内外交通运输量增长的需求方面;其二,通道建成后关内外交通便捷性方面;其三,通道建成后的区域效益方面。

他认为,山海关内外交通运输量急剧增长的迫切需求,是渤海湾跨海通道建设位列首位的决定性因素。目前三五年内,关内外联系的铁路运能尚能满足要求,2018年京沈高铁投运后每年实际可提供运量2.3亿人次,但5至7年后,随着环渤海湾城市群建设及其产业发展和雄安新区的崛起,年客运总量需求将达到3亿人次,关内外铁路运能届时将"捉襟见肘"。如仍采用在旧线上增加列车的方法,则因津浦线北段运能现已呈饱和状态,难以根本解决问题。因此,兴建跨海通道势在必行,迟行不如早行。

台湾海峡通道

2019年10月13日,台湾海峡通道暨金马通桥专题研讨会在福州召开。"连接海峡两岸的通道,迟早要建,必然会建成。"94岁的孙钧院士说话的语气平静而坚定,"台海通道通车的那一天我可能看不到了,但我希望看到它开工。"

2019年台湾海峡通道暨金马通桥专题研讨会吸引了来自两岸的专家学者40余人参会。会议呼应习近平总书记当年1月在《告台湾同胞书》发表40周年纪念会上发表的重要讲话。习近平指出:"两岸要应通尽通,提升经贸合作畅通、基础设施联通、能源资源互通、行业标准共通,可以率先实现金门、马祖同福建沿海地区通水、通电、通气、通桥。"按照这一重要指示精神,福建省有关方面迅速行动起来,深化厦金(厦门—金门)大桥方案,展开榕马（福州—马祖）大桥方案研究。会议由同济大学土木工程学院徐伟教授主持。

"算上今年，是我参加的第11届台海通道会议了，4次去台湾，7次在福建。这座桥技术上没有问题，并且我坚信总有一天会建成。"孙钧院士在讲话中数次重复"总有一天会建成""中华隧道梦会圆"。他说，他对海峡通道一直保持着浓厚的兴趣，前后写了8篇文章，但现在写不下去了，因为他拿不到更深入详细的地质、海床、水文等资料。有人说，台湾海峡东部有一个陡坎，多深不知道。因此，他希望双方可以用较为灵活的方式先展开海况详勘，技术上先动起来。"老先生的心情比年轻人急迫。"徐伟教授点评说。

台湾马祖距离福建福州大约20千米，金门与福建厦门的最近距离不到5千米。2004年，厦金大桥建设前期研究论证启动，大桥计划以厦门本岛为起点，经过厦门翔安的新机场，再连通金门岛。同时根据大桥不同区段的车流量需要，将分别设计4至8车道的桥梁。会上，中国交通建设股份有限公司副总工程师孟凡超表示，厦门翔安机场是一个国际机场，也是一个战略性的交通节点，这个通道必然要把翔安机场连接起来，然后两岸共享机场资源。在前期调研的基础上，榕马大桥、厦金大桥相关设计单位结合地形地质、海洋水文条件、通航要求、主要构造物技术合理性、路网衔接等，介绍项目相关情况。孟凡超表示，厦金海域水文地质等条件都还不错，并且大陆的跨海造桥技术已经非常成熟，施工难度并不大，目前需要对接的主要是两岸的技术标准等。

会上，金门县政府代表表示，金门和厦门在交通运输方面主要还是靠"小三通"的一个发展模式，2004年客运量预估将达到200万人次，厦金生活圈现已成形。金门县政府方面期望能为厦金生活圈提供更稳定的交通运输系统，目前正委托相关单位对厦金大桥进行基础性调研，并就通道建设所涉及的两岸政策模式、通关检疫对接等进行研讨，"后续我们会与大陆方面充分对接，积极推动金厦通桥"。"福州至马祖通道的初步方案也已形成，30多千米的路程，较好的海况海床条件，建桥最好。"福建有关方面介绍，建桥具备建设规模较小、造价相对较低的优点。孟凡超表示："台湾海峡跨海通道工程是利国利民和突破区域发展瓶颈的国家工程，对我们的建设管理、工程勘察、设计技术、工程技术、施工装备、运营管理能力是一个前所未有的挑战。但是，我们在高质量建成港珠澳大桥之后，对高质量与长寿命、科学与创新规划设计、高效建设与管理台湾海峡通道工程是自信的。"

"仔细看了各位的报告，知道了很多不知道的东西。"孙钧院士说，"今年7月，福平铁路平潭海峡公铁两用大桥完成浇筑，平潭大桥全部贯通，为明年通车奠定了很好的基础。""台海通道桥位的选择，我较倾向北线，也就是平潭—新竹线。桥型是桥还是隧，或者桥隧结合，这需要我们抓紧展开海洋地质详勘，要摸清地质、水文、地震状况。理论上，桥隧都可以，只要有详备的资料，只要事先想到，技术上我们现在都能找到合适的办法。但我倾向于隧道，那么长的桥，海上大雾天怎么走？台风来了要封桥，桥上发生严重的事故怎么办？全程造隧道的话，这些状况都没有了。造隧道，可以先打探洞，大陆、台湾两头同时打，这样就可以增加工作面，加快进度；把隧道分成五段，每段30千米，两边打平洞，双向奔赴。这样工程进度就可以更快些，我做过一个研究，通道工期一般为18~20年；前期的各项研究还需要10年左右的时间。"孙钧院士殷殷嘱托："前期工作要加紧展开，这是一项跨世纪工程，大家都要为它早日建成而努力。"

孙钧院士对海峡通道的研究成果丰硕。他不顾年事已高，针对台海通道问题撰写了包括《海峡隧道工程结构的耐久性问题研究》《台海隧道工程建设的风险分析》《海峡隧道工程总体规划设计中若干关键性问题的思考》等在内的一系列文章，研究相当深入。他主张采取隧道工程，以120年或150年为使用周期，开展的研究内容包括：

❶ 海峡地震地质、海床水文。

❷ 过海通道（隧道方案）的选位与走向。

❸ 采用铁路或公路隧道何者过海。

❹ 特长过海隧道的开挖施工与运营通风方案。

❺ 隧道耐久性等问题。其中含：过海通道工程的桥、隧方案比选，兴建隧道过海的技术优势和问题；海底隧道合理的最小埋置深度；关于在上、下行交通主隧道之间设置平行辅助性服务隧道的考虑；隧道掘进机（Tunnel Boring Machine，TBM）选型及其在深海岩盘中掘进的工程应用与问题；钻爆开挖法的施工机具设备成套配置与评价。

❻ 长大隧道掘进中地质与施工信息智能管理与监控系统软件的研制与开发等。

五、他的学术贡献是多方面的

"创新引领未来，科技改变今天。"这是孙钧院士书房案头的一句话。先生说这句话激励他时刻保持着一股只争朝夕的干事劲头。也正是这种劲头，促使他在知命之年欣然去美国做"博士后"。在那里，他获得了几何大变形广义非线性流变的有限元法数值分析求解和虚拟现实（Virtual Reality）的萌芽信息[13]。经过摸索，他觉得后一方法也可以在土木结构工程学领域模拟压剪、弯曲、扭转、抗疲劳和抗震等静、动力学实验，以求解不同条件下任意部位结构的变形、应力和应变分布、内部势能变化以及极限破坏等情况。"举一隅不以三隅反，则不复也"，想到此，他如获至宝，带领教研室老师们立刻认真开展学习、钻研，并在国内出版了《地下结构非线性有限元方法分析》一书，开设了这一领域国内第一个专业培训班，国内业界同行纷纷前来听讲，他亲自授课，引起不小的轰动，获得好评一片。

在《耄耋驻春：祝贺孙钧院士执教六十五春秋文集》中，孙钧院士的弟子们所撰写的论文主要涉及地下工程、岩土力学、岩土工程、交通工程等四大领域，纵贯了共和国的改革开放全过程。

孙钧院士的弟子们在总结先生的学术贡献时说，孙院士长期从事岩土力学、隧道与地下工程学科的教学与科学研究，1960年，在隧道与地下结构学科领域开拓并建立了新的学科分支——地下结构工程力学，对地下结构黏弹塑性理论、岩土材料流变学和地下防护结构抗爆动力学等学科前沿进行了系统深入的研究。近些年，孙院士在多项学术领域均有相当的影响力，成为国际业界的知名学者和技术专家：一是广义/最一般岩土介质材料非线性流变，力学机制（材料/物理本构关系）非线性和软岩、软土大变形几何非线性及其耦合相互作用，以及地下结构黏弹塑性理论；二是海洋环境和隧道内行车碳化条件下，混凝土材料腐蚀机理、结构全设计周期服役寿命预测、实验测试和耐久性设计研究；三是人工智能科学在岩土力学与工程中对施工变形预测与模糊逻辑控制的应用。尤其是第三点，自20世纪90年代初叶起开展深入系统探讨，是国内在该领域开展人工智能研究最早的个人与单位之一。

孙钧院士1960年至1961年负责我国第一座特大型军用地下飞机洞库工程的建设；1965年至1966年主持了上海市第一座地下铁道车站——迄今国内外最大的预应力混凝土气压沉箱工程的勘测和设计工作，并担任上海打浦路黄浦江越江隧道工程设计和施工的技术顾问；70年代从事我国人民防空工程建设，为上海人防规划设计了大量示范性工程；1976年在国内率先开设"地下结构非线性静动力问题有限元法解析""地下结构黏弹塑性理论""地下结构抗爆动力学"等一批新课程和专题讲座，为这一学科的发展奠定了坚实基础。70年代后期起，孙钧院士承担国家"六五"科技攻关项目"水电站地下厂房围岩-支护系统的粘弹塑性分析"，并完成中国科学院基金项目"非连续岩体地下结构粘弹塑性问题的理论与实践"。80年代中期，承担水电部"七五"科技攻关项目"天生桥一级电站导流隧洞全断面开挖的实验与理论研究"；主持国家"七五"科技攻关项目"淮南煤矿软岩井巷预制大弧板支护研制与工业性试验"研究，成果对指导软岩巷道掘进与矿山开采有重要价值。他创立的地下结构施工模拟与开挖时空效应的力学分析理论，在诸多大型工程的设计与施工中被成功应用。自80年代中期起，担任国内众多城市的地铁建设与地下空间开发工程的技术顾问，以及大量国家级重大工程项目的特邀技术专家。自80年代初起，完成国家重点科技攻关项目，自然科学重大、重点和面上基金项目近20项；负责国家重大工程建设项目的工程研究40余项，成果应用广泛，经济效益显著。

多年来，在岩土与地下工程领域，孙钧作为技术主持人先后承担完成国内众多重大和特大著名隧道与桥梁基础工程的规划、勘察、设计和工程研究工作，具有代表性的项目有：某国防地下飞机洞库和地下贮油库工程（国内首座），上海市首座地下铁道车站扩大试验工程（特大型预应力气压沉箱下沉施工，该工法属国内外首次采用），鲁布革、小湾、天生桥、从化、拉西瓦和青草沙等多座大型水电站地下厂房和水工隧洞工程，长江三峡永久船闸高边坡岩土工程，南水北调中线穿黄（穿越黄河）盾构隧洞及两岸深大基坑工程，京珠高速公路粤境北段隧道群工程，秦岭终南山高速公路隧道工程（当时国内最长、世界第二，他经选聘任该隧道工程专家委员会主任委员），兰武铁路乌鞘岭隧道工程（当时国内最长、世界第三），厦门市翔安海底隧道工程（国内首座），上海市地铁和越江隧道工程，沪崇苏大通道崇明长江隧道工程（盾构直径及其一次掘进长度均居当时世界第一），某特大型国家战略地下水封贮油洞库工程，以及虎门、江阴、润扬、苏通、阳逻、泰州等跨越珠江和长江下游多座公路大桥的深水桥基工程，等等。他以理论为导向，以工程为依托，研究成果能及时为生产建设服务，成绩卓著，为国家的基本建设事业作出了重大贡献。

与其学术建树并辔而行的是，同济大学从1997年开始便成立了岩土力学与工程方面的首批重点学术梯队，并以他的名字命名——"孙钧学术梯队"。孙钧带领的梯队学术气氛活跃，多年来在学术理论和工程技术研究的若干重要分支前沿均取得了丰硕成果，培养了一大批能独立承担复杂科研的高素质人才。梯队中，青年教授和研究人员承担了两项863计划子项目——"磁悬浮轨道交通的地基处理"和"崇明长江隧道的工程可靠性与耐久性研究"，两项上海市重大基建工程研究重大项目——"上海国际航运中心洋山深水港区海上堆场地基处理与加固"和"崇明长江通道的技术风险分析与评价"。学术梯队还承担过两项国家重大研究项目：一项是"三峡工程高边坡岩体的稳定性及其长期变形研究",另一项是"受地下工程施工影响的土体扰动及其环境损伤与施工变形预测和控制"。此外,还有关系西部大开发和交通部的"十五""十一五"重大科技攻关项目等重大战略,不一而足。据统计,近年来在研的纵向项目有25项,横向项目大的有7项,其他技术咨询课题等有13项,总经费近2 000万元。

研究工作中,孙钧院士要求大家力求以重大工程为背景和依托,将工程中涌现出来的实际难题提升到理论高度,进而从问题的机理和本质上作深入系统的探讨与分析,得出的初步成果还要返回到生产实践中去考察和检验,从而进一步发现问题与不足,再反馈修正并完善原先的模型和参数,调整、更改研究方法和步序及其相应的程序软件,使之最终能为生产实践所接受,并做到、做好为工程所用。在孙钧院士"实践中来,到实践中去"的原则指导下,学术梯队的研究成果在工程中持续被采用;一些引领岩土工程转型的高新科技研究,如科学计算和图形图像可视化问题、岩土工程中的数字图像处理技术、采用GIS编录工程数据库和信息库、软科学理论与方法(侧重智能科学)在岩土力学与工程中的应用、地下工程施工风险分析与评估,以及数字隧道在岩土工程中的开拓和应用等,都已在工程中发挥日益重要的作用。

目前,孙钧学术梯队还完成了一些其他工程应用技术研究,如市政和地下管线的非开挖技术(含探地雷达的特殊处理新技术)、有自主知识产权的岩土与地下工程专用程序软件的研制与开发等。以孙钧院士为首席顾问的上海市非开挖技术协会研究中心就设在同济大学岩土工程研究所。

在上述这些新兴子学科研究领域中,孙钧学术梯队的主攻方向有以下几个方面:

❶ 岩土力学与工程中的非线性科学问题及其数值模拟与仿真。这是一项传统的经典性研究,希望能进一步推陈出新,得到一些有创意的成果。

❷ 岩土介质材料的流变时效特征研究(特别对高地应力情况下的软黏土和软岩以及一些节理裂隙发育的岩坡和隧洞围岩)。学术梯队成员从20世纪70年代后期到现在一直坚持在做这项研究,成果曾获国家首批科技学术专著出版基金资助,于1999年底出版了一部约120万字的学术专著。

❸ 城市环境土工学。这方面研究整体上可称为"受施工扰动影响的土力学问题"。

❹ "工程施工力学"问题。例如,学术梯队前些年所承担设计和研究的江苏省润扬长江公路大桥北锚碇基础,它的特大、特深基坑深达50米,地下连续墙还要

嵌固入基岩内，共有12道支撑，要研究围护结构和每一道支撑在各层土体开挖、成撑过程中的力学性态的变化，也就是要将研究贯穿于基坑"开挖—支撑"的整个施工全过程。

❺ 研究软科学的理论和土木工程中的计算机辅助工程（Computer Aided Engineering，CAE）方法在岩土力学与工程中的应用。学术梯队主要研究人工智能科学在岩土学科中的应用，包括两个方面：一个是专家系统；另一个是对人脑的模拟，即进化神经网络与遗传、记忆科学。通过集体的攻关和努力，后者已有相当的研究成果，并出版了《城市环境土工学》（侧重智能科学方法研究）。

❻ 高新科技对岩土专业这一传统学科的更新与改造。学术梯队正在做的并已有了一些阶段成果的可视化图形图像以及可视化科学计算，可以让工程人员得到一个实时的、直观生动的图形、图像成果。此外，学术梯队还研制和二次开发了施工变形多媒体视频监控计算机技术，形成了包括同济曙光软件、同济启明星软件等在内的软件，取得了相当的社会效益。

近年来，学术梯队中的一位教授在搞复杂岩土工程网络计算，这是一项最新的前沿技术；另一位教授在研究土体颗粒流技术，且已有了一套世界级的程序软件；还有两位教授分别开拓了数字地层可视化研究和工程技术与管理的风险分析与评估研究，也都有不错的建树，在国内已有一定影响。

几年来，在学术梯队已结题的项目中，国家及省部级重大、重点项目所占经费总额达到了73%左右，先后有7项成果分别获得了国家及省部级奖励，在国内外核心期刊和国际学术会议上每年发表的论文数量都在60篇以上，被国际权威学术机构SCI、EI和ISTP等检索的文章数也在不断增加。

时时挂念，时时指导，孙钧院士在与学术梯队后学们的交流中，总是叮嘱大家：做岩土、地下工程设计及计算分析研究，要求做到"半理论、半经验和实践三结合"，并做好工程典型类比分析，使分析结果能在量级上、变化规律性上以及在所得出量值的正、负号上不犯大错；"不求计算精确，但要基本正确"，这就是对许多岩土工程"灰箱"问题做出设计施工正确抉择的基本要求。他还指出，任何地质详勘都无法完全真实无误地揭示岩土地层的奥秘，只有"打开来再看"；决不能一成不变地按图（纸）索骥，照搬施工，而要随机应变，针对不同个体，研究有效的工程预案或实时排险对策措施；根据施工监测资料数据，采用不同方法和个案来做出应对工程险情的预测、预报与施工控制，并在高一层次的信息化、智能化的动态设计施工各方面多做努力，实实在在地下大功夫。

综观孙钧院士的学术思想和研究方法，最值得称道的是：对工程建设和生产实践中涌现出来的众多技术难题的研究，总是要求大家不能只局限于就事论事，只满足于一般性的工程可用解，而是要力求从问题的本质与机理出发去深化理解和认识，从而得到更具科学意义且实践上又切实可行的解决方案，也就是他常说的"最优解"，这是他做研究工作的追求和目的。他不企求理论所获迅速见于国内外的文献，而是注意将阶段性的研究成果反复用于工程实践，以求检验与论证，以便作进一步的修改和完善，最终为工程的生产实践所用。他的思想方法完全符合"实践—理论—实践"这一认识论的基本观点。

六、人才培养，硕果累累

"在每一个强势学科的背后，都有一批具有战略眼光、学识渊博又善于凝聚人心的学术大师。"孙钧院士的第一个博士研究生李永盛深情地回忆。自1978年开始招收硕士研究生至1996年，孙钧共招收27名硕士研究生；自1982年开始招收博士研究生至2018年，共招收83名博士研究生。两项加起来，孙钧共为国家培养了110名高级人才，其中包括李永盛、朱合华、赵阳升等。此外，他还先后指导了25名博士后开展科学研究。

面对各种问询，孙钧院士不止一次讲起李国豪。他说，青年时期，有一次在参加同济大学青年教师座谈会上，有幸聆听了老校长（当时是教务长）李国豪教授的一番发人深省的谆谆教诲，留下了受益终身、永不忘怀的记忆，给他此后数十年教学科研生涯带来了无穷无尽的动力。

他说，李校长在发言中动情地说："一个大学毕业生，在毕业后的三五年里，如果没有养成自学和勤奋钻研做研究的好习惯，只是浑浑噩噩过了一天又一天，我看他以后也就难了。"李校长进一步真诚又严肃地告诫青年教师们："上面这种人先是手懒，不愿动笔了；后来再发展到脑子懒，不肯用心和思考了。他这一生我看也就基本完了！"

孙钧院士说："可危险呀，大家要切切警觉啊！"他说，李校长更是通过举例，一边分析，一边忠告："有人说，'我都过35岁了，脑子已不如年少时灵活了，手头杂事又一大摊，没有时间和精力搞学问、做研究了呀。'真的是这样吗？我看这些都是不求上进的托词，要害只是一个'懒'字。事实上，只要肯学、肯做，我看连坐在马桶上的时候，同样也可以思考问题、做学问的呢。"

当时，年仅27岁的孙钧听得全神贯注，句句入耳、字字铭心。他说："恩师警语从此深埋在我的心底。几十年过去了，时刻牢记，须臾不敢忘记。"晚年，孙钧院士回顾自己七十余年教学科研生涯，时时讲起："自己当时是句句都听进去了，此后数十年也老老实实地照做了。自省未敢一刻懈怠和放松自己，决不肯荒废韶华。李校长的话语如警钟，历久弥响，贯彻终身！"

孙钧院士培养人才，充满激情。

1955年，我国在苏联专家的帮助下，启动了武汉长江大桥建设。大桥在汉阳龟山与武昌蛇山之间的长江上，跨江长度达1600多米。大桥采用双层钢桁架结构，上面一层4车道，通行汽车；下面一层双向轨道，通行火车。同济大学副校长李国豪被聘为武汉长江大桥顾问。

大桥施工期间，孙钧和苏联专家斯尼特柯一起，带领一批桥梁专业的大学生进入施工现场。首先，他们在浪涛汹涌的长江上观看桥基管桩振动沉桩；接着，师生们攀登到高高的钢桁架上，通过设有防护网的通道，走到钢架作业面的最前端，仔细察看钢梁拼装工艺。回到学校后，同学们进行了有关专业研究与测试，包括探讨大桥突遇地震、双向火车在桥上高速通行时，对钢桁架结构刚节点和桥桩所产生的次应力、动反力、制动力等一个个力学现象。

1957年，武汉长江大桥正式通车前，孙钧等人再次来到现场，用万能振动仪做现场动力测试。这一次，他亲眼见证了火车在高速行进中，在距桥墩位置十余米处突遇紧急情况而刹车，他们用振动仪测试钢桁架杆力焊接节点处的次应力与大桥支座的动反力，以及施加于墩顶的水平制动力，现场获得的测试值与他们计算出的数值完全吻合。孙钧他们当时的那个激动与兴奋啊！真难以名状！他一次次在大桥上振臂欢呼："结构力学万岁！万万岁！武汉长江大桥万岁！"

这种对学术的执着、对工地的一往情深，孙钧院士一直保持到老。2011年10月25日，在土木工程学院大讲堂上，孙钧院士问后生们，是不是只靠勤奋、个人奋斗，就能达到成功人生？答案自然是否定的。面向学科前沿，奉献国家需求，应该是科技工作者永恒的向往和追求。他语重心长地告诉同学们："兴趣是成功的动力，而钻研是萌生兴趣的源泉。"他借用苹果公司创始人乔布斯的"人们知道自己一生的短暂，要把握有限的时间和精力，做自己喜欢做的、有意义的事"来勉励大家，激发同学们对专业、对学习的兴趣和热爱，培养和锻炼、提高学生的独立思考、钻研和工作能力。他说，最后能到达如饥似渴、如痴如醉、欲罢不能的美好、迷人境界，成功就有了一半了。仿佛意犹未尽，孙钧院士又说，改变"要我学"为"我要学"的关键，首在钻研，"钻研→兴趣→再钻研→……"形成良性循环，有投入就有收获，成功也必然在望了！

孙钧院士告诉同学们，人的精力、时间有限，而书海无涯，要趁年轻，有选择地精读几本经典专著；当今，学科相互交叉，彼此间又相互融合和渗透，并在其结合点上派生新的学科分支或边缘新学科——交叉学科，是现代科技发展的特点和需要。

孙钧院士说："现在我已有了一个搞地下工程学科方面的专业研究团队。我这个团队的成员、集体作用和影响力，不只在系里和学校里，而且扩大到了全国。团队成员都是某个子学科领域的专家，我碰到什么问题，可以随时请他们帮忙和指导，他们都是我的'私人顾问'呀。"一副活到老学到老，就是不服老的奋斗模样。

第一位博士研究生称他为"隧道与地下工程学科的奠基人"

孙钧的第一位博士研究生、同济大学原常务副校长李永盛在《孙钧：隧道与地下工程学科的奠基人》一文中说，"对于同济大学隧道与地下工程学科，孙钧教授就是这样一位德高望重、受人尊敬和爱戴的长者，是学科发展的带头人"。

李永盛说，20世纪50年代末，随着新中国建设的日益发展，隧道与地下工程从理论发展研究到工程技术开发得到越来越多的重视。同济大学决定创办隧道与地下工程专业，适时建立同济大学地下结构工程教研室，联袂已有的工程测量、工程地质与水文地质、土力学与地基基础这些专业，组建成立地下工程系。时任同济大学校长李国豪教授排兵布阵，调集一批优秀教师承担新专业建设工作，孙钧教授受命从桥梁专业转到地下结构专业，担任首任教研室主任。自此，孙钧教授就开始了新专业的建设，从未离开过，可谓倾注了毕生的精力。当时，在全国范围内，组建隧道与地下工程专业的高等院校还不多，主要是以铁道、水电等院校为主。

专业初创，面临着诸多难题和困难，孙钧教授不遗余力地汇聚人才，吸收来自各方面的优秀技术力量加盟。第一代同济大学隧道与地下工程的师资就是在这样的背景下形成的，潘昌乾、侯学渊、杨林德等知名教授承担起教学科研管理的重任，教师队伍中有来自本校工民建、桥梁、道路专业的同行，也有从校外知名设计院、部队科研单位加盟的专业人士。到后来，有了自己专业培养的毕业生留校担任助教，就更显现出事业的活力。

从专业创建初期开始，孙钧教授就提出在教学与科研中秉承同济土木严谨的科学态度、脚踏实地的求实精神。与此同时，孙钧教授一再强调理论与实践紧密结合的学风，坚持学科与国家重大建设项目紧密结合的同济传统。为此，孙钧教授邀请诸多来自铁路、公路、煤炭、采矿、水利、抗震、国防等领域的专家和学者参与学校的教学和科研工作，积极参与全国和地方的学术交流，主动承担各类社会学术团体的组织工作。他时刻关注着本专业领域的前沿发展，以及面临的技术难题，以此调整和聚焦学科科研和教学的内容及重点。正是出于这一原因，当时新成立的教研室受到专业领域技术人员的重视，孙钧教授的学术报告和专家咨询发言特别受到全国同行的关注和欢迎。

孙钧教授非常重视教材编撰和实验室建设。教研室在组建初期，由于缺乏统编教材，课堂教学大都采用自编讲义，经过不断完善和修改，很快就编写成了正式教材予以出版。其中，孙钧教授身体力行，与侯学渊教授合作主编的《地下结构》等专著，均已成为国内同专业本科生、研究生必读的参考书籍。在实验室建设方面，孙钧教授提倡以特色装备建设为主，配置常规装备与特色装备并重的做法，对引进与研发装备都给予了足够重视。在严格的理论知识传授与训练的同时，加强学生通过实验室观察和实际工程实践得到专业教育与培养，使其真正掌握和应用本专业基础知识和基本技能。

正当教研室工作顺利开展之际，"文化大革命"开始了，高等教育遭遇了巨大灾难，高校的教学科研工作几乎处于全面停顿状态。即使在这样的困难时期，孙钧教授所带领的地下建筑教研室仍积极参与国家国防军事建设的研究项目，与人防办合作，在同济大学校园开办了好几期人防系统技术干部学习班，结合地下工程抗爆技术与动力响应分析，以及浅埋地下结构防护技术措施，开设课程，编撰教材，其成果和业绩获得总参谋部、总后勤部和人防办多次嘉奖和表彰。

在改革开放的春天到来之际，孙钧教授以更大的热情投身于地下工程的教学科研之中。他鼓励教研室的同事们关注国外先进的隧道与地下工程的分析理论、计算方法和工程技术，借他山之石以攻玉，尽快占据本学科领域的国际前沿。20世纪80年代初，有限元方法在工程中应用不久，孙钧教授结合自己在美国访学期间所获得的信息，加上自身的感悟和研究，组织教研室老师们一起学习，亲自担任主讲，据此编撰出版了《地下结构有限元法解析》一书，在国内业界产生很大影响。

随着国民经济建设的迅猛发展，城市地铁、能源工程和基础设施建设中，涉及地下工程理论和实践的需求变得日益迫切，为同济大学隧道与地下工程学科的拓展提供了难得的机遇。教研室30多名老师团结一致，遵循孙钧教授长年的教导和指引，倾注全力，教书育人，同时承担国家重大科研项目研究，参与各地区的城市建设，办学口碑和行业引领作用均得到了广泛认可，学科的特色和优势也越来越得到显现，在理论创新、密切契合国家需求和重大工程项目、学科交叉与结合等方面也有了很大的提升。

尤值一提的是孙钧教授在学位授予点建设中所作的贡献。1982年，教育部颁布了获得第一批博士学位授权点的院校和博士生导师名单。鉴于孙钧教授的名望和学识，同济大学隧道与地下工程亦在其列，孙钧教授被聘为同济大学第一批博士生导师。这一机遇给了地下工程学科发展以极大的推动力。当时，具备培养博士生资格的学校并不多。为了求得自身发展，全国范围优秀的硕士毕业生纷纷汇聚到同济门下，这为学科甄选合适人选、充实和壮大自身队伍提供了极佳的机会。所培养的博士，即使出国发展或赴其他建设岗位或加盟其他高等院校，对于弘扬同济大学地下工程学科的声誉，也具有重要意义。30多年来的发展轨迹充分证实了这一点，当前活跃在同济大学的成功中青年教授中，有相当一部分是孙钧教授当年培养的博士生。在很长一段时间里，孙钧教授承担着学位点的建设工作，从招生面试、培养方案、教学大纲到论文计划和实施、论文评阅与评审等，运筹帷幄，呕心沥血，倾注了很大精力。多年来，孙钧教授甄选与录取了一批又一批有培养潜质和求学热切的青年学子，通过倾力打造与点拨培养，为隧道与地下工程输送了一大批后继人才。目前，隧道与地下工程博士点的导师队伍已扩大到十余名，所培养的博士不仅在数量上，同时在质量上达到了新高度，满足了国家需求。

李永盛说："我本人有幸成为上述100多名弟子中的一员，跟随孙老师攻读学位的三年多时间里所受到的教诲与帮助，在我一生中都是十分重要的。"

1982年，李永盛完成了硕士研究生学业。他说："论文答辩完成之后不久，孙钧老师约我谈话，他询问了我的情况，同时询问我有没有意向继续攻读博士学位。孙老师介绍了博士学位学习的大致情况，并真诚地说，趁着年轻，多学些知识，多掌握专业技能。他以自己的经历举例，说这是必要的，也是值得的。我当时就听取了老师的教诲，开始了人生又一个新的征程。从那时候开始，我们的师徒关系保持至今。""我很幸运和自豪，在学术和事业上，有这样一位良师益友，使我终身受益。毕业后留在同济大学工作数十年，只要有人问起我'你是谁？'我只需一句话：'我是孙钧的学生。'一切都会得到顺利解决。孙老师在同济大学的口碑，在业界的声望，他的学识，他的为人，我们做学生的实际上是沾了光的。当然，我们也深知，入了师门，只能增光，决计不能有半点闪失而败坏师门。"

拜师之后，孙钧教授比较早就给李永盛拟定了论文研究题目——云南鲁布革水电站有压隧洞的变形和稳定分析。这是孙钧教授承担的国家"六五"重点攻关课题中的一部分。围绕这项研究，李永盛开始了紧张的博士课程学习和课题研究。有几件事让李永盛记忆犹新："一是孙老师亲自向中国水电五局哈秋舲总工提出请求，由他提供我试验用的岩石试样，我和章旭昌师弟前往河北遵化工地取回；二是孙老师决定拨用科研项目经费共计6万元，购置三台由中科院武汉岩土力学研究所研制的岩石扭转流变仪，供我学位论文研究使用，夏明耀老师和我前往湖北黄石提货；三是孙老师委派实验室李祥生工程师配合我进行节理面剪切蠕变试验，仪器自行研制，后少量生产。为此李祥生老师获得了同济大学科研成果奖。我的论文答辩邀请了全国铁道、水电、建筑工程资深教授、专家参加，西南交通大学高渠清教授任答辩委员会主席。论文试验和研究所获得的成果在鲁布革工程中得到了应用。"

俗话说，一日为师，终身为父。"我们这一代的年龄与孙老师子女辈的年龄相仿，在我们心目中，他既是我们的导师，也无愧为我们的父亲，学生对他充满着崇敬和爱戴之情。"李永盛教授深情地说，"对于个人而言，一位好的导师是可遇而不可求的。对于一个学科点而言，有一位睿智豁达的学术带头人引路和把控，其意义更为重大。作为一名成功的教育家，孙钧教授的功绩不仅是造就了师从他的学生们，更重要的是构筑起了一个了不起的学科，奠定好了一个高层次专门人才培养的育人环境和基地，以此辐射到行业，造福于社会，其作用和功德要重大得多。"

七、先生风范拾翠

多家媒体在对孙钧院士采访时，都提到了"土行孙"[14]这个绰号，而他总是笑眯眯地回答："是的。"

1960年初，学校领导让孙钧从桥梁工程专业转行从事隧道与地下工程专业。从此，孙钧开始了他漫长的"土行孙"生涯，长达60余个春秋。

俗话说，隔行如隔山。对于一名学者来说，转行谈何容易！但是，时年34岁的孙钧说转就转，他笑称自己在交通大学学习时听过一门"铁路隧道"的课，现在转到地下工程这个要宽阔得多的新一行，也挺好的，困难很多说明荒地也很多，只管勤奋开垦就是了，30多岁正是干事情的大好年华呢。

孙钧院士说，从事"地下工程"这一行后的两个"处女新作"，一是20世纪60年代初的三年困难时期，因为学校与国防军事部门的协作关系，他开始接触"地下防护工程"。他奉命组织一群高年级师生，奔赴外地承担一处大型地下军事工程（连同地下储油洞库）的勘测和设计任务。

这对于当年就地下工程而言还是一个"门外汉"的孙钧来说，使命光荣但面临的困难重重。怎么办？他在工程现场与部队技术首长和工程师们扎一起，花了整整三年时间，边干边学。他每天身穿军装,无论烈日暴晒、严寒刺骨,还是风雨雷电,和大家一起踏勘一个个山头,逐个选址,确定洞轴走向和洞穴具体位置,进行洞体平面和纵横剖面设计,再到洞口附近的防护门、密闭门和口部"三防"设施(防核爆冲击波、防毒气污染和防电磁辐射)等的设计,任务细致复杂而又烦琐异常。三年时间里,孙钧在专业技术上突飞猛进,他还亲身感受到了军人的赤诚奉献、彼此关爱和互助精神,加上意外收获练就了一副刚毅健硕的体魄,锻造出坚韧不拔的性格。工程任务完成后,孙钧带去的学生们全部在工地毕业、参军,成为中国人民解放军光荣的一员。

大约20年后,孙钧院士专程去那支部队看望他们。当年的学生全都成长为肩上有了"两条杠、三颗星"的上校;其中的两位(一位是当年带去的女孩)更已获授大校军衔,把孙院士高兴坏了:"真是了得呀!全都成为国防尖兵、国家栋梁之材呀!"

第二个"处女新作"是完成这项国防军工建设任务后,孙钧紧接着主持了上海市地下铁道建设的首个扩大试验段项目——衡山路地铁车站扩大试点,并附建该地铁区间的上海第一座通风竖井工程。经过多种技术方案的细致比选,市府最终选定了该地下车站采用48米×140米×22米(宽×长×高)超大尺寸的预应力气压钢筋混凝土沉箱工程的设计施工方案。

作为工程设计总负责人,孙钧下到约1.9个大气压的地下舱室内,一边用气压排干地下水,一边在当年无机械作业条件下人工挖土。个把小时过去了,正值壮年的孙钧已经感到呼吸急促、胸闷脑胀,很想马上回到地面上去,但任务在肩,他不敢松劲儿。终于,两个半小时,他挺过来了,密闭的舱室把他闷出了一身汗水。

三峡工程中,孙钧作为三峡建设工程专家委员会的外聘资深专家。分工做的是护航永久船闸建设。当时有权威专家认为要把中隔墩爆掉,再改建成钢筋混凝土,这样才坚实牢靠。但更多人认为,这样做工程量浩大,很可能要耽误工期两年多。总负责三峡水电技术工作的潘家铮总工晚上找到孙钧,让他帮忙想想有什么其他好办法。孙钧分析论证后在大会上提出,隔墩可以先用两面对穿夹紧的预应力高吨位钢缆索,从两面双向对拉拉紧,使浅部岩面松弛带部分受预压夹紧。几位有不同意见的专家听后觉得有道理,表示可以保留个人意见签字。这事就基本解决了。多年的运行实践表明,这个办法是可行的且经济社会效益很好。

20多年来,孙钧去过三峡近30次。前几年,他去宜昌作了一次关于水电工程发展方面的技术交流报告,到长江三峡大坝坝头故地重游,只见当年荒凉的坛子岭已是热闹的公园,俯瞰万里长江和万吨级升船机,与周围自然风光融为一体。"太美了!"老人的这个感慨,想必是甘甜的,那是奉献者由衷的感叹。

孙钧院士说,出差最多的是2014年,20天内连续到了6个地方,连着飞。先到北京,再到重庆,从重庆到武汉,再从武汉到杭州。到了杭州准备回来时,接到一通电话,又去了厦门,然后再回到武汉,最后从武汉回到家。"时届春节,航班十分紧张,而且天寒地冻,很考验我的身体。"老先生颇为得意地说,"岁末,我们校长来看望我,说外出可以,也是一种锻炼,但毕竟年岁大了,做什么都要一个'慢'字,走楼梯、上下台阶都要扶把手。不仅要带助手,大冷天最好少外出,容易感冒,一旦导致肺炎会伤害身体。现在,我就照着校领导关照的办呢。"

孙钧院士告诉记者:"最近一些年,我主要搞了三个方面的研究。

第一个是人工智能研究还在继续深化中,因为过去有些基础,中途丢掉不做很可惜。我把研究侧重点放在地下结构与环境土体施工变形的模糊逻辑智能控制方面。

第二个是做真空隧道的前期研究。原来预备把试验线定在舟山,现在正在考虑渤海湾。做成之后,从烟台到大连仅26分钟就到了。因为在工程何时兴建问题上还有不同意见,真空隧道又亟须做大量的实测试验,现在这些第一手数据资料都还没有。最终做成要再过十多年吧,我可能是看不到了。

第三个是软岩挤压型大变形。我的团队建议用一种叫'预应力让压锚杆/长锚索'的方法。兰州一条高速公路长15千米的隧道,试验段已经做成了,效果不错。还有一个是云南滇中引水项目,由于昆明地区严重缺水,要从丽江香格里拉滇西地区引水过来,这个项目估计要搞8年。真正搞成之日,我都百岁开外了,很想能看到啊!"

孙钧院士说:"希望我的学生不是为了取得学位而混文凭,不需要我时时盯在后边。我的博士研究生一到过年或放暑假都不肯回家,说家里上网条件没有办公室好,想留校搞科研,总是我催着他们回去探望爸妈。"为师为父,喜忧交织,心迹如此!孙钧院士还说:"我知道,这些学生们对写论文、做试验、下工地产生兴趣了,而不是为了一张文凭在被动读书。当然,也有我不太满意的地方,有些年轻人对国内外大事还不够关心。我问他们钓鱼岛听过吗?他们都知道这是我们国家的固有领土。我又问黄岩岛呢?就很少有学生知道了。我说你们怎么不看报纸?要关心国家大事啊。"老先生说,他们这代人,很多都是自觉地把自己跟祖国联系在一起。

《新民晚报》2022年7月4日"科学领航者的上海故事"采访了孙钧院士,文中介绍:一位96岁高龄的学者称自己为当代

"土行孙",他就是同济大学一级荣誉终身教授、中国科学院资深院士孙钧先生。文章中还写道:

> 初夏,走进虹口区一处静谧的小区内,电梯上到顶层,门开处,老院士已在门口迎候我们。眼前是一位精神矍铄、和蔼可亲的老人。年事虽高,这位老科学家却"童心未泯",见面便朝一位陪同来访的女老师打趣道:"黄老师呀,多年不见了还是老样子,好年轻哟!"坐定后,助手想收走他的手机,他却"抢"过手机,小心地藏进自己的贴身口袋。他每日必看"新闻头条"和报纸,用微信了解天下大事,关心国家建设,还不断用手机与同行、弟子们聊聊学术和工程。

2019年离休时,孙钧院士提到,做学问和当官不一样,用金庸先生的话说,要"慢慢地退出江湖"。可他想了想,还是不甘心。他说:"我想做的事还有许多许多,也可能永远都做不完,我又怎能就此打住?"

90多岁的孙钧院士说起人工智能、大数据、云计算、信息和网络技术以及数字化技术等在土木工程设计、施工和运营中的风险预测预报,图像视频显示与分析,结构变形控制和专用程序软件研发等各门类子学科的开拓与创新,一点儿也不含糊。他表示,通过人工智能科学可以发现工程设计施工中的关键性问题,设计优化出新型、创意性更强的土建地下结构,预控不确定的投资和施工风险,还可以有效地弥补在传统技术研发中存在的投资大、效率低、周期长及成果转化慢等问题。这些都是土木工程领域高新技术创新研发和风险精准防控的重要支撑与发展方向。

孙钧院士语重心长地说,搞科研要关注自己的思维方式和方法。比如,同一类问题,要关注并切中它的要害所在,也就是研讨的重点。例如,泰州长江公路大桥塔墩桩基、浦东机场二期跑道,它们的要害在哪?要透过现象看本质;所用要对所学,做到活学所用、学以致用,据以解决工程实际问题,如暴雨后基坑塌方和修复(例如江湾五角场人防工事);对待围压大、变形大的洞室围岩,其支衬要领是"边支边让,先柔后刚",如乌鞘岭隧道岭脊段、淮南孔集煤矿等;要立意新颖,走出一条"另辟蹊径"的新路子,如桂昆线车站大跨隧道,用"收敛-约束曲线"拟定合理的二衬厚度及其支衬时间;要从问题的本质和机理出发,提出控制问题成败的关键,如南京纬三路过江隧道;要针对问题的要害,"有的放矢"地从根本上研究其解决方案,如南水北调穿黄工程。他还不断地抛出问题,例如:为何地连墙采用圆形的不多?孙钧院士将其平生所获,悉数捧出,希望后学们能领悟其中的道儿。

言之殷殷，情之切切，唯忧生徒不解堂奥者，孙钧院士是也。

附：生平简介

孙 钧
（中国科学院院士）

孙钧（1926年10月—2024年3月），出生于江苏苏州，祖籍浙江绍兴。中国共产党党员，著名岩土及地下工程专家、地下结构工程力学学科的奠基人和开拓者。

孙钧1949年6月毕业于上海交通大学土木工程学系。1949年6—9月在华东人民革命大学学习。1949—1951年先后在上海华东航空处和公共房屋管理处工作。1951—1952年在上海交通大学任教。1952年9月全国高校院系调整，调任同济大学。1956年获得了苏联基辅工学院钢桥结构工程专业副博士学位。1960年受命负责组建地下建筑教研室。1962年晋升为副教授。1979—1980年赴美国北卡罗来纳州立大学做博士后研究。1980年晋升为教授。1991年当选为中国科学院学部委员（后改称院士）。1962年起历任同济大学地下工程系副主任、同济大学教务长、结构工程系主任、地下建筑与工程系名誉系主任、校务委员会委员、校学术委员会副主任委员。1957年10月1日加入中国共产党，历任党支部书记和总支委员。

孙钧曾任中国岩石力学与工程学会理事长、中国土木工程学会副理事长、国务院学位委员会土建学科评议组召集人、全国博士后专家委员会土建学科组组长、国家自然科学基金委员会土建学科评议组召集人；曾任国际岩石力学学会副主席暨中国国家小组主席，荣获"国际岩石力学学会会士"称号。

孙钧是我国杰出的科学家和工程教育家。1990年荣获国务院首批"政府特殊津贴"，2019年荣获同济大学"追求卓越教师奖"，2020年获上海市委组织部授予的"离退休干部先进个人"荣誉称号。

孙钧是地下建筑工程学科的奠基人和开拓者。他根据土木工程类教育的内在规律，创立了涵盖本科、硕士、博士和博士后的各层级系统教育理论、培养模式和教学方法，规划了地下结构方向教育发展蓝图。他长期奋战在教学第一线，坚持为本科生和研究生授课。孙先生十分重视教材建设，主持或独立完成了一系列教材的编写，其荦荦大者有：《地下结构（上、下册）》《地下结构有限元法解析》《岩土力学反演问题的随机理论与方法》《岩土材料流变及其工程应用》《城市环境土工学》《地下工程设计理论与实践》。

孙钧坚持与时俱进，守正创新。在深耕固有研究领域的同时，不断开拓新领域。他在岩土力学、隧道与地下工程、地下结构工程力学、岩土材料工程流变学、地下结构黏弹塑性理论和地下防护结构抗爆抗震动力学、城市环境土工学、岩土力学与工程中的人工智能科学等方面都有重要建树。孙钧一生著作等身，发表学术论文400余篇，出版专著14部，总计达1 800万字。

孙钧一生承担项目数量达105项，涵括了国家建设的前沿领域，包括"五年计划"类国家重点科技攻关项目，863项目，国家和省市自然科学基金重大、重点和面上项目等。深度参与长江三峡工程、南水北调和港珠澳大桥等国家重大工程建设，任技术专家、主任委员和技术顾问等。先后获国家级、省部级奖26项。

孙钧是全球知名的学者，积极参与并推动国内外的学术交流。他是国内外许多知名大学的名誉教授或特聘教授，也是许多著名研究院所的客座研究员。

孙钧执教杏坛七十三载，先后培养25名出站博士后、83名博士研究生和27名硕士研究生，还培养或影响了一大批优秀的本科毕业生和行业工作人员。他们已成长为行业的中流砥柱，其中不乏两院院士、知名学者、领军人才和各级领导。

1. 私立江西法政专门学校（1911—1933年）：1905年科举制度废除后，中国近代新式教育初兴时，民间成立的学校之一。鉴于清朝政治腐败衰微，江西同乡留日学生发起集资创办。最初，租赁民房为校址，设在江西南昌系马桩，推举刘存一为校长。1911年呈报清朝学部立案，开始招收学生，分法学与政治学两班。1928年冬，学校依法组织校董会并选举校长。1929年，学校依据政令停止招收学生，逐年结束三年学制的专门部在校生，于1933年学校停办。
2. 顾乾麟（1909—1998年），又名怡康，湖州南浔"四象"之一顾福昌后裔，顾敬斋之孙。1936年，怡和公司委托其经营怡和纱厂的棉花、棉纱、棉布业务。1939年任怡和洋行经理，主理出口部、棉花纤维部和公和祥码头。同年以其父亲名创设"叔蘋公高初中奖学金"，以造就贫寒学生，即使太平洋战争爆发后他的资金被日寇冻结也不间断。为给得奖学生创造学习条件，他还建立了图书馆、理化实验室等设施。
3. 圣约翰大学（Saint John's University）：简称圣约翰、约大。诞生于1879年，初名圣约翰书院，1881年学校开始完全用英语授课，成为中国第一所全英语授课的学校。1905年升格为圣约翰大学，是中国第一所现代高等教会学府，是当时上海乃至全中国最优秀的大学之一。该校的校友影响甚至改变了中国乃至世界近现代的无数领域历史。入读者多是政商名流的后代或富家子弟，而且拥有很浓厚的教会背景。学校直到1947年才向国民政府注册。
4. 华东人民革命大学：是新中国成立前夕党和国家主办的多所人民革命大学之一。党中央鉴于新中国成立必须要有自己的干部队伍去接收旧政府人员，所以在当时划分的各大行政区（华北、华东、西南、中南、华南、东北）先后成立了革命大学，大量吸收知识分子入学。华东人民革命大学成立于1949年5月上旬，在江苏丹阳和新丰镇一带筹建。1950年2月随着招生规模的扩大，校址迁往苏州。1949年5月至1952年5月办学期间，共招收5期学员，为国家培训了15 300余名干部。
5. "三峡船闸边坡岩体弹塑黏性时空效应及对工程稳定的影响"，属于自然科学基金重大项目"三峡水利枢纽工程几个关键问题的应用基础研究"。
6. 孙钧、潘晓明、王勇：《隧道围岩挤入型流变大变形预测及其工程应用研究》，载《河南大学学报（自然科学版）》，2012，42（5），第646~653页。
7. 孙钧、潘晓明：《隧道软弱围岩挤压大变形非线性流变力学特性研究》，载《岩石力学与工程学报》，2012，31（10），第1957~1968页。
8. 木寨岭隧道（Muzhailing Tunnel）位于甘肃省定西市岷县与漳县的交界处，全长1 710米。其中，中桥3座，小桥及渡槽3座，涵洞29道，全线路基宽度12米，行车道宽度9米，全长10.72千米。隧道地处青藏高原东边缘，年平均气温5.5℃，最低气温-34.6℃，全年无霜期仅93天，属高寒阴湿地带。由于原有越岭公路弯急坡陡，雪雨多路滑，路基狭窄，行车条件极差，交通事故频发。故当地决心重修。
9. 《中国铁路杂志》2022年9月号文章《高地应力软岩隧道

变形控制技术》中写道：高地应力引起的软岩隧道变形速率快、变形量级大、变形延续周期长、支护形式破坏多样和破坏范围广等五大问题得到了很好的控制，并形成了一套行之有效的技术方案，锚、注、喷、支相结合的"刚柔并济"一体化支护，使大梁隧道大变形问题得到了有效控制，大大降低了隧道施工现场的安全、质量风险，节约了施工成本，保证了兰新高铁如期开通运营，对后续川藏铁路设计及施工均具有重大指导意义。

10 《孙钧：烈士暮年，壮心不已》，载上观新闻"同济访谈录②"，2021年11月10日。

11 刊发于2017年5月3日"同济新闻网"。

12 需要指出的是，接头安装完毕后，因为有正负十余厘米的误差（在标准允许的正负15厘米范围内），工程指挥林鸣指挥返工。最终，将"最终接头"的线形偏差成功缩小到东侧0.8毫米、西侧2.5毫米。《珠江晚报》记者陈新年、廖明山听说后，采访形成题为《创造港珠澳大桥的"极致"》的消息。该消息获得2019年中国新闻奖消息类一等奖。

13 有意思的是，孙钧的妹妹孙铭大约也是在改革开放初期，开化工部计算机应用之先河。

14 土行孙：明代神魔小说《封神演义》中的人物。他身材矮小，本领高强，以铁棍为武器，以地行术称雄诸神。孙院士所从事的岩土工程工作，与"地行术"神似，故得此绰号。

扬帆自强

项海帆院士的"风桥诗乐"

中国知识分子应当继承清高而不媚俗、傲骨而不屈从权贵之正气;还要保持忧患意识,并发扬求真、求实和批判质疑之精神。

——摘自《无悔人生——项海帆回忆录》扉页"我的人生格言"

一、葆纶堂项：求知少年敏于学（1935—1951年）

20世纪30年代的上海，作为远东第一大城市的"东方巴黎"，"一·二八"淞沪抗战助推了民族精神的空前高扬，本着"工业救国""富国强民"的诉求，一大批民族资本企业蓬勃兴起。江浙地区很多诗书传家的世家官宦子弟，在时代的激流与震荡中，告别逐渐没落、衰退的家族荫蔽，为国家的前途、家族的兴盛、个人的命运寻找新的出路，逐步投身到工业发展的事业中去。

1935年，出身于没落官僚家庭的项立民，由杭州三友实业社艮山门厂厂长调任上海织造厂厂长。也是这一年，项立民作出了一生中最重要的决定：辞去杭州三友实业社上海织造厂厂长职务，创办民光织物社，从一位高级职员转变为一名创业的民族工业厂主。"民"为本，为"光"大，从杭州到上海，一个未来风靡上海滩的知名品牌迎来了新生，一个家庭的生活迎来了新的变化。对项立民来说，1935年诞生在上海这十里洋场的，不仅是他事业的宏图与抱负，还有一个和民光厂同一年诞生的儿子。

1935年12月19日上午9点06分，在上海西门妇孺医院（又名红房子医院）的产科手术室，民光织物社27岁的年轻厂长项立民的妻子，剖腹产生下了一个男孩。项立民给他取名为海帆，希望风雨飘摇中的国家、刚刚萌芽的民光织物社以及桂溪项氏家族的这一个新生儿，能够一路在海上扬帆，走往更加广阔的天地。

青溪项氏的"民族之光"

从家谱记载看，项氏世代为书香门第。从西周武王封项国算起，一百多世的更替，二千多年的传承，记述了项氏家族由辽西燕地经河南、安徽至浙江的迁移史，也记载了一个家族在王朝更迭中不断开枝散叶、瓜瓞四方、读书入仕的磅礴历程。项海帆的先祖因赴官任迁居杭州，仍以读书入仕为主业，直至他曾祖和祖父一代。迁居在杭州的项家所在这一支堂名为"葆纶堂"，家族宴请所用的桌布上印有"葆纶堂项"四个大字，"葆"有维持、保持之意，"纶"是古代文人所戴头巾，寄寓了要子孙后代做个读书人的祖训。

19世纪末20世纪初，随着西方列强的入侵，经济和社会的动荡使传统家族制度的根基产生了动摇。随着封建王朝的灭亡，青溪项氏这样德厚源远的世族大家也不可避免地逐渐式微。项海帆的曾祖父在清末四大奇案之一的"杨乃武小白菜"案中，因受余杭知县牵连被革职查办。从项海帆的祖父至父亲辈，逐渐家道中落。

清末民初的江浙地区，在中西文化的交流与碰撞中，赓续传承数千年的传统家族尽管受到了前所未有的冲击，在由传统的农业社会向近代工业社会转变的时代洪流中，依然遵循重视教育的祖训，受新、旧两种文化的熏陶，孕育了寄理想于知识救国与实业救国的一代青年。他们或依靠殷实的家境接受当时最先进的西式教育，或因家境暂时困难得到同族长辈的帮扶，通过读书致仕和投身实业等，重新开拓出了一片新的天地。项海帆的父母便是两个不同出身的一代人的缩影。

上海公共租界杨浦区岳州路兴祥里，一条不起眼的弄堂里，有一幢石库门建筑，楼下是工厂，楼上是住宅。工厂里有十几个工人，几台用于织毛巾和被单的机器。这个简朴的厂房，既是国民床单"民光"的发祥地，也是项海帆出生后最初的住家地。项立民忙于事业，照顾家庭的重任更多地就由妻子戴蕴玉承担。贤惠的她一边照料、安顿全家人的生活，一边看顾孩子。伴随着父亲的忙碌奔波和母亲的悉心照料，在机器的轰鸣声中，项海帆开始了牙牙学语。

工部局小学的"模范学生"

1928年，我国著名儿童教育家、儿童心理学家、中国现代幼儿教育的奠基人陈鹤琴先生来到上海，在短短几年中先后主持创办了7所小学（附设幼稚园），其中就有项海帆就读的工部局延平路小学及其附设幼稚园。项海帆3岁入幼稚园，4岁入小学，他的早慧和当时推崇的"前进的、自动的、活泼的、有生气的"教育理念不无关系。

在工部局延平路小学只待了一年，1940年底，项海帆便跟随父母搬入了杨浦区的新居，他也从工部局延平路小学转学到工部局荆州路小学，就读二年级。英租界工部局开办的学校，按英国学制设立，教师大多是从教会大学教育系毕业，教学水平很高。多姿多彩的小学生活，为项海帆播下了知识的种子。他除了擅长国文，英文和数学也学得非常好，是班上数一数二的尖子生。

项海帆的级任老师彭润心是一位中年女教师，教英语和音乐。项海帆有非常漂亮的童声，悟性和音准都很好，每次音乐课，彭老师都要他先为大家单独示范唱一遍，再让同学们跟唱。这份特别的"殊荣"让项海帆非常自豪，他对音乐的兴趣自然就愈发浓厚。对音乐的热爱以及对美的感悟是项海帆在小学阶段就习得的兴趣和爱好，并一直陪伴着他，尤其是对古典音乐的欣赏，成为项海帆攀登科学高峰的最好陪伴。

学校教室的后墙有一排书橱，按不同年级陈列着科学家传记、世界著名儿童文学丛书和自然科学丛书等课余读物。项海帆作为副班长的职责之一是担任班级的"图书管理员"，负责管理这些书籍的借还。在阅读中，项海帆接受了科学的启蒙教育，他常常为科学家的事迹所感动，被神奇的科学奥秘所吸引。科学知识的浇灌、科学思想的熏陶和科学精神的鼓舞，激发了项海帆探索科学的兴趣，也影响了他人生的选择。

1942年，工部局荆州路小学评选模范学生，品学兼优的项海帆是三年级众多学生中的佼佼者，最终他光荣入选。虽然项海帆比同班同学年纪要小，但是他不仅学科成绩优秀，艺术爱好广泛，而且各种体育项目的成绩也非常突出，是老师们喜欢的品学兼优、全面发展的模范学生。

身处沦陷区的"正气歌"

1942年，日军侵入上海租界后，在老百姓眼里，到处挂着可恨的太阳旗，过外白渡桥时还要向日本哨兵行礼，民族屈辱感十分强烈。仍在上小学的项海帆，也生出了反抗的信念和决心。1943年起，项海帆就读的工部局荆州路小学被迫停止英语课，改上日语课。每周一的周会改为唱日本国歌，师生们对此都敢怒不敢言，只得忍气吞声地服从，大家都感到了当亡国奴的屈辱。

为了表达对日本强权的反抗，项海帆和班长蒲瑞祥商量，通过发动大家不交作业、上课大声讲话、故意扰乱课堂纪律等方式来抵制日语课。项海帆带头的这些刻意为之的"捣乱"行径，让教日语的翻译官非常生气。他找到学校训导主任，要求校方一定要严加整顿，严惩肇事学生。

一天下午放学后，训导主任把蒲瑞祥

和项海帆找去训话，罚他们立壁角，写检查认错，否则就不准回家。两个倔强的少年心中不服，坚持自己的正义，都不愿意写检讨，一直僵持着。直到天色暗下来，母亲发现项海帆迟迟没有回家，来到学校寻找。了解事情的来龙去脉以后，母亲和训导主任讲了很多好话，才把项海帆领了回去。

这段发生在8岁的难忘经历，是项海帆少时爱国主义思想的萌芽，对他产生了深远影响。屈辱的亡国奴生活使项海帆从小就萌生了强国之梦。一个落后的民族必须自尊、自强，只有国家富强，科技进步，才能重新屹立于世界民族之林，才能免受屈辱和欺压。"天下兴亡，匹夫有责"，这些信念不仅孕育了项海帆不服输的性格，养成了他坚韧不屈、刚正不阿的品质，也使他从小树立了"正心、修身、齐家、治国、平天下"的人生理想，为他后来在科学道路上不懈攀登奠定了基础。

晋元中学培养"智仁勇"

1946年初，项海帆考入了哥哥项海航所在的上海市立晋元中学就读初中一年级。解放前夕的市立晋元中学，汇聚了一大批名师。教文史的徐碧波老师，诗文、写作俱优，他要求学生背书，背不出要打手心，罚立壁角。项海帆不喜欢背书，但他功课好，徐老师有点爱屋及乌，即使项海帆背不出，也舍不得惩罚他，反而会轻轻提示帮助他背完。在这样温和的教育下，项海帆的古体诗文也打下了非常好的基础。

教历史课的郑逸梅老师"人澹如菊，品逸如梅"，是著名的文史掌故作家，满肚子学问，讲课时往往有自己的评论，十分引人入胜。项海帆的历史知识多半也得益于郑老师的课堂。当然，对喜欢科学的项海帆来说，胡先雩老师教授的数学课是他最擅长的，每次考试，他的成绩总能位列三甲。

除此之外，教英语语法的乐秀荣先生，教数学的龚伦超、赵文淑先生，教生物的葛士表先生，教物理的曹钟明先生，以及教化学的蒋先生……老师们的谆谆教导，授予项海帆扎实的基础知识和自学能力，更重要的是教导他要做一个诚实的人，一个德智体全面发展的、对社会有益的人。

1947年清明，父亲带全家回杭州祭祖，12岁的项海帆第一次回到了祖居地。回上海前，父亲特地叫了辆出租车带项海帆去看了六和塔和钱塘江大桥，讲了当年茅以升先生修桥炸桥的故事。江水依然，钱塘江大桥和茅以升先生的故事让项海帆久久未能回神。他在心里萌生了一个想法：我以后要像茅以升一样，为祖国造更多更好的、永远不会被炸毁的桥！

"同等学力"跳级高考

抗日战争胜利后，一场事关中国前途

命运的决战在国内开展。1949年4月，中国人民解放军开始发动渡江战役，国民党守军发起了所谓的"保卫大上海"战役。上海先是市区戒严，随后将戒严范围扩大到淞沪警备司令部所辖各县，学校暂时停课。一直到5月27日，上海解放，学校才开始全面复课。

1949年10月，新中国成立后，项海帆升入高二年级。1951年夏，期中考试结束后，学校突然宣布，春季班高三学生尽管还有半年课程未学，也可以以同等学力报考大学。那时离大学入学考试不到一个月，同学们都感到准备时间不够，困难很大。老师说："晋元中学是上海十所中学名校之一，历届毕业生大都能进入大学名校，你们虽然少学了半年，但相信通过你们的努力，一定都能考取的。"项海帆因为还不满16岁，没有达到报考大学的法定年龄，学校为此还专门为他写了介绍信，支持项海帆以"同等学力"报考大学。

1951年高考，项海帆填报的第一志愿——交通大学航空系只招30人，分数线非常高。因提前半年参加高考，有半年多的课程未学，项海帆没能被第一志愿录取，而他填报的交通大学第二志愿——土木系又因第一志愿已经录满也没有录取他。项海帆最后被同济大学土木系录取。

二、风华正茂：破茧成蝶负笈行（1951—1980年）

1951年9月，大一新生项海帆正式入学。在他的"同济大学注册卡"上，写着学号"245522"，入学资格为"同等学力"，院系一栏有两条重合的信息——手写的"工学院土木系"以及盖印的"结构系桥梁与隧道专业"。这个变化恰恰是20世纪50年代初，我国高等教育政策调整的反映。

项海帆入学时，他所学的专业仍属于同济大学工学院土木系。但在他入学后不久，全国范围内的院系调整就开始了，同济大学很快由综合性大学变为以土木、建筑专业为主的单科性大学。1952年，学校的院系组成变为铁路公路系、上下水道系、结构系、建筑系、测量系，因而项海帆的注册表上加盖了"结构系桥梁与隧道专业"的印记。

选择全国最早的桥隧专业

项海帆就读时期的同济大学，名师荟萃，大家云集。项海帆所在一年级的德文、物理、数学、制图课都由各系混合自选教师任教。教物理课的江之永教授要求最为严格，入学的第一次期中考试就给了同学们一个"下马威"。项海帆所在班上有一半以上的学生都得了零分，项海帆考了70

多分，算是考得不错的几位同学之一。

在严格的学术训练下，同学们在下半学期都非常努力地打基础。教制图课的顾善德副教授也很严格，他规定作业不符合要求的都要重做。在这批老师严格甚至苛刻的学术训练下，项海帆在大学阶段打下了坚实的基础，为他以后从事创新、前沿的研究创造了条件。大学一年级期末测试，他的数学98分、物理95分，是全班分数最高的学生，各科成绩名列前茅。

在同济大学，工学院院长、土木系主任、从德国留学回来的李国豪教授是同学们的偶像。一天课间休息时，在"一·二九"大楼底层走廊里，同学们都在说笑闲聊，这时突然走进来一位西装革履、手提黄色公文包、戴茶色浅遮阳眼镜的教授。项海帆和同学们都注视着他，待他走过走廊后，一个同学低声说："那就是我们的院长李国豪教授，从德国留学回来的，被称为'悬索桥李'，在国际上都是很出名的。"

那是项海帆第一次见到李国豪教授，那时李教授38岁，正值壮年。在项海帆最初的印象里，李教授不苟言笑，十分威严。从此，李国豪这个名字就在他的心里扎了根，后来又陆续听到很多李教授的故事，项海帆在心里暗暗期待，能跟李教授多一点接触，成为像他一样杰出的人。

转眼进入1952年，在新中国建设的时代洪流中，一场全国范围内的高校院系调整拉开了序幕。在这次大规模的院系调整后，项海帆就读的土木系变更为结构系桥梁与隧道专业。同济大学也是全国最早设立桥梁与隧道专业的高校之一。

大二新学期开学，每个同学都按照学校要求重新填写志愿，按苏联模式分配到各个专业中去。项海帆想起了自己的故乡杭州，以及父亲带他去看过的钱塘江大桥和茅以升先生修桥炸桥的故事，于是坚定地填报了"桥梁与隧道"专业，立志像茅以升先生和李国豪教授那样，为新中国建设很多的桥。

1954年秋季开学，同济大学决定试点评选"三好学生"，评定的条件之一是学生上半年成绩全部5分，结果全校一共只有三人符合这一条件，分别是项海帆、测量专业四年级的许厚泽（后也当选为院士）和工民建专业三年级的一位同学。为此，校报专门介绍了这三人的事迹。除学习成绩优异以外，项海帆还入选了校田径队，同时又是手风琴社社长，他学习、文娱、体育样样都好。在首批"三好学生"的事迹被报道后，项海帆更是成了学校的"明星学生"。

转眼，四年的大学生活就要结束了。学校在1955年暑假应届毕业生中，选报了32名同学参照苏联模式做毕业设计，项海帆是"道路桥梁与隧道专业本科"选定做毕业设计的10名同学之一，其余毕业生则去武汉长江大桥做毕业实习。项海帆做了一个跨谷混凝土拱桥的设计，得到了苏联专家的赞赏，认为不逊于苏联最优秀的毕业设计作品。后来，该毕业设计作品还复印了许多份，作为范例供后几届的学生学习。

1955年下半年，高教部学习苏联培养研究生的做法，决定招收副博士研究生。学校掀起了向副博士进军的热潮，试点在1955届毕业生中招收四年制副博士研究生，由教授们根据学生成绩挑选。项海帆有幸被李国豪教授选中做他的第一个研究生。

"在听从祖国召唤的那天"

"8月31日，这令人难忘的一天，是祖国向我们——出征的战士发布'战斗任务'的一天，我激动地听到了'本校研究生项海帆……'虽然日夜盼望着到边疆去的心愿成了泡影，但我同样很高兴。从此，做个优秀的研究生，就是我的志愿。"

这则刊载在1955年9月24日《同济》报，署名桥隧研究生项海帆的文章《在听从祖国召唤的那天》，就是他的心声。

作为李国豪教授的第一个研究生，项海帆和敬爱的李老师开始了长达50年栉风沐雨的紧密合作。李国豪平时对自己的学生讲得最多的一句话就是："要善于从别人的研究中发现问题。"他要求学生们花大量的时间去自学，然后独立思考。开学后的一周，已经是同济大学副校长的李国豪教授约项海帆去他办公室面谈研究生培养计划。

当时李国豪教授42岁，他是学校院系调整以后唯一的一位"一级教授"，并于1955年被选聘为首批中国科学院学部委员（院士），是国际闻名的"悬索桥李"。虽然，早就在校园内和课堂上见过李老师，但第一次跟老师面对面交流，项海帆不免有些紧张。

不想，李老师远比想象中平易近人。李老师先问了项海帆大学时期的学习情况，哪几门课学得最好、最感兴趣，平时都喜欢做些什么。李老师的亲切态度缓解了项海帆的紧张心情，他逐一回答。

了解了项海帆的外语学习情况以后，李老师对他说："你的外语基础不错，你要多读原文原著。除了阅读俄文和德文的相关文献外，你可以精读铁摩辛柯的几本英文经典著作，比如《工程振动问题》《悬索桥》《扭转屈曲》等。"李老师告诉项海帆："研究生主要靠自学，老师讲课只讲一些重点和难点。大部分时间要靠你自己去主动学习。"

20世纪50年代，正是国际桥梁界聚焦桥梁抗风和抗振问题的时代。李国豪以战略家的视角，为他的学生项海帆规划了一条最前沿，也是新中国未来大规模桥梁建设最需要、最实用的一条学术之路。这次面谈，李老师要求项海帆把铁摩辛柯的

《工程振动问题》一书作为入门，第一学期先把稳定理论学好。李老师跟项海帆说："你以后每个月来找我一次，每次我们面谈下研究进展，你有什么问题可带来一起讨论。一年以后，我们再确定具体的研究题目。"

根据李老师的指点，项海帆开始去图书馆外文期刊室查阅外国文献资料，把有关桥梁振动和冲击系数的论文都借来阅读，做了卡片，慢慢入了门。除此之外，李老师还把家里私藏的德文资料也借给项海帆阅读，并在每月一次的指导中解答项海帆的疑问，指出理论的重点。正是在李老师严格的学术训练下，通过主动学习和训练，项海帆很快就掌握了桥梁振动问题和冲击系数的精髓。

"海帆同志"的青春之歌

1956年2月开学后，原研究生班团支部书记陈德坤被调去团委青教部当副部长。在支部改选中，项海帆当选为团支部书记，负责研究生团支部的各项工作。同年3月，路桥系教师党支部组织委员朱以敬找项海帆谈话，说组织上想培养他入党。不久，项海帆就写了一份入党申请书，谈了自己的家庭出身和思想发展过程，表示愿意接受党的考察。虽一心向党组织靠拢，但因为出身于民族资产阶级家庭，项海帆也做好了阻力重重的准备。没有想到的是，申请书交上去没多久，4月的一天，朱以敬和进修教师袁润章就来通知项海帆："海帆，支部决定发展你入党，我们俩被指定做你的入党介绍人。"就这样，项海帆由一名团员被吸纳为一名光荣的中共党员。

当然，更有意义的是，项海帆还有幸和自己的老师李国豪教授同一批入党。1956年5月，校党委召开了隆重的新党员入党宣誓大会，李国豪等10位教授和项海帆等10名学生一同在"一·二九"礼堂入党宣誓。项海帆和自己敬爱的导师成了同时入党的同志。自那以后，李老师一直亲切地叫他"海帆同志"，直到李老师去世。

1956年，党中央号召向科学进军。同年5月，同济大学在教师广泛开展科研的基础上，隆重召开了校庆暨第一次科学研究讨论会，全国110多家单位及800多名代表参加了会议，同时，《同济大学学报》也开始创刊出版。很多著名的教授都发表了论文，校园里散发着浓郁的学术研究氛围。

为了5月份这次全国科学研究讨论会，李国豪教授也写了一篇《拱桥的振动问题》，项海帆在李老师的指导下完成了论文中的算例。学术报告会的前几天，李老师突然告诉项海帆："我临时要去教育部开会，这次就由你代我在大会上宣读论文。"项海帆一听就慌了，一个刚满20岁的研究生和许多二级教授一起做报告，他感到自己难以服众也难以胜任。李老师鼓励他说："算例是你做的，你就多讲一些算例，前面的理论简要一点，15分钟时间不长，不要怕。"李老师还手把手指点，教他如何准备、如何做报告。在他的鼓励下，项海帆第一次登上了学术论坛。事后，校报还专门采访了项海帆，写了新闻。项海帆也因此成了"学术新星"，成了学弟学妹们崇拜的偶像。

"丁酉之难"与助教恩师

1957年春天，中央开展"整风运动"，因参与"同济民主墙"遭到否定，项海帆遭受了"丁酉之难"，于1958年被划为"右派分子"，受到"开除党籍，开除研究生学籍，留校察看，以观后效"的处分。这场政治风雨既是对他的摧残，也是对他的意志和理想的磨炼。

项海帆被派到学校附近的水泥厂劳动，用车子推送石头至轧石机，轧成碎石，再将碎石送到水泥窑中去烧。面对磨难，项海帆并没有放弃，他白天劳动，利用晚上的时间抓紧工作，在非常困难的条件下，于9月开学前完成了"桥梁振动问题"的文献综述，交给了李老师。

自1959年5月起，教研室让项海帆回到学校后面的耐火砖厂劳动，和工人们一起做砖坯、烧窑。烧窑时还要三班倒，项海帆经常要值夜班一直到出炉为止。繁重的劳动磨炼了项海帆的意志。当年8月底，学校接到通知，国庆十周年要"大赦"，全校要摘掉几个人的"右派"帽子。系党总支到砖厂了解项海帆的情况，在工友们的一致好评和举荐下，项海帆在国庆节的时候，成了第一批"摘帽"的幸运儿，"回到了人民队伍"。

被誉为"俄罗斯文学之父"的亚历山大·谢尔盖耶维奇·普希金曾有一首诗："假如生活欺骗了你，不要忧郁，也不要愤慨！不顺心的时候暂且容忍，相信吧，快乐的日子就会到来。"对于项海帆来说，1959年国庆节后不久，泥泞的沼泽暂且走过，快乐的日子就到来了。

一天，李国豪教授将项海帆叫到了办公室。李老师看到经历过考验、愈发成熟稳重的学生，没有过多地说什么，只轻轻地拍了拍他的肩膀。李国豪很欣慰项海帆在面对困境时，没有放弃对专业的学习与思考，他告诉了项海帆一个好消息："我要在桥梁专业开设一门新的选修课，计划挑选一批优秀的学生系统学习桥梁稳定与振动。这是一门全新的前沿课程，对我们国家未来的桥梁建设会产生重要作用。考虑到你的能力和才华，我希望你能来当我的助教，协助我负责这门课程的习题课，辅导学生。你愿意吗？"

"老师！我愿意！我非常愿意！"项海帆一听能够给自己最敬爱的老师当助教，一向沉稳的他也忍不住激动起来。

说完，师生不约而同地相视而笑。这一笑，包含了许许多多无法言语的理解与支持。最令他庆幸的是，阴霾过后，他又回到了老师的身边。

24岁的项海帆，开始在"传道、授业、解惑"的为师之道上奋力前行。因具备扎实的专业知识和良好的组织协调能力，李老师将所有习题课都交给项海帆独自负责，有时李老师出差开会，也放心地将课程交给项海帆代为讲授。项海帆虽然年纪比学生们大不了几岁，但学识丰富，态度认真，得到老师们和同学们的一致认可。

因表现突出，除桥梁教研室以外，铁路教研室也让他担任陈伟宗和吴先茂两位老师所教课程的辅助工作。从1960年秋季学期起，项海帆开始接替出国留学的吴先茂老师给1961届铁路专业的学生上桥梁课，同时还担任肖振群老师给桥四上的钢桥课的助教。相似的家庭出身和学习背景，让肖振群对项海帆这位才华横溢的年轻人非常赏识。当时，同济大学承担了南京长江大桥的桥式方案及振动研究，肖振群因为南京长江大桥的建设，经常出差开会，就让项海帆代他给学生上课。

随着教学经验逐渐丰富，1962年暑假过后，从新学期开始，项海帆从助教变为教师，正式接替李老师给学生上桥梁稳定与振动课，开始走上教学第一线。

南楼天堂，"琴音缔美缘"

二十出头的年轻人，对工作充满了热情，对生活一样充满了澎湃的激情。自1959年开始，学校各项工作恢复正常，爱好广泛的项海帆，生活上也重现了绚丽多彩且丰富的色调。这时候，爱情也在青春的飞扬中悄然来到。

1959年秋天，项海帆参加了教工小乐队。因为他文艺才能声名远扬，教工合唱团也很快请他去担任伴奏。项海帆成了教工文艺的积极分子。1960年春天，也是项海帆爱情的春天，学生文工团为排练乐曲《春天来到了扬子江》，邀请教工小乐队加盟，项海帆也受邀参加。在师生第一次共同排练的大草棚内，他遇见了让他一见钟情的那个姑娘。她就是学生乐队的首席小提琴宁蓓蕾，同济大学城市建设与经营专业1957级学生。

1960年，李国豪教授计划将"桥梁稳定与振动"课程的讲义编成专著出版，他拟定了一个大纲，让项海帆补充一些稳定部分的新内容，并增加振动部分的内容。9月秋天开学，李老师借了南楼二楼原来苏联专家的办公室让项海帆使用，让他全力投入书稿的编写中去。在李老师的安排下，项海帆在南楼开始了一生中最重要、最有收获的基础学术工作。沉迷工作之余，爱情的丘比特悄然降临。

宁蓓蕾酷爱音乐，文工团的乐队排练房中有一架钢琴，她常常一个人抽空去那里抚弄钢琴，但苦于没有老师，没有琴谱，只能弹二级音阶。自从教工小乐队和她们合作演出后，她知道了项海帆手风琴拉得不错，人也很正派，而且在他们的排练房中正好还有一架闲置着的手风琴，手风琴体量小、便于携带，于是萌生了"退而求其次"学手风琴的想法！她大胆地给项海帆写了一封信，提及她想学手风琴。就这样，两位数次碰面的年轻人开启了第一次单独交流。

开学后，项海帆约宁蓓蕾在南楼办公室见面。项海帆开始为宁蓓蕾练琴，教她拉琴。在厚厚的桥梁专业书籍之外，项海帆从外文书店买来了许多苏联出版的手风琴五线谱，有苏联歌曲的伴奏谱，也有斯特劳斯的圆舞曲、著名的肖邦升C小调圆舞曲和茶花女序曲等，工作之余就是精研琴艺。每次宁蓓蕾来办公室，他都拉给她听，用琴声表达他对她的爱慕之情。在女孩温柔的鼓励下，项海帆向宁蓓蕾讲述了自己民族资本主义背景的家庭，作为爱国资本家的父亲和进步知识青年的母亲，介绍了自己的家庭成员和自己一路以来的经历，尤其是1957年"反右运动"中的事。宁蓓蕾一言不发，默默地听着项海帆的诉说。在自己的努力下，她得到了母亲的支持，也接受了项海帆的求婚。

感情的稳定使项海帆倍增了动力。从1961年秋天到1964年夏天，差不多三年的时间，除了教学，项海帆都沉浸在南楼办公室的学术研究中，为完成《桥梁稳定与振动》一书而废寝忘食。到最后一年，书稿进入画插图和校对整理阶段，李国豪教授每周来南楼办公室半天，和项海帆讨论问题，审阅初稿，最后终于完成了这一学术重任。

1963年春天，学校给项海帆定了职，成为正式助教，他拿到了每月60元的助教工资。这一喜讯减轻了他思想上的包袱，也促成了他和宁蓓蕾的婚姻。1964年立春，他终于如愿娶到了自己挚爱的女孩。

"霓裳披身魔丝弄，娓娓琴音乐众，奏罢声雷动，首席佳丽人称颂。手巧心灵仪态重，我自心潮暗涌，夜夜相思梦，三生有幸良缘送。"这首《倾慕——调寄惜分飞》的词是他们美好情感生活的见证。

宁蓓蕾从同济大学城市建设系毕业，分配到了北京市城建局，从事道路规划工作。在祖国建设需要和国家大义面前，项

图1　出国前项海帆与妻子在中山公园合影，1980年

海帆夫妻和当时许多年轻人一样，带着思念与不舍，奔赴自己的工作岗位。就这样，两人开始了长达十年的异地生活。

"暴风骤雨"中恪守本职

1964年9月开学后，全国开始动员开展"四清运动"。学校从建筑系"火烧文远楼"开始，批判资产阶级思想的趋势开始回潮。1965年下半年开学后，学校的政治气氛越来越紧张。1966年5月，"文化大革命"全面发动，项海帆在工地的大喇叭里听到了人民日报社论的广播，心里感到一阵惊恐，预感到一场风暴即将到来。

项海帆在高压的环境中度日如年，感到无尽的煎熬，但又不忍心让妻子担心，他每周给宁蓓蕾的信也少了，怕引起她更多担心，只能相互安慰，祈祷各自珍重。值得高兴的是，不久就传来妻子怀孕的喜讯，项海帆异常激动。女儿的出生就像黑暗中一线温柔的光，给了他温暖和力量。

1968年春节过后，"清队"运动开始了，有历史问题的教职工被集中到北楼底层梯形教室，开始了"牛棚生活"，接受改造。1969年党的九大召开后，决定解放部分被审查者，项海帆有幸被第一批释放，重新回到了教研室。系里组织跳"忠字舞"，项海帆也获准参加，仿佛得到了"重生"。

回到教研室，行动相对自由了点。有一次，他在教研室看到"打李战斗队"在讨论李国豪教授在隔离审查中写的日记，其中有一首德语小诗，他偷偷地记了下来：

Alles geht vorüber,
一切都会过去，
Alles geht vorbei;
一切都将逝往；
Nach dem Dezember,
寒冬腊月之后，
Kommt wieder der Mai.
又是明媚春光。

项海帆在心里默默诵读，这首李老师写在日记里的小诗，是李老师的自我鼓励，也像李老师对关心和牵挂他的学生的叮嘱。这一年多的时间，他和敬爱的李老师彼此隔离，完全说不上话，见面也是在大家都很狼狈的批斗现场。他真怕李老师在这种非人的境遇里无法承受。这首德语小诗，让他看到李老师终于摆脱了初期的绝望心情，能够坦然地面对造反派的无端诬蔑，对前途有了信心，项海帆也更加有了信心。

1972年春节后，学校派项海帆去无锡做双曲拱桥研究。项海帆的研究题目是"拱上建筑的共同作用"，他计划在同济做一个模型试验，通过应力测试，了解拱上建筑共同作用的规律。

原有的研究大概用不到半年时间完成了试验。项海帆一直在关注最新的前沿技术，他想利用刚兴起的计算机进行辅助研究，提出要用有限元计算一下以资比较。就这样，项海帆开始接触了计算机，尽可能地通过一切途径去提升自己。他听了复旦大学力学系的一位老师的有限元法讲座，结合自学，半年下来，已基本掌握了有限元法和编程。

1972年秋季开学后，项海帆又重新回到了讲台。起因是有老师主讲的拱桥课，几周下来学生非常不满意，表示听不懂，他们就在走廊里贴了许多大字报，要求学校更换老师。面对此种情况，工宣队要项海帆临危受命，代替原来的老师给学生上拱桥课。项海帆再三推却，表示自己身份不合适，但仍被坚持要求给学生上课。就这样，自"文化大革命"以来，项海帆再一次登上了讲台。

"文化大革命"后期，中央开始试点解决两地分居问题，但要调动的同志需要自己找好相同专业的对调对象，并征得双方单位同意。经过多方努力，1974年5月，宁蓓蕾被调回上海，两人终于结束了长达十年的分居生活。在近40岁的时候，项海帆才过上这种简单温馨的家庭生活。只有他自己心里知道，这种来之不易的平平淡淡有多么珍贵！

尽管"文化大革命"严重阻碍了社会主义建设的顺利进行，在"以阶级斗争为纲"的错误路线误导下，学校的教学科研工作受到了破坏，但项海帆始终以科学和艺术滋养丰富的内心，坚信"逆境是达到真理的一条道路"，在真理到来之前，所有的磨难都是考验。走过漫漫严冬，科学的春天终将到来。

桥梁抗震研究突破

1976年7月，唐山发生大地震，人民的生命财产遭受严重损失，也敲响了建筑防震的警钟。李国豪亲自带队去灾区调研，发现这里的房屋构件根本不防震，因此才造成了如此重大的损失。李国豪立刻意识到，随着我国经济社会发展，建筑物防震，尤其是大型桥梁、公路的防震将越来越重要。有鉴于此，他在同济大学部署了一个重要的研究方向——桥梁抗震技术研究，开启了同济大学抗震研究的序幕。

我国公路拱桥数量众多，在公路拱桥抗震设计中，项海帆发现传统的基于反应谱理论的地震内力计算公式使用起来很不方便，给设计部门带来了很大的困难。于是，他深入研究了拱桥的自振特性（即拱桥在受到外力作用时如何振动）和内力影响线（即拱桥在受到不同位置的外力时，哪些部位会受到最大影响），并提出了"控制截面内力影响系数"的新概念。基于这个新概念，他建立了一套新的、更为实用的拱桥抗震计算方法，大大简化了拱桥抗震设计的计算过程。这套方法后来被我国桥梁抗震设计规范采纳，成为指导我国拱桥抗震设计的重要依据。

在斜拉桥抗震研究中，项海帆也取得

了重要突破。漂浮体系斜拉桥在地震中的纵向振动具有"长周期"的特点，而当时的桥梁抗震设计规范中的设计反应谱来自建筑结构抗震设计规范，仅对长周期区段作了简单的外延，因而并不适合大跨度桥梁结构。为了解决这个问题，项海帆深入研究了反应谱理论，提出了对设计反应谱的长周期区段进行合理修正的方法，从而为斜拉桥的抗震设计提供了更为可靠、合理的计算方法。这也是国际上第一个针对长周期结构反应谱的抗震计算公式。

在此基础上，项海帆进一步提出了考虑大跨度桥梁相位差的弹塑性地震反应分析和延性抗震设计方法。这些方法能够更好地模拟大跨度桥梁在地震中的实际响应，在多座大桥的抗震设计中得到了应用，并取得了良好的效果。

上述两项桥梁抗震研究成果具有重大的理论意义和实用价值，为我国桥梁抗震设计理论发展作出了重大贡献。"桥梁抗震理论"获得了1986年度国家教委科技进步奖一等奖。

"科学的春天"

1978年7月，国家在高校恢复校长制，李国豪被重新任命为同济大学校长。他和当时的领导班子一起，为一所有着70年历史的大学如何重新掌握罗盘、找准航向、带领船队加速航行而壮志满满。1978年3月，全国科学大会在北京召开，标志着"科学的春天"已到来，从此科学技术和知识分子的地位有了翻天覆地的变化。

1978年秋天，上海市政工程设计院委托同济大学做泖港大桥的抗风研究，李校长把这一任务交给了项海帆。项海帆带领助手们开始了我国最早的桥梁抗风研究，自此也开启了他对于桥梁风致振动理论特别是桥梁颤振稳定性理论及其控制原理深入、全面、系统的30年研究历程。

接到泖港大桥抗风研究任务以后，项海帆开始查阅文献，学习美国学者R. Scanlan（斯坎论）、Van der Put（范德普）和Selberg（塞尔伯格）等人写的有关桥梁颤振分析和试验的论文，同时开始做节段模型风洞试验的准备。

1979年初，项海帆了解到位于四川省绵阳市的中国空气动力研究与发展中心（29基地）有低速风洞，他决定去四川绵阳看一下，并打算在那里做第一座斜拉桥的节段模型风洞试验。在准备桥梁模型时，项海帆认为桥梁的节段模型一定要满足密度比的要求，于是就选用了和混凝土比重相近的铝材来做。经过比对，他找了一家铸铝厂加工模型，同时设计了悬挂模型的振动试验架，并在学校调试了弹簧刚度和模型质量，确定了频率比和风速比。

1979年底，项海帆安排将节段模型托运到绵阳。1980年元旦过后，项海帆率队启程去绵阳做风洞试验。第一次做节段模型风洞试验，项海帆的心里很紧张，不知道能否振起来。绵阳的风洞试验人员看到一个铝制的桥梁节段模型也很紧张，生怕一旦振起来会难以控制。正式试验是在某一天的晚上，大家都谨小慎微，小心翼翼地把试验风速一点点加上去，接近预期的临界风速时，模型果然慢慢扭转振动起来，把洞体也带着振起来了，他们连忙关机。这意味着我国第一次桥梁节段模型风洞试验终于成功了。颤振风速和计算结果完全吻合，大家都兴奋地欢呼起来。

三、西行东归：浦江桥歌遂志向（1980—1991年）

同济大学因为有着中德共建的办学传统，成为改革开放以来与德国乃至与欧洲文化、教育交流的一扇窗口，在对外交往方面走在全国高校的前列。1979年初，德国洪堡基金会邀请李校长访问德国。李校长抓住时机，积极为同济大学的国际接轨创造条件，并带回了德国洪堡基金会的申请。经过层层选拔，项海帆成为改革开放以来，我国第一批获洪堡基金资助的留德学生。他的目标是德国波鸿鲁尔大学。在Krätzig教授的指导下，他以天津永和桥为背景，做斜拉桥抗震研究。

出国前，李校长找项海帆谈话："我快七十了，有点力不从心了，期盼你能为国效力，把中国的桥梁事业继续下去。"他希望项海帆能早日学成回国。听着恩师的叮嘱，项海帆在心里暗暗决定，出去一定要学好最先进的知识，回来报效祖国，不辜负老师的重托。

1980年岁末，上海虹桥机场，在亲朋好友的叮咛送别声中，项海帆独自一人踏上了远赴德国的旅途，那年他已45岁。

留学德国的"洪堡学者"

到达德国以后，项海帆先在位于波恩的中国大使馆暂住了两天。短暂停留之后，项海帆乘火车，去往伊塞隆的歌德学院报到。在那里，洪堡基金会为他安排了为期四个月的德语集中学习。1981年5月，项海帆按计划来到了波鸿鲁尔大学土木系，在Krätzig教授主持的结构工程研究所结构力学教研室开始了博士后性质的学习和工作。

波鸿鲁尔大学对项海帆的访学亦十分重视，在他的办公室门上挂上了"客座教授项海帆"的牌子，表示对这位中国学者的尊重。Krätzig教授还指定了他的助手，来自希腊的Meskouris博士和项海帆一起合作。

项海帆深刻地感受到了中国与发达国家在科技和教育上的巨大差距。当项海帆第一次走进学校机房，他被自己看到的景象深深地震撼了。当中国还在使用纸带穿孔计算机的时候，这里的机房已经全部换成了键盘式终端的大型计算机，还有美国加州大学伯克利分校的DRAIN动力分析软件，以及波鸿鲁尔大学自己开发的模块拼装式软件系统。项海帆花了一星期的时间，才逐渐熟悉软件的使用方法和上机指令。

在熟悉了软件之后，他开始进行预先准备好的计算：天津永和桥的动力特性和同步激励的时程分析。项海帆开始考虑相位差（行波效应）的非同步激振，推导了公式，进行了时程分析，比较了二者的差别。1981年暑假，他又对规范的反应谱进行了研究，对于周期较长的斜拉桥的反应谱设计过于保守的问题，提出了进行合理修正的想法。项海帆的设想得到了Meskouris博士的支持，Meskouris博士向项海帆介绍了有关可按修正反应谱生成人工地震波的方法，以代替常用的EL-Centro波做时程分析的建议。

秋季开学后不久，项海帆就完成了这一工作，比较了两种不同输入的地震反应。在得知项海帆的工作进展后，Krätzig教授表示了高度赞赏。Krätzig教授与达姆施塔特工业大学的König教授联系，建议项海帆去达姆施塔特工业大学先进的振动台试验实验室做进一步的抗震试验。

11月的德国寒风凛冽，却无法吹灭项海帆内心的热情。他踏上了前往达姆施塔特工业大学的火车。那里不仅是他的恩师的母校，更是他即将开展重要研究的地方。König教授热情地接待了项海帆，并与实验室主任一起讨论了项海帆所需实验的模型设计和试验计划。随后，项海帆回到了波鸿鲁尔大学，等待实验室做好前期准备。

一个月后，当达姆施塔特工业大学来电，通知项海帆模型已经成功安装在振动台上，可以进行试验的消息时，他立刻安排了第二次出差，并在圣诞节前完成了这项重要的试验。试验结束后，König教授特意陪同项海帆参观了附近的桥梁，还热情地邀请项海帆："项，期待你明年春天完成博士后报告后，再来达姆施塔特做一个德文的研讨分享。"

1982年3月，项海帆完成博士后报告后，如约再次来到了达姆施塔特工业大学。项海帆的报告获得了德国同行的肯定和热烈反响。午餐时分，König教授为项海帆安排了一场庆祝活动，祝贺项海帆的工作取得了圆满成功。波鸿鲁尔大学的Krätzig教授还将项海帆的博士后论文推荐给波鸿鲁尔大学结构工程研究所印刷出版。这不仅是对项海帆研究成果的认可，更是对他圆满完成洪堡博士后奖学金研究任务的肯定。

1982年5月，项海帆遵照和恩师的约定，抱着振兴中国桥梁的决心学成回国。项海帆自回国起，就从李国豪校长手中接过"三大任务"：一是继续回到课堂，为

图2 项海帆在莱茵河桥上，1981年

研究生开设桥梁稳定与振动课程；二是作为副导师，指导博士研究生的培养；三是带领团队，着手黄浦江大桥的可行性研究，为黄浦江大桥建设做好准备。这"三大任务"成为项海帆归国的事业起点，一幅"三年苦干深虑，水上架天廊"的事业图卷正在徐徐展开。

南浦大桥的可行性研究

在上海母亲河黄浦江上建造大桥，是上海人民的百年夙愿。1980年，在新上任的上海市市长汪道涵主持下，市委、市政府第一次以明确的姿态提出"开发、开放浦东"的世纪话题。上海南浦大桥的可行性研究是项海帆回国后承担的一项重要工作。

关于南浦大桥的建设，李校长建议采用钢主梁和混凝土桥面板组成的结合梁斜拉桥方案。一方面，该方案较混凝土主梁减轻了自重，不仅节省斜拉索和软土地基上桩基础的数量，而且有利于桥面沥青混凝土铺装；另一方面，钢主梁节段和预制混凝土桥面板起吊重量小，施工速度快，非常适合黄浦江繁忙的航道情况。根据李校长的指示，项海帆和陈国强迅速投入到南浦大桥的可行性研究方案中，同时邀请了陆宗林参与总体设计。

为确保研究的准确性和专业性，项海帆指导李校长带的博士生谢霁明专门做南浦大桥的抗风研究，林志兴负责准备风洞试验。这个由项海帆、陈国强、陆宗林、谢霁明、林志兴组成的五人小组展现出了极高的工作效率和热情，每个人都在各自的领域发挥专长，相互支持、密切配合。他们在暑假也没有休息，夜以继日地投入到工作中。经过不懈地共同努力，他们于1982年底基本完成了《南浦大桥可行性研究报告》的初稿，于1983年正式向市科委递交了《南浦大桥可行性研究报告》。

正是从南浦大桥的可行性研究起步，项海帆开始了对桥梁结构关键技术及设计理论的系统研究。在进行桥梁的结构动力特性计算时，当时的主流方法是采用鱼骨式的单主梁计算模型来模拟桥面主梁，这种方法对于具有闭口箱梁的桥面来说是非常合适的。但是，在《南浦大桥可行性研究报告》中提出的结合梁斜拉桥方案采用了双工字梁加混凝土板，这是一种典型的开口截面。这样就会遇到一个问题，如果仍然采用普通的单主梁模型，就无法考虑断面约束扭转刚度的重要贡献；如果改用与双工字梁相近的双主梁模型，虽然可以考虑约束扭转刚度的贡献，但又难以处理整体桥面板侧向刚度的双主梁等效，加上斜拉桥中侧向弯曲和扭转变形的强烈耦合，就会造成扭转振型的失真和扭转频率的误差。

针对这一问题，项海帆提出了"三主梁计算模型"设想，把侧向刚度集中于中梁，利用两个边梁来模拟竖弯刚度和约束扭转刚度。这一新的计算模型虽然在物理形态上不是真实的，但在力学上能充分反映各种必须考虑的刚度。项海帆这一创新的桥梁结构动力特性计算方法，在后来南浦大桥的建设中付诸实践，且全桥建成后的实测结果也验证了这一计算模型的正确性。从此，他创新的"三主梁计算模型"成为开口断面和分离箱梁断面型桥梁结构动力特性计算的可靠方法。

担任结构工程系副主任

1982年8月，同济大学原路桥系桥梁教研室、勘测系土力学与基础教研室和地下结构教研室一起合并到新的结构工程系。这是学校的一个重大决定，反映了当时中国高等教育管理体制的变革和社会需求的变化，标志着学校正朝着更加专业化

图3 项海帆（左）和李国豪校长（右）在讨论南浦大桥全桥气弹模型，1988年

和国际化的方向迈进。在这个关键时刻，学校任命孙钧教授为结构工程系主任，项海帆和沈祖炎为副主任。

这是项海帆第一次担任行政职务，李国豪校长特地亲自找他谈话，通知他这一任命。李老师语重心长地说："海帆同志，你和沈祖炎刚从国外回来，你们在国外大学看到了很多先进的管理经验，学到了很多新的做法。你们要按照国外的先进模式，配合孙钧老师，把结构工程系建设好。"听了李老师的话，项海帆感到既荣幸又责任重大。

为推动全系的科研，项海帆首先提议恢复并建立跟系里学科匹配的资料图书室，汇聚一些最新、最前沿的专业书籍，让师生们能够方便地获取最新的学术资料。他亲自带头，与孙钧教授和沈祖炎教授一同策划图书室的布局与藏书选择，确保能够满足师生们的学术需求。

项海帆还借鉴了国外大学的做法，在走廊中设置了橱窗。他鼓励各教研室将教学和科研成果在橱窗中进行展示，让师生们能够直观地了解结构系的学术实力。这一举措不仅激发了师生们的自豪感，也吸引了众多校外人士前来参观交流。

在教研室建设方面，项海帆提出了建立研究小组的建议，并以地下结构教研室作为试点。他希望通过这种方式，推动教研室内部的学术交流与合作，培养出更多具有创新精神的人才。在他的推动下，地下结构教研室的研究小组迅速成立，并取得了显著的研究成果。在项海帆的引领下，结构工程系的科研工作逐渐进入了快速发展的轨道。师生们的精神面貌焕然一新，学术氛围日益浓厚。

1984年，全国特别批准了一批博士生导师以增加研究生导师队伍。同济大学的高廷耀、沈祖炎、汪品先和项海帆四位副教授获准成为特批正教授和博士生导师。那一年，项海帆48岁。

升为博导后，除了担任李校长培养的硕士生和博士生的副导师外，项海帆自己也带了葛耀君、陈德伟、钱莲萍、李瑞霖、毛清华、杨昌众、黄东洲、阎贵平等一大批学生。这些学生的专业研究涉及非线性分析、施工控制、稳定分析、车辆冲击分析和风致振动分析等领域。在项海帆的指导下，他们掌握了当时国内最领先的桥梁抗风抗震研究技术，毕业后或成为国内大学桥梁学科的学术带头人，或成为各个桥梁工程项目的总设计师，都是我国桥梁研究和桥梁工程领域的骨干。

桥梁风振研究集成

20世纪80年代至90年代，经过前一个阶段的积累，项海帆的研究视野主要聚焦在以下几个方面：桥梁抗震理论及其工程应用、大跨度桥梁施工控制理论及其工程应用、大跨度桥梁风振稳定性理论及其控制原理、桥梁与结构的风荷载理论和抗风设计方法。这些研究构成了项海帆在桥梁抗震以及抗风研究领域的理论基石，为此后南浦大桥、杨浦大桥以及20世纪八九十年代我国大跨度桥梁的施工奠定了理论基础和施工指导。

结合梁斜拉桥作为一种新型大跨度桥型，其颤振分析同样面临着诸多挑战。当时传统的二维颤振分析理论是为解决悬索桥的颤振分析而建立起来的，相当于给悬索桥做了一个"体检"，看看它在风中"弯腰"和"扭动"时，会不会出现不稳定的情况。这种"体检"方式对于悬索桥来说是比较适用的。然而，对于斜拉桥这种新桥大跨度桥型，几十根钢索拉起成百上千吨钢筋水泥桥面，还要承受川流不息的车辆的压力，如何才能抗击大风，甚至台风的冲击？当风来时，由于侧弯和扭转变形的强烈耦合，斜拉桥会出现两种新的振型：一种以侧弯为主、扭转为辅；另一种以扭转为主、侧弯为辅。且前者频率较低、后者频率较高。究竟哪一种振型可能与竖弯振型形成耦合颤振是一个极具争议的问题。

20世纪80年代初，项海帆提出了一个非常重要的观点，他认为桥梁的颤振稳定性问题和桥梁的静力稳定性问题在数学上是类似的问题，都是关于特征值的计算。他进一步提出，颤振形态可以通过适当地改进算法，实现自动搜寻出参与颤振耦合的振型，而不必人为指定。为了验证这一观点，项海帆指导他的博士研究生，成功建立了三维桥梁颤振理论，并首次提出了"多振型耦合颤振"的概念。在施工阶段，工程师们可以通过一种叫作"不对称加劲梁节段拼装"的方法，故意破坏桥梁结构的对称性，使得更多的高阶振动模式参与到颤振耦合中，以提高桥梁在施工阶段的抗风稳定性。

取得这一成果后，项海帆和他的团队并没有停下脚步。他们以南浦大桥的建设为背景，继续深入系统地研究了桥梁在风的作用下可能产生的各种振动，如颤振、抖振、涡振和驰振等，不仅提出了一系列新的概念和公式，还设计出了新的控制装置，用来减少这些振动对桥梁的影响。这些研究成果为桥梁的抗风设计提供了重要的参考。1992年，项海帆建立了由6个无量纲参数组成的抖振根方差实用计算公式，为抖振的工程计算提供了一种十分快速和简便的方法，而且每个参数的物理意义都十分明确，易于工程师们理解和接受。该公式被纳入我国第一部大跨度桥梁抗风设计指导书《公路桥梁抗风设计指南》中，且得到了广泛的应用。

除了桥梁抗风设计理论之外，项海帆的风工程研究范围还涉及其他工程结构。1985年，他在第一批中美合作课题"上海地区台风特性及其对高耸结构的作用"研究中，主持上海（青海路）电视塔的风洞试验工作，完成了国内第一个全塔气弹模型风洞试验，获1988年国家教委科技进步奖一等奖。此后，在1992年主持完成的上海东方明珠广播电视塔的抗风研究中，再次采用了全塔气弹模型，并且统一模拟了模型的刚度、外形和质量，取得了很大的成功，不仅为上海广播电视塔提供了设计依据，而且为风荷载规范和高耸结构规范的制定作出了贡献。这两项研究基本奠定了我国高耸结构抗风研究的风洞试验和理论分析基础。

这些研究工作不仅丰富了桥梁抗风与抗震的理论体系，而且通过技术创新和工程实践，为我国桥梁建设领域的发展作出了重要贡献，为即将开启的南浦大桥、杨浦大桥的自主建设奠定了基础。

建设国家重点实验室

1985年，科技部和教育部决定在全国重点高校和中科院各研究所中建设约100个国家重点实验室。已退休担任名誉校长的李国豪十分重视这件大事，亲自召集了朱伯龙、项海帆和余安东，启动申报土木工程方面的国家重点实验室的准备工作。朱伯龙任筹备组组长，项海帆任副组长，由项海帆和余安东两人负责起草申请书。实验室的名称最后由李校长敲定，他们将"土木工程防灾"这个名字上报到教育部进行申报。

最后，同济大学拿到了国家重点实验室的批准书，这对同济大学土木学科来说，是非常重要的一步。经过两年多的筹备，1988年国家计委批准在同济大学建立土木工程防灾国家重点实验室，挂靠结构工程学院，主要从事土木结构工程抗震与抗风研究。该实验室是国家计委首批批准的71个国家重点实验室之一，也是国内土木工程领域中唯一的国家实验室。

为按计划任务书要求建立一个高质量、高水平、符合我国国情的风洞实验室，项海帆带领团队不辞辛劳，详细查阅了国外资料，走访了国内具有风洞设备的单位，经过反复的科学论证，选定设备，组织研发，进行科研攻关，于1989年底率先建成了TJ-1号小风洞。如此一来，从1990年起，桥梁抗风节段试验就可以在同济大学校园内完成了。

为了这项意义重大而又十分艰难的事业，团队克服要求严、压力大、人才和信息的差距大、资金少的重重困难，于1991年10月通过了国家教委"1991年国家重点实验室项目验收计划"，得到验收检查小组及验收专家委员会的一致好评，圆满地交出了"土木工程防灾国家重点实验室"作为科学技术的"国家队"的答卷。

首任桥梁工程系主任

同济大学作为中国"桥梁世家"，对中国桥梁最大的贡献莫过于对中国桥梁自主建设的"持续探索"。以国家重点实验室和风洞建设为契机，同济大学抓住20世纪八九十年代国家桥梁建设的契机，加快桥梁学科的发展。

1987年7月，"结构工程系"改建为"结构工程学院"，朱伯龙担任院长，范立础担任副院长，同时成立桥梁工程系，项海帆担任系主任。作为桥梁工程系主任，项海帆继承李老师的衣钵，为同济桥梁的发展尽心尽力。可以说，项海帆见证了同济大学桥梁工程系的整个发展历程。

桥梁工程系的发展，不仅是一部学科发展史，更是时代变迁的缩影。它见证了新中国从贫穷落后到崛起腾飞的伟大历程，也见证了桥梁学科从无到有、从弱到强的艰难历程。

1987年秋天，桥梁工程系正式搬入了原公路所的二层小楼。项海帆和石洞、姚玲森组成了系领导班子，姜海生也转到系里担任办公室主任，还聘了杨健当系主任助理。

与此同时，同济大学抓住了上海黄浦江大桥的机遇，在完成南浦大桥可行性研究等重要科研工作的基础上，于1985年7月，从桥梁教研室抽调组织部分教师与工程技术人员成立了桥梁设计室，专门承担桥梁设计任务，室主任为陆宗林。1987年，桥梁工程系成立后，桥梁设计室隶属于桥梁工程系。1989年10月成立了桥梁工程设计研究所，与桥梁工程系实现系所合一，下设桥梁设计室。项海帆兼任所长，郑信光任副所长，陆宗林担任桥梁工程设计研究所总工程师兼建筑设计院总工程师。1993年4月，桥梁工程设计研究所升格为同济大学建筑设计研究院桥梁分院，仍与桥梁工程系"系院合一"，下设桥梁设计室和综合室，由项海帆担任院长。

此外，桥梁工程系抓住了国家重点实验室的机遇，建设了风洞实验室，该实验室挂靠在桥梁工程系。后来，原上海城市建设学院和原上海铁道大学相继并入同济大学，这又为桥梁工程系增加了实力。最后桥梁工程系成为有100余人的重点系。

在项海帆的带领下，桥梁工程系不断发展壮大，成为同济大学在土木工程领域的一支重要力量，不仅在桥梁设计、施工、维护等方面取得了显著成果，也在国内外学术界和产业界赢得了广泛赞誉。

1987年夏天，第七届国际风工程大会在德国亚琛召开，项海帆投了一篇关于上海南浦大桥抗风研究的论文。8月，项海帆和孙天凤、张相庭先生一行三人赴德国参加该会议。这是项海帆第一次参加国际风工程会议，也是他作为中国学者在国际风工程领域的首次亮相。

在这次会议上，项海帆的报告详细展示了上海南浦大桥的案例，尤其介绍了中国学界的最新研究成果和创新性的解决方案，得到与会学者的一致好评。他在这次会议上认识了很多国际学术界的好朋友，为中国桥梁界在国际上赢得了声誉和尊重，也为中国桥梁走向世界舞台迈出了非常重要的一步，同时激励了更多的中国学者勇敢地走出国门，与世界各地的同行交流学习。

"人民来信"唱响浦江桥歌

南浦大桥是上海发展的见证。当时，黄浦江上没有桥梁，浦东与浦西的往来只能靠轮渡。遇到雨天、雾天时寸步难行。"宁要浦西一张床，不要浦东一间房"反映了当时的情况。在黄浦江上造一座桥是当务之急。1987年2月春节，项海帆去李校长家里拜年，跟他讲了市里拟请日本人做黄浦江越江大桥设计的事。

这个消息让李国豪校长震惊不已。他没有想到，在中国桥梁界还在等待消息的时候，日本专家已经组织了设计、科研、施工单位，开始做黄浦江越江大桥的方案和抗风试验，且设计图纸都已经铺开，详细分工计划都已一一排定。

原来，1986年秋天，时任上海市副市长倪天增率团访问日本时，看到日本在桥梁建设方面的技术很不错，曾接受日本提出的免费设计、低息贷款帮助建造黄浦江越江大桥的建议，和日方草签了协议，初定由日本负责设计，贷款建设。李国豪和项海帆均认为，我们已经拥有建造黄浦江越江大桥的科研水准、设计力量和施工队伍，可以自力更生地完成黄浦江越江大桥的建造。凡事总有个第一次，如果我们不争取黄浦江越江大桥的这个第一次，中国现代桥梁建造什么时候才能有自己动手的"第一次"？

李国豪当时担任上海市政协主席。一次，在上海市"四套班子"领导聚在一起的时候，李国豪走到时任上海市市长江泽民面前，讲述了中国人自己建造黄浦江越江大桥的理由和已经开展的工作，并建议他"抽空到同济大学去看看正在进行的大桥抗风试验"。

1987年8月17日，江泽民市长来到同济大学桥梁工程系。项海帆代表桥梁工程系向他作了简短汇报。在近半个小时的参观过程中，江市长仔细听取汇报，一言未发，直到最后快要离开的时候，江市长问道："自己做有没有把握？"项海帆回答说："上海完全可以自己做。"

1987年8月18日，项海帆就以"人民来信"的方式，代表同济大学桥梁工程系给江市长写了一封信，进一步陈述自主建设的必要性和可行性。在信中，项海帆还强调了同济大学愿意做这件事的信心和决心："我们愿意和上海市政工程设计院、市政工程局一起为建造黄浦江大桥尽一份力量。"

信寄走后，很长一段时间没有任何消息，直到1988年3月，上海市建委召开会议，决定自主建设南浦大桥。随后，南浦大桥建设指挥部成立，由上海市政工程设计院作为主体设计单位，同济大学作为合作设计单位，以同济大学提出的结合梁斜拉桥方案为基础，开始初步设计工作。上海建工集团承包了施工，同济大学担任科研项目总承包，配合设计工作的进行，并邀请了美国的邓文中先生担任设计审核。

这是一个激动人心的时刻，自主建设南浦大桥的决策，拉开了中国桥梁自主建设的大幕。作为南浦大桥建设团队中唯一来自高校的队伍，同济人以巨大的勇气和百倍的热情全线参与，李国豪教授担任了专家组组长，同济大学承担了全桥建筑设计、东引桥主体设计、全桥电气照明设计、全桥科研项目总承包，以及西引桥三、五、六标段的施工监理任务。

1991年6月21日，《人民日报》第一版发表报道《全国最大双塔双索面斜拉桥上海南浦大桥贯通》。从此，一桥飞架浦江，两岸变通途。高耸峻拔的南浦大桥是"母亲河"颈上的璀璨项链。

在通车这天，项海帆怀着激动的心情写下了《庆祝南浦大桥通车——调寄水调歌头》："久有凌云志，彩虹跨浦江。奈何内乱频起，手足阋于墙。幸得凶顽覆灭，忽报新区开放，急信诉衷肠。务拒东瀛客，自主为图强。倾全力，招英杰，战旗扬。三年苦干深虑，水上架天廊。古奉李春'安济'，今有国豪'南浦'，百世颂栋梁。四海同声赞，遍地建桥忙。"

日本伊藤学教授在参观南浦大桥后感慨地说："我们本来以为中国工程师不敢自主建设这一工程，但是你们完成了，而且做得很好。一旦你们会了，我们就很难竞争，按你们的造价我们做不下来。"中国人以不足日本概算一半的造价，从亚洲开发银行贷款建成了上海南浦大桥，不仅取得了大桥建设的自主权，而且通过实践取得了进步，锻炼了队伍，培养了人才，更重要的是树立了信心，提高了志气，为中国桥梁在20世纪90年代的崛起奠定了基础。

随后，在杨浦大桥的建设中，最终也采用了同济大学的方案，即继续采用结合梁方案。杨浦大桥是一座特大跨度的斜拉桥，项海帆领衔的同济大学土木工程防灾实验室对大桥的抗风、抗震进行了系统的试验、研究和分析，确切地评价了结构的抗风、抗震能力，提出了工程措施建议。此次建设不仅发展了我国桥梁动力分析理论，也提高了试验研究水平。

杨浦大桥于1993年9月全面建成，10月22日通车。全长7 658米，主孔跨径602米，256根橙黄色的斜拉索将主桥面凌空托起，高220米的两座钻石形桥塔直刺云天，建成时创下了世界最大跨度的斜拉桥历史纪录，居世界同类桥梁之首。

杨浦大桥建成通车时，李国豪已经年满80岁了。在参加完大桥通车典礼后，李国豪对项海帆说："以后我不再承担大桥设计、建设的具体事务了，大桥建设的重任就交给更年轻一代了。"作为李国豪的学生，一路参与南浦、杨浦等大桥建设的项海帆，从老师手中接过了这根指挥棒。

"最强烈的爱国精神就是承认差距，不甘落后，把中国建设好。"杨浦大桥的建成在全国各地掀起了自主建设大跨度斜拉桥的高潮，造就了中国现代桥梁的崛起，使20世纪90年代成为全国斜拉桥建设的黄金时期，呈遍地开花之势，也提升了中国桥梁的国际地位。

四、四海扬帆：御风破浪任重远（1991—2004年）

1988年起，项海帆接替了李国豪在国际桥协常委会的委员职务。项海帆作为中国代表和同济大学的团体会员代表，开始在国际桥协崭露头角。他积极参与每年的年会，与国际桥梁界的高层人士建立了广泛联系，为中外桥梁技术的交流与合作搭建了桥梁。

在国际桥协崭露头角

20世纪90年代初期，项海帆全身心地投入到为1991年在上海虹桥宾馆举行的第三届东亚-太平洋结构工程及施工会议（EASEC-3）的筹备工作中。为了中国学术界的这次国际亮相，项海帆做了大量工作，在会议正式举办前的一年多时间里，项海帆都在积极负责论文的征集和评选工作。到1990年底，所有入选的论文陆续到齐，项海帆发现国内学者写的英文论文存在许多语病，有的甚至连英文标题都不准确，使得他不得不花费大量时间帮助修改。当时，电子邮件尚未普及，电传是主要的通讯方式。为了更高效地处理电传，项海帆专门购买了电传机，并申请了用户。他每天都会收到大量的询问电传，并且需要立即回复。这时，他从德国带回的打字机成了得力助手。整个学期，除了上课之外，他几乎没有时间做其他事情，直到论文集编好并付印，发出最后一轮通知，他才松了一口气。

寒假期间，项海帆开始着手准备会议的各项事宜，包括会场布置、会议节目单、设备、礼品、演出、宴会、住宿安排等。为了增添会议的氛围，他特地前往上海音乐学院附中，邀请他们的小乐队在宴会上进行演出。

1991年4月，第三届东亚-太平洋结构工程及施工会议（EASEC-3）在上海虹桥宾馆隆重召开。共有180多位外宾和100多位国内代表及会务人员参加，总人数达到了300多人。由于部分外宾的回程票尚未确定，需要他们到达中国后才能确认，项海帆为此投入了大量的精力，亲自前往虹桥机场为他们确认回程票，以确保他们能够安心参会。

然而，在持续高强度的工作下，项海

帆的血压突然升高至180/120毫米汞柱，他感到头晕目眩。医生命令他躺下休息，并加大了药量，他才慢慢恢复过来。尽管如此，他仍然坚持完成了会议的筹备工作，并确保了会议的顺利进行。

此次会议取得了空前的成功。在闭幕式上，项海帆作为组织方代表进行了总结发言。外宾们对会议的组织工作表示了高度的肯定，他们纷纷表示："这才是真正的国际会议，你们同济的水平就是高。"送走了所有代表后，项海帆终于有了一个星期的休息时间，以恢复身体的疲劳。这次会议的成功举办，既完成了李校长的心愿，也为同济大学，更为国家赢得了荣誉。

风工程馆正式落成

20世纪80年代末90年代初，建设土木工程防灾国家重点实验室的风洞实验室是项海帆的工作重心之一。1989年底，同济大学先建成了TJ-1号小风洞，从1990年起，节段模型试验就可以在校内进行了，但全模型试验仍需要去南京航空航天大学进行。

1991年，项海帆前往加拿大参加第八届国际风工程会议。在此次会议上，他特意仔细参观了韦仕敦大学（又名西安大略大学）的两座风洞。然而，让他更为心动的是了解到丹麦海洋研究所（DMI）利用一个仓库改建的边界层风洞。这座风洞的扁平试验段达到了13.5米×1.7米，并已经成功进行了大海带桥试验。项海帆深感这种大型风洞对于大跨度桥梁抗风研究的重要性。

会议结束后，项海帆又前往圭尔夫（Guelph）参观了谢霁明所在的RWDI公司的风洞。尽管该公司拥有6米宽的风洞，但在项海帆看来，这仍然难以满足大跨度桥梁抗风研究的需要。

回国后，项海帆立即组织团队成员讨论如何改进风洞设施。经过深入讨论，大家一致认为，将现有风洞分为两个独立的部分是一个可行的方案。这样一来，TJ-2风洞可以专注于房屋单体和桥梁节段的试验，TJ-3风洞则可以改造成竖向回流的扁平风洞，从而更适合进行大跨桥梁和房屋群体的研究。

为了确保这一重大改造的顺利进行，项海帆邀请了北京大学张伯寅教授进行气动方案设计，并请同济大学设计院协助进行两个风洞的土建设计。1992年，风工程馆正式动工建设。项海帆通过与姚祖康沟通协商，成功地将他们已废弃不用的环道试验场地让出用于风工程馆的建设。同时，他还通过多方努力筹集到了250多万元的赞助资金，以弥补经费的不足。为了回馈这些赞助单位，项海帆承诺他们今后的试验任务将享受七折优惠。

在此期间，风洞设备的制造也在紧锣密鼓地进行。1993年，风工程馆落成时，设备调试阶段也顺利完成，一些购买的测试设备也陆续到货。为了庆祝风工程馆的落成并展示其先进设施，项海帆决定在同济召开1994年的第四届全国风工程会议。同时，他也计划利用TJ-3风洞进行第一个全桥模型风洞试验——虎门大桥悬索桥的试验。

试验结果非常成功，虎门大桥的颤振风速和节段模型试验数据十分吻合，这证明了TJ-3风洞的各项指标都达到了合格标准。李校长在观看了试验后也十分激动和兴奋。这标志着同济大学终于拥有了当时位居世界第二的边界层风洞。

随后，TJ-2、TJ-3风洞也顺利调试完成。至此，同济大学建成了三座低速边界层风洞群。其中，TJ-1大气边界层风洞：试验段1.8米×1.2米，风速1~30米/秒；TJ-2大气边界层风洞：试验段2.5米×3.0米，风速3~67米/秒；TJ-3大气边界层风洞：试验段2.0米×15米，风速0.5~7米/秒。三座风洞成为同济大学土木工程防灾国家重点实验室的重要组成部分，这里面积聚了项海帆多少辛勤的汗水，他已经记不清了。让他欣慰的是，有了这三座分工不同、功能强大的风洞，南浦大桥、杨浦大桥、卢浦大桥、江阴长江大桥、润扬长江大桥……国内绝大部分桥梁模型都在这里经受过考验。

1994年10月，在庆祝国家重点实验室建设十周年表彰大会上，项海帆被授予"国家重点实验室管理金牛奖"，以表彰他在重点实验室建设特别是风洞建设和抗风研究方面作出的杰出贡献。1994年初，项海帆和他的团队搬入了崭新的风工程馆办公。回首过去的八年，那些与余安东并肩作战、共同编写申请书的日子历历在目。那是一段充满艰苦奋斗的岁月，但也是同济桥梁工程系取得巨大发展的黄金时期。在搬入风工程馆的那一刻，项海帆的心中充满了感慨。这一切的成就都来之不易，是他和团队成员们共同努力、不懈奋斗的结果。

20世纪90年代后期，我国的结构风工程研究水平逐渐被国际同行认可，一些实验室开始承接境外委托的抗风试验与研究任务。同济大学于1999年承担了日本名古屋矢田川桥抗风试验研究，这是同济大学抗风研究室首次承担境外试验研究项目。该项目的研究成果得到了国际著名风工程专家伊藤学和山田均的充分肯定。

桥梁研究的深入开拓

从20世纪90年代开始，项海帆带领他的团队开展了桥梁等效风荷载研究，先后建立了针对小跨度（200米以下）刚性桥梁的不考虑风振位移的等效静阵风荷载和针对中等跨度（400米以下）半刚性桥梁的仅考虑小位移强迫振动的等效抖振风荷载。2002年，在上述传统的桥梁等效风荷载原理基础上，结合涡振可能性较大的世界最大跨度拱桥——上海卢浦大桥，他的团队率先提出了针对大跨度（400米以上）柔性桥梁的基于结构与气流相互作用的等效涡振风荷载，进一步丰富和完善了桥梁等效风荷载理论。上海卢浦大桥抗风研究成果获得了国家科技进步奖二等奖，相关研究成果被我国第一部《公路桥梁抗风设计指南》和《公路桥梁抗风设计规范》所收录。

1997年，项海帆着手进行桥梁风振的可靠性分析。他指导研究生结合桥梁结构形式、抗风设计要求和相关风振形式等的分类，首次提出了缆索承重桥梁风振可靠性评价体系——基于二阶矩可靠度理论的桥梁颤振失稳可靠性评价方法和基于首次超越理论的桥梁抖振失效可靠性评价方法，开拓了桥梁抗风可靠性设计和研究领域。2003年，他和研究生又在国际上首次提出了基于累计涡振时间和首次涡振概率评价的桥梁涡振刚度失效可靠性理论及其计算方法，使大跨度桥梁抗风可靠性设计上了一个新台阶。

21世纪初，他带领的研究团队又发展了三维桥梁颤振的精确分析方法——全模态分析方法。此外，他带领的研究团队还在国际上率先对五大类十三种常用典型主梁断面的颤振驱动机理和颤振形态进行了系统研究分析，揭示了气动负阻尼是桥梁颤振唯一驱动机理和多种颤振形态取决于弯曲与扭转自由度参与程度的结论，阐明了两侧风嘴、中央开槽、中央稳定板、两侧裙板和检修轨道移位等颤振控制措施的控制原理，并在多座特大跨度桥梁（例如上海南浦大桥、福州闽江大桥、润扬长江大桥、东海大桥主航道桥和颗珠山大桥、舟山西堠门大桥等）的实际颤振控制中得到了应用。大跨度桥梁风振理论与控制研究成果先后获得国家自然科学奖二等奖和四等奖各一项。

随着结构风工程理论研究和风洞试验水平的不断提高，研究成果的理论意义和实用价值也不断得到体现，为国家重大工程建设服务发挥了重要作用。项海帆带领的团队所开展的"大跨桥梁风致振动及控制理论研究"获得了1995年国家自然科学奖四等奖。另外，团队还完成了南浦大桥、杨浦大桥、东方明珠广播电视塔、虎门大桥、江阴长江大桥等重大工程的抗风研究项目，为指导工程抗风设计起到了重要作用。相关成果相继获得省部级和国家级科技成果奖励，特别是南浦大桥的抗风研究成果，对推进我国大跨度桥梁自主建设具有里程碑意义。"南浦大桥工程"获得了1995年国家科技进步奖一等奖。1996年，项海帆主编的《公路桥梁抗风设计指南》出版，该指南成为我国第一部大跨度桥梁抗风设计指导书。

1998年，由项海帆、王光远两位院士共同主持的国家自然科学基金"九五"重大项目"大型复杂结构的关键科学问题及设计理论研究"获得立项，此项目有六个课题，其中项海帆负责"大跨桥梁的气动参数识别、风振及控制理论"。这些研究不仅为我国大型复杂结构的抗风设计提供了坚实的理论基础，也为我国桥梁工程建设的自主创新能力提升和高质量发展注入了强大动力。

当选中国工程院院士

1994年，对于项海帆来说，无疑是一生中至关重要的一年。两座上海黄浦江大桥的相继建成，不仅代表了城市建设的巨大飞跃，更是对他多年来在抗风研究领域的辛勤付出给予的肯定。这一年，他收获了国家自然科学奖四等奖、教育部科技进步奖一等奖，南浦大桥工程的国家科技进步奖一等奖，以及国家重点实验室管理金牛奖，共计四个重要奖项。

1994年6月3日至8日，中国工程院成立大会在北京举行。在成立大会上，经过提名、讨论、遴选和审议，中国工程院首批96名院士产生，项海帆的恩师李国豪教授光荣在列。在这次院士大会上，"中国科学院学部委员"也统一改称为"院士"，中国两院院士制度就此形成。李国豪同时还是中国科学院院士。

同年，开始了第二批工程院院士候选人的提名推选工作。因为是中国工程院第一次面向高校和研究机构征集提名评选院士，项海帆作为同济大学推举的候选人，对自己是否当选并没有把握。经过一段时间的等待后，当项海帆得知自己入选院士的消息时，感到无比激动和自豪。这位曾立志要为祖国造永不会被炸毁的桥的少年，一路走到了中国科学家的最高殿堂。科研道路是一条需要耐得住孤独的路。能够得到党和国家的认可，证明自己几十年的付出对国家和社会的发展有所贡献，这是项海帆最大的欣慰。

1995年，当一份"新当选的186名中国工程院院士名单"在报纸上公布时，记者们纷纷涌来采访报道。面对媒体的热捧和赞誉，项海帆始终保持冷静和低调。他清楚地知道，南浦大桥的建设成功并非他个人的功劳，而是整个团队共同努力的结果。其中，最大的功臣是李校长。而在桥梁科技方面，他们虽然学得不错、掌握得快，但也只是做了西方发达国家早在30年前就已经做过的事。这些成绩的取得，离不开李校长的悉心指导和团队的共同努力。

1995年7月，项海帆踏上了前往北京的航班，参加院士大会。这是项海帆人生中一个特殊的时刻，尽管他还未满60岁，但在科学界已经取得了卓越的成就，成为了一名比较年轻的中国工程院院士。回到家中，他坐在书桌前，静静地回忆着这次北京之行，怀着激动而复杂的心情写了一首《入选工程院——调寄清平乐》："喜从天降，不负亲人望。学业有成遂志向，护携师恩难忘。扬帆率队远航，深知任重途长。我自壮心不已，更期弟子传芳。"项海帆用自己的努力和汗水书写了一个属于自己的传奇故事。

也是在这一年，项海帆被评为上海市劳动模范。在新的起点，他继续肩负使命，引领中国在从桥梁大国迈向桥梁强国的征途中奋勇前行。

土木工程学院首任院长

1997年，教育部发布了一项新的指导方针，要求一级学科设立学院，二级学科设立系。在这样的背景下，学校决定对结构工程学院进行升级，成立土木工程学院。项海帆被任命为土木工程学院首任院长。

在一次与系教师的座谈会上，项海帆严肃地说道："我们作为学者，应该时刻牢记科研工作的重要性。横向咨询项目固然重要，但绝不能因此而忽视了我们的本职工作。"他的话语掷地有声，让在场的每一位教师都感受到了他的决心和期望。他积极倡导名师、教授要为本科生授课，并亲自带头为低年级学生讲授土木工程概论课程。面对一系列的变革和挑战，项海帆始终保持着冷静和坚定的态度。他相信只有不断地努力和探索，才能推动学院不断向前发展。他时常与教师们交流谈心，倾听他们的意见和建议，共同探讨学院未来的发展方向和目标。在他的带领下，土木工程学院逐渐走出了困境，迎来了新的发展机遇。

项海帆的努力逐渐显现成效。在多次评估排名中，同济大学的土木工程学科都名列第一，其中桥梁、岩土二级学科也独占鳌头。这一成绩的背后体现了项海帆和同济大学土木工程团队不懈的努力和追求卓越的精神。在他的带领下，同济大学土木工程学科不仅在国内确立了领先地位，更是在国际舞台上发出了响亮的声音。

1999年，上海市决定拨出一笔款项资助重点学科的建设。同济大学有八个学科幸运地入选，其中桥梁工程和海洋地质更是被列为重中之重。这两个学科获得了2 000万元的资助，学校又配套了2 000万元，总共有4 000万元的经费。市政府还专门要求建造一幢5 000平方米的标志性大楼，以彰显其重要性。

经过多方沟通以及两年的紧张建设，2001年新桥梁馆终于落成，并附带一个广场。项海帆在设计过程中特别注重保留了几棵大树，并改动了入口的位置，使得桥梁馆成为同济的一景，与早先建成的风工程馆形成了一个环境协调的建筑群。

李国豪校长欣然为桥梁馆题写了馆名，还在大厅题写了"理论联系实际，发展桥梁科技"的系训。这句话成为永远的指导方针，激励着项海帆和同济土木人不断前行。

2000年，项海帆担任土木工程学院院长的任期已满，此时他也已满65岁，决定不再继任,推荐李永盛接任院长。项海帆退居二线,担任学院顾问院长。此时的他,一方面想把国家重点实验室最后三年的工作做好,另一方面想在2004年申办一次国际会议,以完成李校长在1988年让他担任国际桥协委员和中国代表时交给他的任务,为提升同济大学在国际的影响力做点事。

除了管理和科研,项海帆还一直坚持在教学一线。项海帆和孙钧两位院士讲授的土木工程概论等课程不仅成了土木工程学院新生的必听课程,其他学院的学生也经常赶来旁听。在繁忙的工作中,项海帆始终将教学作为自己最重要的工作,这也使他成为引领学生进入知识殿堂的"导游"。

当选国际桥协副主席

1999年,在瑞典马尔默举行的国际桥梁及结构工程协会(IABSE,以下简称国际桥协)会议上,项海帆应邀做了大会报告。他详细介绍了江阴长江大桥及其抗风研究的内容。大会主席法国的维洛热先生更是用"Perfect"一词来形容项海帆的报告。国际桥协的领导们都对中国建成了超千米的悬索桥和同济大学的贡献留下了深刻印象。

2000年,在瑞士卢塞恩举行的国际桥

图4 国际桥协执委会合影,后排右一为项海帆,2004年

协大会上，日本伊藤学教授当选为新一届国际桥协主席。他对中国一向十分友好，他告诉项海帆，自己和另外三位副主席打算联名推荐他为副主席。项海帆对此感到十分荣幸，同时也表示中国正在计划申请主办2004年的会议，并将在一年后的马耳他年会上正式提出申请，他期待未来能在国际舞台上为中国桥梁发出更多声音。

2001年的国际桥协年会在地中海岛国马耳他共和国举行。这次国际桥协年会要改选三位副主席，亚洲区的泰国副主席已任期届满，由项海帆和韩国国立汉城大学（现首尔大学）的张教授竞争这一位置。经过投票，项海帆和法国、巴西的委员当选副主席。经过十多年的努力，中国学者终于进入了国际桥协的领导层。2004年上海年会的申请也在执委会上正式投票通过，完成了中国桥梁走向国际舞台中心的任务，加上1999年项海帆应邀担任第十届国际风工程会议10名学术委员会委员之一，可以说，中国桥梁界和风工程界在世纪之交都进入了世界前十的行列。

李国豪校长对项海帆当选国际桥协副主席十分高兴，称赞了他的努力，他对项海帆说："海帆同志，你是中国桥梁的骄傲！"

"重中之重"学科建设

2000年，同济大学桥梁工程学科被选为上海市"重中之重"学科，项海帆受命担任学科建设负责人，领导研究基地、人才队伍和仪器设备的建设工作。2002年，同济大学桥梁工程学科以二级学科第一名的成绩入选国家重点学科，成为中国桥梁工程学科的排头兵。2006年，在国家重点学科评估中，桥梁工程学科又以第一名的成绩顺利通过评估，并为同济大学土木工程一级学科升格成为国家重点学科奠定了重要基础。

在上海"重中之重"学科建设通过验收后，在建设的最后一年，政府拨款了250万元经费，项海帆积极与学校沟通，成功争取到了1∶1的配套经费，使得桥梁学科建设的总资金达到了500万元。这笔资金的规定用途是人才建设，旨在引进和培养优秀的学术人才，提升整个学科的国际竞争力。

项海帆与范立础经过深思熟虑，决定将这笔资金主要用于以下三个方面：首先，他们仿照香港高校的做法，任命3至4位特聘教授，这些教授将被视为学术标兵，肩负起创新团队的领军人物重任；其次，为了鼓励教师产出高质量学术成果，他们每年评选一次优秀论文，并为向国外权威杂志投稿的教师提供必要支持；最后，他们鼓励教师们明确自己的目标，积极申请国家自然科学基金项目。对于落选的项目，他们将选择具有创新意义的作为自由选题项目，并给予启动经费支持。同时，他们要求每一位室主任和正教授都要有一项纵向课题作为目标，以此作为横向咨询服务的后盾，将研究成果应用于实际项目中，提高咨询服务的质量。

除此之外，这笔经费还将用于购买急需的小额零星设备以及补贴教师参加国际会议费用等。通过这些举措，项海帆和范立础希望能够为同济大学桥梁工程系的人才培养创造一个良性的学术环境，建立完备的激励机制。

然而，他们也清醒地认识到，仅仅依靠局部的努力是很难防范学术失范的全局问题。项海帆多次呼吁建立一种能够激励精英教师群体具有"面壁十年，奋力攻关"的勇气和志趣的制度，并于2005年在桥梁工程系倡导设立了"同济桥梁"特聘教授岗位，激励年轻教授甘受寂寞、甘坐冷板凳、甘愿攀登桥梁科技高峰，把"同济桥梁"打造成国际一流的学科品牌。

2009年，他又建议在土木工程学院创设"高等研究院"，提出"引领土木学科基础研究、支撑土木工程持续发展"的基本任务以及"为同济土木长盛不衰贡献力量"的号召，力争把同济大学土木工程学科建设成为国际一流学科。

国际桥协上海年会

参加完苏黎世国际桥协执委会后，项海帆怀着满腔热情与责任，组织召开了2004年国际桥协年会的第一次筹备会议。中国桥梁需要被世界看见，需要更多的中国学者与世界对话，承办年会对于正在蓬勃发展中的中国桥梁事业来说，具有里程碑式的意义。项海帆非常重视，他希望通过团队的努力，让上海这座国际化大都市成为桥梁学术交流的新高地。

2004年9月，国际桥协上海年会如期举行，这是国际桥梁协会成立75年来首次在中国举办大会。参加本次会议的代表是最近几届年会中人数最多、规格最高的，会场选在兰心剧院、上海锦江饭店小礼堂等。项海帆为这一天筹备了好几年，为了这次中国桥梁的国际亮相，他亲自确认会议的每一个流程，严格把关每一个细节。

在那激动人心的时刻，大会开幕前的三天，执委会却成了项海帆人生中的一段难忘经历。第一天下午，执委会举办了纪念国际桥协成立75周年的庆祝活动，项海帆发表了讲话。然而，就在第二天下午，项海帆正在参加执委会时，突然感到眼睛不适，医生告诉项海帆，他的眼部有一个阴影，需要立即住院接受治疗。

尽管项海帆身在医院，无法亲临现场，但准备了四年的上海会议依然如期盛大开幕。380多位外宾和100多位国内代表，共计500多人汇聚一堂，共同见证了这一盛况。这次会议，中国向国际同行展示了中国大城市基础设施建设的成就，其中也包括许多大桥，使外国同行进一步了解了中国土木工程界自主建设祖国的志气、魄力和决心。

会议结束后，国际桥协主席Golay

先生及其夫人特地来到医院看望项海帆。Golay先生紧紧握住项海帆的手，说："项教授，这是一次非常成功的会议，感谢您的团队和您的辛勤工作。"听到这番话，项海帆的心中涌起一股暖流，所有的辛苦和付出在这一刻都得到了回报。

上海举办的这次国际桥协年会，展示了同济大学土木工程学科的国际活动能力，奠定了同济大学土木工程和桥梁工程的领军地位。这不仅是项海帆个人事业的高峰，更是中国桥梁界在国际舞台上的一次璀璨绽放。

五、关山飞渡：老骥奋蹄腾万里（2004年至今）

"曲终过尽松陵路，回首烟波十四桥。"江河湖海，大学与大桥，是项海帆生命中最美丽的风景线。世纪之交，对于项海帆而言，是累累硕果，也是收获的季节。十年树木，百年树人，随着我国高等教育的蓬勃发展以及我国桥梁事业的不断飞跃，项海帆人生的征途也愈发宽广而深邃。三尺讲台，天堑通途，那是他大有所为的广阔天地，他将生活献给教育，他将智慧献予桥梁，他将一步一个脚印地辛勤耕耘，烙印在中国桥梁走向世界的征途之上。

"桃李七十颂风伯"

项海帆十分重视人才培养，特别是优秀拔尖人才的培育。对于师资队伍建设，他认为关键在于培养教师的学术素养，营造科技创新的环境和氛围。对于研究生培养，他提倡高标准、严要求，强调要树立严谨求实的学风和以自学为主的学习方式，培养科学创新意识。他先后指导博士后5名、博士研究生47名和硕士研究生32名，这些学生如今都已成长为新一代学科带头人和我国桥梁建设领域的中坚力量，其中有两位博士研究生的学位论文被评为"全国优秀博士学位论文"（2000年和2002年）。

项海帆基于对中国桥梁建设成就背后存在的问题的深刻思考，又及时提出了中国桥梁要重视概念设计中的桥梁美学和科技创新的课题，并以近古稀之年躬身践行进行了积极探讨。他先后为研究生、系内教师和工程师们开设"桥梁的美学思考""世界桥梁发展中的主要技术创新""从桥梁大国走向桥梁强国""桥梁概念设计"等学术讲座，为交通部高级研修班作"中国桥梁建设的成就和不足""20世纪国际最美桥梁"和"中国桥梁科技发展战略思考"等演讲，并在中国土木工程学会桥梁及结构工程分会第十六届年会上倡导和组织了"中国最美桥梁"的评选活动。

项海帆多次提出，经过20世纪80年

代的"学习和追赶"以及90年代的"紧跟和提高"两个重要发展阶段之后，21世纪的中国桥梁事业应该树立"创新和超越"的更高目标。他始终站在桥梁工程实践和科技进步的前沿，指引着桥梁事业发展的前进方向。

2004年12月19日，项海帆迎来了虚岁七十寿辰。风洞实验室为了给项海帆庆生，组织了一场盛大的庆祝会，邀请项海帆指导过的研究生们齐聚昆山，会上有54名学生到场。庆祝会结束后，学生们将拍摄的照片做成了一本照相簿，扉页上有一副对联：恩师古稀扬桥魂，桃李七十颂风伯。这位带着父母的期许和祖国的希望，一路扬帆的杰出科学家，步入了他古稀之年的广阔天地。

"恩泽难忘，巨星长烨"

2005年2月23日，正值元宵节。傍晚时分，电话里传来了李老师病危的消息，项海帆惊痛不已，立即赶赴华东医院。当他赶到医院时，老师正在被紧急抢救。那一次，项海帆再也没有等到老师醒过来。这个世界，再没有人，用慈爱的声音称呼他"海帆同志"了！恩师是他一生的明灯和追随的方向。他心中的悲痛如潮水般涌来，失声痛哭，无法自持。回家以后，项海帆含着悲痛连夜写下了《心中永远的丰碑》这篇缅怀恩师的文章，五十多年来老师的教诲和恩泽齐齐涌上心头：

"回顾自己五十年来的成长过程，李老师交给我的一件件任务就像一副副担子压在我的身上，让我在克服困难中得到锻炼，不断前进，终于使我为国家作出了一份贡献。从同济桥梁专业毕业的无数学子都已成长为各部门的技术骨干。他们在中国桥梁的自主建设中都发挥了重要作用。'同济桥梁'已成了知名的品牌，得到了国内同行的尊重和赞赏，而且在国际上也有了一定的影响。我们都为曾是李校长的弟子而感到光荣和自豪。李校长不愧是伟大的教育家，他的学生中已经有四位成为了院士。作为同济大学的原校长，他为复兴老同济的名校地位倾注了毕生心血，使同济步入一流大学的行列。……安息吧，敬爱的老师，学生们一定不会辜负您的殷切期望，会把中国的桥梁事业继承下去，以您的爱国、敬业精神为榜样，努力工作、报效国家，为振兴中华贡献自己的一生。"

项海帆怀着无尽的思念写下的这篇缅怀文章，很快发表在《同济报》上，继而又填词《忆秦娥》一曲。"元宵夜，惊闻噩耗声呜咽，声呜咽。万人心碎，普天哀别。暗施救助消灾厄，潜心教导传学业，传学业。恩泽难忘，巨星长烨。"（《痛悼恩师谢世——调寄忆秦娥》）恩师的音容笑貌，仿佛依旧历历在目，他的每一句话、每一个指导，都深深地印刻在项海帆的心中。

中国桥梁的"清醒剂"

进入21世纪后,中国桥梁建设迎来了一个新高潮。虽然取得了很大成绩,但中国桥梁界开始滋长了一种盲目自满的情绪。在跨度的排行榜中,中国桥梁的地位越来越高,似乎有了骄傲的资本。项海帆感到自己必须保持清醒的头脑,于是,在2002年的第一次交通部高层论坛上,项海帆发表了《中国桥梁建设的成就和不足》一文。他直言不讳地指出了中国桥梁在创新、质量和美学三个方面存在的不足。他的言论引起了不小的震动,让许多人开始重新审视中国桥梁建设的现状。

项海帆作为国际桥协的副主席,拥有广阔的视野和清醒的横向比较能力。他深知,现代桥梁技术的许多突破和成就,大多是由发达国家在20世纪六七十年代的高潮期所创造和引领的。中国桥梁建设虽然近年来取得了显著进步,但相较之下,我们仍然在追赶发达国家的脚步,很多时候只是做了人家30年前甚至40年前早已完成的事情。

项海帆清楚地认识到,尽管中国桥梁建设的速度和规模令人瞩目,但在设计和质量方面仍然存在许多不足。于是,在2006年的第三届全国公路科技创新高层论坛上,项海帆再次挺身而出,发表了题为"从桥梁大国到桥梁强国"的报告。他在发言中直陈中国桥梁界存在的问题和不足,希望为中国桥梁界注入一针"清醒剂",让大家从盲目自满和故步自封中走出来。

这是项海帆的真,一个敢于说真话、清醒面对、奋力鞭策、不断前行的学者,一个真正的科学家!尽管一些人对他的报告持有不同意见,但项海帆并没有因此退缩,他坚信,必须要勇敢地站出来,说他所看到的,讲他所了解的,才能有中国桥梁更加美好的未来。他的勇气和担当精神,赢得了许多人的尊重和敬佩。

2007年同济大学百年校庆。项海帆怀着对母校的深情和热爱,写下了一首《同济百年校庆有感——调寄浣溪沙》:"共济同舟已百年,流亡万里寄云川。回归东海伟名传。古树强枝遭割裂,新花稚叶待回原。何时母校再登巅?!"

在校庆纪念大会上,万钢校长说:"每逢机遇降临之时,总有一股激情在涌动,使同济的意志坚定,奋勇向前。"这也是项海帆为学、为师、为人的生动写照。

笔耕不辍编教材

自2003年项海帆从国家重点实验室主任的职务上退下来以后,他便将更多的时间和精力投入到了他热爱的学术研究和著书立说之中。没有了行政职务的束缚,他能够更加专注于博士生的指导和自己的写作计划。

2004年,项海帆投入到《现代桥梁抗风理论与实践》的专著撰写中。2005年底,这部专著顺利出版,被誉为"我国现代桥梁抗风理论与实践的一个里程碑式的著作"，获得了首届中华优秀出版物奖，并入选"三个一百"原创科技图书奖。

2006年，项海帆牵头组织土木工程学院各系主任共同撰写了《土木工程概论》这一重要著作。在撰写过程中，不仅注重理论知识的准确性和完整性，还结合了大量实际工程案例，使读者能够更好地理解和应用所学知识。2007年，这部著作顺利出版，为土木工程学科的发展贡献了一份力量。

随后，项海帆又应同济大学出版社之邀，开始撰写《中国桥梁史纲》。为了完成这部著作，他邀请了潘洪萱、张圣城和范立础等专家一起分工合作。经过两年时间的精心编写和修订，这部著作在2009年国庆六十周年前夕出版，为读者呈现了一幅中国桥梁的壮丽画卷。该书出版后曾荣获上海市图书奖（2007—2009）一等奖，2011年第二届中国大学出版社图书优秀学术著作一等奖，2014年第二届华文出版物艺术设计大赛优秀奖等，其英文版和德文版入选2022—2023年度国家社科基金中华学术外译项目。

2009年以后，他决心带领年轻一代的教授们共同编写两本研究生教材，致力于推动学科发展，培养青年才俊。经过几年的艰苦努力，《桥梁概念设计》这部教材于2011年出版。该教材以全新的视角和理念，深入浅出地介绍了桥梁设计的基本原理和方法，为研究生们提供了宝贵的学习资源。紧接着，在2013年又完成了《高等桥梁结构理论》（新版）的编写工作，在旧版的基础上更新了教学内容，使教材更加符合时代发展的需要。

在2004年至2013年这十年间，项海帆笔耕不辍，几乎将所有业余时间都投入到了著书立说中。这些书籍不仅为土木工程学科的发展注入了新的活力，也为后来的学者和研究者提供了宝贵的学术财富。

国际学界的"一席之地"

2008年春天，正在瑞士苏黎世参加国际桥协春季会议的葛耀君给自己的老师带来了一个好消息，项海帆被授予2008年国际桥协的Anton Tedesko Medal，即国际桥梁与结构工程协会"工程及教育奖"。这一奖项是对他在桥梁工程领域杰出贡献的认可，也标志着他成为了该领域的国际领军人物之一。

2010年是项海帆的又一个丰收年，他再一次站在了国际学术界的巅峰，被美国土木工程师学会的工程力学分会授予了"风工程与空气动力学奖"（ASCE Robert H. Scanlan Medal）。他作为中国首位获此殊荣的学者，象征着中国桥梁界和风工程界在国际舞台上有着广泛的影响力。

2012年5月，国际桥协执委会将2012年的"功绩奖"（IABSE Merit）授予项海帆，并在9月份韩国举行的首尔年度会议上颁发。这个奖项是两代同济人的传承。1987年，项海帆的恩师李国豪作为首位中国人获得了国际桥协终身成就奖这一最高奖；25年后，项海帆作为他的学生第二次代表中国接受了这一荣誉。

  一年后，又一个振奋人心的消息传来，项海帆当选为2013年度国际风工程协会"终身成就奖"（IAWE Davenport Medal for Senior）获奖者。这是国际风工程协会在2006年设立的奖项，旨在表彰在风工程领域作出杰出贡献的学者。项海帆成为第九位获奖者。2013年8月，国际风工程协会主席Tamura教授和评奖委员会主席Kareem教授亲临同济，为项海帆颁发这一最高风工程奖。

这个国际风工程协会"终身成就奖"连同2008年获得的国际桥梁与结构工程协会"工程及教育奖"、2010年获得的美国土木工程师学会"风工程与空气动力学奖"以及2012年获得的国际桥协"功绩奖"为项海帆的科研生涯画上了一个圆满的句号，标志着他跨入了国际桥梁与结构工程界的名人堂。

土木工程学科百年庆典

  2014年是同济土木工程学科的百年寿诞。为了纪念同济土木的百年诞辰，项海帆写了一首《调寄菩萨蛮》以志庆贺："百年土木齐欢庆，良师代代培才俊。四海赞奇香，同舟植栋梁。欲现强国梦，务

图5　项海帆被授予"终身成就奖"，2013年

识陈规痛。吾望后生隆，齐心攀峭峰。"

2014年11月6日，学院举行了院史馆开馆和授予项海帆名誉院长的仪式。"院史馆"三个字由项海帆题写，门外的墙上，陈列了百年来同济土木历任系主任和院长的照片，进厅中的前言和"百年土木，继往开来"八个大字传达了悠久的历史和传承以及未来的使命。历史长廊分八个时期展示了各阶段的重要事件，内馆中则陈列了一些实物和模型，以展示同济土木在教学、科研和社会服务这三方面的卓越成就。还有一个屏幕滚动播放着百年中的珍贵图像和场景，让后辈师生能形象地了解同济土木的百年光辉历程。

11月8日，在学校大礼堂举行了正式的庆祝大会。项海帆以名誉院长的身份回顾了自己在同济大学63年的感想和对后辈的希望，他表示"将继续发挥名誉院长的作用，让同济土木继续发扬光大，无愧于中国土木工程的领军团队，希望能率先实现这一领域的强国梦"。

这一年，也是项海帆八十华诞（虚岁）。桥梁工程系组织了一次茶话会，决定要出版两本纪念文集：一本是由学生们写的论文集，称《桃李集》；另一本是他在21世纪写的一些短文，结成《壮心集》，送给学生们留作纪念。两本文集都由同济大学出版社出版，算是他六十年科教生涯的一个总结，对同济师生也是一种激励，希望他们为实现中国梦而继续努力。

2015年是项海帆从教六十年。这一年，他的研究成果"大跨度桥梁结构和行车抗风安全的气动控制技术"获得国家技术发明奖二等奖。对他而言，这是他六十年执教生涯的最好回馈。古人云"人生七十古来稀"，如今则是"六十小弟弟，七十多来兮，八十不稀奇"，步入耄耋之年，即将成为"资深院士"的项海帆自感年岁不饶人。然而，他心系自然科学基金、重大研究计划集成项目和科技部973计划项目的结题，同时也牵挂着国际桥协广州会议等。他希望自己能继续发挥光和热，为这些重要的事项贡献自己的力量。

大学与大师

2020年2月29日，《大百科全书》总论人物篇确立，土木工程领域仅有三位完全符合三项严苛的入选条件：较早入选院士、曾获得国际重要奖励、在国际学术组织任副主席及以上职务，自动入选，获得载入史册的殊荣。项海帆的名讳赫然在列。项海帆站在大师的肩膀上，成为了大师。

作为一位杰出的学者和教育家，项海帆在大学校园里度过了他大部分的时光，见证了大学的成长和发展。同时，他也以大师的风范和学识，引领着大学教书育人和科学研究的方向和潮流。

项海帆用一生的热爱，写下了一段对祖国大桥的赞歌。从1982年回国，接受南浦大桥可行性研究任务算起，到2018年参与的最后一座桥梁——港珠澳大桥的通车，项海帆与中国的桥梁事业紧密相连。他亲身经历了中国桥梁技术的飞速发展，也见证了中国桥梁建设从追赶世界水平到引领世界潮流的壮丽转变。对项海帆来说，每一座大桥都是他心中的一份抱负。他用自己的智慧和汗水，为祖国的大桥建设写下了浓墨重彩的一笔。

步入85岁以后，项海帆仍在不断地将自己的思考与求索整理结集，以启示后来者。2020年，他主审出版了本科生桥梁工程教材《现代桥梁工程》；2021年，他主持编著的《高等桥梁结构理论（第二版）》荣获全国优秀教材一等奖；2022年，他牵头的"土木工程专业世界一流人才培养的系统实践"荣获高等教育（本科）国家级教学成果奖一等奖；2023年，他编写出版了纪念李校长诞辰110周年的画册《中国桥梁2013—2023》；2024年，他编写出版了中华人民共和国成立75周年纪念画册《中国桥梁1949—2024》……

"所谓大学者，非谓有大楼之谓也，有大师之谓也"，项海帆是桥梁之师，也是大学之师，"严谨、求实、团结、创新"的校训已经融进了他的血脉，他是"同济精神"最好的诠释者，是"与祖国同行，以科教济世"最坚定的践行者，是中国桥梁最虔诚的守护者。

"百年同济逐梦行，海帆高挂展豪情。少时负笈求知路，老来犹怀赤子心。历尽沧桑终不悔，自强不息志凌云。功成名就身犹健，笑看人间几度春。"在他的身上，我们看到了一个真正的学者、一位矢志不渝的院士的风采。

（本篇撰写：周黎萍）

"喀斯特卢"的地质人生

记卢耀如院士的如歌岁月

  2019年4月11日,88岁的中国工程院院士、同济大学教授卢耀如捐献360万元,设立"卢耀如生态环境与地质工程激励基金",用于支持生态环境与地质工程相关学科的人才培养、科学研究及成果转化等,推动相关学科向世界一流学科迈进。该基金将优先支持同济大学、贵州师范大学、中国地质科学院水文地质环境地质研究所、清华大学和中国地质大学(北京)五所高校和科研院所,支持奖励青年科技工作者和优秀学生,并用于生态环境与地质工程相关学科的公益性、引导性课题研究。

  "这是我一生的印记所在,生当强国好奉献,死应报民留善安。"卢耀如院士感慨赋诗表示,余生逐梦仍未酣,奖掖后学是本分。

图1 2019年4月11日,"卢耀如生态环境与地质工程激励基金"设立,副校长雷星晖向卢耀如院士颁发捐赠证书。图片来源:同济大学新闻网

一、艰辛少年求学路

卢耀如1931年5月22日（农历四月初六）出生于福建省福州市。清末民初,其祖上从山东潍坊一带逃荒来到福州,其曾祖父和当地人成婚,先当徒弟,为人办理报关手续,渐渐发展为集资开钱庄。慢慢地,家境殷实起来。其祖父有四儿一女,他父亲排行第三。

卢耀如在他的自传（《卢耀如自传——风雨人生地质人》）中说,他父亲跟大家族的一个姑姑去北平上学,后来到上海读大学。20世纪20年代后期,世界发生严重的经济大衰退,危及以进出口为主的福州经济,许多商家破产。当时,祖父因跌倒而脑溢血逝世,家族事务由大伯父和三伯父打理,家境日渐衰败。

卢耀如的父亲卢心仁,大学毕业后在上海工作,是中国航空公司职员。母亲洪如璋,知书识礼、家境殷实,陪嫁有珠宝、细软、皮箱等,卢耀如说,这些后来都成了变卖换钱养活家人的资源。

1935年至1937年,是卢耀如和妹妹卢维华、弟弟卢耀光的幸福时光,那时妈妈经常带着他们走亲戚。后来全面抗战爆发,福州进出口几乎停止,加上突然分家,卢家陷入困顿,此时卢耀如的父亲又远在昆明。"一天吃午饭时,五伯父突然宣布,让我母亲带领我们三个小孩,还有母亲的一个养女维珍自己开伙起灶。母亲顿时手足无措,半天时间就要准备好第二天开伙之需,厨房用具、柴米油盐、钱,一切都是难题。"卢耀如回忆,"母亲没法儿可想,就和维珍姐商量,变卖典当一些东西。有一次,母亲让我出门借点米,我碍于面子,借口读书不肯去。至今想起来,依然觉得对不起母亲。"

抗战初期,日军飞机经常飞临福州上空狂轰滥炸。"我在三进房屋的家中,从天井就多次看到日寇飞机从屋檐上空掠过。那时主要是双翼飞机,速度慢,日寇飞行员戴着皮制的飞行帽我都看得一清二楚。"卢耀如说,"我问妈妈日本飞机怎么这么野蛮?妈妈说,我们国家弱才这样被欺负,小孩长大后要精忠报国。后来她还给我讲了岳飞的故事。"

接下来,卢耀如母亲带着他们几个子女避难到乡下。有一天突然听到"武汉没了!"的福州土话的惨叫声。卢耀如回忆道:"那惨叫像利剑一样穿透我的胸膛,我一下子毛骨悚然,悲从中来、茫然无措,心中塞满了对日寇的痛恨,发誓好好读书、保家卫国、学会耕田插秧,等等。"那一年,卢耀如才8岁。

1943年,卢耀如从文山女子中学附属小学毕业,以第11名的成绩考上了福州初级中学。在中学时期,卢耀如读了《中国之命运》,看了百名抗日名将招贴画,其中包括朱德、彭德怀,唱过《流亡三部曲》《大刀向鬼子们的头上砍去》。

虽然遭遇了日寇的第二次入城,卢耀如的学校也迁走了,但学习不能停。卢耀如选择了自学初二上、下学期的课程。学校从闽北迁回福州城,这时已是日本投降的1945年了,那些没有跟着走的同学不想留级,就须先考试。结果,卢耀如成绩合格,得以跟班进入初二下学期学习。

初中毕业后,卢耀如参加了当时福州城内英华中学和省立第一中学的招生考试,结果都被录取。他听大人的劝,进了教会学校英华中学,因为从这里毕业后可以直接去国外留学,虽然学费较贵但有奖学金。1947年2月,卢耀如进入英华中学高中部。

高中期间,卢耀如"本来喜欢奔放、饱满、多声道的钢琴,也喜欢音色美妙、委婉、如歌如诉,似高山流水,又能急促跳动、充满美妙旋律的提琴,但是,要学习钢琴或者提琴,二者都是昂贵的乐器,学习时必须要交纳相当数目的费用"。于是,卢耀如选择了学习黑管。再者,喜欢篮球并且是福州市立初级中学的篮球代表队成员的卢耀如,进了英华高中后,因为个子不高而进不了篮球队,只能在校队和一所大学争联赛冠军时,去当啦啦队了。

卢耀如说,英华中学有一个好传统,新进入初中的班级都有班级特色的名称,升入高中后仍继续用此名称。他们那一年级一半以上是英华中学初中部升上来的同学,所以仍称"激扬",就是"激励奋扬"的意思。他说,福州市那时的学校很重视德、智、体、美的综合教育。当时的德包括忠、孝、礼、义、廉、耻，美育方面包括美术、音乐、劳作等，美术方面包括绘画、刀刻版画，劳作方面包括做工具、雕塑等，音乐方面包括歌咏、乐器演奏。学校还经常举行音乐会、音乐欣赏讲座，传授古今中外的音乐名人与经典音乐。卢耀如参加铜管乐队，也经常练习，主要在开学典礼及重要的全校性活动时演奏。

卢耀如回忆，进入英华中学，首先得到的就是校训"尔乃世之光"，就是要求每个学生知道，在学校接受教育，不能只为个人的利益与发展，不能只想为家庭的利益而学习。首先应当想到的是：生在这个世界上，应当为国家、为世界，做出你的努力，让你的行为更好地为国争光，为世界发出你的光芒。

英华中学校歌歌词第一段是："歆欤休哉，唯我英华，肇造自鹤龄。歆欤休哉，唯我英华，雄踞闽江滨。闽山苍苍，闽水泱泱，济济萃群英，蔚成学府兮，负盛名。歆欤休哉，可爱哉我英华，歆欤休哉，可喜哉我英华！百年树人，十年树木，创福我邦家，娜嬛福地兮，我英华！"歌词间充盈着浓浓的自豪感、强烈的自信心和远大的抱负。当歌声响起时，有多少英华学子热血沸腾、为之感召！卢耀如说，在"尔乃世之光"的感召下，英华涌现出林森、黄乃棠、方尔灏、郑维新、吴大麟、陈学仁、黄乃模、王助、邱文凯、曹维新等优秀人才。

英华中学高中部有一批优秀的教师，学习勤奋的卢耀如到了高一下学期，就在班内名列前茅了。他感兴趣的是数理化，特别是数学和物理。经常在上完课后，有的同学对老师所讲的内容还不明白，他就给他们做些辅导，有时在教室，有时在宿舍或者校园里，像小老师一样。数学难题，别的同学都做不出来，他能用两种解法算出结果，而且都正确，这让数学老师大为惊奇。化学课，他能把书从头背到尾，这还不算，还可以从尾背到头，包括化学式，于是他被选去参加全省化学竞赛，尽管他说"对化学不太感兴趣"。

那时英华中学高中部每学期都要挑出成绩优秀的学生，予以免除学费的奖励，卢耀如总是在获奖名单里。学校考虑到化学比赛一定会考实验，就让他单独在实验室做实验，锻炼操作，以备将来代表学校参赛。他就经常一个人在化学实验室做实验，主要锻炼自己双手操作灵活、准确。做化学实验，需要烧杯、漏斗、玻璃棒、试纸、玻璃管等，烧杯又有大小不同型号。同班同学有事叫他，该去锻炼了、该上什么课了、有什么事需要他了，他应声从实验室出来，常常还拿着烧杯。后来有一次，陈宝琛同学对他说，你老是忙着拿烧杯做实验，你和Beaker（烧杯）结缘了。于是，后来他就有了"Beaker"这个绰号。

在英华中学高中部，卢耀如听完沈元的一次讲课后，知道了哥德巴赫猜想并对其产生了浓厚的兴趣。他回忆说，英华校友沈元获得英国博士学位后，回到了清华大学。1947年沈元因母亲病重回到福州，被英华中学邀请前来代课。课堂上，学识渊博的沈元告诉同学们："自然科学的皇后是数学，数学的皇冠是数论，哥德巴赫猜想就是这皇冠上的明珠。"此番言论的听众是比卢耀如低一级的班，该言论随之迅速风靡全校。没听到课堂讲授的卢耀如就去找在同一栋楼住宿的沈元。卢耀如说："沈先生很热情地接待了我这个冒昧的学生，他说，'我知道你数理化成绩很好，你对哥德巴赫猜想感兴趣。要摘取这皇冠上的明珠，是不容易的，需要艰苦的努力，你敢摘取吗？'"

停了一会儿，沈先生怀着深切期盼的目光，看着卢耀如，等着答复。稚龄的卢耀如好比初生的牛犊，毫不犹豫、豪情万丈地对沈先生说："沈先生，我敢！我一定要摘取这颗明珠！"

"好！看你的将来！"

随后，一心想上清华的卢耀如又和沈老师聊起了学习及将来升入清华大学的问题。临走向沈先生告别时，沈先生说："有事你再来找我。"万分感激的卢耀如向他深深地鞠了躬，离开了他的房间。后来，他又找过沈先生谈学习问题，沈先生又给他讲述了哥德巴赫猜想，并再次予以鼓励。

抗日战争胜利后，各地反蒋运动不断，英华也不例外。1948年下半年，英华掀起了要求成立"民主墙"的斗争，卢耀如也积极参加。"我们坐在西楼的朝南墙壁下，上面贴着'民主墙'三个字，学生领头人在前面演讲、提要求，我们在下面高声歌唱《团结就是力量》。歌曲是牧虹作词、卢肃作曲：'团结就是力量，团结就是力量。这力量是铁，这力量是钢，比铁还硬，比钢还强，……向着法西斯蒂开火，……向着新中国发出万丈光芒！'后来，学校当局还是让民主墙成立了。但是过后，学校开除了一些同学，是比卢耀如高年级的同学，他们是民主墙事件的发起人。"卢耀如说，"我那时，还只是参与者。"

卢耀如因为成绩好、品行好，在同学中有威望，被推选为膳食委员会主任。一天晚上，卢耀如与老师王世章、同学陈宝琛等三人在宿舍二、三层间的楼梯旁商议"反内战、要民主、要自由"的大游行。王老师对卢耀如说："你是膳食委员会主任，利用这身份，在游行快结束后，你再带领住宿的同学到南台粮管部门，要求政府给平价米。"卢耀如一听，说："好！"

"其实，在反饥饿大游行中，就已经喊出要政府将低于当时猛涨的市场米价的平价米卖给学生。大游行一段路程后，我就带着住宿同学前去管粮部门，同学们高呼'反饥饿''我们要平价米''我们要吃饭、要学习'等口号。第二天又去呼喊请愿。过了一天，当局通知我们可以去领平价米，比市场价格低几倍，每人可买27.5斤大米。大家凑钱交了，领出大米，我们几个人又推着车回学校。打开一看，大米大多发霉变绿了。但是，当时的确是很难买到平价米，同学们说霉了就霉了，多洗几次再蒸着吃！"卢耀如说，"我心中虽然感到没有完全满足同学们的愿望，但能为大家做一件真正的好事，还是很高兴的。"

1949年8月17日，福州解放了。一天早上，卢耀如去伯父家，想邀一些年纪相仿的人一起去迎接解放军，一到伯父家门口，就看见解放军在墙根下休息。卢耀如说："我请他们进屋，他们不进，对面房屋老主人也请他们进屋，他们也不进，过了一会儿，他们就整齐地集合，然后走了。这事的确也给我上了一课，中国人民解放军就是为人民而奋斗，对老百姓是爱护、解放，与国民党的军队是两样的。"

虽然是暑假，但师生们齐聚到英华中学高中部，欢天喜地相互祝贺，商量着如何迎接解放军。首先要做的当然就是写欢迎解放军的标语，贴在校内外，真是一片喜气洋洋，特别是积极领导和参加进步学生运动的师生们。"我们这个欢迎解放军的大会，不是只有英华中学参加，还有华南女子学院、三一中学、陶淑女子中学、毓英、寻珍等中学，凡是南台学校都联合一起开个欢迎解放军的大会。"英华中学高中部语文老师、秘密加入共产党的陈景汉对卢耀如说："卢耀如，你代表南台的学生们，在这次欢迎解放军大会上做一发言，以充分表示广大南台学生对解放军欢迎的心情。"卢耀如说，虽然自己再三推辞，但不被应允，只好写好词章经陈老师审定后再上台演讲。但在台上，一眼望去，黑压压的全是人，一紧张，词忘了！好在冷场时间不长，他随机组稿，讲完几层意思，一下台就跟老师说自己没讲好。陈老师鼓励地说："还是不错，你把该讲的都讲了，表达了同学们对解放军的心情。"

随后不久，召开全市欢迎解放军大会，说张鼎丞[3]要来讲话，学联推举卢耀如去参加大会并发言，他说啥也不肯去了。

高中毕业，仪式当然得有。英华中学作为一所著名高中，卢耀如所在的班级最大的临别活动，就是预备演出五幕话《黎明前夕》，作为"激扬"级话别演出，以答谢母校。《黎明前夕》是一个关于迎接解放的故事。

因卢耀如原先负责班上的康乐组，所以这次《黎明前夕》告别演出，班上又让他主抓这项工作。学校事务主任杨文汉先生对戏剧有造诣，这剧本是他推荐的，"激扬"班请他当导演。但这样的大型话剧，就一个班，要演出这五幕，谈何容易？关键是，很多同学又忙于考虑毕业后的出路、去向，而且毕业时学业也还得抓，不能不及格，否则毕不了业。卢耀如说："同学们让我负责，不仅因为我不是死读书，也爱文娱活动，而且功课上不会有问题，所以让我具体抓这五幕话剧的演出。福州解放后不久，有几位同学参军了，开赴闽南，有的文艺活动骨干也走了。"

感到困难重重的卢耀如经思考后，找了杨文汉先生，说："杨先生，我向您汇报一下，我没演过戏，也演不好，是否我们就不排这五幕话剧，演些小节目？"当时卢耀如想，不如唱唱歌、跳跳集体舞，搞个篝火晚会也好。举行这样的晚会，低年级同学的节目也可凑一些数，大家联欢、话别嘛！听完卢耀如的话，杨老师立即变脸说："你说什么？你不想干了，不想演出这五幕话剧了？有一点困难，你就打退堂鼓，像你这样，有点困难就不干了，将来走上社会，你还能干什么？什么也干不成！临毕业演出，也是给你们锻炼的机会，提高组织能力！"杨先生真是愤怒得很，一向很冷静和蔼的他，停了一会儿也控制了自己的情绪，接着说："你好好考虑一下，这样做对吗？我们做先生

图2　福州私立英华中学高二激扬班全体同学合影（1948年秋），第二排右二为卢耀如。图片来源：《卢耀如自传——风雨人生地质人》

的，是很器重你，也支持你来做这件事。"卢耀如说："当时，听了杨先生一席话，真是感到无地自容。'有一点困难，你就打退堂鼓，像你这样，有点困难就不干了，将来走上社会你还能干什么？什么也干不成！'这句话震撼了我的心灵，一直鞭策我，应当能勇于克服困难才行！"

遭遇雷霆的卢耀如，马上振作起来说："杨先生，我错了，我一定要让这五幕话剧成功演出，还请杨先生多指导。"

杨先生说："这样才对呀！我会大力支持你们，没有女主角，可请福建医学院二年级董北光女士客串，我知道这戏他们演过，她演的就是女主角。"

在卢耀如保存至今的《五幕话剧〈黎明前夕〉演职员》[4]中，可以看到英华中学的校长林观得、英文老师王穆和、数理老师王世章、教务主任许世晖、校庶务主任杨文汉等40余位师生倾情投入，演出获得成功。

二、清华求学

高中毕业后，面临多种选择，当时家境贫寒的卢耀如选择了去南台学联工作，因为他不想放弃上清华的理想。在学联，卢耀如摸排各校师生思想状况，帮助各校建立学生会及青年团组织，组织学生开展文体活动、学习班与夏令营。

那时，身为学联干部，卢耀如经常联系南台的几个学校，英华也常去。卢耀如说："有几次晚上，看见比我们低年级的同学都在备课，预备报考大学。有一天，在中间楼的二、三层之间的楼梯上，我见到陈景润，我用福州话问，'景润，好久没见你，你现在做什么？'他低声说，'我在家复习功课，预备报考大学。'我说，'好呀！在家环境安静，可更好复习。'"

卢耀如的心里翻腾开了，连续两三个晚上，有任务去英华，看到的都是这种情形。卢耀如说："我想我功课比他们好，不单数学好，总成绩在全高中前五名。他们都没有辍学，可我功课丢了半年多，根本没时间抓学习，将来再丢下一年，我可能就不好考大学了。不禁急而吟诗，'没有琅琅读书声，伏首灯下也感人，心潮涌起升学欲，自问何时上学行。'"

卢耀如说："原先想工作一段时间，两年吧！先帮家庭解决些问题。当时，在学联和在其他单位一样，是供给制，我们每人每月只有一万多元至二万元津贴费，那时一万多元人民币相当于1955年币制改后的1元[5]。那时寄一封信是800元（即后来的8分）。自己每月这点津贴费也解决不了家里弟弟妹妹的上学问题。"

既然如此，还是上大学吧。顶着种种批评，卢耀如脱下了蓝灰色干部服，他描述自己的不舍之情时说："我几乎是像木头人一样，心中五味杂陈，左手再也没有力气把右手的（干部服）袖子拉下来。"当时，福州起码有两三年没有高校来招生了，积压的中学毕业生很多。学联领导李清藻正式通知卢耀如可以参加考试，离考期只有十几天了，卢耀如搬到母校英华住宿备考。然而，偏偏此时，他又病了，拖着病体，走进考场，勉强考完。

发榜时，卢耀如不在清华大学录取名单里，因为该校数学系、物理系在福州只招一名学生，且是应届生。但联合招生通知说："下列考生成绩尚可，但所填系科无法安插，需重新填志愿。"卢耀如在其列。他和父母商量后，打电报给来福州招生监考的沈元教授，沈教授回电报：成绩可以，速来北京。随之而来的问题是路费在哪里？在那个民众都一贫如洗的岁月里，父母努力多天只借到3万元（相当于今天的3元）。正在他万般无奈之际，南台学联的黄明、曾丽黎同志来了。丽黎心直口快，说："耀如同志，我们学联的同志们知道你要到北京上学，我们把这个月的津贴，还有你也参与种的蔬菜卖了，共凑了29.5万元（相当于今天的29.5元），给你做路费。"卢耀如赶紧握着他们的手说："不好意思，你们把津贴费全拿来，心意我领了，但我不能拿，这是你们的生活费用，路费我会有办法解决的。"卢耀如感慨，"那时，我真的是打肿脸充胖子，因为在学联工作期间我们相处得像一家人一样，现在离开他们，感觉就像背弃了家人。他们拿出每月仅有的一万多元钱，我真的不能接受，他们每月购买的必需品就靠这些津贴费啊！"

黄明和丽黎一再说："别客气了，我们是战友，是同志，只要你学好为国家建设出力，我们就会感到高兴了。"

北上的路上，卢耀如还不知道自己能上什么学校，能进清华吗？那时行路难，离开家的第八天，卢耀如才靠船、汽车、火车，一路倒腾到了北京前门火车站。坐着三轮车，一个多小时后到了清华，老师告知卢耀如可选清华地质系、地理系、气象系就读。抱着先读清华，再谋转系的想法，卢耀如短时间内就作出了抉择——就读地质系。此事他没敢事先告诉沈元先生，他想如果告诉沈先生了，先生肯定要他选择别的学校去攻"哥德巴赫猜想"的，但他太想上清华了。

卢耀如说，在地质系，开始时有点自卑，似乎比别的理工科学生低一个档次。在地质系，卢耀如选听微积分（给数学系新生开设的课程），课上江泽坚教授用英语讲授，卢耀如虽晚到了几天，但马上就能跟上，成绩还不错。他还挑选了物理系的物理学等，学得也不错，特别是做实验，很专心，写报告也严格要求自己，一笔一画地写正楷。后来，管实验的老师还专门对他说："卢耀如，你的实验报告写得很好，但为了节省时间，你不要那么写正楷。绘图的字,一般书写即可,这样会省很多时间。"卢耀如说:"自选这两门课学习,主要是为了鼓起自己的信心,我不比别系同学差,也是为转系做准备。"

在地质系,卢耀如学习了冯景兰老师的普通地质学、池际尚老师的岩石学、涂光炽老师的矿物学、杨遵义老师的古生物、张席堤老师的地史学等,这些课程带领他进入探索地球的世界。他说:"学习了地质学的基础课,才知道我们赖以生存的地球是多么复杂,我们需要有地球至整个宇宙的宏观、超宏观的视野,也需要通过微观显微镜来观察自然的微妙现象。"

卢耀如说,在深入学习后,才知道物理学对于地质科学而言是多么重要。清华大学1952年物理系毕业的学生大部分被分配到地质部,再学点地质学,就开始搞地球物理勘探,如夏国治、赵文津、袁学诚等。数学在各种地学计算中,例如地球物理勘探计算、矿产资源计算、工程基础计算等,都是非常需要的。通过学习,卢耀如也渐渐感到地球科学的重要性、艰苦性和深奥性。

但是,那时也流传一句话:"地球科学是不科学的科学。"冯景兰老师解析说,"这么说当然是不准确的,但是为什么会有这些说法呢?那是因为地球太复杂了,以当时的科技水平,有些问题要搞清楚,很难。"

有一天,地质系系主任袁复礼教授把卢耀如叫到他的办公室,开门见山地说:"卢耀如,听说你要转系,这不好!你应当知道,国家复兴,要搞建设,需要很多的地质人员,你还是团员,应当带头,学好地质,为国家出力。"这番话,彻底浇灭了卢耀如转系的想法。

一天,卢耀如在地质系标本框前看标本,一位中年老师来到他身边,问他:"你是新来的同学?"

"是的。"卢耀如抬起头,看着老师回答。

"先生是从福建来的吗?"卢耀如从他的口音上听出来了,他的福州口音更重。

"是的。"先生说,这样两个老乡就在清华认识了。

老师很热心地告诉卢耀如,他是搞水利的,地质工作对水利建设特别重要,国家将来要修建"YVA"[6],更需要地质工作者。见了几次面,他向卢耀如灌输的都是地质工作对水利水电建设的重要性。卢耀如后来才知道这位老乡原来是土木工程系的陈棣生教授。于是,在陈教授的引导下,卢耀如不再想转系的事,陆续选修了土木系的建筑材料、工程力学、测量学等,那时水利水电工程专业是设在土木工程系中。

1951年,为了响应"一定要把淮河治好"的号召,卢耀如带领几名同学一起坐火车到信阳,随后来到潢川大坡岭水库工地。带队的姜达权先生先给他们讲课,带

图3　1952年夏,淮河实习（前排左起:潘裕德、任昌毅、田开铭;后排左起:钱学溥、卢耀如）。图片来源:受访者供图

领同学们调查地质现象,做有关记录,负责压水试验的实施等。因为人少,工作多,也需要多填图、跑剖面,所以经常单独一个人跑一片地区,中午在老乡家吃派饭,就是走到哪里吃到哪里,按规定交3千元（3角）饭钱。卢耀如说:"那时,有的老乡在收割粮食（那时土改不久,都是单干户）,他们请邻近的乡亲帮着收割粮食,中午就多做些饭菜,请帮忙的人吃饭。我有两次是正好遇上这样的人家,他们主动邀我去吃饭,给他们钱还推让,但是我们必须遵守规定,硬塞给饭钱后,赶快跑开。"

调查过程中,一个傍晚,卢耀如等遇到一群白狗的围攻,好在那次是两个人,他和伙伴背靠背,都用铁链向前指着,坚持一段时间天快黑了,不知道为什么都是白狗,狗群盯着他们不吠叫,他们也不吆喝,就这样静静地对峙着,像大战前的沉寂。还好,老乡下工发现给解了围。"如果老乡不来,天再黑些,这群白狗就可能借着黄昏和它们熟悉环境,向我们发起集体攻击,那就惨了。还有一次,竹叶青毒蛇倒挂在竹枝上,头向下活动伸展,处在那房屋的墙转角处,我正从墙角转过身来,刚走了一步,差一厘米那条竹叶青毒蛇就要咬到我的鼻子,还好我机灵地后退躲开了。凡此遭遇,不一而足。"卢耀如说,"这趟实习很艰辛,也锻炼了我们。各位同学都写有心得,我写了一篇题为

《大坡岭水库工程地质条件》的文章，后来保存在中国地质资料馆中。"

1952年10月25日，中国人民志愿军赴朝参战，抗美援朝，保家卫国，卢耀如和清华学子一样报名参军，但国家有指示，建设也需要人才。清华大学就没让理工科学生去参军。卢耀如随后就成了市长代表，作为市政府宣传的宣传员，负责解释政策，辟除谣言。

不久，清华开始有了助学金政策，卢耀如因为父母双双没有工作，弟妹又多，但自尊心使然，他申请得到的是乙等奖学金，勉强维持着求学生活。"那时候，清华大学有校车，从二校门至（城里）东华门，一人单趟就是2 500元（2角5分），来回就是5 000元（5角）。这对于我而言太贵了。偶尔进城，我只能沿着清华园的火车站至西直门站的铁路，徒步而行。然后由西直门走到西单，去书店看看书，买一只烧饼200元（2分），喝几口路边的自来水（开一下水龙头，有水柱上涌，直接俯而饮之，不必用茶杯，很卫生）。如去王府井，就更远了。"卢耀如回忆，"那时在学校，渴望能见到福州的同乡、同学，但又害怕见面，因为囊中羞涩，连一碗馄饨汤都请不起。"

1952年，院系调整，清华地质系与北京其他高校此类专业一起，被合并组建成为北京地质学院（现中国地质大学），那时卢耀如正处在二年级的暑假。

50年后，清华百年校庆，卢耀如为母校写了《盛世清华话今昔》，文章中写道："我们班有36名同学，其中有12名同学偏向于水文地质、工程地质这方面的新兴学科，就是其他专攻传统地质学和矿产的同学，也从清华的学科交叉中，接受其他有关学科，如物理、化学、数学和生物等新的选修课的教育熏陶，得以更好地从事地质工作。可以说，我们班12个人是我国最早偏向水文地质、工程地质专业的。当时国外也刚刚开展不久，这就是清华大学交叉教育的成果。同样，土木系的学生，也从地质系课程中得到培育，掌握了坚实的地学知识。"

刚入学不久，卢耀如同寝室的"大六"同学，周学长，因为刚解放时，他没学政治大课，不算毕业，为工作需要，他出去工作一年后又回清华，补上政治大课，他兼任助教，所以卢耀如等称他为大六老大哥。卢耀如说："有一天我问他一个问题，他说我不知道，现在不能回答，以后探索研究后再说。当时我无意识地说他，你都大六了怎么还不知道，他严肃地对我说：'你以为上了大学就什么都知道了吗，许多是要在实际中学，要自己去思考，才能有自己的创见，大学学习，也只是给你一把知识的钥匙。'当时我深感自己无知和狂妄，深深记住学校只是给你入门的钥匙，需要自己从实践中获真知，需要有创见、创新精神。后来，去淮河实习，就是要自己去认识建坝的基础知识。我也去施工中的官厅水库实习。这为我出校门后不久，就担任地质部淮河工程地质队队长、官厅水库地质研究队队长和负责三峡工程南津关石灰岩坝区的勘测与研究工作打下了坚实的理论与实践基础。"

文章中，卢耀如讲述着大师的风范引领和师生的和谐情怀。他说，清华大学有不少大师，引领学校成为国内著名的高等学府。他上学时，叶企孙、周培源、钱伟长、华罗庚、梁思成、陈岱孙等教授都是国内外知名的大师。早期还有王国维、梁启超、陈寅恪、赵元任、闻一多等。大师们的学识、治学精神与人格、学风，支起了大学的骨架与灵魂。在清华，大师们和学生们有着和谐的师生情谊。

卢耀如在文中回忆："有一次连续三天夜晚，周培源教务长亲自到善斋（我们住的510房间隔壁），找文学院一名同学交流、劝慰。从教务长的三夜谈话，可想到大师、教授们以学生为本和认真负责的育人行为，深刻体现了清华的师生之情。地质系主任是袁复礼教授，还有张席堤、孟宪民、杨遵义、冯景兰等著名教授以及刚从美国回来的涂光炽、池际尚等年轻教授。我们同学也经常去袁复礼教授家交流，和他的儿女也都熟悉。有一次我们锻炼时，在水木清华附近看见池教授抱着小孩，我们围上去畅谈师生之情，他教我们岩石学。"

卢耀如说，那时做毕业分配工作很难。1952年，为了国家建设，全国各地的理工科学生都是提前一年毕业。卢耀如他们当时是三年级的时候到北京地质学院，他们很清楚这是大学生活的最后一年了，都如饥似渴地抓紧时间充实自己。卢耀如等几人因淮河工地的报告被收录于国家地质资料馆，等同于完成了毕业论文。临毕业时，担任丙班团支部宣传委员的卢耀如有了一项任务，那就是做毕业生的思想工作。那时，大学毕业国家包分配，毕业前三个月，需要毕业生的分配名单，比如电力部多少人、地质部多少人、中科院研究所多少人、留校多少人、到别校去的多少人……有了各单位所需人数后，再研究具体分配名单。卢耀如说："我是宣传委员，更要多做宣传工作，要和同学们交心，让他们都能愉快地接受分配。在那个年代，同学们都想到野外艰苦的地方去锻炼，为祖国寻找宝藏，为国家建设真正贡献力量。当时，有拟分配留下来当助教的，也有拟分配到研究机构做研究的，或到有关机关做管理工作的。分配这些岗位人员，那是非常困难的。因为大家都想到艰苦的第一线去作贡献，你不能扣帽子，只有说服'办公室工作、助教工作都需要有人做，这方面作出贡献，比一个人去野外，贡献要大得多。你这方面学习好，一定会更好地担任这些教学、研究工作，等等。'说服这些同学很难很辛苦。我自己也不知道自己去哪里，因为每一名同学最

图4　北京地质学院毕业合影（二排左一为卢耀如）。图片来源：受访者供图

后都是由学校分配。学校最后告诉我：卢耀如，去地质部门。"

毕业典礼上，卢耀如代表三个班的毕业生讲话。他说："我们要做一个真正的地质工作者，真正的地质队员，为祖国贡献我们的智慧，贡献我们的一切。任何艰难险阻都不能影响我们。我们毕业班同学的心愿，是把全部贡献给我们伟大的祖国！"

三、分到地质部

分到地质部后，卢耀如做的第一份工作是去辽宁桓仁的一座水电站做野外调查，摸清那里的地质现象，并结合实践给土木工程的同行人员讲课。"当然想'放炮'。"卢耀如坦言，"如何做好这项水文地质工作，我选择了从上游一直调查到桓仁，基本查清了流域的水文地质条件；重点了解水文地质现象，特别是泉水和喀斯特现象，还有最基本的地层与构造。我把观测到的水文地质现象加以总结，于是对当时库区的水文地质条件就有了基本的概念，相应的基础稳定性与渗漏方面的问题就有了评价的基础。这次调查先提出了初步成果，预备1954年再做调查。"

后来，卢耀如又被派到新安江水电站枢纽工地。"这次调查流动性大，几乎一天一个地点，且交通不便，必须跋山涉水。"他说，"野外调查，有时只能睡在小船上，我们男女共6个人，只能在中间船舱上挤在一起睡觉。水样化验员小卢姑娘和我同姓，所以就当小妹一样，她睡我旁边，中间隔一块木板，头部再隔着书，然后我靠木板而卧，其他4人再挤在我身边，真的是连翻身都翻不了。白天我们都上岸调查，晚上到指定地点再上船，那名化验员就在船上及到达地点的岸边，烧点蒸馏水，做水质分析。不坐船时，就有一个行政人员请当地民工挑行李先到指定地点，多是找到祠堂，借些木板、凳子，搭上临时床，放上行李，晚上我们到达时先要在灯下整理资料，到十一二点再睡觉。有时，醒后才发现自己睡在棺材边，有的棺材都有了裂缝。那时新安江有的地带有一风俗，老百姓家中死了老人或中年人，不能马上埋入土中，须先放入祠堂，等晚辈办了喜事（如结婚）后，再入土。"

经过艰辛的调查，综合前人的勘探成果，综合分析后，卢耀如等针对地质部部长到新安江水库现场提出的几个问题作出以下回答。

问题一，寒武系碳质灰岩是否会发生库区渗漏？

对于这个问题，队员们根据碳质灰岩的岩性及调查的结果，发现寒武系地层多数是碳质白云岩、碳质石灰岩，没有发现大规模洞穴与暗河系统，而且这类岩石的溶蚀强度不剧烈，以小溶隙及溶蚀层面居多。

此外，在这类地层分布地区，没有发现有通向库外的低分水岭地带，一般地下水的出露都高于一级坝区的坝高90米后回水的高程。再有，个别地带估计地下水位不太高，可以稍低于回水高程，但水库蓄水后，还会拥高地下水位，新分水岭高程仍比最高蓄水位高得多。

根据这些论证，我们回答寒武系碳质灰岩在新安江水库不会发生向库外渗漏的问题。

问题二，开发一级坝好还是多级坝好？

这个问题，从水能规划上认为根据新安江的情况，开展一级坝较好，效益也高。

其一，从地质条件来看，一级坝区在铜官，是泥盆系千里岗石英砂岩，岩性坚硬，虽然有倒转构造，但岩石破碎不严重，坝基断层应当可以开挖进行加固处理。右岸坝肩外围有些石灰岩，可进行防渗处理，不会产生绕坝渗漏。

其二，二级或三级建坝，每级发电量不是太大，但可挑选的坝址主要是红层砂页岩，岩性破碎，做坝基时需要更多的处理工程以防止滑动，有的坝址还有些风化较严重的页岩，坝基稳定性也有较多问题。

其三，多级坝的梯级开发需要多级围堰以开挖坝基。而在多级坝开发过程中，有的坝基开挖后，存在如何防止江水向基坑溃入的问题。

其四，如果采用多级开发，必须对上面梯级做进一步勘探比较，因为上面梯级做的勘探工作量不够，要进一步做比较就必须深化探测。而一级坝开发方案，对铜官坝址而言，已有较多勘探资料，只要针对坝基断层如何处理再进一步做些研究。

其五，多级开发，需淹没多个城镇，涉及上游库岸边坡稳定，就需要做更多的调查研究工作。

其六，新安江供给的电力主要是为上海供电，当时虽然只有40万千瓦的装机，但对上海等地需求的电力来说是非常重要且迫切需要的。

所以，我们回答一级开发比多级开发好，因为新安江只是一个小的流域，一级开发就可充分利用新安江的水能资源。

卢耀如说："要设计好一个大的水利水电枢纽，必须掌握好多年的水文资料，以掌握设计水能利用的确切数据，以作为防洪、溢洪与蓄洪的复杂设计的决策依据，从而制订相应的设计方案及有关措施。新安江这条小流域，以前水文资料不太多，特别是大洪水资料，系统记载不多。1954年5月至7月间，新安江正好发了大洪水，有一次洪水特大，而临时水文站设备不足、人员也不够，于是我们地质人员都去帮忙。那真是一场声嘶力竭、惊心动魄的"战斗"。我被派在队部上游、坝址下游的一个观测点，对岸是水文站的站长在巡逻，我披着雨衣蹲在江水边，滂沱大雨还在下，伴着电闪雷鸣，我盯着标尺上水位上涨的刻度，过一段时间就向对岸大声喊叫报告观测结果，那时也没有大喇叭和通信设备。雨声、雷声、风声和波涛声，与我向对岸报数声嘶力竭的呼喊声混合在一起。我第一次经历为抓水文资料而这样'搏斗'。等到风雨过后，天也开始发白，我身上像散了架一样，真是筋疲力尽了，但心中很愉快，我们和洪水作了斗争，我们掌握它的脾气了。"

这次的洪水资料，给工程设计提供了重要的依据。新安江水电站是新中国成立后我国自行设计、自制设备、自主建设的第一座大型水力发电站。大坝长450多米、高105米，共有9个泄水孔，9座排列整齐的水轮机对应9个泄水孔，每个泄水孔上都有水闸。新安江水库的建成，还成就了今天闻名遐迩的千岛湖。

1954年下半年，卢耀如被任命为地质部淮河工程地质队队长。他带队先后做了白龟山水库、郏县水库的工程地质勘查。接着，又被紧急派往官厅水库调查渗漏和塌陷问题。

1955年，官厅水库蓄水后，大坝发生喀斯特塌陷并渗出浑水，已危及土坝核心黏土心墙，一旦因渗漏影响了黏土心墙而造成溃坝，水库容纳的20亿立方米的水和暴雨会席卷峡谷及盆地上的土壤、碎石、卵石，冲出三家店，对北京市造成重大灾难，给中国的声誉带来负面影响。

当时，周恩来总理亲自打电话给地质部党组书记何长工，要求查明此事，必须在汛前对水坝安全作出初步判断。当时地质部领导（包括李四光部长）等研究后，决定派卢耀如为官厅水库地质研究队的队长，负责此次工作。

领导之所以对卢耀如委以重任，是考虑到他离开校门虽然只有两年多，但他已经很好地回答了新安江水库渗漏问题，并负责解决了淮河上郯县和白龟山两个水库的砂卵石层坝基渗漏问题。

1956年3月，卢耀如临危受命。他立即拟定勘探计划，协调了15部钻机、2个水文地质组及有关勘探人员开展工作。

他带领十几名同事，以15台钻机的阵容在大坝周围展开钻探。卢耀如说："作为负责人，我要负全责，有什么事就得由我来承担。特别是坝上及周边钻探，影响最大，所以我一直盯着要紧的几部钻机。我们住处离大坝走路要20分钟，特别是夜间有电话，我就要赶去坝上，有时刚处理好事故，走回去的半路上，又有钻工赶来，我又得赶快回坝上处理事故。后来，我就搬到办公室住，以免晚上影响他人，这样处理事故也更方便些。有段时间一天到晚都忙得连轴转，睡不足也睡不稳。还好，每天早上工地上放起床的广播，播放云南、西北等地的民歌，如《小河淌水》《走西口》等，使我得到精神上的放松。"

对于官厅水库发生渗漏的坝体塌陷，从发生开始就引起各方关注，有的专家形容"中外（苏联）专家的意见都可以把大坝铺满"，这主要说明各种各样的意见都有。当然，这些意见还都是"可能""或者""估计"之类，因为没有确切的证据来证明这些观点。卢耀如带队勘测的目的就是要在最短时间内掌握造成渗漏和塌陷的最重要、最基本的依据。

在进行勘测工作设计时，卢耀如深思熟虑后认为，不论何种见解，水库产生渗漏和塌陷，首先是在库水影响之下发生的，因此必须掌握库水、地下水（砂质灰岩及砂石层中的水流）、坝体内的水三者之间的水力联系与渗流状态，然后据此研究这些渗流水动力如何与基础砂卵石层及坝体内的物质产生作用。这样一思考，卢耀如很自然地就想到必须掌握官厅坝址地带的水库、基层和覆盖层的地下水，以及坝体内包括黏土心墙、透水料、导流管等的水流情况。要解决这些问题，必须从三维水动力渗流网入手。为此，最基本的方法就是要测出不同深度、层位的地下水位，若能分层监测地下水位的动态变化则更好。

要获得不同部位的地下水位，就要测得不同部位的动水压力。要掌握大坝要害部位——黏土心墙是否遭到渗流破坏，最好能够在黏土心墙上打钻，取出心墙的"芯"进行观察、试验。卢耀如想在心墙上打三个钻，能有三个通过坝上游至坝下游的剖面，就可以更好地判断坝体发生渗漏塌陷后的基本情况。但是，要在黏土心墙部位钻孔，需要由水利部批准。卢耀如做好了钻探设计，定了钻孔位置，然后上报给水利部。一天，水利部开会让他去汇报，会议由钱正英副部长主持。她听了需要打钻的目的和希望打三个心墙钻孔的设计后问："卢耀如，你有什么措施，能够保证在黏土心墙上打钻不会破坏心墙，心墙要破坏了，那大坝就更危险了。"

她又问："你能保证安全吗？"

卢耀如胸有成竹地说："钱部长，我们都充分考虑好了，我们不用循环水的泥浆，我们采用干钻，并且准备好套管、黏土球等，而且不钻透心墙，只要取出不同深度心墙的土样并监测水位即可，有什么问题，我都守候在钻机旁，我敢立下军令状，我负责，不会出问题的。"

大家讨论后，钱副部长代表水利部表态说："这不是不放心在黏土心墙上打钻，强调的是要你（指卢耀如）负责，保证大坝的安全。"

卢耀如说："我有充分准备，也和钻工们商量过，所以为让领导放心，我主动立下军令状，就是表示对心墙钻探有把握，不会出问题的。"

钱副部长听他的进一步表态后，放心了。但是，只批准他先打一个钻孔。

在黏土心墙上打钻，好比人体上的心脏手术，人命关天，实施不易，必须谨之慎之。于是，快开钻前，卢耀如检查好应准备的东西，开钻后他一直盯着，等到钻探达到预定深度，进行水位观测后才结束这孔钻探，卢耀如方才离开。后来，根据这揭示的情况，调查队就放弃了再在黏土心墙上打另外两个钻孔的计划。

其间，卢耀如还向前来考察的水利部部长傅作义、地质部部长李四光，以及苏联喀斯特专家索科洛夫汇报官厅水库情况。李四光在坝上看了观测孔、塌陷位置，还有坝基集水井排水的情况，并指示：应当将集水井中出浑水时的泥沙和坝体心墙中土体的矿物成分进行分析对比，看看有没有从坝体心墙中带来的物质。卢耀如当即回答说："我们做了一些对比，心墙中土体成分和浑水中泥沙还是不一样的，将来再做进一步对比。"黏土心墙打钻取"芯"做试验，这时就发挥了作用。水利部1960年再请索科洛夫来中国考察几个西南喀斯特地区拟建坝址时，他一定要带上卢耀如陪同考察，可见其对卢耀如官厅水库工作印象之深刻。

团队通过勘测，从三维水动力渗漏网的剖面及平面上，可以清楚地看到三个渗流中心，与构造有关系，左岸两个，右岸一个。卢耀如等建议，在渗流中心局部地带，首先要进行局部的加强帷幕灌浆，原

图5　1960年5月，苏联喀斯特专家索科洛夫（中）来三峡察看人工平硐揭露的地质情况（左为卢耀如）。图片来源：《卢耀如自传——风雨人生地质人》

先只有一排灌浆量是不够的，然后上游要继续做好水中抛土和裸露近水基岩面的喷浆勾缝处理，防止库水直接渗入。此外，下游要做好排水处理，以减少渗水压力，保障坝坡渗流压力在许可值之下，这就是上封堵、中导引、下疏排的综合措施。

卢耀如说："1956年底，地质部水文地质工程地质研究所副所长谷德振带着我向水利部部长们汇报，谷先生首先说了几句，然后我用两张图，把官厅水库渗漏与塌陷机理说得很清楚，当然其中有不少是说明试验及监测的数据。我的汇报让水利部门感到满意，解决了威胁北京的大问题，这个危险真是解除了。后来，谷德振先生多次对别人提及，有一次我也在场，谷先生说：'研究工作要深入浅出，多做工作，最后用关键成果就可说明问题，卢耀如在官厅做了那么多的工作，在上百张的图件中，只用两张图就说明清楚。这是值得大家学习的。'"

1957年4月初，卢耀如前往三峡地质队所在地——前坪。刚到三峡这三个月，他几乎都在山上，天天跑路线，调查这一带的喀斯特泉和洞穴，包括石牌的石龙洞等，每天爬山的工作量很大。他也和郭希哲等一起沿着长江测剖面。那时长江在峡谷中，大木船上水是要靠拉纤的。卢耀如说："有两三次，我们在长江边的岩滩上调查时，我也跟着拉纤，用一根小纤线扣在长纤索上，和纤夫们一样，头几乎要碰到地面，身体往前倾，也几乎贴地面，双脚轮流往前蹬。当然，只是为了体验，只拉一小段距离。在新安江急流中，我也撑过船，但没有三峡拉纤这么费劲，纤夫们都大声唱着川江号子，主要是缓解压力，给大家鼓劲，雄壮、整齐，让人产生力量和勇气。"

1956年毛泽东发表了《水调歌头》："一桥飞架南北，天堑变通途。"又说："更立西江石壁，截断巫山云雨，高峡出平湖。"卢耀如说："那时，三峡工程规模很大，设计坝高235米，装机容量达3 300万千瓦。"苏联专家说："这绝对是世界水电冠军。"1958年，卢耀如担任三峡工程南津关坝区水文地质队负责人，工作中不乏勘察、讨论，有时争论得很激烈，坝址选择南津关、黑石沟，还是三斗坪？卢耀如支持南津关坝区。调查成果最后汇成了《三峡集》，作为新中国成立十周年的献礼作品。

四、走上喀斯特研究之路

1958年开始，卢耀如开始调查贵州、云南、鄂西、湘西等地的水利工程，这些工程不少都修建在喀斯特地貌上。

在黔东南凯里，为了了解喀斯特情况，卢耀如和队员们用草绳和水棍扎了一个软梯子，从一个喀斯特竖井垂直下去，到了120~130米深处，地下是一条暗河。由自制的软梯下垂直竖井可真不容易，到一定深度后，由于竖井的气流作用，梯子会向上飘。

"到贵州去帮助解决喀斯特地区水利水电建设问题，是1959年9月在湖北武汉水利部召开的一个会议上提出来的。"卢耀如介绍，贵州水利勘测设计院的邹成杰工程师向他介绍有关贵州情况后，随后提出邀请。

官厅、新安江、贵州水利，通过三次重要研究，卢耀如已经确定了喀斯特这个研究方向。1960年正月初三，卢耀如先到柳州，随后又买了硬座票去贵阳。那时，正在开发猫跳河，这是乌江一个支流，全长180千米，平均流量为每秒49.4立方米，拟分六级开发，从上游到下游分别为红枫、百花、修文、窄巷口、红林和红岩电站，总装机容量只有23.9万千瓦。卢耀如一一给予建站建议，可是当地电站设计总负责人没听卢耀如关于窄巷口选址的建议，最后导致电站渗漏严重，成为当时国内渗漏最严重的电站。卢耀如说："这是我的建议第一次没被采纳。"[7]

他在总结喀斯特地区水利水电建设的基础处理方法时认为，在喀斯特地区进行水利水电建设，应做好地质勘测工作，掌握当地喀斯特发育特征和规律性，进而采取相应的措施，才能保证大坝建筑的稳定性，防止渗漏与塌陷等不良地质效应的发生。

卢耀如说："水文所有人在贵州等地完成调查工作后，回去跟我说：'在贵州，人家把你当神仙一样对待。'主要是因为我对工程的意见与建议，当地都非常重视。最主要的是，我的建议不是走马观花后不痛不痒地说说而已。如果是我关注的工程，我就要付出劳动，掌握具体情况，而后多方面考虑再分析利弊，作出判断，再提出可行的建议。所谓'神仙'就是科学依据与负责精神相结合，呈现出符合客观规律的智慧结晶的认识。"

经过长期的喀斯特工作实践，卢耀如总结出喀斯特地区水利水电的工程处理方法。

坝前处理：围、隔、通气、喷涂。

坝下处理：灌浆、截流。

坝后处理：引泉、排水。

坝基处理的方法有很多，卢耀如总结出8种46类，这是从我国南北方许多喀斯特地区的水利水电建设中，进行综合的研究、分析、归纳而总结出来的。如何选用，还需要根据当地的地质条件，主要是水文地质、工程地质条件，结合工程的设计和施工的具体条件，作出正确的选择。

那一时期，喀斯特最集中分布的乌江流域格外吸引卢耀如。当时，乌江渡坝区有四个喀斯特集中通道，有的是暗河，人可以通行一段，卢耀如等也曾探测过。关于坝址问题，卢耀如主张选乌江渡，虽然这里有暗河，但处于坝后，而且有近40米原砂堡湾页岩，可起防渗作用。页岩局部受构造错动影响，有拉开缺口，但也可通过加强防渗帷幕予以补救。1966年初选坝比较时，卢耀如支持乌江渡上马，同时指出存在四个渗流通道，而且从早期坝区地下水等水位线上也反映出有四个凹槽。渗流中心呈现凹槽地下水的特征，是他在官厅水库工作中总结出的集中渗流通道的概念，这是因为集中渗流通道，多有洞穴通道，水的流速快、流量大，所以形成凹槽，以汇聚渗透性小的岩体内的水流。当时，国家正在比较乌江渡（长江委负责勘测）、东风（贵阳院负责）、普定（北京水利勘测设计院负责）三个大型枢纽。这三个枢纽他都去过，他支持乌江渡先上马，但将建坝体下游存在四个岩溶通道，必须采取措施，予以治理。

后来，长江水利委员会的李工程师告诉卢耀如："你像丢了一颗原子弹，他们针对地质问题讨论了一个月，还是接受了你的意见。"后来，"文化大革命"爆发，乌江渡建设搁置。

不久，苏联专家索科洛夫又来了，老朋友卢耀如自然要陪同。他被派到贵州，一路陪、一路讨论，还不断讨论各种学术问题。他陪同索科洛夫由贵州到武汉。索科洛夫就要回苏联了，长江水利委员会林一山主任举行宴会，欢送索科洛夫，请卢耀如也出席作陪。

索科洛夫教授对这一次行程非常满意，并表示看了很多东西，有很多收获。宴会上，索科洛夫教授对林一山说："卢研究喀斯特很好，对喀斯特地区工程懂得比我多。"他接着说："以后工程上有事，不必那么远请我，请喀斯特卢就可以了。"卢耀如在他的自传中说："在当时我是研究喀斯特，特别是在工程建设地区，我是接触较多的研究人员之一，这'喀斯特卢'的称呼就这样不胫而走，许多国外专家也知道了，加拿大福特教授、塞尔维亚的米兰诺维奇教授，在给我的新书 *Karst in China* 英文版序言及评论中，也都称我为'喀斯特卢'。其实，这是索科洛夫的过谦而夸奖我。不过，这友好的称谓，对我也是一个鞭策。"

卢耀如解释自己为什么要坚持喀斯特的研究，有以下三点原因。

第一，借此机会向读者介绍喀斯特现象的形成、发育，其在中国有着悠久的历史。

第二，我之所以坚定喀斯特的研究方向，是由我国已有如此长远的研究喀斯特的历史、国家建设需要以及相对偶然的机会促成的。连续三大重要任务——新安江水电站枢纽、官厅水库渗漏塌陷和长江三峡的石灰岩坝区研究，都是喀斯特问题，而且也连续摸索形成了研究方向。所以，我应当继承我国已有调查研究喀斯特与水文地质的历史成就，并且更好地进行喀斯特研究，利用现代科学技术，更好地揭示喀斯特发育的机理与规律。

第三，历史上我国在喀斯特地区已取得开矿、水利以及农田灌溉等多方面的成就，在今日我感到更应当为喀斯特地区的建设、为喀斯特地区人民的生活更好地作出贡献。

2001年，在卢耀如主持的第一届岩溶地区可持续发展国际学术会议上，地理学泰斗任美锷院士来参加会议，他说："解放初期有研究喀斯特的人员，后来有的转而做别的，或者不专做喀斯特，就你一直在坚持着，而且不断深入探索，不断有工程上的贡献，不断有论著。"卢耀如说："任先生说的是实情，这是老一辈地学专家（他也研究喀斯特）对我的鼓励。"

五、厄运来临

20世纪60年代中期，卢耀如到滇东研究喀斯特，为了"三线"建设而加紧喀斯特研究，编制全国喀斯特图和南方喀斯特图系，筹备岩溶（喀斯特）研究所，等等。他从圆梁山长隧道[8]工地回到水文所正定新址。"回到所里见到同志们，有的还点点头，有的像不认识，转过头往别处看，有人无言而直视你，擦肩而过。"卢耀如很奇怪，发生了什么事呢？在平房宿舍放下行李后，他直奔自己三楼的办公室，看到的是铺天盖地的对准他的大字报，虽然也有别的技术干部和领导的大字报，但是很少，有百分之七八十是对准着他而来的，扣的帽子有"反动学术权威""丰产不丰收"等。卢耀如说："看了这些内容，我反而定下了心，我没有什么可被当作'反动学术权威'的证据。想到这些，我觉得应当清醒认识这次运动，自己更要做好思想上的准备，看来短期内我不可能回到酉阳去执行重要的喀斯特研究工作了。目前，这样集中轰我，就是因为我多做了些工作刚受到好评，于是我成为青年科技人员中有较多贡献的'出头人'，导致被当作'出头鸟'而遭枪打了。"

紧接着，水文所开始两派对立，所里"造反派"甚至夺了地质部的权，一时势焰炽天。不多时，卢耀如又成了"反革命"，那是因为他不让批准四川一个磷矿。卢耀如一头雾水，当时四川有一个大磷矿是国家需要的，但水文地质条件没搞清，不好批准先开采地下水面以上的矿。卢耀如认为，应该对有每秒10立方米涌水量的喀斯特泉水的洞穴系统有所了解，否则是很危险的，盲目开采地下水面以上的矿以及将来开采地下水面以下的矿都很危险。地质部储委让我带领矿区水文地质技术人员一起审查。我们几个人当中有搞矿区水文地质的，也有研究地下水动力学的，我们几个人意见一致，就是：那里有每秒达10立方米流量的大泉，没搞清成因及其对矿区水文地质条件的开采效应，是不好批准的，所以大家一致建议要补做些勘探工作，再统一考虑地下水位以上和地下水位以下的磷矿开采，并统一制订开采计划。应当说，这是科学的论述。

"文化大革命"开始，卢耀如被打成"反动学术权威"，后来进而变成"反革命"。过了很久，也没有人因四川磷矿的事来揪他去四川问罪，"文化大革命"后他才知道，四川正有人要揪他，理由是：原先他同意在地下水面以上打一探洞，当时打这探洞的目的是勘探地下水情况，将来也可做开采矿山的交通洞。施工一段时间后，洞内是干的，那些人认为证明了不存在大岩溶水的水文地质问题。但正要行动时，这探洞突然出大水、垮塌，听说有人员伤亡，所以才没来揪他。

这事过去了46年，有一次，卢耀如出差到一个地方，一名原在地质部工作的同志知道了，他先打电话约好时间，说"有要事讲"。晚上，卢耀如去他住处，他说："我现在有两个擦边球，就是身上有两处可能是癌症，但刚排除。今天你来了，我一定要向你道歉，当年的磷矿一事，我全推到你一人身上，让你吃好多苦。可你一直保护我，不把我牵连进去。你的人格我非常敬佩，所以今天我必须向你坦白，向你道歉。否则的话,我到了天上,心也不安。"

"你不要这么说,我应该自己来承担,怎么可能推给你。你我当时都是为了国家利益,我们做对了。现在,我们不也很好吗?你不要多想,要保重身体。"卢耀如说,"当时这位同事也是一般群众,即使不推托,也只是有个建议,我们如何下结论,与他无关。探洞出事,总是不好,而且施工前就警告,探测的是平洞,要注意可能有大水,所以才要探测。这涉及喀斯特水中存在孤立、半孤立水流与地下水力面共存的对立统一的科学认识。但是,同事的自责使我感受到人间真情的可贵、人品的可贵!"

迫害没有停止,"造反派"抓住一次卢耀如和水文所内小孩路遇打个招呼的细节,造谣他"对小孩说反动话",卢耀如就成了严刑拷打的"反革命"。"近一米高的炉子在烧着,边上五六个小板凳重叠着,让我爬上去,双腿跪在最高层的小木凳上。凳面只有10厘米左右宽、30厘米左右长,我的双手高举铁哑铃,这样跪在高于地面近3米的空中,叠着的椅子经不住晃动,就连人带椅子摔在地上。"卢耀如描述自己的遭遇说,"旁边是五六个男女在喝骂着、看着,掉下来就猛踢卢耀如的身体,呵斥'再爬上去,老实交代你对小孩说什么反动的话!'"

卢耀如昏昏沉沉地又爬上高高的板凳,经不住身体的晃动,叠着的木凳又倒下,他又摔下来,反复说着一句话:"我没和小孩说反动的话,如果你们要我说,那我就说'造反派'说了,号召两派联合,在水文所不适用。"这句话确实是"造反派"在全所开会时说的话。就这样,不断摔、狠狠踢打,再吼叫要他坦白,通宵达旦地折磨。

后来,外地有人来调查三峡工程之事,"造反派"们以为又是一个时机来了,就让卢耀如跪在为三峡水利工程所做出的成果前(包括《三峡专集》以及为三峡选坝而编写的报告),说他暗通苏联,把三峡成果都送给了苏联专家。卢耀如跪着,不少人就骂、踢。卢耀如说:"当时请苏联专家组来三峡,是中央决定的,勘测研究及设计成果,是通过长江流域规划办公室送的,也是国家决定的,和里通外国、反革命事件根本扯不上。"卢耀如认为"造反派"迫害自己,已无新招了,黔驴技穷了。

六、"主要在外,一般不回所"

"九一三"事件[9]发生后,卢耀如被水文所的新一波工作组解救出来,他开始承担地质部的任务,服务川气入沪、北京拒马河枢纽和黄河天桥水库等。1973年初,卢耀如还去阿尔巴尼亚当高级专家,解决该国工程中出现的地质问题。

本来,卢耀如等三人专家组预备在阿尔巴尼亚待两个月,结果到了那里,他天天跑野外,每天上几百米的高山,一待就是11个月。"人很累,劳动量大,责任也重,跑坏两双登山鞋和两双长筒雨靴。"卢耀如说,"那里岩石很破碎,木板支撑很密,人工探洞,木头缝中经常涌入大量泥沙石块,堵塞平洞。那里属阿尔卑斯山区,地中海气候,雨多在秋冬季,山区电话线上积雪有几十厘米,冬天下大雪,还打雷。"

在这11个月里,卢耀如不断拉计算尺,计算边坡稳定问题,特别考虑水动力条件对边坡稳定性的影响,并考虑如何在减小水动力的情况下,减少对边坡稳定性的影响。卢耀如杰出的工作让该国同行折服。地下建筑与工程系提供的一份材料里说:

> 1973年至1974年,受水利部指定,卢耀如作为高级专家和姜国杰、胡海涛先生共赴阿尔巴尼亚,指导当地中、阿专家,解决费尔泽水电站边坡稳定性和毛泽东水电站岩溶渗漏问题,负责库岸隧洞进口地质边坡调查,计算水库边坡稳定性,为设计提供了依据。

回国后,卢耀如等向水利部钱正英副部长汇报工作,完毕后出来一看,都是大字报,其中一张内容是写钱正英副部长的:不派本部门的专家去阿尔巴尼亚,却叫地质部反动学术权威(卢耀如等)去阿尔巴尼亚,责问领导的立场站在什么地方。

这时,全国又开始了"批林批孔",风云再起,人心又开始遭遇寒潮。卢耀如说:"一个物探所的科技人员,是清华大学毕业的。她也受了很多磨难,有一天到我们水文所在京的一个办公室借电话用。她突然又说,'这次"批林批孔",是不是又会牵涉我。'那时我也在旁边,我看了水利部贴的就是为我这所谓地质部的'反动学术权威'写的大字报,揭发水利部领导,心中已是有所顾忌,真的又有什么事会降临我身上吗?我想以不变应万变。我都成这样了,几度生命临危也都挺过来了,未来我会坦然处之,就是劳动、种地,了此一生也好吧!"

"批林批孔"后,抓革命促生产的号召迅速传遍各地,筹备岩溶所的计划也被重新拾起。1975年12月下旬,中国科学院、地质部等在广西南宁召开有关岩溶讨论会,广西、贵州相关厅局领导和专家参加,地质部领导张更生表示,卢耀如先前筹备过,他也获得了国家科委的经费支持,现在还是让"喀斯特卢"牵头筹备岩溶研究所。但是这次,卢耀如又被排斥在筹建班子之外,新成立的岩溶所主要成员是工农兵。

七、筹备出版中英文《中国岩溶》

遭受挫折后，卢耀如转而继续编辑出版中英文《中国岩溶》，准备参加国际地质大会。这次大会还有一项重要使命，那就是恢复中国在国际地科联的合法席位。为了《中国岩溶》，卢耀如1975年就开始继续这方面的工作，他先后去过广西、贵州、云南、重庆、广东、湖南、湖北、辽宁、山东、山西、河北等地。卢耀如说："一次外出，与下坡的大公交车相撞，责任在我们车司机。一次在大渡河的原铁路施工公路上，下面的成昆铁路在1000多米深的河谷中，像一根筷子粗细，我突然灵机一动，让车停在公路靠大渡河岸边，下车后，同伴老金用脚踢了几下左前轮，左轮掉下一个螺丝帽，手一动几个螺丝帽都松了！如果不停车，那时左轮一飞，我们就会全掉下1000多米的大渡河峡谷而殒命了。一次在云南，几百米陡崖上小公路转弯处，司机先向陡崖边打一点方向盘再往内打时，方向盘失灵断了，如果在外打时断了，就会车毁人亡了。还有一次在贵州独山，下坡路时刹车管爆了，路很狭窄，对面斜坡上大车正猛冲下来，又是命悬一线，几厘米的间隙，两车呼啸而过。"当时，为了更好地反映我国喀斯特景观，卢耀如还与空军的运五一起升空，航拍了桂林、阳朔和漓江，还有云南的滇池和断块山地（昆明西山、长江三峡）等景观。卢耀如说，惊险场面不少，但这样奋斗与工作，是他感觉最愉快的事情。

到了1976年四五月，卢耀如必须赶紧定文稿，马上进行编排照片时，又遇到人为的因素。当时，有人想让有关出版人士去向许杰[10]副部长反映，让许部长换掉卢耀如，由别人接替当图册主编，被许副部长一口回绝。许老负责恢复我国在地科联席位并准备参加第二十五届国际地质大会事宜，他说："卢耀如工作很好，学术思想是公认的，文字也很好，不存在文字不好问题，图片也是他积累与艰难获得的。所以，不能无故临阵换帅。"

卢耀如那段时间一直坚守在上海，为了图书能按时出版并运送至澳大利亚会场，他甚至放弃了赴澳参会的机会，他说："许（杰）部长他们让我回京准备出国参加这盛大的国际地质大会，而且恢复我国科技界在世界科技上的地位，那时真是太大的事了。我能到会场展现我的成果，那也是新中国的成果，当然是梦想之举。可是，再一想，那时上海正大闹'文攻武卫'，工厂生产已不太正常，印错了字体、颜色就是一个例子，我必须盯着，如果不能很好完成，或再出差错，使《中国岩溶》不能高质量印刷，又不能准时航寄、按时到达澳大利亚，那我才会真正变成罪人，何颜见许部长，何颜面见广大地质界同行，有何颜面面对国家！"

停了一下，卢耀如又说："若我离开编印现场，准备去澳大利亚参加会议，万一出现印刷事故，人们就会指责我为了出国耽误了国家大事。"他坦言，"那时，我真想出国参加被称为地质界奥林匹克的国际会议，多些见识多好啊！但还是咬了牙，向孟继声副院长表示：我很想去澳大利亚参加第二十五届国际地质大会，但为了保证按时出版《中国岩溶》，并航寄送到悉尼，我还是不去了，现在要天天跑四个厂紧盯着。"

中国代表团到达前两天，英文版 *Karst in China*（《中国喀斯特》）也运到了悉尼，中国代表团在会上受到热烈欢迎，展示的是反映新中国的成果，也大大出乎各国学者代表的预料。

图6　2010年版《中国喀斯特》英文版封面。图片来源：受访者供图

八、改革开放后，野外考察

在1978年全国科学大会上，卢耀如等的《中国岩溶》图册和《中国岩溶（喀斯特）发育规律及其若干水文地质工程地质条件》两项成果，也得到大会奖励。该成果为1976年恢复我国地质学会在国际地质科学联合会上的合法席位出了力，成果也得到了国际地质学家的赞扬。卢耀如说："在这次全国科学大会上，邓小平强调了科学是第一生产力，科技人员的奉献对国家发展的重要性。全国掀起了尊重发挥科学技术作用，尊重科技人员的好风尚，科技人员的春天到了。"

考察南斯拉夫、到欧洲参加国际会议、与英国合作研究硫酸盐岩溶与灾害、访问德国并在波鸿鲁尔大学讲课、参加土耳其有关喀斯特国际会议，卢耀如忙得不亦乐乎。

1992年，卢耀如又开始了赴美进行学术交流的行程，参加岩溶国际会议的同时，应邀去印第安纳大学和阿肯色大学讲学。在随后的岁月里，卢耀如的足迹遍布加拿大、澳大利亚、新西兰、意大利、挪威……

1994年5月，他受邀来到祖国的宝岛台湾交流讲学。在台湾大学地质系、土木系、地理系，台湾海洋研究所，台湾地学会，台湾地形研究会，台湾地质调查所，台湾成功大学，台湾"中央大学"，垦丁公园管理处，太鲁阁公园管理处，台湾电力公司，台北市峒协会等单位，进行学术报告或交流。

交流的内容主要有：水文地质的不同

条件与特征、水动力条件类型、中国岩溶发育的类型与基本规律、中国大陆的水利水电建设与三峡水利工程、工程建设的地质环境效应、地质-生态环境的研究、旅游地质的开展等。后来，卢耀如又被邀请指导台湾同行的长隧道水文地质研究工作，又作了两次介绍，并去现场观看。卢耀如在台湾转了一圈，发现台湾东部海岸山区多，易诱发崩塌、泥石流、滑坡等，西部平坦地区由于抽取地下水等因素，也发生了塌陷。鹅銮鼻一带有很多礁灰岩沉积，高台地上的礁灰岩也有岩溶塌陷。

这次台湾讲学历时40余天，台湾的《民生报》先后两次发表大篇幅报道。回到大陆后，《地质矿产报》亦以"'喀斯特卢'在台湾"为题报道其台湾之行。

卢耀如说："1997年，当我通过院士第一轮评审时，我还住在正定的破旧平房里，不论白天黑夜，不管春夏秋冬，我睡在单人床上，都要放下蚊帐，主要不是防蚊子，而是防老鼠，就是放下蚊帐，夜间还经常有老鼠，当我睡着时，从我头顶上跑来跑去。要上厕所，必须要跑到一百多米外的脏臭老厕所，夏天苍蝇飞舞，冬天冷风飕飕。那时水文所也建了些房子，但僧多粥少，我是一个人在正定，所以高风格，不要求改善居住条件。"

"第一轮入围后，正好一个司机要搬家了，他原来住的两小间一小厅的破房由水文所分配给我住。司机一家嫌这房子不好，原来，有污水管通过他家的非正规厨房，那污水管爆裂破了，有粪便污水溢

图7　在台湾讲学时，与部分师生合影。图片来源：《卢耀如自传——风雨人生地质人》

出，用水泥涂了裂缝，但仍未堵住。"

1997年，卢耀如当选为中国工程院院士。

后来，卢耀如到北京，地质科学院给了一套小公寓，60多平方米，可住但无产权且要租金，可放资料、书籍。卢耀如说："我想那就住吧！可放书籍资料就好！"

卢耀如说："到了2002年，已有许多单位希望我去，同济大学地下建筑与工程系也要我。考虑到同济大学土木工程专业在国内有名气，涉及各方面建设，将地质与之结合，我希望可有所创新。另外，同济大学可提供一套房，可给些补助。于是我来到了同济。"

九、学术建树

同济大学地下建筑与工程系列举卢耀如院士的学术贡献，共有18项。

❶ 1953年11月至1954年1月，承担"东北浑江流域水文地质条件调查研究"工作，该成果为浑江开发提供了水文地质依据。

❷ 1954年，承担"新安江水库库区水文地质与渗漏条件评价"课题，研究成果为新安江梯级开发比较、渗漏评价以及工程设计提供了重要依据。

❸ 1956年，承担"官厅水库矽质灰岩渗漏问题研究"工作，负责地质、水利、电力三部合组研究队，查明了官厅水库渗漏的机理，为工程处理提供了依据，解除了对首都北京的安全威胁。

❹ 1957年至1960年，承担"长江三峡南津关坝区水文地质工程地质勘查"工作，负责三峡工程比较坝址之一南津关坝区的勘测研究，为选坝提供依据；编写了长江三峡水利枢纽初步设计要点及阶段工程地质勘查报告；给出了两坝区比较的结论意见。这些成果为今后三峡选坝提供了重要的地质依据。

❺ 1963年至1964年，承担"滇东地区喀斯特研究"课题，并为滇东地区以礼河等水利水电建设提出地质上的建议。

❻ 1960年至1965年，承担"贵州喀斯特发育规律与有关水利建设工程地质条件研究"课题。在研究贵州喀斯特发育规律的基础上，重点调查了贵州猫跳河六个梯级以及乌江流域上游六冲河、三岔河的水利水电枢纽，提出有关地质上的建议。

❼ 1964年至1966年，承担"三线建设喀斯特研究与川汉铁路喀斯特调查研究"工作，为三线建设负责编制国家科委需求的《中国南方地区1∶100万喀斯特图系三幅及1∶1 000万全国喀斯特分布图》。

❽ 1973年至1974年，受水利部指定，卢耀如作为高级专家和姜国杰、胡海涛先生共赴阿尔巴尼亚，指导当地中、阿专

家，解决费尔泽水电站边坡稳定性和毛泽东水电站岩溶渗漏问题，负责库岸隧洞进口地质边坡调查，计算有关水库边坡稳定性，为设计提供了依据。

❾ 1988年至1989年，承担"南方少数民族地区自然条件与经济发展途径研究"课题，为国家民委向中央汇报少数民族地区经济发展问题，负责提出的研究成果包括一套1∶350万图系，以及岩溶地质－生态环境系列理论认识与地区发展模式中存在的石漠化问题，为西南岩溶山区经济发展提出有益建议。

❿ 1992年至1995年，承担国家重点科技攻关项目中的"黄河中上游岩溶环境演化对比研究"课题，提出了地表水与地下水资源合理综合开发的观点，对于大型工程建设及有关地质环境的保护，具有积极的参考意义与实用价值。

⓫ 1993年至1995年，承担国家自然科学基金项目"岩溶水文地质环境演化对比研究"，重点探索了"构造"与"气候"这两大因素对岩溶发育规律及其水文地质环境演化的影响，并与港台地区以及欧美等国一些典型地区岩溶与岩溶水文地质特征进行了对比。相关成果对在建的重要工程从地质－生态环境保护角度提出了见解，开拓了我国岩溶水文地质科学研究的新方向。

⓬ 1996年至1997年，开展中国和英国石膏地质灾害合作研究，提出的成果为中英有关石膏地区建设与灾害防治提供了科学依据。

⓭ 1999年至2001年，承担中国工程院重大咨询项目"中国可持续发展与水资源战略研究"中的一个专题"中国西南地区水资源开发利用研究"，研究了西南地区水资源开发利用及有关生态环境问题，有关建议在"十五"及"十一五"发展中起到了重要的参考作用。

⓮ 1999年至2001年，承担国家自然科学基金项目"硫酸盐岩溶发育机理与环境演化效应研究"，对硫酸盐岩（石膏等）岩溶及其与碳酸盐岩（石灰岩、白云岩等）共生的复合岩溶进行了系统研究，探索了硫酸盐岩与碳酸盐岩的复合岩溶作用机理，使对复合可溶岩的岩溶发育机理研究更接近于自然界的实际情况，也可更好地研究并解决有关环境效应及其诱发的灾害问题。在复合岩溶研究中，开展了微生物岩溶作用研究，将自然界中存在的生物地球化学作用－物理作用－地质作用等有机地结合，揭示了硫酸盐岩和碳酸盐岩的复合岩溶发育机理与规律。

⓯ 2002年至2004年，担任中国工程院重大咨询项目"西北地区水资源配置生态环境建设和可持续发展战略研究"项目领导小组成员（成果出版时为编委会委员），并负责"西北地区水生态环境特征及其演化"专题。

⓰ 2005年至2007年，担任中国工程

院重大咨询项目"中东北地区的发展战略研究"项目小组成员,并负责抚顺矿区地质环境研究。

❼ 2004年至2006年,承担"山东半岛城市群地质-生态环境与工程效应研究"项目,负责济南、青岛、烟台、威海、日照、淄博、潍坊、东营八个城市的地质-生态环境开发效应研究,并提出新认识。本项工作得到当地省领导的重视,研究成果为这八个城市的发展提供了科学依据。

❽ 2011年至2012年,承担中国工程院重大咨询项目"海西经济区(闽江、九龙江等流域)生态环境安全与可持续发展研究",提出了海西经济区发展的重要原则,涉及资源、防灾、环境污染、开发与保护关系、城乡统筹、城市群一体化等方面,提出建设生态流域、调整产业等方面的建议,阐述了海西经济区今后发展的重要战略。该项成果可供党中央和国务院领导决策参考。

卢耀如同时还是贵州师范大学名誉校长、该校喀斯特学科首席科学家。60多年来,他潜心研究喀斯特地区的水文、工程与环境地质问题,参加实践及指导一系列水利水电工程的勘测研究,涉及长江、黄河、珠江、淮河等许多流域,包括三峡、乌江渡、新安江等百余座水利枢纽;指导有关交通、城镇、矿山等建设的工程与环境地质勘测研究;并研究有关地质-生态环境,为喀斯特地区开发作出了贡献;积极进行地质灾害防治工作,为重大灾害防治提出了重要的科学认识。

20世纪60年代初,卢耀如主持了我国第一个喀斯特研究室,倡议并首先筹备喀斯特地质研究所(现中国地质科学院岩溶地质研究所),首先提出喀斯特地区石漠化问题的开拓研究与探索范围,并提出有关地质-生态环境的新认识,建立了一套有关喀斯特发育与工程效应的理论,因其在喀斯特研究上的卓越成就,被誉为"喀斯特卢"。已公开发表100余篇中英文论文,出版10余部论著与科技成果及1部图系。其中,他主编的《中国岩溶——景观·类型·规律》(地质出版社,1986)一书,被国外学者推为经典论著。此外,他的专著及图系还包括:《中国岩溶》《中国岩溶(喀斯特)发育基本规律及其若干水文地质工程地质特征》《中国南方(岩溶为主)地区地质-生态环境图系》《岩溶水文地质环境演化与工程效应研究》《地质-生态环境与可持续发展——中国

图8　1986年版《中国岩溶——景观·类型·规律》

西南及邻近岩溶地区发展途径》等，这些科学论著在国内外引起了多方反响，曾获全国科技大会奖、地质科技二等奖、全国科技图书二等奖及李四光地质科学研究荣誉奖。

20世纪80年代初，随着工程经验的积累和环境意识的增强，卢耀如逐渐意识到地质环境问题的重要性，对地质-生态环境进行了开拓性的研究。卢耀如首先提出了贵州等西南石灰岩地区的石漠化问题，指出岩溶地区的无序、盲目开发加剧了水土流失，造成岩石裸露的石漠化现象，这是岩溶地区生态恶化的表现，并提出石漠化山区经济开发的战略建议，大大推动了喀斯特地区石漠化的治理。20世纪80年代中期，卢耀如提出了喀斯特地区的岩漠化（后又称石漠化）问题，并建立了科技部国家喀斯特石漠化防治工程技术研究中心（设在贵州师范大学）。

由于包括卢耀如在内的专家们呼吁，水利部联合中科院组织专家组于2004年对贵州石漠化问题进行了一次专题调研。这个专家组成员共19名，包括卢耀如在内均是国内顶尖水利、地质专家。专题调研形成的《贵州石漠化治理专题调研报告》最终提交国务院，作为中央出台贵州石漠化治理方案的最有效决策依据。

解决石漠化治理的资金问题，首先要争取国家"专项资金"，但仅有这些资金还不够，怎么办？卢耀如提出了"生态补

图9　卢耀如（右三）率专家组调查贵州石漠化严重的贫困县（右一为周丰峻院士）。图片来源：《卢耀如自传——风雨人生地质人》

偿"观点，他希望受益于贵州石漠化地区的电力部门和用户能向当地被库水淹没的农田农户给予补偿，从每度电价中提取一分或者二分的微利，以解决农户资金难题。

20世纪90年代初，三峡工程计划再次正式启动，卢耀如直接向国家三峡建设委员会提出建议，强调要注意可能诱发的地质灾害、水库泥沙淤积和水质变异等问题，要进行三峡库区环境地质方面的调查研究，他在提交给上级领导部门的建议中强调了三峡工程关键问题在于库区移民及保护地质－生态环境问题。1997年长江主航道截流时，卢耀如及时向国务院三峡建设委员会提交了"关于长江三峡工程库区地质－生态环境保护与上游系统性工程的建议"。1999年7月，卢耀如在调查三峡巫峡危岩体崩塌事件后，提出防治方案和应急措施，并向中国工程院提交了院士建议"建立地质灾害快速反应机制，以保障21世纪可持续发展"。2001年，重庆武隆发生1.5亿立方米滑坡灾害，造成79人死亡，作为国务院调查组的首席专家，卢耀如科学地认定了该滑坡灾害的性质，强调了治理地质灾害的重要性，并提出院士建议。通过这些年的努力，三峡库区诱发地质灾害的评价研究取得了大量的成果。2003年，卢耀如撰写了《地质－生态环境与可持续发展——中国西南地区及邻近岩溶地区发展途径》，对西部大开发、防灾兴利具有现实的指导意义，该论著被岩溶专家宋林华认为是"一部喀斯特的重要之作"。2014年，卢耀如对三峡工程建设的意见，被收录进由中共党史出版社出版的《中国共产党与三峡工程》一书中。

西北地域辽阔，因为水少，地情多荒凉。以钱正英为组长的"西北地区水资源配置生态环境建设和可持续发展"项目作为中国工程院的重大项目，是为了更好地落实中央"西部大开发"战略而开展的，项目组织了覆盖地理、地质、气象、水文、农业、林业、草业、牧业、水利、土地、水土保持、生态、环境、城市建设、历史、考古、社会经济以及石油、天然气、煤炭、冶金等学科的35位院士和近300位院外专家，并有西北各省、自治区的130多位有关领导和专家参与工作，成立了9个课题组，最终形成了9个专项报告和1个综合报告。

卢耀如担任"西北地区矿产资源开发的用水对策研究课题组"顾问。该课题针对新疆、甘肃、青海、宁夏、陕西渭河流域及秦岭以北地区、内蒙古大兴安岭以西地区的金属和非金属矿产资源开发与水资源利用及生态环境的关系，提出了优势矿产资源开发的5个重点及4项具体对策建议。报告指出，西北地区优势矿产资源开发的重点是甘肃金川铜、镍资源综合开发利用；内蒙古包头稀土资源开发利用；青海、新疆和内蒙古铜矿资源开发利用；内蒙古、新疆的铅、锌矿产资源开发利用；青海柴达木盐湖钾、镁、锂资源综合开发利用。

西北地区矿产资源开发建议：矿业归类于第一产业，与农业放在同等地位对待；加大西北地区优势矿产资源的开发力度；矿产资源开发要因地制宜，因矿制宜，采用先进技术走规模化发展道路；对西北地区矿业开发给予降低矿产品的税费政策；支持企业加强技术改造，开发节水防污工艺；立项研究解决西北地区的6项重要环境问题等扶植政策。

卢耀如针对西北干旱情况，归纳分析造成不良水环境的原因：

第一，水资源不合理开发使水环境恶化；

第二，西北地区地下水年龄的限制，即地下水平均年龄多是万年以上，少数是近些年雨水渗入补给的，所以大面积、多年调节的地下水，再被过量开采，就难以利用当代降水来恢复良好的水环境；

第三，西北地区水环境的背景是干旱条件，不易通过多年天然状态下的调节来保护水环境，水环境一旦被破坏，就很难恢复；

第四，水环境恶化是长期的历史过程，短期内难以逆转；

第五，水环境演化是自然与人类交互作用过程的复杂性结果，必须综合考虑开发效应。

鉴于这些基本情况，西北地区水环境的恢复与治理比东部地区要难得多。

图10　2011年初，中国工程院开展海西经济区生态环境安全与可持续发展重大咨询项目（左七为中国工程院院长周济、左六为副院长潘云鹤、左八为项目负责人卢耀如）。图片来源：《卢耀如自传——风雨人生地质人》

因此，在西北地区，更需要考虑水与土资源的配合，更需要保护水资源，注意高效利用多种节水措施，也更需要研究各种开发对水环境产生的不良效应。西北地区更需要科学管水、科学治水与科学用水。

2011年1月26日上午，中国工程院在京启动"海西经济区（闽江、九龙江等流域）生态环境安全与可持续发展研究"项目，项目由卢耀如院士主持，为期两年，设立海西经济区水资源的合理调配与可持续开发利用、海西经济区林业生态建设与可持续发展研究、台湾海峡越海通道前期方案论证等八个课题组，涉及福建省重要资源问题、灾害防治和环境保护问题、海西经济区今后地下空间开发利用问题、流域的地质－生态环境问题及两岸经济发展的重大工程建设问题。闽江、九龙江是福建省两条最大的河流。海西经济区是指台湾海峡西岸，以福建为主体包括周边地区，南北与珠三角、长三角两个经济区衔接，东与台湾岛、西与江西的广大内陆腹地贯通的地域经济综合体。该项研究以"建设生态文明　促进科学发展"为宗旨，在海西经济区进行发展原则、开发与保护关系、城乡统筹、城市群一体化、建设生态流域等重要方面的理念创新，提出建设闽江、九龙江流域为生态流域，并相应重点建设六个生态城镇群，创新性地提出了海西经济区发展战略，并阐述了今后发展的重要思路，其中一些重要的对策、建议已被当地政府和有关部门采纳。这项研究为福建省成为我国首个"国家生态文明试验区"提供了重要的科技支撑。

2003年7月，已在同济大学工作的卢耀如针对上海地区建设工程中地质环境与地质灾害的有关情况以书面形式向上海市领导提出了建设性意见。2015年至2017年，卢耀如负责中国工程院咨询项目"上海城镇群六水综合开发与六灾共同防治以保障生态环境安全与可持续发展战略研究"[11]，最后形成研究报告。报告中，卢耀如认为，上海是缺水地区，用水安全性受到的威胁很大，青草沙、黄浦江上的取水地，非常不安全。目前，城市最大的问题是水资源不足、地面沉降和风暴潮灾害威胁严重。因此，建议：

❶ 六水共同开发，建立安全、可靠的供水系统，地表与地下联合调蓄雨水。同时，调整产业，加强污染源控制，加强治污措施。

❷ 建设气象－地灾综合预警系统，包括采取相应防灾、减灾与救灾的三位一体联合措施，以预防极端气候的来临，保障安全。

❸ 上海和江苏、浙江，自然条件相连，发展也密不可分，今后应加强统一制定发展计划，包括资源共享、灾害共同预防治理。

❹ 上海应"瘦身"，起码不能随意扩

张，南京、杭州也应相对控制。为此，应有沪-苏和沪-浙合作的两个新翼，以取得更好的发展。上海应是长江经济带的龙头、发动机，引领长江这条龙高高飞翔，上海也应是"一带一路"倡议重要的起航扬帆、飞轮启动之地。上海前景光芒，应基于这座城市的生态环境安全与可持续发展的长久岁月积淀和健康发展。

上海应考虑的是，百年千年之后，依然是中国乃至世界上的伟大都市，屹立在东海之滨。

长期的工作实践，促使卢耀如不断思考着人与自然的关系。1991年，他在《环境地质研究》专著中，提出了《论地质-生态环境的基本特性与研究方向》，将其列为这本专门性论文集的首篇。此后数十年，他逐步完善了地质-生态环境新理念。卢耀如说，以人类为主的空间生存环境，就是地质-生态环境，它包含了岩石圈、水圈、大气圈及生物圈的复合环境。换言之，人类生存的地质-生态环境综合承受着岩石圈、水圈、大气圈及生物圈的影响。岩石圈包括地层、构造、地貌（河流、山脉、平原等）、矿产资源、内外动力地质现象等要素的发生、发展与演化；大气圈包含气候要素，如雨量、温度、湿度、风力、阳光辐射、蒸发、冻融等，还有地表水体、地下水体、水的循环、水-气变换等的特性与规律；生物圈则包括自然界动物、植物和微生物的分布与进化，以及相互之间的生态平衡与制约规律。人类生存与发展需要开发有利条件，但是，开发的同时也会诱发、催化不利因素，这样就使得地质-生态环境变得更为复杂。

卢耀如说，探索地质-生态环境演化的方向可从人口、资源与环境的战略发展，人口布局与资源环境问题和防灾兴利最佳方案等方面综合研究，从全球性研究、宇宙性研究等方向上展开。

2016年12月13日，全国海洋科技创新大会在京召开，会议宣读了《国家海洋局关于授予刘光鼎等29位资深院士"终身奉献海洋"纪念奖章的决定》，并为获奖者颁发纪念奖章。中国工程院院士卢耀如获此殊荣。

中国地质科学院水文地质环境地质研究所所长石建省说："我是1983年7月认识的卢院士，他是研究所技术专家和研究室主任，当时他已经工作三十年，我们是晚辈，刚一接触卢院士就印象非常深刻，因为当时所里分配了很多毕业生，很热闹，他和同学一起住平房，他一人一间，我们两人一间，他经常和同学们一起活动，到所里比较早，所以对他了解也稍多。了解到他不仅工作艰苦，而且对所里也作了非常大的贡献，尤其在岩溶学方面，在国际上获得了"喀斯特卢"的称号，他撰写的有关岩溶图集的书非常具有学术代表性，让人印象非常深刻。"石建省感佩卢院士的敬业精神："他经常深入岩溶洞穴，爬到山丘顶上去拍照，有时候爬到山顶上发现光线不好或不合适，今天就白上了，等之后时机合适才能再上，我们一般人可能就说算了，应付了事，但他为了追求完美的效果，愿意付出更大的辛劳，所以说他的岩溶图集为什么获得大家的认可，因为他的每一幅照片都是深入一线等很长时间才得到的瞬间。"

石建省说："院士公示阶段，征求大家意见，当时所有人都一致同意他有担任院士的能力。当选院士后，他的视野更宽，看问题层次更高，他的爱国情感体现得更强烈，对国家的发展高度关心。卢院士这些年高瞻远瞩地提出了许多理念，如地质灾害链，他把整个动力因素、演变过程、每个阶段的发展形成了一个体系，这些理念可以指导专题研究。后来，他关注生态文明建设，怎样把国家的发展理念尤其是生态文明建设在区域结合上面落实，涉及方方面面知识的汇集，所以能调动许多专家参与，包含林业、水利、交通许多方面共同参与。卢院士年长之后有了更坚实的基础，这些专家可以从更高的角度做更有意义的事。卢院士每个业务发展的阶段对我们都很有启示，年轻人要先钻进去，做深入细致的研究，打好底，然后走出来，站在更高层次看问题，之后做更综合性的工作，这样才能对国家有很大贡献。"

十、人才培养成绩斐然

因为长年在野外工作，卢耀如的人才培养工作是到晚年才逐渐形成规模的，他在水文地质环境地质研究所、同济大学、贵州师范大学等科研院所以及高校都指导了一些学生攻读博士、硕士学位，其中以博士培养为多。

当年在引进卢耀如院士过程中发挥牵线搭桥作用的同济大学地下建筑与工程系唐益群教授回忆："我多次和卢院士接触以及汇报学科发展的情况，参加卢院士组织召开的会议，跟随卢院士进行野外地质考察，参加有关的国际、国内学术会议等，进行沟通，希望他能够进入同济大学地质资源与地质工程学科，引领此学科的发展。""卢院士被引进到同济大学以后，对同济大学地质资源与地质工程学科的发展起到了非常大的推动作用。2003年下半年，在他的带领下，我们申请到地质工程二级博士点；几年后，他又带领本学科的教师获得地质资源与地质工程一级博士点。他积极主持和召开与专业、学科有关的国际会议和全国大会。他还亲自为地质资源与地质工程学科博士生和硕士生讲课。"

2005年5月，卢耀如院士组建"教育部城市环境与可持续发展联合研究中心"，首批参加的单位有同济大学、上海交通大学、南京大学、中国地质大学（武汉）、中国地质大学（北京）、北京交通大学、成都理工大学、重庆大学、吉林大学、长安大学、河海大学等11所高校，同济大学为主任单位，卢院士任中心主任。每两年卢院士就召开一次由11所高校参加的"城市地质环境与可持续发展联合研究"研讨大会，交流全国不同地区城市发展与城市地质灾害防控研究的成果，这些研究成果的交流在我国城市发展与城市地质灾害防控研究方面有积极的推动作用。

唐益群介绍，卢院士在培养学生方面做了很多工作，多次给学生作学术报告，多次给学生上党课，带领学生野外考察，请他的好友加拿大皇家学会院士来同济大学为学生作重要的学术报告，等等。引进卢院士之后，地质工程研究所取得了2项教育部科技一等奖、5项教育部和上海市科技二等奖、1项上海市科技三等奖，培养了一大批优秀人才。2004年以后有十多名博士生进入985、211高校任教。唐益群2019年接受采访时说："他的一首《感怀》，结尾两句'新时代今三佳年，余生逐梦仍未酣'，他今年已88岁高龄，还在逐梦。他的信念坚韧，他的精神感人，他的作为令人敬佩，是我学习的楷模。"

据不完全统计，卢耀如培养的博士、硕士数十人，其中包括刘琦、朱艳、张凤娥、张薇、肖时珍、李晋、李志斌、赵志成、李伟、冯波、李馨、廖炳恒、魏玲娜、孟宪萌……

地下建筑与工程系刘琦博士曾是卢耀如的科研秘书。她说："2005年，我报考了卢老师的博士，直到那年的5月份，教育部城市环境与可持续发展联合研究中心南京大学分中心成立时，卢院士作为中心主任前来南京大学参加揭牌仪式，我才近距离接触到他。当时，卢院士知道我报考了他的博士，非常高兴，问我叫什么，我说：'我叫刘琦。'他说：'哟，北京市市长啊！同名呢！厉害啊！'搞得我还很不好意思。他还亲切地跟我合了影，给我留了联系方式，一再叮嘱我，有什么事情、有什么困难尽管去找他。到同济大学报到时，也一定要联系他，如果不出差他就会来见我。当时我只记得，他的那份和蔼可亲以及平易近人的态度让我无比感动。"

刘琦说："修毕博士基本课程，卢院士就把我派到了中国地质科学院水文地质环境地质研究所，跟随他的弟子张凤娥老师做有关岩溶地区水–岩相互作用方面的试验和论文，这也是卢院士当时给我定的博士论文研究方向。我在这里学习和生活了一年半。其间，我写了一篇小论文，写好后寄给卢老师，没几天他就寄回了修改稿，上面写得满满当当，增加了好多他的见解，有的地方实在没有空间写了，他又加了好多纸条。让我真的很感动、又脸红，我下定决心，一定要把博士论文做好。"

图11 探测乌江岸边附近一洞穴系统（中为卢耀如）。图片来源：受访者供图

2007年，刘琦参与了卢耀如院士主持的国家自然科学基金面上项目"贵州乌江流域岩溶地下水系统与生态水文地质研究"。2007年12月底，卢院士带着团队一行人在毕节采集样品，调查岩溶水的污染状况。随后，为了刘琦的博士论文研究，卢院士又带领他们去了索风营水电站和洪家渡水电站。刘琦说："我的博士论文已经进行了大半，有一部分还需要野外的资料和当地水电站的水样、土样等，以备实验室测试。当时，我们需要采集的样品种类比较多，要测试的指标也比较多，所以大大小小的瓶瓶罐罐，包括药品都很多，采集瓶有棕色的，是为了避光，大多常规水样都用透明的矿泉水瓶，还有一些需要采集土壤水，涉及污染指标、有机物等，就需要当场加一些药品进去。这次的野外工作让我学到了很多知识，包括如何采集水样，像土壤水、地下水、地表水，如何采集土样，怎么去找典型的地区，怎么去找典型的点，等等。我还记得当时采集土壤水的时候，需要挖土，挖到地面下10~20厘米去采集土壤水，当时70多岁的卢院士还拿着铁锹跟我们一起去挖土，让人记忆深刻。"

2008年博士毕业，刘琦留校担任卢院士的专职秘书之后，跟着卢院士一起完成了中国工程院重大咨询项目"海西经济区（闽江、九龙江等流域）生态环境安全与可持续发展研究"、中国工程院咨询项目"上海城镇群六水综合开发与六灾共同防治以保障生态环境安全与可持续发展战略研究"等，让她一次又一次地体会到卢院士的工作态度和工作作风。

刘琦说："卢院士给我留下印象深刻的事情非常多。一次，卢院士邀请美国太平洋大学的校长及教务处处长等一行人前来同济大学访问，并签署两校联合培养协议。美国太平洋大学的崔老师说：'卢院士啊，您以后退休了去美国休养吧，那边的环境还是比较好的。'"

卢院士说："休养就算了吧，等明后年呢，如果有时间了，我去美国待个半年，再去好好学习学习英语！"刘琦说："卢院士的这个话让我好惊讶，话讲得非常朴实，但是却让我这辈子都难以忘怀，你想想，院士都已经年近八十，那时候，他的英语挺流利，可以作大会英语口头报告。可他却这样说，让我真的是感触万分！"

朱艳是卢耀如院士的2016级博士生，她和卢院士认识是在2014年国际工程地质大会上。认识后，卢院士详细了解了她的本科和硕士阶段的学习情况，决定招收她为2016级在职博士，结合工作和地质专业，为她确立了海岸带双排钢板桩围堰稳定性和风险控制的研究方向。朱艳说："卢老师让我把工作和学习紧密结合起来。"

"2018年卢院士生了一场重病，在新华医院住院期间，有一天给我打电话，要求我带着论文提纲去见他。当时我非常震惊，急急去了医院。卢院士说，他还有两年的生命，要求我必须抓紧一切时间做论文。"朱艳眼含泪花地说，"听到这句话，我立刻想到了'春蚕到死丝方尽，蜡炬成灰泪始干'。带着浓浓的伤感离开医院，我决心抓紧一切时间做出论文。好在吉人自有天相，卢院士挺过了那一关。"毕业后，朱艳牢记老师"要从真正解决工程实际问题出发凝练科学问题"的教导，在卢院士的指导下，她深耕海岸带工程，开展了一系列科学研究。

还有水文所的学生张凤娥、张薇、孟宪萌，贵州师范大学的李馨、肖时珍，她们眼中的卢耀如院士是这样的：

张凤娥跟随卢耀如读博士，参与他牵头的硫酸盐岩溶发育机理基金项目。张凤娥说："卢老师的'散养'模式挺锻炼人的，从微生物这个角度确定博士论文这么一个大方向，他就不管了，我的压力着实很大，只有通过读很多文献，定期向卢老师汇报，过程中他再提供一些建设性的建议。现在回过头来看，卢老师的'散养'模式在某种程度上对激发个人自主性和探索精神还是挺有用的。"

水文地质环境地质研究所地热室副主任张薇是卢耀如2019届博士。她说："刚开始跟随卢老师学习，第一印象就是他很严厉，我发自内心有点小紧张，但是慢慢地，觉得卢老师特别关心我们，特别体谅我们，设身处地为我们着想。从卢老师的学术经历上，我发现他一直紧跟社会变化和发展，并从中不断地找到契合点，以便更好地服务社会、服务国家，这是特别值得我们年轻人学习的。我自己正在承担雄安新区的地热研究，现在开发利用的就是这个岩溶热储层，也有很多问题需要请教卢老师。"

让卢耀如的硕士生孟宪萌印象最深刻的一件事发生在2006年11月。当时她正在准备2007年清华大学的博士研究生入学考试，需要申请硕士论文提前答辩，当她把这个想法跟卢老师说了之后，他对孟宪萌的想法非常支持，并勉励她认真准备。孟宪萌便将加班加点赶出的硕士论文寄给卢老师审阅。孟宪萌说："当收到卢老师寄回来的修改意见时，我发现卢老师竟然用A4纸写了整整8页的修改意见和建议，从论文的内容、措辞再到图表的注意事项一一给予点评，连错别字都给指出了，这让我感到十分惭愧！并由衷地钦佩先生严谨的治学态度。"

贵州师范大学的李馨说："2009年9月，召开贵州省地理学会，卢老师也过来参会。会议召开的前一天，卢老师要约他所有的学生一块儿吃饭，我负责落实。由于我的疏忽，没有提前订好餐厅，那天我们跑了好几个地方，才终于找到一家餐厅，且是在门口加的位置，当时我好羞愧！虽然位置不怎么好，但是大家都很开心，卢老师亲自点菜，十几个人吃饭，结果一桌子都是鸡、鸭、鱼、猪、牛、羊肉！不过还好，有几个人特别能吃肉。席间，卢老师总是招呼大家吃菜、多吃肉。真是一位慈祥的老人。吃完饭，桌上还剩了很多，卢老师说，剩下的菜打包，晚上接着吃，不浪费。"李馨感慨地说："现在的社会，能有多少人像卢老师这样节俭啊！"

贵州师范大学肖时珍教授是卢耀如院士在贵州师范大学的秘书。她说："我在大学期间就读到卢老先生1965年发表在地质学报上的学术论文《中国南方喀斯特发育规律的初步研究》及同年发表的另外一篇学术论文《中国喀斯特地貌的演化模式》。这些论文对激发我的喀斯特学习和研究的兴趣发挥了很大的作用。"2004年，肖时珍考上了贵州师范大学地理学专业的硕士研究生，然后参与了中国南方喀斯特申报世界自然遗产项目。项目邀请了卢耀如院士等做顾问。肖时珍说："我们到广西的喀斯特地区去考察，一路上我请教了卢院士很多喀斯特问题，卢老师的专业和耐心让我非常崇拜，而且老人家和蔼可亲、风趣幽默。考察过程中，他发现我特别爱笑，因为我姓肖嘛，他还给我取了一个外号，他说那就叫'肖笑'，然后就一直喊我这个名字。

卢院士指导贵州师范大学成立了中国南方喀斯特研究院，并担任贵州师范大学名誉校长，指导学校2014年申请获得了地理学一级博士授予点。肖时珍说："2007年7月，我硕士毕业之后，以卢耀如院士秘书的身份留在了贵州师范大学，同年12月，我们驾车几小时到毕节，站在毕节石漠化治理示范区的野外上，顶着凛冽的寒风，卢院士手把手地指导我们怎么收集土壤水样品，令我非常感动。"

"2008年，卢院士到贵州来出差，因为要跑野外，他说没带运动鞋，然后我陪同他去买。我们看上了一双运动鞋，样子挺好，标价五百元左右，他试着也很合脚。但是，后来他坚决买了另外一双两百元的。他说，那双鞋穿着也挺舒适的，为什么要去买五百元一双的呢？老先生一辈子非常节俭，但他把这些钱存起来，设立基金以鼓励年轻人开展研究，服务社会，这一切让我真的非常感动。"肖时珍感慨。

2019年4月11日，卢耀如个人捐资360万元，在同济大学教育发展基金会下设立"卢耀如生态环境与地质工程激励基金"，用于支持、推动生态环境与地质工程相关学科向世界一流学科迈进，支持这些学科的人才培养、科学研究及成果转化等。卢耀如说，捐赠这笔钱还有一个重要原因，是为了兑现当初的承诺，回报曾经帮助过自己的人。

同济大学中法中心的一间会议室里，88岁的卢耀如拄着拐杖，在主席台上深深地鞠了一躬。"这些钱都是我几十年的积蓄，也是我工作的单位这么多年发给我的，现在回报给社会，支持那些在科研上需要支持的年轻人，这也是兑现我69年前的承诺，希望能够告慰那些曾经帮助过我的人的在天之灵。我曾经说过，滴水之恩当涌泉相报，不管是过去几十年，还是今天，我都是这样做的。"言语之间，卢老几度哽咽。

卢耀如说："直到33年后，我才回到了福州，一个一个地找到了当时帮助过我的10多个人，并承诺每次回福州都要看望他们，要把我的所学回报社会、服务社会，希望他们能够一直看到。"

2022年7月，卢耀如受第五届数字峰会邀请，回到家乡福州参加活动。在福州团市委的帮助下，卢耀如联系到了当年对卢耀如说"组织支持你考大学"的李青藻。李青藻是唯一还在世的当事人，他与卢耀如含泪相拥，续上了这段跨越了70多年的情谊。

十一、"我愿如石英"

卢耀如说，一生中有件事情总也忘不了，经常提起并抱憾不已，那是他读中学时发生的事。"有一天午饭后，学校安排去闽江游泳，不少师生都去了。我们三五个会游的人，就沿右岸往上游走过了闽江上的洪山桥，然后跳入水中，从桥墩间的激流中穿越到下游，再往下游一段，然后上岸。我这样循环往复四五趟了，耗费了不少精力、体力，也十分享受。"

"有一次，我刚穿过桥洞游出来，看见不远处有两人在水中挣扎！我马上拼全力，以自由泳方式冲过去，靠上游的胖老师，姓王，是教我们代数和物理的，我马上拉了他一只手，侧游，往岸边游去，感到脚碰沙滩面了，再拉游几步，就都站住了。后来王先生说，我是他救命恩人。我可不敢当。"

"紧接着，我看到另一个人已被冲到

闽江急流中，沉入水中又冒上来，我马上自由游冲过去。他一下又沉下去，我就要超前在他再冒上来时来救他，但我也被卷入急流中。正估计他会从哪儿冒出来，我好救他时，突然后背被撞了一下，是他！我立刻转身拉他手，但他在侧面紧紧抱着我的上身，那时他已昏迷了，本能地碰到什么就抓什么。那时的我已经很累了，被他猛地抱住，我们两人又往水下沉。我开始呛水，当时我还自我安慰，要冷静，不要慌张，我想灌几口水不要紧，不能往下沉，必须浮出水面，于是我用双脚拼命踩水。如果只我一人，双脚一踩，双手一按人就上浮了，这时那个同学重量加在我身上，受水面也大，我双脚拼命踩，我们终于露出水面，喘了气，赶快吸气，结果又下沉，于是我想必须手脚都动，我不仅双脚蹬水，还要用两个手臂向上弯，想撑开他抱我的双手，让头往下缩，想着头只要脱离他双手合抱的空间，我就自由了。经过这样两三次下沉、上升的手脚拼搏，我的头终于挣脱了。那时我已呛了不少水，几乎没力气了，我想如果再挣扎而脱不开身时，再持续十几秒甚至几秒，我也会昏迷，两人就同归于尽了。我挣脱后，马上转身，一边急促喘气、吸气，一边想拉那同学的手，没拉上，抓后背，抓不住，几个浪过来，就彻底找不到这同学了。"

走上工作岗位，胡海涛给他上了第一堂野外考察课。1953年9月，卢耀如被分配到地质部东北工程地质队，在队长胡海涛先生的带领下，开始准备奔赴野外工作。胡海涛那时不到30岁，高涨的热情还胜过他们新到的大学生。11月中旬，东北已天寒地冻了，但由于工作紧急，他们仍奔赴吉林浑江。胡先生领他们唱着"雄赳赳，气昂昂……"的志愿军战歌，扛着扫把上山扫除积雪，寻找露头地表做地质调查。数月时间里，从内业准备到野外调查，胡先生给了卢耀如等年轻的地质队员很多的教诲，教导他们设计、收集分析资料、安排及进行野外调查，等等。胡先生对地质构造、古生物有深厚的基础，特别是如何调查、判别、分析地质构造，如何从构造基础分析研究工程地质条件，给了卢耀如很好的指导。卢耀如说："胡海涛队长给我上了工作后的第一堂课，是我走上工作岗位的第一位老师，是我的良师益友。"

"水文地质所1965年因备战从北京搬去正定，近十年里我年年都去收割麦子，凌晨三四点起来，五点出发，割麦割到腰酸背痛、手足力气耗尽。下午四点多返回，有小米粥、玉米、窝窝头，要是再有一个鸭蛋，那就是享受了。有一次，是秋季收割，我们到正定北郊一农村，中午就没吃饭。傍晚时，所内人和农民一起围坐在场上，所内'造反派'宣布批斗我，挂上重而大的木枷，一个多小时散会后，他们都走了，晚上让我到一个老乡家去住，我也没吃晚饭，老乡要我吃，我也吃。第二天一早喝点米汤又去劳动，中午到这老乡家一看，桌子上放着几盘蔬菜，还有点腊肉片，一对老夫妇不断给我夹菜，并说：'同志，你要想得开，这样的事多，过后就会好，千万要想开。'当时，我几乎感动得要大声哭出来。我听着，噙着泪对老乡说：'谢谢你们关心，我会没事的。'他们老怕我想不开……"

1999年7月，朱镕基总理接到急报，三峡山可能发生300万立方米滑坡，推动2 000万立方米古滑坡，将泄入长江，危及上下游不少城镇及沿江航运。当时刚到国土资源部的孙文盛副部长（常务）为国务院工作组组长，卢耀如为首席专家，专家组考察后认为灾害不会发生，但可能会有几万立方米至十几万立方米发生滑塌，形成灾情，提出"捆腰压脚难奏效，唯一出路在砍头"的方案，认为把可能滑塌的山峰上部削去，就可阻止滑塌发生。这个建议由孙文盛副部长向中央汇报，让朱总理等放心。后来回京，钱正英（全国政协副主席）院士说："卢耀如，这次你立了一大功。"

2022年6月，时年91岁的卢耀如院士与考察队员们一起，在汉中—秦岭一带调查大型喀斯特天坑群，连续多日从早到晚在野外，考察路狭且陡，石头荆棘难行。一天，他的右脚鞋底完全掉了，同行者用胶带帮他扎绑，但仍然不好走路。新书《国家发展建设与地质环境：卢耀如院士论文集》就是这样完成的。

卢耀如说："至今记得70多年前那个意气风发的毕业季，背起背包走出校门、坐上卡车奔赴野外的自己和伙伴们：'做个真正的地质工作者，为祖国贡献我们的一切，就是我们的真心。'"作为中华人民共和国成立后培养的第一代地质队员，卢耀如说："如今回头看，这份承诺是经得起岁月检验的。"

"1950年9月去北京清华大学读书，随后31年没有回老家福州看望父母，先是忙，一直忙到1961年，我回京就病倒了，浮肿、失眠，肝脏也出现问题，真的无暇返回福州，更主要的是没钱。我作为大学生，实习期间每月45元工资，其中35元汇给家里，后来我转正后每月工资为55元，汇给家里40元，支持弟弟妹妹上学……每一次都觉得等忙过这一阵就回家，但不知不觉间回家乡的时间一拖再拖。因为每一项工作都关系重大，是为了国家的发展和人民的福祉，我是一名党员，为国为民效命，义不容辞。后来挨批斗，行动失去自由，更没法回家了。"

"1981年我终于回福建见了母亲一面，但仅仅两年后她就过世了。1983年9月，母亲突然发病，我赶回榕城见母亲时，她尚神志清醒，对我说：'耀，开会不要误了。'在她的督促下，我离开福州去昆明，在全国喀斯特会议上作报告，然后去了贵州乌江渡，主持乌江渡水电站地质鉴定会。我关注这座中国岩溶地区当时最大的水电站已超过20年。可就在这时，我母亲病情突然恶化，9月23日去世。当时弟弟和妹妹从福州打电话到北京找我，北京收到后转发昆明，昆明收到后辗转到贵阳，贵阳收到后转乌江渡，等到我从库区返回工地招待所，看到电报，已经是10月28日下午5点多了。"

"当时，飞机、火车都不是马上就有班次，有了班次也没票，我只能找地方打电报给弟弟妹妹，让他们不用等我这个长子回来，先办后事。那天我回到床上，放下蚊帐，悲痛欲绝。过了一会儿，北京水利科学研究院副院长走过来，坐在我床边小椅子上，小声说：'明天还要开会总结。'我回答他：'放心，我会做好总结的……'"

"1954年，领导让我去跟苏联专家学习。随后，我跟着专家住在宾馆，不久便开始惶恐不安起来。睡在席梦思上，我睡不着，最后拿了被单铺在地板上睡，很快睡着了。我是自愿放弃了相对优渥的生活，去地质现场工作，去艰苦的地方，去野外工作。"

"1954年，我的第一项任务是为建新安江水电站出力。新安江水电站是为中国最大的工业城市——上海保障电力恢复而发展的一项工程，非常重要。解放初期，上海的电厂遭敌机轰炸。我还记得解放前夕上海电力工人王孝和[12]被绑着押赴刑场的照片。我在福州的报纸上看到报道和照片，当时心中震撼，眼下，去新安江水电站进行勘测工作，就是要回报先烈。"

"地质人，两只脚"。卢耀如说："我们的老师说过一段话：'地质这门科学，要担负起国家建设的责任，特别是工程地质，要时刻记得，自己是一只脚在外边，一只脚在监狱中。你要想两只脚都在外自由行走，你就必须认真负责地调查好地质条件，这样才能提供正确的意见，不会因你而给工程建设带来损失。反之，就是对人民犯罪，就会两只脚都在监狱中。'这个'地质人，两只脚'的说法，让我牢记一生。我们的工作背后系着的都是国家的重大工程，不可掉以轻心，不能在宾馆里看看文件就得出结果，必须到现场去，必须要一丝不苟地回答。"

卢耀如回忆，20世纪50年代初，一次在浙江野外考察时遇到大雨，我们在亭子里躲雨时，看见两个瘦小的十一二岁的牧童，牵着牛从亭子外走过。我就向这两个小孩问路。没想到对方拿下斗笠，回答说，她们不是小孩，是两个十八九岁的青年人。当时我心里一沉：当地的百姓日子一定十分拮据，孩子才会营养不良。那么多年过去了，每次想到那两个瘦小的身影，我为百姓谋福祉的愿望便更加紧迫、更加强烈。

《解放日报》的记者采访卢耀如时询

问："您是地质人，如果将地质人的精神比作一种石头，您会选择哪一种，为什么？"卢耀如回答："我选择石英。因为石英是无色透明的，而且质地坚硬。早在远古时代，人们就用它制造武器，抵御外敌，获取食物。而且石英本身具有玻璃的光泽，它始终保持澄澈。我愿如石英。"

卢耀如说："过去几十年间，中国基础设施建设取得了举世瞩目的成就，建成了全球最大的高速铁路网、高速公路网、世界级港口群。长江三峡、南水北调、大兴国际机场综合交通枢纽、港珠澳大桥等标志性工程见证了中国社会经济的腾飞。对于地质工作者而言，能用地质勘查技术为国家建设贡献一份绵力，我感到非常自豪。当前我国已经进入了基础设施高速建设阶段，如何更好地利用地质勘查技术促进人类社会与自然环境的和谐发展，是未来地质行业的研究方向，我们地质人也将不断努力、与时俱进，助力国家基础设施建设更上一层楼。"

工程建设要有翔实的先期地质勘探资料，这是基础，并非可有可无。针对地质勘探被忽视的问题，卢耀如提出了6个"超前"方案，即超前进行地质研究、超前进行风险预案、超前准备相应器材设备、超前探测有关地质信息、超前进行重大问题处理、超前准备避难处。他结合自己的实际工作举例："曾经一个长几百千米的轨道工程项目需要挖掘多条隧道，我提出采用6个'超前'方案来解决该项目中隧道建设的多种地质难题，该方案保障了工程顺利进行。工程后期只剩下300米隧道恰巧处在地质断层带上，有关工程人员为了赶工期，在没有进行具体地质勘查工作的情况下，打算用一两个月的时间打通隧道。即使短短300米，我也坚持要严格按照6个'超前'方案来进行地质勘查，最后这300米隧道工程耗时一年多才完成建设。"

卢耀如坦言："从事地质研究真的很辛苦。相对其他行业来说，地质研究名誉比较少，做无名英雄的时候多，而且大量时间在野外。"卢耀如感慨地说，他自己年轻时大多数时间都在野外考察，即便80岁，也保持高频率的野外调查。在过去几十年中，自己历经坎坷，错失了相爱的人，也没有家庭的幸福和温暖。他说："年轻人如果真正有兴趣从事地质研究，他们在做自己喜欢的工作时，都得不到支持，长此以往怎么可能留得住他们。"因此，他要设立奖励基金。

卢耀如说，工程研究一定要讲真话。在卢耀如的学术理念里，地质科学研究一定要与工程建设紧密结合。然而，为工程建设服务的地质工作，坚持科学真理有时难免会与工程利益相抵牾。

"因为讲真话，吃了不少苦头。"卢耀如说。20世纪80年代，卢耀如参与讨论黄河上一个水库的地质勘探工作，据他调查研究发现，该水库右岸存在岩溶渗漏问题。然而，为了让工程赶紧批准上马，设计施工方并没有听取他的意见，也不再邀请他参与相关工作的讨论研究。后来的完工蓄水过程，证实了卢耀如的判断是正确的，然而工程已造成了不小的损失。卢耀如坦言，几十年的工作中，一些重要工程对地质条件预测研究做得不够，而是灾后才重视，就会给工程带来很大损失。

面对这种情况，卢耀如认为在学术上一定要秉持客观原则，别人不同意，主要是因为对问题本身缺乏认识，因此研究者更有义务把问题讲清楚，采取措施，而不能回避。如果是重大问题，就要选择上报，如实反映情况。"工程科学最需要慎重。"卢耀如说，"现在有种错误的认识，说哪有不出事故的工程。这种赌博心理非常危险。任何一项工程，都要作出科学的利弊分析，进行近期和远期的影响评价。"

近年来，因长江上下游多次发生地质灾害，很多人开始反思三峡工程。卢耀如始终坚持自己的看法，他认为："现在应该冷静一点，不要采取全盘否定的态度，而是应该作出全面仔细的利弊分析，从而进一步采取正确措施，尤其是不能把长江中下游的问题都归咎于三峡。"

孙钧、卢耀如两位世纪老人转眼也交往了半个世纪了。孙院士说："真正见面是在他加盟我们同济大学，到我们地下建筑与工程系来的时候，但是他的赫赫大名——'喀斯特卢'我早已知道。"

"在1977年、1978年的时候，我连续好几次碰到岩溶问题，很难处理。一次是在天生桥水电站，它的地下厂房遇到了石灰岩岩溶的困难，我们的推进机进不去，前进不了；后来在南宁搞人防的地下建设，也碰到溶洞问题；再后来在广东南海一座高层的桩基工程中又碰到了地下岩溶问题。我觉得他的专业走向已经从喀斯特地形地貌，涵盖了工程地质、水文地质了。我俩平时在地下建筑与工程系很难碰头，在工地上、会议上倒是经常见，最近一次就是港珠澳大桥工地了。"孙钧院士感慨，"我俩嘴上说着专业上也总要慢慢地淡出江湖啊。当时我一年大概三分之二的时间在外面，可我们的卢院士可能要加一倍。永不疲惫的一位实干老专家，他为专业出谋划策，为国家建设出了很多好点子、好建议，并且他每每有建议，都会经常问我，共同签名上报。我看到他言之有理、言之有据，自然深表赞同，但我只是一个签名的陪客，主要发起人是他。他做了两院院士应该做的事，尽到了一份两院院士的责任。"

2023年5月30日，第二届卢耀如院士地质环境与工程效应学术思想研讨会暨卢耀如院士四部新著联合发布会在同济大学举行[13]。中国工程院（土木、水利与建筑工程学部）、同济大学、中国地质科学院水文地质环境地质研究所、贵州师范

图12 第二届卢耀如院士地质环境与工程效应学术思想研讨会。图片来源：同济大学新闻网

大学、福州英华职业学院分别派人员参加。会上，以卢耀如院士为第一署名的四部新著首发，分别是《建设生态文明 促进科学发展》《卢耀如自传——风雨人生地质人》《国家发展建设与地质环境——卢耀如院士论文集》《似水人生 如歌逐梦——卢耀如院士文集》，共计334万字，这四部新著全面总结了卢耀如70余年来所取得的学术成就和工程经验。《建设生态文明 促进科学发展》一书是由卢院士牵头完成的中国工程院重大咨询项目"海西经济区（闽江、九龙江等流域）生态环境安全与可持续发展研究"的成果，为全国生态文明建设起到了引领作用。《国家发展建设与地质环境——卢耀如院士论文集》一书收录了卢院士多年来发表的相关研究成果，全面呈现了他70余年来潜心研究为水文、工程与环境地质领域作出的重要贡献。《卢耀如自传——风雨人生地质人》一书涵盖了卢院士自童年以来的成长、求学、工作与生活经历以及人生感悟。《似水人生 如歌逐梦——卢耀如院士文集》一书包含了卢院士对漫漫人生历程的一些思考，抒发了深厚的家国情怀。

1. 卢耀如：《卢耀如自传——风雨人生地质人》，北京：中国建材工业出版社，2022年。
2. 猗钦休哉：《卢耀如自传——风雨人生地质人》中语，第36页。按：当为"猗欤休哉"。典出《诗经·周颂·潜》。猗欤：叹词，表示赞美；休：美好，多么美好呀！
3. 张鼎丞（1898—1981年），闽西革命根据地的主要创始人之一，福建永定人。1927年加入中国共产党。土地革命战争时期，参加并领导了龙岩、永定、上杭等县的农民武装暴动。解放战争时期，任华中军区司令员。中华人民共和国建立后，任中共福建省委书记兼省人民政府主席、省军区政治委员。
4. 参见《卢耀如自传——风雨人生地质人》第67页，北京：中国建材工业出版社，2022年。
5. 人民币改制是在1955年，具体规定了新旧币的比价为一元比一万元。
6. 指三峡水利工程。翁长溥《我看三峡》（原载于《恶水缘》）回忆，"1945年末，我在同济大学听了工学院院长江鸿教授的学术报告TVA与YVA，得知美国萨凡奇博士提出的《扬子江三峡工程初步报告》（YVA），十分振奋。1946年末，我由重庆去上海过三峡时，日夜凭栏眺望，不断向人发问。从此立志献身三峡工程。"
7. 参见《卢耀如自传——风雨人生地质人》第209页，北京：中国建材工业出版社，2022年。
8. 圆梁山隧道是重庆市酉阳土家族苗族自治县境内连接细沙站与碳场沟大桥的铁路隧道，是渝怀铁路的头号控制工程，有"渝怀锁钥"之称。圆梁山隧道西起细沙站，下穿圆梁山山岭，东至碳场沟大桥；隧道全长11 070米；隧道为单线电气化铁路隧道，设计速度为120千米/小时。圆梁山隧道于2002年3月6日开工兴建，2004年4月24日贯通，2007年4月18日随渝怀铁路的开通而投入运营。
9. "九一三"事件：林彪反革命集团策动武装政变阴谋败露后，1971年9月13日乘飞机外逃叛国，途中机毁人亡，又称"林彪叛逃事件"。
10. 许杰（1901—1989年），古生物学、地质学家，安徽广德人。1925年毕业于北京大学地质系。地质矿产部副部长，中国地质科学院院长、研究员。
11. 六水：雨水、河水、湖水、地下水、大水库蓄水、海水；六灾：洪灾、涝灾、旱灾、地质灾害、风暴潮和环境污染。
12. 王孝和（1924—1948年），浙江宁波鄞县人。在上海励志英文专科学校读书时参加爱国学生运动。1941年5月，加入中国共产党。1943年，由党组织安排进入杨树浦发电厂工作。1946年，在"上电"工人"九日八夜"罢工斗争中表现出色，当选为发电厂工会干事、工会常务理事，为维护工人利益，不顾特务威逼，领导工人与厂方斗争。1948年4月被捕，备受重刑，威武不屈，以监狱与法庭为战场揭露国民党的罪恶。同年9月30日，在上海提篮桥监狱被枪杀。
13. 参见同济大学新闻网2023年5月31日《第二届卢耀如院士地质环境与工程效应学术思想研讨会举行，卢耀如院士四部新著联合首发》。

「桥梁是有生命周期的」

范立础院士的科研探索、人才培养、品格情趣追记

"范立础从事桥梁结构和桥梁抗震研究六十余载,在学术和工程技术两方面都卓有建树,是中国大跨度桥梁抗震事业的奠基人。""我国大跨度桥梁的抗震设计,都与他的名字相连,他被称为'彩虹的脊梁'。"

一、少年范立础

范立础祖籍浙江镇海，20世纪初，他的父亲到上海闯荡，成为一家西药房的学徒。后来成为这家西药房的负责人，之后又办起了自己的大药房，有了殷实的家业。

范总经理（范立础父亲）的药店开在今日上海的河南路、广东路交界处，有五间门面、木质门框、水磨石地面，高高的柜台一米有余。店里中西药都卖，坐堂医生兼具，店员总数十余人。因为地处繁华地段，生意很是兴隆。

范立础晚年时回忆说，父亲算是个"资本家"。"我们兄弟3个，父亲取名很有意思，大哥叫范立基，我叫范立础，弟弟叫范立增，他希望我们能打好基础，增加家里的财富吧。"

范立础的母亲华雪英秀外慧中，虽没有读过多少书，但博闻强记、明白事理。华雪英的父亲因厨艺高超，20世纪30年代曾被征召到哈同花园[2]参与哈同寿宴中两桌酒席的承办。谁知，寿宴结束后，有两桌的银餐具不翼而飞，一查，恰恰是老华担任"把桌师"的这两桌。怎么办？跳进黄河也洗不清的他只得赔偿。没钱，咋办？华雪英听闻后，决心帮父亲挣钱。她说服父亲，出门卖唱。从此，命运发生了转折。

1933年6月8日，范立础出生。

民国时期，范家住在海宁路石库门弄

堂里。范立础回忆："一进门就是一个小天井，一边是厢房，一边是客厅。我住在客厅左侧的小厢房里，靠窗一张木桌是我的书桌。姆妈（二妈）住在二楼正厢房。小天井的地面铺着水泥，客厅正对着它；侧面还有灶台间和后门。一楼灶台间上面为'亭子间'，再往上就是晒台。"范立础小时候成绩一般，爱四处乱跑，东摸摸西问问，问题很多，小伙伴也很多。他的问题很烧脑，会让大大小小的孩子们被这些奇怪的问话撞了腰（惊讶不已）：天上下雨，那水是从哪儿来的？这些蚂蚁为什么都这么忙忙碌碌？为什么先扯火（闪电）再打雷？等等。

范立础小时候，范家看准当时兴起的美容市场，办起了美容产品作坊，生产雪花膏。那间作坊是范立础常去的地方，在那里，他明白了雪花膏是由水、甘油和香料配比混合而成的。他还知道了自己天天喝的牛奶是母牛吃草、喝水转化来的。他跟老师说要办一个工厂："我要搞几个房子，就像牛的胃，房子里塞满稻草，稻草多得很呢！然后，这样搞搞，那样弄弄，后门进来的稻草，到了工厂前门，就变成牛奶啦！那样，我们每天就有喝不完的牛奶了。"小家伙满脸兴奋、笑颜如花，明亮的眼睛看着老师，他希望得到支持。

谁知，老师听完，大笑起来。

"我看你呀，还是好好念书吧，好好做作业。这比你的牛奶加工厂强多了。"

多年后，回忆起这些，范立础还是忍俊不禁，爽朗的笑声不断响起。什么原子这样那样一组合，就随心所欲产生新物质；什么在涧壑间高低不同的地方搁块板，车便轻松飞过之类的奇思妙想，一直伴随他完成中学学业。

他还回忆，旧式大家庭规矩多。家里来客人的规矩，就让他记忆深刻：什么客人来了，他可以去见；什么客人来了，他不可露面。这些都是家规中有明确规定的。"那些不让见的客人，我心里痒痒的就像猫在抓，真想挤进去，成为家中'要员'。"范立础坦言。这也成了他日后争强好胜的"原动力"。

二、磕磕绊绊的读书历程

范立础小学就读于南洋女子中小学，校长是吴若安。她所倡导的民主、自由、平等、爱国等理念，对年幼的范立础影响深远，"八一三"淞沪会战期间，她组织师生赴前线慰问，救济难民并开展募捐活动。范立础晚年还能背诵吴校长带领大家背诵的《正气歌》："天地有正气，杂然赋流形。下则为河岳，上则为日星。于人曰浩然，沛乎塞苍冥。皇路当清夷，含和吐明庭。时穷节乃见，一一垂丹青。……"范立础摇头晃脑，唱颂着歌词，600余字的诗篇，一顺儿就背下来了。其童子功十分了得！

天有不测风云。范立础因为患一场红眼病，休学了三个月。当他再回学校一看，傻眼了：落下的课程太多了。范家的规矩是成绩不问、要求不提，但不可以留级。如果继续待在南洋小学，那是没法不留级了，于是他转考钱业中学，插班就读。商人虞洽卿所办的钱业中学重视数学、国学和外语。范立础清楚地记得，在钱业中学，每天早上是要背诵四书五经的，虽然痛苦，但纵观范立础的一生，忠孝节义等儒家思想对他的影响是贯穿始终的。此外，钱业中学还重视书法，这也让范立础终身受益。

范立础表示[3]，自己初中毕业时没有考上高中，结果沾了校长儿子没考上高中的光。为解决校长儿子读高中的问题，钱业中学办了高中部，没考上的同学们一起再次拿起了书本继续学业。钱业中学从交通大学请来了数学老师、从南京中央大学请来了物理老师、从复旦大学请来了地理老师、从圣约翰大学请来了英文老师……范立础被老师们丝丝入扣、鞭辟入里而又深入浅出的讲解牢牢吸引，像换了一个人般，喜欢上了学习。再加上先前班上的学霸纷纷考走，他也渐渐崭露头角。同时，钱业中学有一座很棒的图书馆，那里成了他最爱去的地方。

考大学时，范立础起初考上的是东北工学院。1950年，因为对学校的情况不满，范立础便作出退学的决定。然而，退学可以，但学校不给转团组织关系。"不转算了，我回上海再入团！"倔强的范立础回到了上海。1951年，范立础再次参加高考，这次他吸取了上次的教训，志愿只填报上海本地院校，结果他被交通大学土木工程系录取。随着院系调整，交大土木系被并入同济大学，他入读路桥系。从此，范立础的一生就与同济大学紧密相连。

大学里，范立础等7人为了更好地开展校内义演、球赛、演讲会，宣传国家大事，发起成立了蕴渊社。谁曾想，他们编辑的《蕴渊》杂志油印小册子，后来却给他带来了人生的第一场灾难。范立础说："'文化大革命'期间，上海市革委会专案组的人拿着那本册子，呵斥我为何把封面设计成深蓝色，一幅黑幕重重的没落景象。"还有，自动离开东北工学院的范立础，自动"脱离"了团组织。在那个政治为先的年代，稍稍年长的人都知道的，"自动离团"哪有范立础想得那么简单，每次"运动"来临，只要人家想为难他，"小辫子"就会被提一提："你年轻的时候，就是革命的逃兵。"

在新中国成立初期，范立础把自己家里的积蓄全部捐了出来。"范立础不仅经常资助公益事业，而且在国家社会主义改造时，把几万元定息全部上交给了国家。

当时一百元钱一两金子，几万元也合几十两金子了；如果按每月工资60元算，加起来也有百年工资了。就是放在今天，几十万也不止呀。"范立础中学时代的好友、清华大学教授梅忠德对新中国初期范立础的这一举动印象深刻、赞赏有加。

范立础与项海帆是同班同学，两个年轻人当年在学习上的竞争趣事不少。比如在结构力学课上，授课的王达时老师说，第一个交卷和最后一个交卷，卷子的含金量是不一样的。眼睛近视的范立础坐在前排，不近视的项海帆坐在后面。二人暗暗较着劲，各自争当"第一个交卷"的人。二人卷子都做好以后，前面、后面两个小伙都用余光瞥着对方，检查，还在检查，悄悄交卷？僵持了一会儿后，项海帆开始窸窸窣窣，一听有响动，范立础"腾——"地弹起，"唰——"地麻利交卷。出了教室门，二人还在打趣：

"你争不过我，谁让你眼睛好，总坐在后面呢。"

"没事，下回再比试。"

后来，在工作中，年长的范立础对小两岁的项海帆谦让有加，二人在风里雨里、浪里涛里，相互慰藉、同甘共苦一甲子。

范立础的大学毕业设计名为"上海外白渡桥的改建设计"，指导教师是李国豪。毕业后，李国豪点名项海帆读本校研究生；钱钟毅教授（时为二级教授）问范立础：

"你是愿意读研究生还是做助教？"

"听组织安排。"范立础说。就这样，他成为一名助教，项海帆继续攻读研究生。

三、动荡的岁月里

在那些动荡的年月里，范立础被"打倒"，成了"右派分子"。他家原有的住房被没收了，他和母亲被赶到一间不足15平方米的房子里，还好屋内有一间面积约3平方米的厕所也归他们，这间厕所就成了范立础看书学习的地方。在这里，他完成了《线性代数》的研读，并且开始研究计算机。那时的计算机很初级，好比人类的婴儿期：先要用黑纸带打孔，让光穿过相应的孔位进而产生感应。一旦孔打错，就不好计算了。为此，常常需要修改纸带或重新打孔。再加上纸带长度没有限制，产生的量巨大，而厕所太小，无法容纳，尤其是在又闷又热的夏天。于是，范立础转移到石库门门口，他在脚的两边放两只脚桶，一大一小，纸带从小脚桶里拉上来，打了孔后"流"入大脚桶。范立础说："那是一段刻骨铭心的美好时光。"正如他的好友梅忠德所说："'文化大革命'时期国家实在是太乱了，一般人都没有了看书学习的动力和毅力，他却在卫生间里偷偷念书，偷偷搞计算机。因此，'文化大革命'一结束，他一上来业务就很棒，从根子上说，老范相信国家不会一直这样乱，总有搞建设的时候，他相信共产党。"

"文化大革命"期间，到工地去"复课闹革命"，同济大学也搞起了"五七连队"，共有30多个。范立础这样的"右派分子"就成了这些甚至连小学都没毕业的工农兵学员的教员，白天一起劳动、授课，还要接受批斗，做检讨。当时，"抓革命，促生产"，工地上碰到技术难题的事经常发生。有一天就遇到水泥、钢筋、黄沙的配比难题。大家束手无策之时，就想起了范立础，领导说："说不定他还能戴罪立功呢。"可是，那时手头只有"红宝书"的范立础，一样无从下手！那些计算公式到底长啥样？到哪里去找？冥思苦想之后，他自言自语地说："既然没有现成的，那就自己推导公式吧。"于是，他开始琢磨，收工回屋后，继续推算，彻夜秉烛。第二天早上，计算公式终于被推导出来了。工地上的配比难题，迎刃而解。范立础还受到了表扬："你对人民还是挺衷心的。"

"这件事，我印象深刻，"晚年范立础对采访者说，"理解基本概念太重要了！只要弄懂了、掌握了，公式忘记了也没关系，可以推算出来。"因此他常对学生说："学功课，基本概念最重要，要好好理解、着重掌握，不要去死记硬背结果。"

"文化大革命"后期，"五七连队"在浙江一地勘测一条公路，需要设计一座桥梁——三跨连续双曲拱桥。"立功"的任务又落在了范立础身上，而他的手上一样没有现成资料。和恩师李国豪一样，他赤手空拳想招儿：先给桥梁结构"减肥"，打掉"枝枝叶叶"，只留主要数据，把未知数由4个变成2个，复杂的问题就变成了简单的代数二阶矩阵结构，他赤手空拳也能克服难题了。"做科学研究，我们需要的是运用能力、思考能力、创新转换能力，而不是泥古不化，只要基础扎实，总能找到办法。我本人是受益于此的。"范立础说。

四、我国桥梁抗震的开拓者

唐山大地震拉开了同济大学抗震研究的序幕。李国豪校长内立外请，责成课题组中以范立础为主开展抗震研究，外请武藤清、梅村魁、伊藤学等日本专家来校讲学，并亲自开设"工程结构抗震动力学"课程。

在李国豪的指导下，范立础成立了桥梁抗震理论研究课题组，攻关桥梁抗震理论，在国内首次编写了桥梁平面杆系非线性地震反应分析程序。唐山大地震后，同济的桥梁抗震研究就是从非线性地震反应分析和评估出发，一步一个脚印，努力提高桥梁的抗震性能和安全性。

20世纪80年代，我国城市建设突飞猛进。随着我国城市高架和复杂立交工程日益增多，根据美国和日本的震害教训，范立础提出了复杂立交桥空间耦联抗震设计方法，并应用于上海市成都路延安路五层独柱式立交桥的抗震设计和当时亚洲最大的莘庄立交工程抗震评估。研制了一、二代橡胶抗震支座以及缓冲挡块，其中缓冲挡块等已在汕头海湾二桥和天津新永定桥工程中得到应用。同时，进行了采用钢板护套、纤维增强聚合物（FRP）护套、环氧混凝土、钢纤维混凝土等加固的桥墩振动台模拟试验，为桥梁抗震控制技术和加固技术提供了实用、有效的措施。他还在国内率先研究了橡胶支座减隔震设计理论，并对规范中结构综合影响系数的合理取值进行了理论分析，被我国《公路工程抗震设计规范》（1989年版）所采纳。

20世纪90年代，随着我国交通事业的发展，迫切需要建立大跨度桥梁的抗震设计方法。于是，范立础教授率先在国内开展了大跨度桥梁抗震设计理论及应用研究。他提出了二水准设防、二阶段设计的桥梁抗震准则，率先在国内构建了大跨度桥梁空间非线性地震反应分析理论和计算方法，开发了具有空间弹塑性梁柱单元、空间非线性支座单元和边界弹簧单元以及考虑桩-土-结构相互作用、多点激励的桥梁地震反应分析软件。这些软件在南浦大桥、杨浦大桥、徐浦大桥、虎门大桥、江阴长江公路大桥、汕头海湾大桥、南京长江第二大桥、润扬长江公路大桥、苏通长江公路大桥、杭州湾跨海大桥、东海大桥等国内40余座大跨度斜拉桥、悬索桥和连续刚构、拱桥的抗震性能研究中得到应用。其中，在上海杨浦大桥抗震研究中对锚墩抗震问题及时提出意见，建议采用冲击销作为牺牲构件改善了原设计，这一重要建议的合理性在1995年日本神户大地震中斜拉桥的锚墩支座破坏的震害中得到了证实。1998年，他对上海将修建城市高架道路与地铁轨道交通合用的高架系统的抗震性能进行了研究，建立了轨道系统的单元计算模式，应用了延性抗震设计方法和能力保护等准则，编写了《双层高架桥抗震设计指南》。

范立础院士主编了我国首部《城市桥梁抗震设计规范》（CJJ 166—2011），出版了包括《桥梁抗震》（1997年）、*Seismic Design for Highway Bridge*（1997年，英文版）、"桥梁抗震设计理论及应用丛书"（2001年，共4册）等在桥梁工程领域产生深远影响的专著。2009年，由范立础院士主持完成的"大跨、高墩桥梁抗震设计关键技术"荣获国家科技进步奖一等奖。此外，范立础院士还获得过交通部科技进步奖特等奖1项，省部级科技进步奖一等奖5项、二等奖6项。

五、解决大跨、高墩桥梁抗震和减震关键技术

"学者就是要为国家分忧。"范立础院士说。唐山大地震以后,其团队一直坚持桥梁抗震理论和应用的创新研究,特别是大跨和高墩桥梁抗震关键技术的创新研究,在大跨度桥梁抗震设计方法、大型高桩承台基础抗震设计技术、超大跨度桥梁合理抗震体系和减震技术、高墩和非规则桥梁抗震设计技术以及大吨位全钢减隔震支座开发和研制等方面取得了一系列新成果,引领了我国的桥梁抗震研究,并逐渐形成了一支高水平、稳定的研究梯队。

大跨度桥梁(斜拉桥、悬索桥、拱桥)和高墩桥梁的结构振动周期长、空间性强、构件种类多,地基覆盖范围广,结构特别复杂。这些大型桥梁工程的结构体系和工程数量往往受地震荷载控制,抗震设计难度大,是大跨和高墩桥梁建设必须解决的关键技术难点。苏通大桥跨径为1088米,是世界上第一座超千米跨度斜拉桥;上海长江隧桥在建设时为世界最大桥隧结合工程。这两个工程都是在软土地基上打桩造墩,如何合理地确保安全性?范立础院士团队认为,在大跨度桥梁寿命期内,破坏性地震发生的概率其实非常小,而要求结构的所有构件都能抵御这种极端地震而不发生损伤,既不经济又不现实。因此,团队首次提出了基于寿命期内的抗震风险分析,针对大跨度桥梁不同部位的构件,采取不同性能要求的抗震设计新方法与新技术。"这叫'对症下药',精确设防。"范立础院士首次提出的基于全寿命周期与性能的大跨度桥梁抗震设计方法,已被国家行业标准采用,并应用于大量国家重点工程的抗震设计中。"国际难题被克服,经济、高效、安全是这一系统技术的最大亮点。"业内专家评价说。

苏通大桥、上海长江隧桥、象山港大桥等都存在跨度大、地基软、冲刷多等复合型难题,根源在于桩基础上。针对我国跨越江海桥梁广泛采用的高桩承台基础,团队经过长期探索,建立了分析模型,揭示了高桩承台基础地震易损机理,提出了抗震验算指标体系,并首次提出了大跨桥梁高桩承台基础抗震设计技术。

只要你注意观察,就会发现,在卢浦大桥、苏通大桥、东海大桥的上下部结构之间都设置了液压黏滞阻尼器。一旦发生强震,桥塔、桥墩附近的这个装置便可立刻吸收地震能量,有效减轻地震能量对桥面、墩柱的损伤。团队结合多座国家重大桥梁工程,提出了大跨度桥梁合理抗震体系和减震技术,极大地提升了我国大跨度桥梁的减震技术水平。

由范立础院士团队开发研制的大吨位全钢双曲面球形减隔震支座,其最大承载能力可达8000吨,于21世纪初已经实现

了产业化，不仅填补了我国大吨位减隔震支座的空白，也使得我国大型桥梁减隔震技术应用的瓶颈得以突破。苏通大桥的引桥、广东佛山平胜大桥、荆岳大桥、福厦铁路乌龙江特大桥、玉蒙铁路工程等都有它在默默地发挥着作用。例如，苏通大桥的引桥桩基础如不采用减隔震技术就需要大量加桩，但采用400多套大吨位全钢双曲面球形减隔震支座后，其中75米跨径的基础桩数从18根减为9根，50米跨度桥墩的基础桩数从10根减少到5~8根，可节约工程造价约3.9亿元。

2002年到2005年，美国MCEER（多学科地震工程研究中心）与范立础团队连续召开了四次"中美特殊桥梁抗震设计与分析研讨会"。美国纽约州立大学布法罗分校教授、美国多学科地震工程研究中心原主任、2006年美国国家科学奖获得者George C. Lee评价道："同济大学作为在特殊桥梁抗震分析和设计领域中的优秀研究中心，将继续在中国和世界居于引领地位。"

范立础团队完成的"大跨、高墩桥梁抗震设计关键技术"项目获得2009年度国家科技进步奖一等奖。这是当年上海市唯一的一等奖。同济大学新闻网2010年1月13日以《范立础院士领衔项目获国家科技进步一等奖》为题报道："1月11日上午，国家科学技术奖励大会在北京人民大会堂举行，我校共有6个项目获奖。在我校主持的项目中，范立础院士领衔的'大跨、高墩桥梁抗震设计关键技术'项目获得国家科技进步奖一等奖，这是我校的历史性突破，也是今年上海市唯一一项一等奖。"

六、提出桥梁全生命周期理念

将生命周期理念用于人造物，是美国军方在20世纪60年代首先提出来的，是针对武器产品而言的。后来，该理念渐渐成为各领域普遍使用的概念。在国内桥梁界，范立础院士是最早提出桥梁全生命周期理念的科学家。

"唐山大地震后，范老师的研究领域从最初的桥梁空间计算理论、桥梁抗震理论及工程应用，变到最新的基于全生命周期的桥梁结构性能设计。"弟子李建中介绍，范老师带领团队建立了大跨度桥梁抗震理论，首次提出了基于全生命周期与性能的大跨度桥梁抗震设计方法，突破了如何经济、合理地保证大桥抗震安全性的技术难题。他指出，为保障桥梁在全生命周期内"高质量活着"，结构的各部分都要针对性地采取合理措施，其可修性、可换性、可检性和可加强性都要有可行的路径去保证；结构的修复（抢修）要在设计之初便予以充分考虑。要实现这一目标，就必须对桥梁结构的风险开展包括易损性、地震风险的分析与模拟,针对不同构件,采取不同抗震性能要求的抗震设计方法与技术。

范立础表示,大桥养护了那么多年,状况如何,应该根据维修和检测档案资料作科学分析。我们的大桥"健康档案"有没有,风险评估有没有,检测科学严谨与否,是不是每天有检查、每周有检查、每月有检查、每年有检查?以每天的检查为例,检测技术员每天开着检测车,在桥上来回跑两趟。干什么?找感觉。感觉不对劲,马上要下车去检查。如果我们连最基本的一天开车转两次都不做,怎么可能及时发现桥梁质量问题呢?

他还说,"规范"应该有适用范围。我国的规范没有区分不同跨度、不同特点的桥梁,主要针对某一跨径以下的桥梁,那超过这个跨径的桥又该怎么办?应该编写指南文件,比规范更具针对性一些。而且,除了指南文件,还应有一些特殊的规定。有时甚至需要专门为一座桥、一群桥,为一个城市的大于某种跨度的桥来编写指南文件。比如,这个城市的风特别大、雨特别多,或者地震比较频繁,都应该作出相关规定。其目的在于付出最少的代价,获得最大限度的安全。由于规范的缺失,现在我国很多新建的特大型桥梁的疑难问题都是通过立项目、搞科研的方式来解决。

范立础提出,规范应引入桥梁全生命周期理念。我国的工程建设应该尽快过渡到"要按全生命周期来设计、建造和运维"的阶段。讲全生命周期,首先要确定结构的重要性。一般的公路桥,并不是高速公路,50年就够了,没必要太长,因为随着经济发展,交通状况会有很大改变。但在大城市,在大江大河上造大桥,由于造价高,全生命周期应该定为100年甚至150年。全生命周期定了后,桥梁建设的规划、设计、施工、运行(包括养护、维修、管理)就要通盘考虑。

范立础指出,大桥的结构设计可以有两种思路:一种是一开始就按照年限来设计,另一种是分阶段进行。先把桥建好用50年,50年后,情况发生了改变,但不要紧,因为早把"后路"留好了,适当进行改建就可以满足需要。这种设计要求桥梁的关键部件具有"可换性"和"可强化性"。否则,一开始就要在关键部件上"投大钱"。

范立础强调,要真正建立全生命周期内的问责制。他说,在国外,设计、施工、维修、养护等资料,都必须作为档案保存,可以随时调出。这样,一旦出事,找出档案,该谁负责就谁负责,一目了然。他举例说,上海的外白渡桥是一家英国公司设计的,20世纪90年代,该公司致函中国政府部门,称到某年某月某日,该桥寿命已到100年,"我们对该桥的责任已经终止"。这就是全生命周期问责制的体现。

七、多功能振动台试验平台

20世纪90年代中期，美国北岭大地震、日本阪神大地震等发生后，世界各国政府和研究人员开始重新认识桥梁、建筑、城市管线、地铁及隧道等结构的抗震理论与设计，对结构抗震性能的创新研究越来越依靠振动台试验技术，国外的振动台试验技术由此迅速发展。进入21世纪后，我国虽然先后建成了几个振动台实验室，但只是单个或两个振动台系统，不能真实模拟桥梁工程、空间结构工程、地下结构工程和生命线工程等线状土木工程在实际地震中的地震反应，现有试验平台严重阻碍了土木工程防灾学科的创新发展。为此，范立础教授提出设想：建立科学、适用的多功能振动台试验平台。2005年，我国启动"985工程"二期平台建设后，在收集国内外相关振动台的有关资料，并对国内外相关振动台进行分析、比较的基础上，范立础院士正式提出建设由四个振动台和两个平行线性槽道组成的"四线"振动台组的申请与规划。2012年，这个由四个振动台组成的多功能振动台试验平台正式建成并通过验收，还成功完成了当时世界上最大规模的桥梁——泰州大桥模型振动台试验，成为当时世界上规模最大、试验能力最强的振动台试验系统之一。

多功能振动台试验平台的建成为桥梁工程、房屋和空间结构工程、地下结构工程和生命线工程提供了一个世界领先的振动和地震模拟试验平台，为广泛领域内的振动和抗震试验研究提供了一个强有力的平台。

2016年1月25日，《同济报》记者程国政以《"试验排到今年秋天了"》[3]一文，报道了刚建成的振动台忙碌的景象。文章说"世界上很多振动试验只有这里能做，排队常常要半年以上的时间"。

"试验已经排到今年秋天了"，我校嘉定校区土木工程防灾国家重点实验室多功能振动台实验室的杨澄宇老师在接受采访时告诉记者，因为4台联动的多点振动台世界上独此一家，因此等候试验的项目排队半年以上是常有的事情。

去年开春以来，记者一直跟踪位于我校嘉定校区的振动台试验，想看看这个科研新闻"多发地"的究竟。先是沉管隧道试验，负责老师禹海涛一再抱歉地对我说："还在排队""又推迟了""因为前面的试验加了一组工况，我们的要到秋天了"……终于到了去年11月，试验上了多点振动台。一口气做了半个多月，沉管隧道、竖井等一一做完，后面排队的世界跨度第一的斜拉桥紧接着又上了。

"大家不要再站在桥边上，我要动了！"操作室里的杨澄宇老师拿起话筒喊着:"先做迭代?"他对身边的谢老师说,后者是这次桥梁试验的"业主"。二人商量下来,先加0.1g的地震波,模仿地震波中的墨西哥波,一种长周期地震波,对建筑的破坏力极大。随着杨老师发出指令,记者看到,桥梁的拉索开始轻微颤动,越往上拉索的颤动幅度越大,但总体来看这种颤动犹如水之涟漪,微风拂柳。

过一会儿,杨老师打开电脑中记录的波形,"你看,0.1g,峰值很小,对结构没什么损伤。黑色的曲线是你想要的目标值,蓝色的是振动台台面实际输出值,之间误差不到百分之一,微乎其微。"他对谢老师说。接着,杨澄宇老师又数次输入数值,"先摸桥的脾气,几千万的试验设备,几十万的试验模型,可不敢大意。"他说,等到摸准脾气了,下星期大批量、连续地做,不间断一口气做完,效果好。我们注意到,随着输入数值的变化,桥的振动也在发生细微的改变。我们注意到,虽然试验已经结束,但桥还在抖动,延时明显。

采访获悉,在桥梁试验之前,去年6月份的时候还做了重庆一处"风帆"(即重庆来福士)建筑的抗震试验。重庆这组超高层风帆建筑是想凸显这座城市的航运文化,建筑地处重庆朝天门广场与解放碑之间,分别以350米及250米的高度化形为江面上强劲的风帆。这组建筑中,象征重庆"梯坎"面貌的水晶廊桥长达400米,从空中将4栋塔楼彼此连接,在夜晚犹如一条璀璨的琉璃锦带立于朝天门水域。再美好的设计还是要经受现实的考验,像地震、风等,于是4栋连廊在4个振动台上接受检验。

"桥做完后,接下来要做一组预制拼装房屋结构的试验。"杨老师说。

"如果现在登记呢?"我问。

"明年这个时候应该可以,我们的实验室面向全世界开放,排队周期长是正常的。"杨老师说。原来,美国、日本、欧洲同行都想搭这个超级科研设备的便车,在去年7月6日,美国伯克利加州大学、日本东京工业大学、意大利欧洲地震工程研究中心与我校联手共建"地震工程国际合作联合实验室",能不忙吗?

与此同时,多功能振动台系统在国际上也产生了很大的影响,得到了国际同行的高度认可,2012年,受邀加入了美国国家地震工程模拟网系统(NEES)计划,成为该计划在我国的唯一一个节点,极大地提升了我国土木工程学科的国际竞争力和影响力。

八、"我是一座桥"

2004年,范立础获"全国优秀教师"

称号；2007年获"上海市教学名师"称号；2013年获第三届"上海市教育功臣"称号。面对如此优异的人才培养成绩，范立础说："我是一座桥。"

是桥就得有坚固的基础。范立础以卓越的研究成绩为大江大河上的桥梁和城市桥梁提供了坚实的抗震支持。范立础曾说："没有李国豪老师，就没有我的今天。"从李国豪老校长等前辈那里，他学会了从别人的研究成果中找出没有解决的问题，正是这些让他不断发现自己的创新潜力。他在某次演讲中对同学们说："看教科书、别人的论文，就是要学会看出不足，看出别人的失败，因为所有人都只会把自己的成功写进去，失败是不会写的，而这正是后人要努力的方向。"他表示，人一定要有思想，要会判断，判断错了没有关系，改过来就行了，关键是要有幻想。他说："说不定哪一天大家就能开着汽车从南美洲，沿着高速公路，经过巴拿马运河到北美洲，过白令海峡到亚洲，然后到欧洲。现在北欧好几个地方都有了跨海大桥，直布罗陀海峡也正在建桥，一路开呀开，开到非洲，绕着非洲大陆，到亚洲，回到中国。这一天会到来的！"

是桥就得有无私的胸怀。范立础说，李（国豪）老师就有教无类，他在"文化大革命"期间教那些没有基础的学员，还出了教材。"文化大革命"期间，范立础也教过这样的学员。那是一名只有6年文化程度的青年，按要求得在两年内保证其大学毕业，范立础居然完成了任务。他做的就是培养这名青年对桥梁设计的热爱，从基本的理论力学教起，教函数，教除法直至教完桥梁设计。范立础说，米卢（中国男足前主教练）就是这样，他训练球员对足球的热爱，把那些人全部的精神都集中到和谐的运动中去，然后再教他们一点技术。范立础说："我就喜欢米卢这一点。"

有教无类还要保护先进者的积极性，在漫长的教学生涯中，范立础始终恪守这一信念。多年来，他已经习惯在每年接触到新生时，用前三分之一的教学时间了解班上同学；用第二个三分之一的时间，逐步调整必要的教学内容；用最后三分之一的教学时间安排部分理论性较强的教学内容，班上可能只有一半的同学能消化吸收，另外一半的同学只能达到"知其然，而不知其所以然"的程度，通俗地说"似懂非懂"。这样，接受能力强的学生可以把精力放在钻研其他知识上，而这些"似懂非懂"的学生也能通过课外自学掌握课堂上的重点。范立础认为，教书育人不能按最差的水平来教，这样的话好的学生就学不到东西。虽然不少人反对，但是他一直坚持，说："就是要让少部分人跳起来，跳一跳才能摘到桃子。"他表示，人才划分的标准应该多元化，更不要去要求每个人都变成人才，但每个人都应该通过教育成为人格健全的人。范立础对记者说:"我希望我的学生都能快乐地出去,这是最要紧的。成人比成才重要。"

"母亲教会我宽容和快乐。""要永远露出你的笑容,笑看人生,人要有股志气。""当你在感受幸福的时候,别忘了总有人在承担着付出代价的痛苦;当你在堆砌幸福的时候,别忘了减轻别人的痛苦。"范立础有个笔记本专记这些人生感悟。他的母亲是一名农家妇女,她的厚道仁爱对范立础影响至深。范立础有一次受了委屈回家诉苦,母亲的两句话让他醍醐灌顶、恍然大悟:"人生得失难以主宰。""你想你读了几年书就被打成'右派',然后改造,为国家又没作过什么贡献,听了这几句话就受不住啦,你别管人家嘛。"母亲说凡事"不要走得太过头"。中华民族的优秀传统就是这样一代一代往下传的。

范立础感慨地说:"院士怎么啦?就懂那么点。"他一辈子保持赤子般的童心,给学生做讲座。他说:"怎么能坐着讲?那怎么能讲好?"他兴致勃勃地给上海市进才中学的高中生讲"桥梁工程发展与创新"的课程。从中国古代的赵州桥到当时在建中的东海大桥,从我国各时期的桥梁介绍到世界各地的著名桥梁,他娓娓道来。2003年9月16日,进才中学报告厅内座无虚席,近二百名高中生听得如痴如醉,笑声、掌声响成一片,大家被范院士深入浅出、趣味与知识融为一体的内容、渊博的学识和风趣幽默的讲述深深吸引。

范立础院士指导刘忠博士完成的学位论文,荣获1999年全国优秀博士论文奖。刘忠说:"论文的完成得益于母校深厚的学术氛围和范老师一丝不苟的严格要求。"刘忠介绍说,选题的时候,正逢世界最大跨度的钢筋混凝土拱桥——四川万县长江大桥开工,敏锐的范老师立即与他商量,以此为背景,开展钢筋混凝土拱桥的徐变这一世界性难题的研究。

"范老师要求太严了,"刘忠说,"现在回过头来想,真的很感谢范老师,他站得高、看得远。"刘忠清楚地记得,在完成论文的过程中,每次自己的思路出现偏差,范老师总是很快指出;讨论中,哪怕是一句有价值的话,范老师都很快抓住,及时引导。"遇到范老师,是我最大的幸运。"刘忠说。而范立础说起刘忠,总是笑着说:"这个学生很努力,很努力。"

一辈子从事桥梁研究的范立础编撰的《预应力混凝土连续梁桥》《桥梁抗震》《桥梁工程》等教材和专著,从本科生到研究生,深受他们的欢迎,土木学子们纷纷表示:"我们是学着范老师的课本成长起来的。"

范立础常说,世界上有两个完全一样的苹果吗?一样的颜色,一样的重量,一样的口味,没有。所以大家不要磨灭学生们的天性,要教他们按兴趣的指引去努力,要把兴趣变成能力、创造力。哈佛有什么?就是有一批名师,也有一批名学生,还有"捣蛋"学生。从范立础的演讲中,大家知道了他爱好广泛,还是个玩具玩家。大家都跟范立础很亲近。桥梁抗震研究室的魏红一说:"和范老师在一起,我们无拘无束,无所不谈,范老师是本读不完的大书。"

九、为弟子,倾其所有

抗震研究室的同志们都清楚,为了让课堂形象生动,范老师没少花心思,制作教学光盘就是其中的一件事。地震后的景象,如断桥一节在水里,一节翘上天是常态,片子里不时跳出一些色彩鲜艳但吓得"嗷嗷""哇哇"叫的小动物、小人,咧开嘴、瞪圆眼睛、蒙上眼睛,各种萌趣搞怪的受惊吓场面,浑身瑟瑟发抖,那情景,估计同学们看见也会跟着抖、跟着乐的。"80%以上的工程灾害是因人为错误造成的。"范立础看着电脑里的图像,悠悠地说。他的课堂没人打瞌睡。

李建中1995年获得博士学位,导师是范立础,他说:"范老师是对我影响最大的老师,一是学问,二是为人。他对我们要求严格,为我们尽力创造条件,以便我们锻炼成长。他为我们争取项目。他带学生,特别注重培养独立思考、独立处理问题的能力,总是要求我们举一反三,还很强调外文的重要性。"范立础看淡名利,但极重科研,总是跟学生说,历史感、使命感和责任感,那是搞科研的"定盘星"。他说,做好一篇博士论文,首先要做的就是紧紧跟踪和大量阅读最新的文献资料,才能掌握学科发展动态,走在学科前沿,然后站在前人肩膀上有新的创造。

李建中说:"范老师对我们可谓是倾其所有,他自己制作的多媒体光盘、积累的资料以及毕生的研究成果,全部毫无保留地提供给大家选用。"李建中开"桥梁概论"这门课的时候,范立础将做好的课件悉数拿出来给他上课用。如今,李建中也在延续着范立础的这一传统。

在同学们眼里,范老师特别有范。范立础每次去上课前,都会先把西装熨平,一切收拾妥当以后才会走进教室,他说"这是对学生最好的尊重"。

在范立础院士离开他心爱的学生的第四个年头,当年的许多学生都写了纪念文章,缅怀这位可敬可爱的恩师:

先生对待自己的学生视如己出。我记得刚考上先生的研究生那会儿,李校长研究室机房电脑的一些文件被人删除,因为我经常使用机房电脑,成了被怀疑的对象,感到十分委屈。先生听说此事后专门找我谈话，而且是以一名共产党员的身份与我谈话，使我非常感动。我还记得1987年我和先生一起到承德开规范编制会议，一天下午空闲，我外出玩耍，因为那个时间酒店傍晚后就不再提供热水，先生帮我预留了晚饭，还帮我把浴缸的热水提前放好，晚上我们同住一个标间，一起聊天话家常到深夜，我感到先生就像对待自己家的孩子一样对我关怀备至。

——袁万城（范立础的第一届研究生，跟随范立础身边学习工作30年。现已去世）

早在本科学习阶段，我就通过别人的介绍和自己平时的观察，深深地被他那强大的气场、超群的感召力和学者气质所吸引，非常渴望有朝一日能投入老师门下学习。1984年9月入学后，我终于如愿有机会近距离接触恩师，接受他的谆谆教诲，更是感到无比幸运和受益匪浅。1985年寒假结束返校那天，我去向恩师报到，见面后恩师详细地询问了我过去半个学期的学习和生活情况、家里的情况和新学期的想法和打算。他特别告诫我，研究生学习首要任务就是要学会如何做科研，心中要清楚做学术有时是很辛苦、很寂寞、很清贫的，既然想跟着他做学问，就必须耐得住寂寞、守得住清贫，不然可以介绍我直接参加工作。他还告诉我，做工作必须认真负责，不能马虎应付，而且科研工作往往与失败相伴随，搞研究工作就必须能经受

住失败的考验。

——吉林（曾任江苏交通控股有限公司长大桥总工程师，江苏扬子江高速通道管理有限公司党委书记、董事长，范立础的第一届研究生）

在大一课堂上第一次见到范老师，便被他的儒雅气派、渊博学识所折服，定格成了我心中的大学教授形象。大学毕业后，有幸成了范老师的研究生，此后二十多年，一直在他身边学习工作，留下了太多太多刻骨铭心的记忆。在上海成都路延安路立交桥抗震研究中，第一次面对一堆数据时范老师的案例教学；硕士毕业面临重大选择时，范老师给予的指导、包容和支持；苏通大桥抗震项目第一次评审时，范老师的亲自压阵；桥梁抗震设计规范编制时，师生无所顾忌的激烈争论……点点滴滴，言传身教，不知不觉间，在我心中形成了做学问和做老师的行为准则。

——叶爱君（同济大学桥梁工程系教授，范立础的硕士、博士研究生，毕业后即在范立础的课题组工作）

先生一去，已有四年。漫长的求学历程中，范先生不是我学业上唯一的导师，却是很特别的一位。1993年本科毕业后我就进入了抗震学科组，直到1998年秋天在范先生的推荐下赴法国交通部桥路中心研究院交换学习，而后继续在法国攻读博士

学位；在范先生的支持下于2000年完成了同济博士的答辩，先生慷慨地资助了同行的法国专家。2004年去清华工作，不再进行桥梁方面研究，当时以为学术上与先生可能再无机缘。2008年《混凝土结构耐久性设计规范》编写完成，评审会邀请到范先生作为评审组组长，意外又惊喜，能够延续与范先生的学术缘分实在大喜过望，那份范先生手签的评审意见我一直珍藏至今。先生留下的财富，是人格的仁厚与豁达、学术的执着与方正。以先生乐见的方式去为学与为师，就是我纪念先生的最好方式。

——李克非（清华大学土木工程系教授，清华大学土木水利学院副院长，范立础的硕士、博士研究生）

敬爱的恩师范立础院士转眼离开我们已经四年了，但恩师的谆谆教导和幽默风趣的谈话仿佛才发生在昨天，音容笑貌依然历历在目。恩师亲切随和，关心我们的生活，我记得那时我留校工作不久，一次，恩师穿一件新买的夹克到了办公室，可能是感觉有点小，就让我试穿，看我穿上合身，就笑着送我了，那一刻的温馨感觉，我至今难忘。

2007年11月我去美国多学科地震工程研究中心做访学交流，临行前，一次讨论中，恩师特意对我说，在那边要多注意学习和带回一些桥梁震害方面的文献资料，桥梁抗震的研究要多与震害相联系。恩师为人、为师、为学之道潜移默化地影响了我，也是我至今努力的动力和追求的目标。

——王志强（同济大学桥梁工程系副教授，范立础的博士研究生）

博士后出站后，我也经常去看先生，陪先生聊天的同时也是聆听先生的教导。每次见到先生，谈论的话题都离不开桥。我曾多次听到先生谈起美国的金门大桥，由于这座大桥新颖的结构和超凡脱俗的外观，被国际桥梁工程界广泛认为是美的典范，金门大桥竣工并运行于1937年，大桥已安全运行83年，得益于从未间断、一丝不苟的日常维护，从大桥设计、建造、竣工到运行、检查、维护等所有相关的资料均完好保存，这是先生一直感为叹之的，从中也让我受益匪浅。

——贺鸿珠（同济大学材料科学与工程学院兼职教授、博导，上海市女科学家联谊会副秘书长，范立础的博士后）

1996年，我放弃了其他途径攻读博士的机会，带着大学时候的梦想，报考了范老师的博士研究生。清楚记得老师当年给我们的面试题目：深梁是简支梁还是超静定结构？计算机技术和计算程序发展迅速的时代，只要输入结构模型，都可以快速准确得到计算结果，那么研究生是否还需要认真学习工程力学基础知识？一个个题目看似简单，却考查和检验出之前学生阶段对专业基础知识的认知水平，同时教育我们学习要灵活，要抓住问题的本质和规律，这才是最有效的学习。

学完博士基础课，范老师直接让我和其他老师一起参与申请国家自然科学基金重大项目——大型复杂结构的关键科学问题及设计理论研究，让我参与起草桥梁抗震部分子课题，并在博士期间以这个项目为研究方向。开始的时候，对于我来说，还是有一定难度的，因为当年还没有见过已发表的考虑土-桥梁结构相互作用的振动台试验研究相关文献。确定方向以后，为了完成论文，经常学习到深夜，老师给了我很多鼓励。连续两年，我跟随范老师参加了自然科学基金年度工作进展汇报，直接接触了土木抗震防灾领域的许多院士和专家学者，他们基本上都是当年国内自己科研领域的领跑者，这极大地开阔了我的视野和眼界。范老师这种培养学生、激励学生、加速学生成长的方式，至今令我难以忘怀。

——韦晓（上海地震局高级工程师、震害防御处处长，范立础的博士研究生）

1991年我硕士毕业进入福州大学土建系（现为土木工程学院）工作，由于是力学专业出身，为尽快熟悉桥梁工程专业，我曾有一段时间担任郭金琼教授主讲的"桥梁工程"课程的助教。在课间和课后休息的时间里，郭老师多次跟我提到他的同班同学范立础教授。从郭老师的描述里，范老师在我心目中逐渐形成了一个清晰的印象：这是一个聪明睿智、幽默风趣、风度和口才都极佳的人物。1996年3月，经郭老师推荐，我在职报考了范老师的博士研究生，并有幸于同年9月进入恩师门下。此后，将近4年的时间，我在恩师指导下学习，亲耳聆听他的教诲。

2005年5月至2008年4月，恩师受聘为福州大学兼职教授，每年有3个月左右的时间会在福州大学工作生活，作为恩师在福州大学工作时的助手，我又有了与恩师时时相处的机会。随着与恩师相处时间的不断增多，我对恩师的认识和了解也从听说变为了真实。

恩师对福州大学情有独钟，在恩师母亲去世后，终于接受福州大学兼职教授的聘任。恩师曾告诉我，之前有多所"985"和"211"院校想聘请他作为兼职教授，然而都被他一一婉言谢绝。谈及受聘福州大学的原因，他说是为了还师生之情和同窗之谊：恩师自1955年从同济大学路桥系毕业留校任教后，受到了钱钟毅先生的悉心教导，恩师一直对钱先生怀有师生之情；"文化大革命"期间，钱先生被打为"右派"，后分派到福州大学土建系任教。恩师接受福州大学聘任的原因之一，就是追随钱钟毅先生的足迹；恩师接受福州大学聘任的另一个原因，是福州大学有他的同窗好友郭金琼教授，还有郑振飞教授等同济校友。恩师受聘期间，每年都会到福州大学工作3个月左右，开设前沿学术讲座和博士生课程，并指导博士生；在聘期到期后，恩师叮嘱我，福州大学土木工程学科要跟同济大学土木工程学科保持密切联系，这条线不能断。由于有了恩师等前辈的牵线搭桥，自2000年以来，福州大学土木工程学科与同济大学土木工程学科人员往来密切，学术交流频繁，同济大学先后为福州大学培养和输送了16名博士和博士后。恩师对福州大学"211工程"重点学科建设和土木工程学科发展所作出的重大贡献，相信福大人将永远铭记在心。

——卓卫东（福州大学土木工程学院教授，范立础的博士研究生）

40多年来，范立础带领的桥梁抗震研究室一直专注于桥梁抗震理论和应用研究，形成了稳定的研究队伍，建设了功能强大的试验平台，研究成果已应用于100余座重大桥梁工程，为我国桥梁工程的自主建设提供了强有力的抗震技术支撑。目前，研究室成员包括李建中、叶爱君、管仲国、王志强、彭天波、徐艳、王晓伟、杨澄宇、屈宏雅、陈旭、贾乐盈等。

范立础所教的学生还有张喜刚（中国工程院院士、中国交通建设股份有限公司总工程师）、邵长宇（全国工程勘察设计大师、上海市政工程设计研究总院总工程师）等，他们皆事业有成。

十、先生风范

在学生们眼中，范老师是一位风度翩翩、范儿十足、既严格又慈祥的先生，这种风格是他一辈子痴迷于科学研究、执着于真理，将学生当作亲人、子女，慈之涵之、教之育之，习惯成自然的结果。

一辈子搞科研，范立础没少经历挫折。1997年，建设部给了同济大学《城市桥梁抗震设计规范》的编写任务。"当时，我们认为已经经过了多年的研究，积累的经验已经够用了，可以编写了。就开始工作，第一稿出来后，我们发给相关部门，不料全国的抗震专家给我们指出了不少问题，有许多问题我们回答不了。只有回来，再做深入研究，一个个解决，直到2003年，经过多次修改，该规范才出版。"范立础说。

抗震与抗风不同，风年年都会刮，而地震不是谁都能赶上。所以，每当造桥时，范立础试图去说服人家（建设单位）搞抗震，常常是"热脸挨了冷屁股"。搞得范立础忍不住跟老同学项海帆发牢骚："你多好啊，年年来大风，搞工程的都怕它，你坐在办公室里人家来找你。可我呢，到处游说，人家说上海什么时候地震过啊？设防，设什么防啊？！"双手在老项面前一摊，厚而沉的男中音："你看，这就是我的情况。"

即便如此，范立础还是不知疲倦地游说人家，一次不行就两次，两次不行就三次，一直这么跑着。他的一名博士生说，一次市里造全国第一座双层高架，他去动员人家搞"桥梁抗震"，人家不理他，他就讲美国的双层高架桥倒塌时，上层压到下层上导致好多死亡的案例，但人家不怕，依然不搭理他。他在酷暑中连续跑了多次，本身又有高血压，跑来跑去没效果，他就去找设计院、找建委，前前后后跑了一年多，才把这个抗震项目跑下来，范老师不忘自嘲地说："也许是我的院士评上了，他们才给的吧。"

"创造源自实践，实践需要勇气，因成功总是由失败堆砌的。"范立础的这句座右铭也许可以注解此事。

改革开放初期，科研人员也有了奖金。范立础第一次领回奖金，虽然钱不多，但是因为喜悦，他一进家门就兴奋地跟母亲说："发奖金了！"

谁知，母亲一脸疑惑，问："大学教师，哪里来的奖金？我只听说工厂才发奖金的嘛。"

"我们做了些项目。现在政府允许为社会提供服务的人提取一些奖金。"

母亲不再言语。第二天，她郑重地对范立础说："这种钱，我给你定个规矩：该拿的可以拿，不该拿的不可以拿，别人能拿的，不等于你可以拿。"

《范立础传》[2]的作者刘琼采访范立础是在某一年年末，她听说当晚范院士有一场演讲，于是请求去听。范立础欣然答应，他说："你6:45分在宾馆门口等我，我去接你。"当晚，范立础如约而至。刘琼说："当我走向宾馆门口的汽车时，范院士已经从副驾驶位置上下了车，为我打开车门。我没有想到身为院士、身为长者的他竟然有如此举动！一时竟愣住了，无语、不安。"刘琼说，后来每当我取得一点成绩，想沾沾自喜的时候，就会想起那个晚上的范院士。我也将心比心地想起那些范院士身边的人，同事、学生，他们该是怎样一副如沐春风的光景啊！

一次在沪东作讲座，范立础听说讲座通常都是一小时，便说："那怎么够，我争取2个小时左右结束吧。不过大家想走的，只管走，没关系的。"范立础讲了3个多小时，70多岁的老人越讲越兴奋，连说带比画，讲着笑着，礼堂里的气氛很热烈。最初还有空位，最后挤满了，连走廊里也站满了人，开怀的笑声、敲桌子的声音，最后同学们竟然脚踏地板打节奏，讲座的气氛达到高潮。

演讲开始前，放录音笔的小女生问他："范老师，您看录音笔是放左边还是右边？"

"干啥？"

"想录音效果好点儿。"

"我不坐。上课哪有坐着讲的，要尊重听众。又不是政府官员作报告！"

那一晚，范立础讲了3个多小时，结束时已经9点半。掌声中，讲座结束，范老师一看表："哎呀糟了！我答应妈妈9点钟回家的。"

讲堂里，望着年逾古稀的范老师，众多年轻人早已笑得前仰后合，有的同学笑着笑着就哭了。

范立础说，一个人只有先学会爱父母、爱身边的人，才会去爱国。如果连身边的人都不爱，那么谈爱国就是空谈。因为爱，范立础努力了一生。

改革开放后，有一次在陪同李国豪出国考察时，李校长问他："你为什么不争取加入中国共产党？"范立础表示，怕党组织不批准。

李校长说："你应该首先考虑对自己是不是该严格要求一点。"

从那时起，范立础开始积极争取入党。经过努力，1985年3月，他成为一名共产党员。

十一、浓浓的人间烟火味儿

范立础担任结构工程学院院长期间，每年毕业的学生不少都出了国，且出国后不少人选择不回来，这让学校很着急。于是，请德高望重的教授们去苦口婆心、循循善诱，范立础就是其中之一。他去了之后说："同学们，你们赶上了大好时光，要是我，也会选择出国深造的。"这可把邀请他的部门负责人急坏了。他接着表示，不说别的，这些年他经常去加拿大参加会议，每两年去一次，已经11次了。有一次，一位加拿大国际发展署（CIDA）官员和我坐一起闲聊，官员问："您来过多次了，这里面的专家你都认识谁？"

范立础提到一些人，官员问："英国人？"

"不是，是华籍。"

"哦！黄色的脸。"

"还有古巴的某某教授。"

"棕色的脸。"

说到这里，范立础面容僵硬、语气开始哽咽，眼睛扫视着台下每一名同学："你们看，他们根本看不起我们，尽管他知道这位华籍教授已经是加拿大政府的要员。"范立础说："不过，作为院长，我认为出国没有回来的不见得不爱国，爱不爱国主要还是看对国家的贡献。出国问题，不能简单化、一刀切，我不会卡你们。但无论到了世界的哪个角落，都请你们记住：我是中国人。"

台下掌声雷动。

李国豪在世时，范立础经常前去探望。李国豪问："你们两人（指项海帆和他）如今都已经开花，结了一点果实。你们后面的人怎么接这个棒往前跑，由谁来接，你们的助手培养得怎么样了？"可以告慰李校长的是，范立础建立起的抗震团队阵容很是整齐。平日里，讨论学术问题，经常直言而谈，争得面红耳赤，谁也不会藏着掖着，谁也不拐弯抹角。"范老师嗓门大，我们嗓门更大，直到把自己想说的观点悉数倒出来为止。"他的一个学生这样说。

"他们谁也不怕我。"范立础笑着，很享受的样子。

一次，为了编制一部关于城市桥梁抗震设计规范征求意见。团队9人，8人到了杭州，为其中几个问题吵得特别厉害。团队中有个刚毕业的博士，也敢跟自己的老师争论。大家争得热火朝天。每个人都清楚，错了也不要紧，反正范老师不计较，有时范老师发现自己错了，就会第一时间说："看来你是对的。"

他说："科学上的事，不讨论很难全面，每个人的看法都有自己观察的角度，一个人不可能总是正确的，正确与否最后都要用实践来检验。"

他给刘琼画圈，一个大圆圈，里面几个小圆圈，边画边说："你看，我好比这个大圆圈，学生们好比大圈里的小圈圈。每个人都有自己的知识圈，我的可能最大。"他指着那几个小圈圈，然后在小圈四周画几个手指样的尖尖，只见它们冲出大圈，"小圈们会在局部突破大圈（我），比我强。但从总的规划、战略上，我可能了解得更多一些，局部可能不如你们。""所以，科学上，我们是平等的。我们平等地讨论问题，一个一个解决问题，群策群力，然后长期下来，关系就比较融洽。"

"我们搞科学的人，第一要富于幻想；第二要勇于实践；第三贵于创新；第四要忠于事业，不要功利主义；第五是献于人民。"范立础对学生们说，这也是他的座右铭。

范立础对年轻人关怀备至。哪位同志家庭困难了，哪位教师该"升等"了，哪个学生有难办的事了……他都记在心头，千方百计帮他们解决。

范立础也不讳言："我的脾气有点大，爱发火。"有一次，范立础又发火了。有一位副教授教学非常出色，编写了一本教科书，但论文发表较少，因而临近退休也没评上教授，范立础愤愤不平，多次争取，多次失败。于是，他和负责此事的同志当场吵了一架。

心底无私，专管不平的范立础有首《我求长寿歌》：

忘我忘名，忘利忘愁，心静气顺，脉通身安。

粗饭瓜菜，清茶布衣，山人成仙，弗人升天。

"科学不承认权威，科学只承认事实。"在专业问题上，范立础眼里容不得沙子。有一次，他发现一座桥在某些结构方面的设计不尽合理，就提出要修改结构形式，人家不听，范立础大为恼怒，直冲人家比画，讲危害、讲后果，甚至说"出了事情，那是要坐牢的"。学生们和同事们都劝他别管了，可是他不顾设计方的面子和反对，坚持亲自研究，还要求学生们实地认真监测、用计算机仔细计算。助手们说："他就是这样，对待科学问题，眼睛里容不下沙子，非常严谨。"

好奇心让范立础一辈子都保持着广泛的兴趣。从中学到大学，范立础广泛涉猎历史、文化、美术、戏曲、音乐，尤擅评弹，《围城》作者钱锺书很喜欢听他讲故事。"文化大革命"刚过那会儿，沙发是个稀罕物，范立础也想拥有一张沙发，就跑到沙发店看师傅做，站两小时后回去自己就敲敲打打做出一张来。满怀喜悦地坐上去，还挺有弹性。范立础说："兴趣是心灵上的一种安慰，是创新的原动力。兴趣能为你排忧解难，增强信心，触类旁通，活跃思维。"

广泛的兴趣加上深厚的专业功底引导范立础进入了桥梁美学这一神奇领域。"看看《清明上河图》吧，里面的那座木拱桥没有一个钉子，虽不高大，但桥身那优美的曲线与两岸的房舍风物多么协调呀。桥梁的美是人类智慧放射出的光芒映衬而出的，这就不难理解为什么很多国家都把它做成模型放在那里了。"讲堂上，范立础娓娓道来，同学们听得如痴如醉。

进入21世纪，范立础对桥梁美学这一交叉学科进行了一系列有益的探索。他说，中国素有"世界桥梁博物馆"的美誉，仅不同历史时期修建的石拱桥就有百万座之多。改革开放以来所建的桥梁有24万余座，长度多少？至少可以从北京到深圳走四个来回。"每一座桥梁都是一本厚厚的大书。"范立础讲起这些形态各异的桥，立刻眉飞色舞，空灵的桥、飘逸的桥、厚重雄壮的桥、傍山而建的桥、平原上的桥、大湖大海上的桥……"看到上海的立交桥，耳边立刻响起华乐兹。"范立础说，桥是路的延伸，是空中道路，是水上脊梁，是陆上枢纽，它跨江越海，飞渡山涧，或雄伟壮观，或玲珑剔透，无一例外凝聚着人类的智慧与汗水，闪烁着科学与技术的光辉，体现了人类对自然的征服。每一座桥都是一座凝固的丰碑，或记录历史，或承载惊天动地的事件，或铭记美丽动人的故事。

2008年初夏，一场关于苏州河的桥梁设计竞赛在上海举行。5月29日下午，由同济大学、普陀区政协联合举办的"苏州河桥梁文化发展论坛"顺利举行。时任市政协主席冯国勤到会讲话，同济大学党委书记周家伦、普陀区委书记周国雄分别致辞，中国工程院院士项海帆、普陀区区长蔡志强分别作专题发言，中国工程院院士范立础点评获奖作品，同济大学党委副书记姜富明、普陀区政协主席林爱娟、普陀区政协副主席夏斯德等出席会议。

论坛中，举行了"同济－普陀区苏州河桥梁设计大奖赛"颁奖仪式。中国工程院院士范立础宣布获奖名单并对获奖作品进行了点评。冯国勤、周家伦、林爱娟、姜富明等为获奖者颁奖。苏州河桥梁设计大奖赛分两个竞赛内容，一是莫干山路（规划）跨越苏州河人行桥设计，二是1981年建成的西康路跨越苏州河人行桥（改建）设计。2个多月的时间，大赛共收到作品47件，其中莫干山路（规划）跨越苏州河人行桥设计稿件38件，西康路跨越苏州河人行桥（改建）设计9件。最后角出金奖1件、银奖3件、铜奖5件。

莫干山路桥方案金奖得主代表邢昕介绍："整体造型我们把它设计成一片刚刚发芽的嫩叶，卷曲着，伸展着，'春天'就写在桥顶的椭圆形开口上。在'叶片'两侧，开着很多很多各式各样的蝴蝶窗，宛如成群的蝴蝶列队飞来，扑打着，原本安静的桥梁立刻就有了勃勃的生机。蝴蝶窗大小正好适合一个人站在中间，身处其间，游人立刻添了舞动的蝶翅。我的设计灵感来源于中国传统园林的框景手法。自然景观'漏'过景框，'剪裁'了的自然美、人工美便升华为艺术美。"

评委范立础院士点评："叶桥"设计是一首晨曲，外形很清新、养眼，也很有创意！结构上，设计者在中间用一拱圈挑起桥面，很聪明。希望在接下来的工程施工中，结构内部要进一步采取加劲设计。

范立础院士说，要建构好桥梁美学这门新兴交叉学科，需要研究者具备深厚的科学和人文素养。他说，自己不敢言称专家，但是愿意做一名筚路蓝缕的开拓者。

附：《同济大学桥梁工程系志》

范立础
（中国工程院院士）

范立础（1933年6月—2016年5月），浙江镇海人。著名桥梁及结构工程学家，我国桥梁抗震学科的主要学术带头人，同济大学桥梁工程学科学术带头人。

1951年至1952年在交通大学土木工程系学习，1952年至1955年在同济大学桥梁与隧道专业学习，毕业后留校任教。历任同济大学助教、讲师、副教授、教授、博士生导师，教务处副处长，结构工程学院副院长、院长，土木工程防灾国家重点实验室副主任，土木工程防灾国家重点实验室学术委员会常务副主任等。

1976年唐山大地震后，在李国豪教授领导下建立桥梁抗震研究组，在国内率先开展桥梁抗震理论及工程应用的研究。分课题主持"桥梁抗震理论"成果获1985年国家教委科技进步奖一等奖，在国内最先推出了桥梁平面杆系非线性地震反应分析程序。分课题主持"轻轨交通关键技术研究"获国家"七五"攻关集体荣誉奖及1992年建设部科技进步奖二等奖。率先研究了橡胶支座减隔震设计理论，对结构综合影响系数的合理取值进行了理论分析，被1989年版《公路工程抗震规程》采纳，获1993年交通部科技进步奖二等奖。首次提出"二水准设防、二阶段设计准则"，率先提出大跨度桥梁空间非线性地震反应分析理论和计算方法，研制了具有空间弹塑性变形性能的梁柱单元、空间非线性支座单元、边界弹簧单元以及考虑桩－土－结构相互作用、多点激励和CAD功能的桥梁抗震分析软件，在国内40余座大跨度桥梁的抗震性能研究中得到应用。在1993年上海杨浦大桥抗震研究中，针对锚墩地震力影响及时提出采用冲击消减隔震的原理，改善了结构设计，这一预见的正确性在1995年日本神户地震斜拉桥锚墩支座破坏的震害中得到证实。研究成果"大型桥梁抗震、减隔震研究"获1995年国家教委科技进步奖二等奖。针对我国城市高架和复杂立交工程日益增多的形势，根据美国和日本的震害教训，首创复杂立交桥空间耦连抗震设计方法，彻底改变了国内外将其分离为独立高架桥进行抗震分析的状况，成功应用于上海市南北高架三层独柱式立交桥的抗震设计和亚洲最大的立交工程——上海莘庄互通式立交抗震评估中，"成都路独柱式多层立交结构抗震研究"成果获1997年上海市科技进步奖三等奖。1998年，对上海拟建的高架道路与地铁轨道交通合用的双层高架系统的抗震性能进行了研究，根据震害教训首次提出"三水准设防、三阶段设计准则"，研制了轨道系统的单元计算模式，应用了延性抗震设计方法和能力保护等准则，并编写了双层高架桥抗震设计指南。2000年，"桥梁抗震理论与应用"成果获中国高校科技进步奖一等奖。承担完成国家攀登B计划研究项目"重大土木及水利工程安全性及耐久性的基础研究"，该成果获2000年中国高校科技进步奖二等奖。

进入21世纪以来，开展重大桥梁工程基于性能的抗震理论研究，提出和开创了桥梁结构易损性、基于全寿命桥梁结构性能设计的研究方向，主持编制我国首部《城市桥梁抗震设计规范》及《上海市城市桥梁抗震设计规程》，"特殊桥梁抗震理论与减震技术"成果获2008年上海市科技进步奖一等奖，"大跨、高墩桥梁抗震设计关键技术"成果获2009年国家科技进步奖一等奖，这是上海高校也是同济大学首次以第一完成单位和第一完成个人获得国家级一等奖。此外，结合中美合作抗震项目，进行了采用钢板茄克、FRP茄克、环氧混凝土、钢纤维混凝土加固的桥墩振动台模拟试验研究，为桥梁抗震控制和加固技术提供了实用、有效的手段。

主持完成国家攀登B计划研究项目、

国家自然科学基金重大项目、重点项目等国家级科研项目，主持完成省部级项目和重大工程科研项目40多项，包括上海南浦大桥和杨浦大桥、广东虎门大桥、江阴大桥、汕头海湾大桥、南京长江二桥和三桥、上海卢浦大桥、润扬大桥、东海大桥、杭州湾大桥、苏通大桥等20余座重大桥梁工程的抗震研究。研制的一、二代橡胶抗震支座，双曲面减隔震支座，以及缓冲挡块获10多项国家专利，并在多座桥梁中得到应用。发表论文200多篇。出版《预应力混凝土连续梁桥》(1988年)、《桥梁抗震》(1997年)、《公路桥梁抗震设计》(1997年，英文版)、《桥梁抗震设计理论及应用丛书》(2001年，共4册) 等著作。其中，《预应力混凝土连续梁桥》已成为桥梁界的经典著作，对我国预应力混凝土梁桥的建设起到了很大的促进作用。

2006年起，领导筹建教育部"985工程"二期建设项目——总投资1.2亿元的多功能抗震试验研究基地，至2012年正式建成投入使用。试验设施由"多功能振动台试验系统""地锚和反力墙试验系统"和"大型液压加载试验系统"三部分组成，其规模和试验能力居于世界领先。

在参与重大桥梁工程建设方面，曾先后担任广东伶仃洋大桥工程顾问委员会顾问、扬中长江大桥技术顾问组组长、汕头礐石大桥专家顾问组成员、广东南澳跨海大桥施工图设计顾问、江阴长江大桥设计联合体技术顾问、虎门大桥技术顾问委员会副主任、汕头海湾大桥技术顾问组副组长等工作。

在学术组织活动方面，先后担任中国土木工程学会桥梁及结构工程分会第三届至五届理事长、中国振动工程学会结构振动控制分会副理事长、茅以升科技教育基金桥梁大奖评审委员会副主任、中国土木工程学会常务理事及副理事长、建设部科技委委员、铁道部科技委委员、上海市建委科技委委员、《土木工程学报》编委会副主任委员、《同济大学学报》编委会副主任、清华大学兼职教授、国际东亚-太平洋结构工程及施工会议（EASEC）指导委员会委员及执行委员会委员、国际桥梁及结构工程协会（IABSE）中国国家团组主席等学术职务。1986年，参与发起和组织EASEC系列国际会议；1993年，承办中美日结构控制研讨会，组织完成3项中美合作科研项目；1995年，发起和组织中国-加拿大-埃及三国结构抗震学术讨论会；2002年，建立为期4年的中美特殊桥梁抗震设计合作研究和系列学术讨论会(2002—2005年)，对中美两国在桥梁抗震领域的国际合作研究起到了积极的推动和促进作用。

在教育教学方面，1987年主编桥梁专业用《桥梁工程》(上、下册) 交通部统编教材，先后被全国13所高校选用，1992年获交通部优秀教材二等奖；1996年修订再版，1998年获上海市科技进步奖二等奖；2001年修订第三版《桥梁工程》上册（土木工程专业用），2003年被教育部列为"全国百本精品教材"，该系列教材已成为国内《桥梁工程》的经典教材。主持"桥梁工程"课程建设，先后被评为上海市精品课程（2005年）和国家级精品课程（2006年）。指导培养硕士生30余名，博士生34名，博士后研究人员6名；指导的1篇博士论文被评为首届"全国优秀博士论文"。2004年被评为"全国优秀教师"，2007年被评为"上海市教学名师"，2013年获第三届"上海市教育功臣"称号。

1988年被授予"国家级有突出贡献的中青年专家"称号，1991年获国务院政府特殊津贴，1999年获茅以升桥梁大奖（个人成就奖），2001年当选中国工程院院士，2010年获何梁何利基金科学与技术进步奖。

---

1 哈同（Silas Aaron Hardoon，1851—1931年），是19世纪末20世纪初在中国上海的一位犹太裔房地产大亨。他幼年生活很苦，靠捡破烂、捡煤块为生。1872年，他只身闯荡香港，第二年又辗转到上海，在沙逊洋行供职。1901年，他脱离沙逊洋行独立创办哈同洋行，专营房地产业，特别在开发经营南京路时获得了巨大成功，他占有南京路地产的44%。1904年，他开始在静安寺路购地300亩、花费70万两银元兴建上海最大的私人花园爱俪园（俗称"哈同花园"），占地数百亩，布置曲折、建筑闳丽，是典型的中国式园林，为当时沪上私人花园之冠，是上海著名胜迹。哈同热衷于中国古典文化，还在园内创办了仓圣明智大学。哈同与其妻罗氏还在杭州西湖的孤山平湖秋月附近通过巧取豪夺，占据了大片土地，并造园林建筑，称"罗苑"。后因杭州市民民愤极大，该处产业被收回。当年所现为平湖秋月景点一部分。
2 刘琼：《范立础传》，宁波：宁波出版社，2011年。
3 载自《同济报》2016年1月25日第二版。

"教师培养的是人"

沈祖炎院士的科研与人才培养追记

"我是一名教师,教师培养的是人,不是一个产品。"沈祖炎院士说。沈院士一生深耕钢结构领域,以其深厚的学养、杰出的科研成绩,培养了包括李国强、陈以一等在内的130余名博士生、硕士生等高水平人才,可谓"桃李不言,下自成蹊",芬芳了中国式现代化高质量发展之路。

一、科研：钢结构领域的孜孜求索

中国工程院院士馆"沈祖炎"词条：

为中国钢结构学科发展和工程建设作出了重大贡献。发表论文400余篇，出版《钢结构学》《钢结构基本原理》等著作23部，主、参编钢结构有关技术标准16本。主持50余项国家及省部级科研项目和30余项重大工程项目的结构理论分析和试验研究，为国家大剧院、上海环球金融中心、浦东国际机场航站楼、广州新体育馆、南京奥体中心等提供了关键技术支撑，获国家及省部级科技进步奖33项，其中"高层建筑钢结构成套技术"获1993年国家科学技术进步奖二等奖；"多高层建筑钢结构抗震关键技术研制与应用"于2010年获上海市科技进步奖一等奖。

1935年出生的沈祖炎，于南洋模范中学（该校前身南洋中学曾是南洋公学的附属学校）毕业后进入交通大学[1]学习。他的博士生赵金城回忆[2]，沈先生16岁时以第一名的成绩考入交通大学土木工程学科，一年后交通大学土木工程学科的全体师生并入同济大学。沈先生说，并入同济大学后，主要课程的任课老师以及同学大部分还和以前一样，只不过是换了一个地方学习而已。变化比较大的倒是在交大读书时可以不住校，因为家就在附近，而到了同济以后，就不得不住校了。在这次访谈中，沈老师还满怀深情地回忆起他的童年时代、父亲的工作和家庭生活情况，由此得知沈老师的父亲³也毕业于交通大学土木工程学科。

1955年，20岁的沈祖炎毕业留校，成为钢结构教研室的一名年轻助教。但是，彼时中国的钢产量极低，且受到西方的严密封锁，所以说当时同济大学的钢结构教学是在"暗夜"中摸索也不为过。

幸运的是，当时学院的李国豪、王达时等教授都是游学欧美的高层次人才，在他们的带领下，沈祖炎数十年如一日，坚守在冷僻小众的钢结构研究领域。

1956年5月5日至7日，同济大学召开了校庆暨第一次科学研究讨论会，结构系教师参加并作了26项报告（总计60项报告）。作为年轻一代的助教，沈祖炎先生代表钢结构教研组在力学和结构分会上作了题为"敞口连续刚构静力分析简捷法"的学术报告分享，同时作为课题组成员（庄纪良、沈祖炎、陈良声）参加了"管形塔式起重机设计"课题的交流。1957年5月5日至8日，同济大学在五十周年校庆之际举行了全校第二次科学研究讨论会。沈祖炎在结构、施工分组会上作了"上海地区建筑钢材匀质系数"报告。同时，他还是"上海地区的风雪荷载"报告的执笔者。

1962年，新中国粗钢产量只有667万吨，占全球粗钢产量的1.85%。国内钢材供应自然十分紧缺，钢结构的实际应用非常有限，国家层面的科研课题很少，工程建设项目更为稀少。

同年，沈祖炎跟随李国豪、王达时攻读研究生，用沈祖炎自己的话来说，就是"那时没有学位，研究生4年，相当于今天的博士来培养"。李国豪当年毕业留校教的第一门课就是钢结构课程；王达时专于钢结构及结构力学，对薄壁结构与构件的非线性有限元解析研究颇深。两位名师均为沈祖炎的指导教师，沈祖炎回忆："王先生主要负责制订培养计划，例如研究生应该学些什么课程。李先生有一个研究室，我当时在那里做研究写论文，李先生对于研究方向规划得很细，当时有很多研究生和一些青年教师一起做研究。李先生的研究室有几个研究方向，我们可以找自己感兴趣的题目去做，李先生自己也做研究。我们每周有一个上午大家轮流介绍自己的研究计划、研究进展，等于是向老师与其他同学汇报，在汇报过程中大家一起讨论，提出一些想法。李先生做的题目我们也可以提意见。我们通过这种讨论的方式，慢慢就把自己的研究方向定下来了。"因为沈祖炎的研究方向是钢结构，李、王两位先生担纲的我国第一本《钢结构设计规范》，作为研究生的他自然就参与其中，负责计算部分。

随着一天天的试验和理论分析，沈祖炎逐步总结提炼出一些计算公式，自己对构件稳定理论的认识也在一步步加深并不断全面。不久，他参编《冷弯薄壁型钢结构技术规范》，随后又主编完成了《轻型钢结构技术规程》《高层建筑钢结构设计规范》等一系列规范、规程，直接推动了我国建筑钢结构领域技术标准体系的建立和行业进步。

随着一本本钢结构的技术规范相继问世，沈祖炎的学术积累与日俱增，对钢结构的思考也在不断拓宽拓深。他的研究逐步涉及大跨度、高层以及轻型钢结构，研究聚焦于钢结构非线性理论、结构稳定与抗震、结构损伤累积效应分析、大型复杂结构关键科学问题等几个重要方向。

自20世纪80年代起，随着宝钢的建成，钢结构在我国兴起，同济大学钢结构教学科研人员也渐渐忙碌起来。沈祖炎数十年积累的"功力"在陆续开工的重大工程中开始发挥作用，这些工程包括上海（八万人）体育场、上海大戏院、国家大剧院、上海浦东国际机场、东方明珠广播电视塔、上海环球金融中心、上海世博会世博轴阳光谷、中央电视台新大楼等，其中都有沈祖炎忙碌的身影。

上海体育场占地面积19万平方米，总建筑面积15万平方米，是一座跨世纪的大型建筑，其设计上采用外环圆形、内环椭圆形，形体呈波浪式马鞍形的整体结构，以期为观众提供最佳观赛视线。观众席上方采用马鞍形大悬挑钢管空间屋盖结构，覆以乳白色薄膜材料，面积为3.6万平方米，主席台正上方的一根最长单臂悬挑梁长73.5米，为世界建筑史之最。

"体育场东西长288.4米、南北宽274.4米，整个空间结构东低西高，南北对称，高低起伏，呈马鞍状，施工难度大，质量要求高。"现任上海建工集团副总工程师、上海市机械施工有限公司总工程师吴欣之介绍，大屋盖须在看台结构完工后施工，施工机械只能在跨外开行，大大增加了吊装难度。构件分为工厂制作和现场制作，现场制作又分场内制作和场外制作，大部分构件无法进行预拼装，这增加了高空对接拼装的难度，对管材节点全位置焊接要求高。如悬挑桁架为双幅式平面桁架，在现场需就地制作，组成整榀。在安装过程中，施工人员采取多种方法来实现悬挑桁架的高空就位，为确保这张巨大的屋顶安装万无一失，吴欣之等人找到母校同济大学，希望借助母校的科研力量来完成这项巨大挑战。

在同济结构实验室，沈祖炎带领陈以一、赵宪忠团队展开研究。"由上海建筑设计研究院设计的上海市八万人体育场的屋盖采用马鞍形大悬挑钢管空间结构，它是由径向64榀大悬挑主桁架和2~4道环向次桁架组成。"《上海市八万人体育场屋盖的整体模型和节点试验研究》[4]开宗明义地写道。研究针对屋盖大悬挑空间结构进行1/35的缩尺模型试验和大管径直接焊接节点足尺模型试验。试验表明，该结构空间工作性能显著，次应力的影响不能忽略，试验还验证了计算方法的可靠性。

该论文介绍，整体试验模型共有杆件5 631根，模拟的试验工况包含四种：全部风吸力、部分风吸力、部分风压力和设计组合荷载。在每一种加载工况下，先进行两次预加载试验，然后开始正式试验。分别测试主桁架的自由端挠度、杆件轴力、杆件次应力、结构空间工作性能等。不仅如此，还针对国内首次用于土建工程的大管径直接焊接钢管节点，其中团队挑选了11个足尺节点进行试验。

试验得出：

❶ 屋盖结构空间工作比较明显，按空间刚接模型计算更接近实测值。

❷ 内环向次桁架对大悬挑空间结构的空间工作起决定作用。

❸ 主桁架采用大管径直接焊接K形节点，节点刚度较大，次应力影响不能忽略。

❹ 直接焊接节点具有较好的塑性变形，当主管管壁局部凹陷或凸起的最大塑性变形相当于0.005倍主管外径时，将此时的受压支管轴力作为钢管节点承载力，是合理的。

❺ K形焊接钢管节点构造在满足规范构造要求的前提下，按我国现行规范公式计算是可行的。

整体试验在1994年秋天进行，那时沈祖炎任职同济大学副校长，事务繁忙，但他仍坚持亲临现场。如今已是同济大学副校长的赵宪忠感慨地说："上海八万人体育场钢屋盖模型试验前夕，沈老师到了结构工程所的实验室，绕着由几千根杆件组成的庞大结构模型走了两圈，告诉我们哪些部位要重点关注，哪几根杆件最需要着重观察。"最后，试验开始后，正如他所提醒的，那些杆件、机构果然有状况！30多年了，每当讲起这神奇的一幕，赵宪忠总是赞叹不已。

二、上海大剧院

多少年来，上海一直希冀有一个像样的大剧院。周恩来总理在世时，就曾多次亲自关心过此事，李国豪老校长任上海市政协主席时，也曾呼吁过上海要成为世界文化之都，应该有像样的文化设施。1994年，上海市政府下决心建设一座"具有世界水准的大剧院"。同年2月15日，上海向世界发出方案征集通知书，具体规定：规模为2 000座位的歌舞剧院，可满足芭蕾舞、歌剧、戏剧、交响乐等演出的要求。此建筑必须跻身世界著名建筑的行列。"英雄帖"撒出后，来自美国、加拿大、日本、法国、澳大利亚等国的11家建筑设计事务所纷纷参加竞选。我国的一些著名建筑设计院也都派出了一流建筑师参加设计角逐。

法国人夏邦杰设计的大剧院运用了世界上最先进的材料、灯光，其以一种全新的构思形式，向上海人民交出了令人叹为观止的大剧院设计方案。在一片绿草丛中，整个大剧院像一块精雕细琢的白玉，晶莹、透明，大圆弧形的屋顶上面是一个露天音乐厅，中间的舞台可以根据需要进行大小伸缩、高低升降，若逢下雨天还可以加上玻璃盖，变成室内音乐厅、歌舞厅或舞场。大剧院的台基两侧有八条瀑布，蔚蓝色的流水昼夜不停，似充满柔情的音乐，低声浅唱。从高空俯视白顶、流水、绿地，构成一幅赏心悦目的画卷。入夜，大剧院更显出它的绰约风姿，设计师采用全透明的方法，将现代灯光应用到建筑中，在黑色的夜空中，人们眺望灯光簇拥下的大剧院，就像在欣赏一出令人激动的交响乐。音乐与建筑的巧妙结合令人折服。

设计师思绪飞扬如诗画般的想象力，可是如此巨大的"一段渠"，怎么上到屋顶去呢？6 000多吨，还需整体提升！

负责大剧院大屋盖结构设计的吴至贤坦言[5]："反拱形钢屋盖既是覆盖整个大剧院下部结构（包括观众厅、舞台）的屋顶，又是一个被2~3层钢筋混凝土楼板分

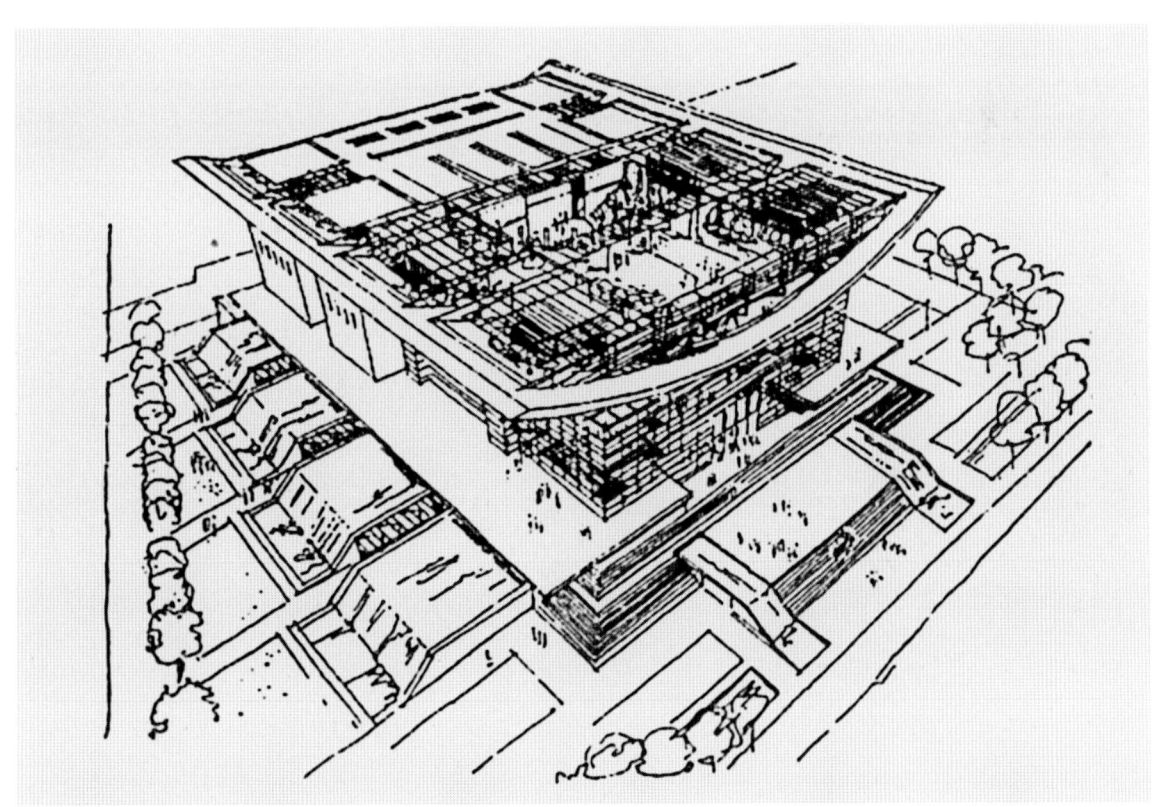

图1　夏邦杰设计的上海大剧院。图片来源：胡菲菲《上海大剧院入选方案介绍》

隔成不同空间（包括设备层、观光餐厅等）的承重结构，独具一格地发挥着双重功能。因此，与一般网架、网壳等空间结构相比，其有着结构体形特殊、悬挑长度长、荷载重、安装施工复杂等特殊之处。"

作为大屋盖的设计者，华东建筑设计研究院为整体提升联合了江南造船厂、同济大学和上海市基础公司三家单位，其中同济大学负责计算机控制、液压千斤顶同步提升等关键环节。"将6 000吨的钢屋盖整体提升到26米的空中，不仅在国内属首次，国际上也十分罕见。不仅如此，由于钢屋盖整体提升的技术要求，钢筋混凝土的壳体1 200毫米的墙体，只能先浇捣250毫米厚，使得壳体的刚度大大降低，风险隐患难以预测。"现在已经是华东建筑设计研究院副总工程师的包联进当时坦言，难度太大，得去母校同济大学找专家。

主持上海大剧院钢屋盖整体提升施工的李耀良，自然而然也找到了母校同济大学，于是沈祖炎担任了顶升的现场副总指挥。李耀良在《上海大剧院钢屋顶整体提升施工技术》中介绍：钢屋盖的制作与组装分为两大部分，一是在工厂分段制作，二是在现场地下室顶板上进行地面组装。分段制作的屋顶最大分段重量为81吨；地面组装在地下室顶板上进行，因此必须对地下室进行加固处理，并在起重机运行的路线上铺设路基箱。

钢屋盖整体采用钢绞线集束承重，计

图2　上海大剧院钢屋盖结构整体吊装现场

算机控制、液压千斤顶集群同步提升。钢屋盖有6个支撑点，分别固定在6个电梯井内的钢筋混凝土支承座上。待钢屋盖整体提升就位后，先在永久支座位置设6根钢柱作为临时支撑，然后浇筑混凝土支承座，并把临时钢柱浇在其内。

1995年初夏，上海大剧院6 075吨的钢屋盖实施整体吊装，作为钢屋盖整体提升副总指挥的沈祖炎头戴安全帽，须臾不离，在工程现场坐镇指挥。

于是，我们看到这张时年60岁的沈祖炎，精神焕发地站在大屋盖前拍的照片。

在现场，沈祖炎仔细检查6个支撑点的各个部件，千斤顶的布置、电梯井与提升钢平台的连接、钢平台的布置、钢绞线的站桩、泵站与控制系统等，他嘱咐施工人员："必须确保大屋盖的四个提升点一致上升，不差分毫。"

经过20个小时协同作业、连续奋战，钢屋盖成功在20余米的空中吊装到位。

三、浦东国际机场航站楼

沈祖炎当选院士那年，记者采访他，沈老先生说："前几天我的小外孙跟着大人去瞧了我参与建设的浦东国际机场张弦梁结构，回来宣布'家里外公最用功'。被小外孙表扬，挺幸福。"殊不知，当年他做机场屋顶时，殚精竭虑。

浦东国际机场航站楼设计，外观就如一只海鸥展翅欲飞，看起来很是赏心悦目。但在航站楼二期的"翅根"处，一排"Y"形立柱够不够劲儿、能扛得住吗？吴欣之介绍，钢结构安装面积16万平方米，钢结构重量3 300余吨。大跨度斜挑悬索拱形钢结构的屋盖结构支承在现浇混凝土多层框架上，跨度由东向西分别为48米、80米、42米和52米，其中主楼和高架进厅为连续三跨，南北纵向长411米。钢结构由钢斜柱、托架梁、钢屋架、支撑及钢索等组成。由此带来的问题包括：屋架与托架梁连接采用分段嵌入的方式，而不是常规的搁置方式，使托架梁难以及时形成整体而承受荷载；斜柱倾斜度最大达25.72°，这样就使钢结构在施工阶段的稳定问题更加突出等。

其中，最为吃力的是"Y"形柱。这种钢柱能否承受屋盖的巨大重量并保持稳定？罗永峰、沈祖炎在《浦东机场航站楼Y形柱对屋盖整体稳定影响分析》中指出："上海浦东机场二期工程航站楼屋盖为一大跨空间钢结构，整个屋盖结构支承于周边布置的二次分岔箱形变截面Y形钢柱上，该Y形钢柱的受力及变形均非常复杂，本身设计难度很大，同时又是支承整个屋盖结构的关键。"因此，沈祖炎等根据设计要求，建立包括屋盖结构和所有Y形钢柱的整体计算模型，应用有限元软件ANSYS[6]，分析研究屋盖支承Y形钢柱对屋盖结构整体稳定性的影响。团队分别计算了三种荷载组合下结构的线性、几何非线性、几何材料双非线性整体稳定性。数值计算结果表明，Y形柱相对整个屋盖结构而言具有更好的刚度，Y形柱不会先于屋盖结构出现失稳现象；结构的整体稳定性对于初始缺陷较为敏感；构件材料的塑性变形对结构的整体稳定性影响较大。

"浦东国际机场航站楼为下部钢筋混凝土与上部钢结构组合而成的大跨度空间结构，分为主楼和长廊两部分，其间通过两条通道连接。航站楼屋盖最大跨度为89米，采用预应力张弦梁，其上下弦均为圆弧形，通过桁架与下部的Y形斜钢柱连接。屋盖中部的钢柱为二次分岔的Y形钢柱，边缘钢柱为一次分岔的Y形柱，且均为变截面箱形柱。Y形柱纵向柱距为18米。"罗永峰介绍，从横截面看过去，中间的"Y"形柱就像撑开的伞骨，且一边长一边短，两边的"伞"还只有外檐的"伞骨"（YC1柱）撑开，共同撑起波浪一样的屋顶。刮风、地震来临时，它们的稳定性如何？团队为此一一展开分析，特别指出："由施加初始缺陷的几何非线性分析可知，相较于整个结构来说，YC1柱具有良好的刚度，不会出现由于YC1柱首先失稳而引起结构整体失稳破坏的现象。"还指出：当考虑初始缺陷时，结构的几何非线性稳定性下降得较多，证明结构对初始缺陷较为敏感；材料的塑性对于结构稳定性影响很大，整体稳定分析时有必要考虑材料非线性的影响。

为了彻底摸清航站楼"Y"形立柱的安全稳定性，罗永峰、沈祖炎等又对候机长廊的"Y"形立柱所制成的复杂空间结构体系的整体稳定性展开研究。团队利用ANSYS程序的非线性分析功能对上海浦东机场二期工程中的候机长廊结构进行了多种荷载组合下的稳定性分析，得到各组合下的屈曲荷载因子、屈曲特征、屈曲模态及不同因素的影响。《浦东国际机场二期候机长廊稳定性研究》指出："对这些结果的比较可知，结构的整体稳定分析是必要的，结构的初始缺陷、几何非线性、材料非线性对结构整体稳定的影响很大，分析时不宜忽略。"该篇论文指出，从线性屈曲分析与非线性弹性屈曲分析和非线性弹塑性屈曲分析的结果比较可知，线性屈曲分析的结果明显偏大，在结构设计时应慎用线性屈曲的结果，而应该对结构进行非线性的屈曲分析。对这类复杂结构体系进行整体稳定分析是必要的，仅靠构件稳定设计不能保证结构的安全性。由于局部构件刚度较弱，结构的整体稳定分析中不会发生整体失稳，而是局部构件失稳，建议对结构较薄弱的边柱进行加强。

华东建筑设计研究院有限公司（以下简称"华东院"）总工程师汪大绥提到：

1996年，华东院接受了浦东国际机场一期航站楼设计任务。这是一个大型国际枢纽机场，建筑方案由法国ADP公司完成，结构上有很多创新点，海鸥展翅的建筑造型和83米跨度张弦梁都是首次采用。华东院为了保证设计的安全合理，组织了多个攻关课题。沈先生领导的学术团队在这里发挥了重大作用，完成了理论分析、静力模型试验、风洞试验、振动台试验等大量工作，与设计院一起对原方案进行论证和优化，取得了重大的成果。其中，83米大跨度张弦梁还进行了1∶1的实物加载试验。试验在江南造船厂船台上进行，时值盛夏，为了防止阳光直射引起测读数据的漂移，加载工作安排在夜间，沈先生和陈以一教授等都亲临现场指挥，通宵达旦，精心测试，获得了可贵的资料，保证了结构设计施工的顺利进行。

随着我国建设如火如荼地展开，沈祖炎带领的钢结构团队奋斗的足迹遍布大江南北，在《明师厚德 钻坚仰高——沈祖炎教授从教60周年纪念文集》中沈祖炎先生负责研究的重大工程（部分），记录了他带领的钢结构团队参与上海中心、上海环球金融中心、上海东方明珠广播电视塔、中央电视台新楼、国家大剧院、北京大飞轮、杭州国际会议中心、广州新体育馆、南京奥体中心、特多国家表演艺术中心建设；同时，作为超限高层建筑抗震设防专项审查专家，参与审定长峰商城（59层）、上海环球金融中心（101层）、上海外滩中信城（43层）、世博轴及地下综合体（1 045米长）、中国2010年上海世博会主题馆（288米×180米）、京沪高速铁路上海虹桥站新建工程等数十项工程，以这些项目为依托，先后获得包括国家科技进步奖，上海市、建设部、教育部科技进步奖等在内的30多个奖项等荣誉。汪大绥说，每次听沈先生发言，总能感受到他高屋建瓴的气势、深厚扎实的理论修养，他不愧为不断把中国钢结构研究推向新高度的一代宗师。

相较于朋友的评价，沈院士的学生陈以一的回忆让人倍感亲切温暖："1995年到1997年间，有好些重要的试验项目，先生都是亲力亲为。如国内第一个张弦梁屋架的试验，80米跨度的足尺试件，放在当时江南造船厂的平台上进行。因避让白天生产用电的干扰，试验只能晚上做。从成形到施荷，过程持续一晚上。那时先生已经60岁，是现场年纪最大的一位，居然和我们一起熬夜！"陈以一回忆，有一项最早在国内实施的矩形钢管混凝土构件试验，为了实现高轴压下的往复受弯，装置有点复杂。刚开始试验时的数据状况和事先预估有较大差距，弄得心里毛毛的。沈先生当时还担任着学校领导工作，只能抽出中午和下班后时间泡在实验室，具体分析问题，提出改进方案。这样一种事必躬亲的做事风格给学生辈们产生了深刻的影响，也确立了重大试验，教师必须一线指导的基本模式。

四、为新时代培养人才

沈祖炎从交通大学进入同济大学工业与民用建筑结构专业时，在班上年龄最小，可学习成绩总是稳居第一。他还特别善于并乐于为同窗解惑释疑，是同学们信得过的"小老师"。

1955年，沈祖炎留校成为钢结构教研组一名年轻的助教。后来，钢结构教研组重新组合并改为钢木结构教研室，教授王达时、副教授欧阳可庆是当时的教学科研带头人。

1961年10月，同济大学为了培养一批高、中、初级研究人才队伍，对优秀青年教师试行在职研究生制度。沈祖炎被列入同济大学科学研究部提出需要重点培养、重点支持的55名教师名单中，1962年3月至1966年8月，在王达时教授的指导下，沈祖炎攻读同济大学结构理论专业金属结构方向在职硕士研究生。

1978年1月至1980年3月，沈祖炎任同济大学建筑工程系钢木结构教研室副主任；1980年4月至1982年1月，他以高级访问学者身份在美国里海大学（Lehigh University）Fritz研究所从事研究工作[7]，同时担任美国结构稳定研究委员会技术秘书。

1982年4月至1984年6月，担任同济大学结构工程系副主任。

1982年6月，同济大学决定由结构工程系王达时教授和孙钧教授分别作为学术带头人成立科研组，沈祖炎为王达时科研组骨干成员。

1983年1月，同济大学结构工程系制订《1983年至1985年科研近期规划》，沈祖炎同时成为"钢结构稳定理论及海上平台结构"（王达时、沈祖炎等）、"大跨及高层建筑钢结构"（沈祖炎、潘士劼）和"薄壁钢结构研究"（沈祖炎）方向的主要成员。

1984年6月起，任同济大学教授，并于1984年被国务院学位委员会特批增列为博士生指导教师。

1984年8月至1995年6月，沈祖炎教授担任同济大学副校长，主管教学、科研和技术职称评审工作；1989年2月至1993年2月，兼任同济大学研究生院院长；1992年12月至1994年2月，兼任同济大学函授学院院长。

在长期的教学实践过程中，沈祖炎将课堂所授知识进行了总结，先后出版了《钢结构基本原理》（普通高等教育"十五"国家级规划教材）、《房屋钢结构设计》（普通高等教育"十一五"国家级规划教材）、《钢结构》（全国推荐教材）、

《网架与网壳》等教材,其中有些还不断重印改版,滋养了广大学子。李国强教授回忆:"我最早知晓沈祖炎老师,还是在重庆建筑工程学院攻读硕士学位期间。1984年的某一天,学校钢木教研室开会,当时在读研究生的我也列席,教研室主任魏明钟教授拿出一本书说,这本书很好,刚刚出版,建议大家读一读。我拿过来一看,是1983年中国建筑工业出版社出版的《钢结构构件稳定理论》,沈老师是作者之一。当时有关钢结构理论的书很少,我如饥似渴地通读了几遍这本书,可以说我的钢结构稳定理论知识主要就是从这本书获取的,至今受益。当时我就暗下决心一定要考上沈老师的博士生,跟随沈老师学习。"

沈祖炎上课的情形如何,他的学生陈以一对此有清晰的回忆:"1982年秋季学期,沈先生给我们班授课'钢结构',第一堂课就是'下马威'——对材料力学、结构力学进行基础测验。同学们一下子就觉得这个老师厉害(这一招我现在也完全拷贝)。当时钢结构课程教完材料性能后就讲连接,连接后第一次期中测验,又把大部分同学'打得'一败涂地。结构的题目只要内力分析错了,后面结果自然就是错的,好些同学5道题中有2道内力分析出错,再加上其他问题,卷面只剩40分或20分。有些同学认为步骤对就可以了,这样扣分未免过于严厉。沈先生却回答,力算错了,结构就坏了,还能给分?先生因此完全树立了严厉的形象。但出意外的有另一件事:看球赛。那学期正值世界杯,记得半决赛的转播时间与钢结构课冲突。因我是班长,同学一致推我与沈先生谈判换课——那时逃课的人还比较少,今日的班长们可能就不用费这个心了。我准备了好些理由,却不料沈先生一口答应,高兴得男生们大喊'理解万岁'。工民建男生占绝大多数,赢得男生就是赢得民心。后来做了沈老师的研究生,才知道先生也是足球迷。不过那天先生是否也去看球赛转播就无从考证了。"曾担任同济大学常务副校长的陈以一教授诙谐地说:"教务处现在严肃处理教师擅自调课,但对30多年前的这一'事故',相信追溯期已过,况且沈先生后来还主管过全校的教学和科研。严厉和宽松体贴可以如此和谐,这也就是高校了。"

在教书育人的讲台上,沈祖炎辛勤耕耘60余年,他先后为工民建、建筑工程、土木工程等专业的本科生主讲过钢结构课程,长达30多年之久。他还为房建专业工农兵学员班教过10年的建筑结构课。从1978年招收第一位研究生开始,经他亲手指导培养的研究生已逾130名,其中博士研究生63名,指导博士后研究人员7名。

曾任同济大学校长的吴启迪说[8],在人才培养上,沈先生身先示范。他主编的《钢结构基本原理》为普通高等教育

"十五"国家级规划教材，2002年被评为教育部全国高等学校优秀教材一等奖；主编的《房屋钢结构设计》为普通高等教育"十一五"国家级规划教材，2009年被评为全国精品教材。他主编的这两部教材为我国土木工程专业教学提供了系列教材和参考书，在有关高校广泛使用。此外，他主持的"钢结构学科创新型人才培养教学体系建设"，获得了2009年上海市教学成果特等奖和国家级教学成果二等奖。他本人也于2006年获得全国第二届高等学校教学名师奖。

关于人才培养，沈祖炎院士有自己的理解，"我是一名教师，教师培养的是人，不是一个产品"。"如果说我这辈子为教育事业做出了一些成绩，那也是基于我对教师这个职业的认识。我认为教师是所有职业中责任最为重大，容不得我们有一丝一毫的疏忽、马虎"。他要求学生：一是要为国家做更多的事情；二是要提出自己的想法，有独立思考的能力；三是要平等地对待每一个人。

"上课已经成为我的职业习惯。不让我上课，我非但不会感到轻松，相反会很不习惯，会很难受。"在1984年至1995年的十余年间，沈祖炎任同济大学副校长，主管教学工作，且之肩上的科研任务极为繁重，但他仍坚持为本科生上课，指导研究生科研。

一辈子教书育人，深得其中三昧的沈先生谆谆告诫后生。

❶ 教师与自己的关系是：入门靠教师，深造靠自己。

❷ 接受知识与获取知识的关系是：接受知识属于被动，获取知识才是主动；接受知识只能充实自己，获取知识才能发展自己。

❸ 知识与能力的关系：知识要靠能力去运用，能力要以知识为支撑，学习知识归根结底在于提高能力。

❹ 自学能力与创新能力的关系：自学能力主要是自己获取新知识的能力，创新能力主要是运用知识做出新成果的能力；有自学能力一般易有创新能力，自学能力是大学学习期间应尽全力培养的主要能力。

❺ 分析与综合的关系：学习知识主要靠分析，运用知识主要靠综合；在学习时必须时刻注意综合能力的培养，大学阶段综合能力培养的主要途径是多看工程技术杂志、多看工程技术最新成果的论文。

❻ 知识与综合素质的关系：综合素质必须建立在有关知识的基础上，有关知识只有一直落实在行动上才能培养良好的综合素质；在大学阶段必须时刻记住提高自己的综合素质。

陈以一回忆，留校前两年，还是跟着上沈先生的课，笔记重新做了两遍。第二个年头让试讲一次，因没有经验，临场讲得太快，提前10多分钟把准备的两节课内容讲完了。又不好提前下课，心里一阵慌，只好站在讲台上乱扯。下课后沈先生笑着问："昨天备了多久时间课？"又说："连我（指先生自己）每次上课前一晚上都用在备课上，你应该花更多时间。"这个"老师被学生挂在黑板前"的教训够我记一辈子，之后讲课的前一晚，总是战战兢兢，不敢忘了沈先生那带笑的责备。

陈以一说："后来跟沈先生读在职研究生，从硕士生到硕博连读，不过中途被学校推荐公派出国。从留校开始有6年时间吧，在沈先生直接指导下学习做科研，奠定了以后从事研究工作的基础。这点基础，在我留学中起了大作用。在进入博士论文研究前，按一般要求有课程学习，结果两位教授和我面谈后，说这些课程不用去听了。可见同济结构工程的本科和研究生课程学习真是管用，也得益于沈先生给学生们进行的严格训练。"

怎样把初生牛犊带入钢结构研究的海洋？如今已是著名学者的李国强，回忆自己入门之初的情景，他叙述道："1985年11月，我如愿进入同济大学，成为沈先生的博士生。沈老师让我做高层建筑钢结构抗震的研究课题，当时作为学生我不太明白该课题的意义，然而随着时间的推移我逐渐理解先生的高瞻远瞩和对我学术生涯的深远影响。20世纪80年代，随着改革开放，我国开始采用钢结构建造高层建筑，然而我国当时对高层建筑钢结构的研究几乎是空白，没有我们自己的科研成果，以满足我国高层钢结构建设的需求。因此，沈先生给我确定的博士研究课题，可以说是急国家之急，我国的高层钢结构建筑从80年代的十余幢，到90年代的几十幢，再到2000年以后的几百幢，正是沈先生为我确定的研究方向，在我之后学术生涯的10年，20年，乃至30年，40年都大有用武之地。"李国强还补充说："我国属地震区，抗震是我国工程结构防灾设计需考虑的首要问题。沈先生为我确定的钢结构抗震研究方向，在20世纪80年代的中国属前沿研究课题，在国际上也属学术研究热点。我至今也一直将钢结构抗震作为自己的主要研究方向。"

李国强深情地说："沈先生除了为我指明了可一生坚持的研究方向外，还培养了我的研究思想和研究方法。沈先生注重理论联系实际，为我确定的博士研究课题'高层钢结构弹塑性地震反应分析问题'就是高层钢结构抗震设计需解决的重要问题。他还要求学生了解国内外研究动态，从中找出具有创新性的问题，提出具有严密理论依据的解决方案，并通过试验加以验证。按照沈先生的要求，我阅读了几百篇国内外有关文献，写了几万字的文献综述，做了两个模型以模拟地震振动台试验来验证学位论文中提出的理论模型。1988

年12月我博士毕业留校工作,也成为硕士、博士生指导老师,现在我指导研究生的方法也正是沈老师传授给我的。"

沈祖炎院士在培养学生的同时,还为学生的发展提供机会。李国强说:"20世纪80年代,为适应我国经济发展和高层钢结构建筑建设的需要,沈老师主持了上海市《高层建筑钢结构设计暂行规定》编制,这是我国第一部有关高层建筑钢结构的设计标准,沈先生推荐了当时还是博士生的我参加该标准的编制,通过参加该标准的编制工作,大大拓宽了我的工程视野,深化了我对钢结构建筑的整体观念。到90年代,沈老师又推荐我参加国家行业标准《高层民用建筑钢结构技术规程》的编制,为我提供了一个向国内顶尖钢结构专家学习与交流的平台。另外,早在1990年沈先生就支持并资助我参加在英国举办的一次国际会议,这是我第一次出国参加学术会议,也正是这次会议让我结识了一些钢结构领域的国际专家,为我今后的学术发展提供了一个更加宽广的舞台。"

培养人才,适时敲打在所难免。沈院士如何对待"异样"的学生?全国工程勘察设计大师丁洁民说:"记得博一的时候,我还有些年少轻狂,对自己硕士阶段的科研成果颇为满意,滋生出了一丝的自满情绪。一天,先生对我说,有一个国际会议,让我准备一下去参加。"如此三番五次,丁洁民终于明白了山外有山。他说:

"我也开始意识到自己以往的专业研究范围非常有限,研究方法也较为单一,与国际前沿的先进技术与研究成果之间还存在着差距。先生用'一种独特的,看似有些宽松的方式提点我',直到现在,我都一直非常感激沈先生的这份良苦用心"。

在同济大学为沈院士举办的从教60周年纪念会上,沈院士一如既往,谈起教学便滔滔不绝:"导师的责任是为国家培养高层次人才,这是国家托付给每一位导师的重要任务。""教学并不是单方面的付出,对教师来说也是成长与进步。""一旦你进入到这个境界,你会收获一种特别的乐趣。""快乐""幸福""欢喜"等词汇不断从他的嘴里跑出来。

当代科技迅猛发展,土木专业人才培养应该从传统的框框里走出来。如何走出来,走向何方?这应该从刚入校的本科生开始布局。于是,1998年,他积极倡导并亲自带头为刚刚跨进校门的新生开设"土木工程概论"系列讲座,极大地激发了新入校的同济土木学子对所学专业的认同感与自豪感。2014年,同济新闻网《二十余位名师同上"土木工程概论"课》[9]一文中介绍:

本科生基础课程怎么上,卓越工程师培养如何更加符合当代工程实际的需要?我校土木工程学院从1998年开始,开展了土木工程师培养的宽口径改革。"今年秋天开始,'土木工程概论'这门课将拓展延伸到大学四年。"土木工程学院负责教学的副院长赵宪忠教授如是说。

"地震的震级、烈度是不同的概念。像汶川地震,震级为8级,但烈度从7度到12度都有。"从事土木工程防灾减灾的吕西林教授面对一年级新生侃侃而谈,"造成灾害的强烈地震平均每年发生十几次,可能会引起火灾、水灾、山崩、滑坡及海啸。普通房屋由于没有隔震防震设施,震害通常比有隔震设施的房屋大得多。"吕西林介绍,带铅芯的叠层橡胶支座具有很好的消能作用;还有近年发展起来的消能减震技术,它将地震输入的结构能量引向特别设置的机构和元件加以吸收和耗散,以保护主体结构的安全。300多人的大教室里两节课的讲解,吕老师讲得投入,同学们听得投入,软钢合成阻尼器、剪切型蜂窝梳状阻尼器、黏弹性阻尼器、油阻尼器、风工程、风洞,一直讲到央视大楼火灾、2010年上海高层住宅楼火灾及其防治,"时代感强、信息量大"是一年级新生们对吕老师上课的共同感受。

1997年,我校土木工程学院根据教育部颁布的新的本科专业目录,将原结构、桥梁、道路、岩土等专业合并为土木工程专业,1998年在全国率先提出了宽口径土木工程专业的课程设置方案,并为一年级新生设立基于宽口径培养目标所需的"土木工程概论"课程。讲授的内容涉及土木工程学科的历史、主要领域和最近技术成就。"一学期下来,同学们对土木工程的大致面貌就有了一个清晰的框架和图景。"赵宪忠说,这对同学们进一步学习帮助极大,正如爬山,登到了山顶然后再去探索某一条沟壑,全局在胸再解剖麻雀当然好。所以从开始起,学院便邀请理论功底深厚、实践经验丰富、表达能力出色的校内外名师授课。不仅如此,在教材建设方面,还组织出版了土木工程专业指导委员会推荐的中英文《土木工程概论》规划教材。赵宪忠说,十余年来,项海帆、沈祖炎、孙钧、范立础、卢耀如、郑时龄、叶可明等院士,沈恭、汪大绥等校外工程名家,李永盛、陈以一、朱合华、楼梦麟等历任土木工程学院院长、书记都成为该课程的讲师团主要成员,为课程建设奠定了良好的师资基础。

2011年,结合土木工程专业"卓越工程师教育培养计划"的实施,在"土木工程概论"课程中增设了新生讨论课。"如何保证东海大桥的桥墩分毫不差落在设计好的点上""上海中心高达数百米的高耸立柱受力情况如何""这么大的隧道(港珠澳大桥)沉管,怎么一条细小的裂缝都没有"……一年级的同学们没有太多的专业知识,但与承担重大工程科研项目的教授们在一起有的是无穷的好奇心和问题,而小班化、讨论式教学为这种近距离、面对面的提问创造了便利条件。同学们的问题虽然没能问住教授们，但却体现了年轻学子对种种工程科学问题的极大兴趣，潜移默化间学生们不断要求进入教授们的课题组、实验室。"同学们很快就从高中生变成了大学生，学习、思维方式都在转变，大家对这种教学方式好评如潮。"赵宪忠说。

"2014年秋季学期开始，结合土木工程专业本硕博一体化课程体系调整，将传统的'土木工程概论'延拓至本科四年。"赵宪忠告诉我们，这样就形成一个层层推进的必修体系。具体安排是第一学期"土木工程与土木工程师"新生研讨课，第二学期"土木工程各学科方向（建筑、桥梁、岩土、道路、防灾等）的内涵与发展"，第三学期"土木工程史与土木工程大师的创新思想"，第四学期"伟大工程巡礼（Discovery）录像观看及研讨"，第五学期"创新思维与学术性转换"，第六学期"重大工程案例分析与研讨"，第七学期"工程综合分析及其社会影响"。其中，第一学期的"土木工程与土木工程师"新生研讨课至关重要，其课程质量对学生四年的本科学习和未来发展有极大影响，需要进行重点建设；而"土木工程概论"课程在教学内容、师资队伍等方面都为其提供了良好的基础条件。

"第一学期，我们的课程安排都出来了，还是延请师德高尚、学术拔尖、育人有方的老师展开新生研讨课。"赵宪忠介绍，"除了以前那些名师外，我们还延请上海市教学名师、同济大学常务副校长陈以一，上海市教学名师李国强，上海市教委高等教育处处长何敏娟，上海市教学名师、土木工程学院院长顾祥林，院党委书记陈世鸣，土木工程学院副院长，土木工程学院各系所主任，以及部分知名教授亲自为各个小班学生开展研讨式授课。这些老师将与一年级新生共同探讨高中到大学的角色转换，为他们传授土木工程的基本知识、工程美学、工程经济，培养他们的研究型思维等内容；同时，通过'设计属于你自己的土木工程构筑物'来锻炼其自主学习能力、启动其创新意识。"看着课程"菜单"，记者与他约定，下半年来听课。

如今，已经开设了20余年的"土木工程概论"课，早已枝繁叶茂、步步深入。记者又以"土木工程学院新生中开设'课程超市'"[10]为题，解答该学院如何培养"土木工程与土木工程师"。文章中说：

经过高考洗礼的新生刚刚走进大学校门，一切都是新的，课程也是新的。是按照先前的做法在一年级仅仅开设英语、公共课，还是从入校第一天起就开始训练这些未来的工程师？同济大学土木工程学院的做法是：尽遣院内外名师开设面向所有新生的"土木工程与土木工程师"研课，16位一线教授同一时间在教学南楼16间教室里齐整上阵，小班上课的"课程超市"就开业了。

"'土木工程与土木工程师'课程将延续8个学期，贯穿整个大学阶段。"该院主管教学的副院长赵宪忠介绍。第一学期安排的是新生研讨课，没有具体内容要求，只有议题设置，议题包括大学的适应性转换、什么是土木工程、土木工程师的知识能力素质要求、现代土木工程、职业发展与规划，以及主题研讨等。记者拿到了10月15日上课教授名单：陈以一、何敏娟、顾祥林、陈世鸣、李国强、吕西林、葛耀君、朱合华、黄宏伟、童乐为、陈艾荣、李建中、刘曙光、赵宪忠、蒋欢军、熊海贝等，他们都是当今中国土木界的风云人物。

课程大纲给出的议题十分宽泛，"新生研讨课"如何上？走进课堂后记者发现，这里的世界很精彩。"什么是好的土木工程师？"顾祥林老师首先抛出问题，"每组出两位同学，演正反方，发表看法。"话音刚落，第一组挂着耳机（当今大学生标配）的身高修长的男生首先发言，"尽最大努力做到最好就是好的工程师"，随即有人站起来反驳："你太泛泛而谈了，好的工程师首先应该对社会有所贡献，还要尽力让资源消耗最小化，还要从细处着手，土木乃百年大计也！"这位同学越说越顺，全班同学惊，然后掌声一片！接着，第二组、第三组、第四组，放开了的同学们争着抢着发言，顾老师始终笑眯眯地看着大家，最后他说："美国国家工程院本世纪初提出工程师的素质要求，内容包括：睿智像吉尔布雷思，解决问题能力像戈登·摩尔，科学洞察力像爱因斯坦，创造力像毕加索，决断像莱特兄弟，比尔·盖茨的领导能力，罗斯福的良知，马丁·路德·金的远见卓识，还有孩子般的好奇心。"

紧接着，顾老师讲述各种土木工程。住即住宅、办公、工厂，文化体育设施、商业社会服务设施等，案例尽是世界范围内的著名工程。行即公路与铁路，桥梁当然是其中的重要内容，磁悬浮、隧道，同济参与的重大工程顾老师更是如数家珍。他说，土木工程还远不止这些，农业设施、堤坝、给排水……土木工程涉及道路、铁路、桥梁、隧道、港口、机场、楼房等各种设施的设计、建造和维护。建筑工程、交通土建工程、矿井建设工程、水利水运设施工程、城镇及建筑环境设施工程、防灾减灾工程、能源输送工程等都是广义的土木工程范畴。

外聘专家（上海城建市政工程集团有限公司高工）王洪新的课堂则是另一幅景象。"如何当好一名好的土木工程师？首先要向大师致敬，然后要积累经验。"王洪新如是说，"但是工程经验往往是害人的，因为将A工程的经验用到B工程上，往往会失败,这是因为环境条件都变了。怎么办?"王洪新滔滔不绝,"要有批判意识,更重要的是善于将复杂的工程简单化,但做之前不能简单化。"王洪新列举了亲身经历的一个个工程,上海世博园区透水人行道、京沪高铁……"我们在做一个铁路基坑时,突现涌水",现场的工人立刻电话他,"您的预见太准了,真透了!用什么办法堵?""我也没办法。""那怎么办?""让我想想。"王洪新最后给出的答案是:用振动锤套钢管桩套筒。很快,水止住了。接下来,王洪新介绍自己在实践中总结思考并给出一个个答案的工程案例、算法和公式。"哇!""喔!""好厉害!"同学们对这位来自一线专家的累累成果发出阵阵惊呼。据统计,15日的讲课中,类似王洪新这样来自土木工程一线的外聘专家共有5位。

"开设新生研讨课的目的,是要将学生的兴趣、热情和想象力全部调动起来。"顾祥林告诉记者,为了上今天的课,他连国家自然科学基金"十三五"发展规划的会都请了假。采访中,记者发现不少老师都存在顾老师的这种情况。"同一个主题,不同的老师上,不同的讲课风采就会百花齐放,这门课的魅力会很迷人了。"顾祥林介绍,同学的兴趣调动起来后,就开始做"属于自己的土木工程构筑物"了,届时交上来的作业一定也会争奇斗异、令人期待。

据了解,"土木工程与土木工程师"的课程在接下来的几个学期里,会参考土木工程学科的内涵与发展、土木工程史与土木工程大师、伟大工程巡礼、工程科学与创新思维、重大工程案例分析与研讨、工程综合分析及社会影响等议题,院内外将会有更多专家走上讲台。

"这场影响深远的土木工程人才培养改革,源于沈先生当初的'鼓动翅膀'。"如今已是副校长的赵宪忠教授动情地说。

五、教改园地里的持续探索

在沈祖炎从教60周年纪念会上,吴启迪回忆起1989年至1995年她任同济大学校长助理和副校长期间,曾和时任同济大学副校长的沈祖炎教授共事的工作经历。

吴启迪回忆[8],在学科建设上,沈先生为同济大学实现综合性大学的战略目标,提出了不少具有前瞻性的举措:他倡导建立了同济大学文科发展委员会,将当时从事教学工作的文科教师凝聚到学术研究的方向上,为此还创建了《同济大学学报》(社会科学版);他提出了设立生物医学工程学科的建议,为同济恢复医学学科做了早期铺垫;即使在当时作为强项的同济工程学科中,他也敏锐地捕捉到未来的发展趋势,大力推进汽车专业的建立,组建了计算机CAD中心等，为不同于传统土建学科的新增长点谋篇布局。

在教学管理上，沈先生主持了同济大学教学质量保证体系的研究。在沈先生的努力下，同济大学建成了行之有效、长期坚持、全面覆盖的教学质量保证系统，制定了相关的标准、要求，建立了一系列的制度、组织和运行方式，成为全国高校的范例。

沈祖炎连续担任最早的三届全国高校土木工程学科专业指导委员会主任，推动该学科向宽口径教育转变；1993年起连续担任最早的两届全国高校土木工程评估委员会主任，创立了我国第一个工程专业评估认证制度（土木工程专业评估认证制度），促进了我国工程教育以培养合格工程师为目标的改革，使我国早在1998年即实现了与英国土木工程专业评估结论的互认，提升了我国工程教育的国际地位。课题成果《20年磨一剑——与国际实质等效的中国土木工程专业评估制度的创立与实践》于2014年获上海市教学成果奖特等奖、国家级教学成果奖一等奖。

吴启迪说："在这些影响到学校日后发展重大决策的谋划和实施中，沈先生的思虑可谓站高望远，具体推进的步骤可谓举重若轻。"

如今，再来看当年沈祖炎提出的建议：《同济大学学报》（社会科学版）已经是中国数家数据库的来源期刊之一；同济医学与生命科学领域，也已产生了数位院士；同济汽车专业早已是众多莘莘学子心中的梦想。

除了这些，沈祖炎孜孜以求并深耕力作的就是人才培养了。他作为主管教学的副校长，从上任之初就开始谋划，付诸实施并不断完善，这个进程至今还在持续中。

"城市规划专业培养方案在教学体系中提出以下四个原则：必须重视建筑、市政工程方面的专业知识的培养；应具备经济、社会、环境、建筑、市政工程等多方面的综合能力；必须摆脱就城市论城市的状况，学会从区域宏观的角度思考城市发展的战略和战术，重视培养城市规划技术、行政管理、法律法规方面的知识。其中，后面三个原则牵涉到一系列新课程的设置，课程组提出了城市规划专业课程设置的建议，对教学体系作了较为根本性的改革。"沈祖炎在《挑战与突破：面向21世纪土建类专业人才培养方案及教学内容体系改革的研究》一书中凝结了以他为主导的同济教学团队面向新世纪人才培养的探索。比如，上述规划专业培养方案打破了传统的规划圈，充分吸收规划技术、行政管理、法律法规等，培养的视域极大拓宽。对照同济规划专业人才培养的今日现状，可以说努力与上升的空间依然很大。

这种改革，将"知识、能力、人格"全部"量化"到人才培养的各个环节，开展的是一场"清场式"再造人才培养模式。1995年，国家教育委员会（现教育部）推出了"面向21世纪高等工程教育教学内容和课程体系改革计划"，同济大学等学校提出的"土建类专业人才培养方案及教学内容体系改革的研究与实践"项目，立项论证报告及实施计划获得了国家教委的批准，进入该计划。

由同济大学牵头，联合东南大学、西南交通大学、湖南大学、哈尔滨建筑大学、河海大学、武汉水利水电大学、郑州工业大学等高校，广泛借鉴国内外同专业培养方案及教学内容，从知识与能力结构、专业设置入手，制订土木工程专业培养方案，旨在拓宽专业课程知识面，加强实践性教学环节，改革管理模式及教育评估。进一步夯实学分制，使教学管理规范化、科学化、程序化和现代化。同时，不断强化教育评估。沈祖炎说："逐步从以教育投入为核心转向以教育产出为核心。目前评估往往着重于教育投入，诸如师资力量、教学设施、图书馆、实验室、课程设置等，随着评估的持续进行，进入第二轮、第三轮后应该逐步转向以教育产出即学生的质量为核心。"

在深入讨论研究的基础上，以沈祖炎教授为首的项目组提出了专业拓宽方案，即把原有的建筑工程、交通土建工程、城镇建设、矿井建设等专业统一确定为"土木工程专业"。随后，由他担任土木工程专业指导委员会的主任，该指导委员会制订了完整的土木工程专业（本科）的培养目标、培养方案、课程设置。紧接着，他还主持完成了同济大学土木工程专业教改的试点工作。

这场改革始于1996年，随着改革的深入，全国200余所设有土建类专业的院校成功实现了向宽口径的"大土木"专业的转变。

在2004年第三次全国教育评估机构年会、2006年上海市教育评估协会年会上，同济大学相继被邀请做有关"本科教学质量保证体系"大会报告；2006年12月，李国强副校长应邀在日本介绍我校本科教学质量保证体系及实施情况，受到日本高教界的高度评价……这场由沈祖炎院士发起并主导的"同济大学本科教学质量保证体系"经过长时间的酝酿、打磨，2005年秋在全校全面实施本科教学质量保证体系以来，同济大学已经构建起全方位监控、循环闭合的本科教学质量保证体系，由此培养出的毕业生深受社会欢迎。它究竟是怎样的一个体系，对人才培养有何意义？

1998年起，同济大学明确将本科教学质量保证工作作为实现学校发展的基石和生命线进行研究与探索。随后，开始了每4年一次的院系本科教学评估工作，经1998年、2002年的两次校内评估后，学校深切地认识到：教学质量取决于教学的全过程，必须在学校内部建立、健全一套从教学质量目标的定位、教学资源与目标的适应性，到教学条件的保障、教学过程的全方位的监控，直至监控后各类信息的分析、反馈，对改进情况进行监控的循环闭合的教学质量保证体系。

沈祖炎牵头的教学质量改革小组，先后以各种形式召开了大小会议50多次，经过反复酝酿，制订了以"全方位监控，保证关键环节实现质量目标；循环闭合，保证质量目标适应社会发展和学校定位"为指导思想的《同济大学本科教学质量保证体系（试行）》，于2004年10月正式颁布，将影响本科教学质量的关键因素和人才培养过程中的关键环节列为教学质量目标和管理职责、教学资源管理、教学过程管理、教学质量监控、分析和改进四个主要方面，共设立了18个一级项目、37个二级项目、91个质量要求，环环相扣、互联互通，构成一个完整的循环系统。沈祖炎出任学校本科教学工作管理评审专家组组长。

2005年以来，全校每一位员工都成为质量保证体系大循环中的一员。目标保证、资源保证、过程保证、全方位监控涉及管理部门、院系、管理人员、教工……学校专门成立了校教务委员会及教学质量管理办公室，新教师上岗培训，实验室及项目开放，职称晋升以及教学大楼的配给、经费的拨付等都向本科教学集中。

量化指标，狠抓课堂落实。"我们将本科教学质量保证体系中的各项指标分解到以岗位责任人为对象的五个子系统之中。这五个子系统分别是本科发展定位决策系统、教师工作与教务管理系统、课程建设与教改管理系统、学生工作系统和教学保障系统。每一个系统根据学校和学院本科教学质量保证体系框架的要求确定工作流程和岗位职责。其中的重点是教师和教务管理，关键是课堂教学质量。"时任经济与管理学院副院长周平海介绍，经过广泛参与、反复修改，经管学院拿出了包括"本科教学学生评议表""专家听课意见表""试卷抽查情况表"在内的6种量化表格。从教师上第一堂课开始，这些表格就进入跟踪监督程序，教师、学生、专家、院领导和教学管理人员共同组成了教学质量保证体系实施和监督的大网，一直动态跟踪到课程结束。

在经济与管理学院及土木工程学院试点的基础上，2005年11月，本科教学质量保证体系在学校全面铺开。土木工程学院"课堂教学质量执行情况表""实习教学质量执行情况表""实验教学质量执行情况表""课程设计教学质量执行情况表"等控制性表格一应俱全，一表在手，课程情况一目了然。

"如何保证质量？我们实行的是学生、专家、领导'三堂会诊'。对执行过程中发现某方面确有欠缺的老师，我们同样'三堂会诊'，给予帮助。对于那些普遍性的问题，则群策群力，逐一研究解决。"周平海说。

质量的核心是课堂，课堂的焦点是教材，狠抓精品教材建设是同济大学质量保证体系建设的一大亮点。多年来，随着教改的不断深入，同济大学的优秀教材建设取得了优异的成绩，仅2021年，同济大学获全国优秀教材特等奖1项、一等奖2项、二等奖8项，获全国教材建设先进集体、先进个人各1项。数学系编写的《高等数学（第七版）》（上册、下册），荣获全国优秀教材特等奖；《高等桥梁结构理论》《钢结构基本原理》获全国优秀教材一等奖。

《钢结构基本原理》首次以建立钢结构基本概念为纲、以阐释钢结构基本原理为目、以理解标准规范为用，架设了从力学原理到工程设计的桥梁，开创了土木工程宽口径人才培养以来强化设计原理的教材编写体例的先河。随着国内外钢结构理论、技术与实践的不断发展，以及《钢结构设计规范》的修订，教材作了相应的修订和再版，也支撑了钢结构国家精品课程、国家精品资源共享课程、国家线上一流课程的建设。该教材已被70余所不同类型大学的土木类专业采用，被列为"十二五"普通高等教育本科国家级规划教材，也是高校土木工程专业指导委员会规划推荐教材（经典精品系列教材）。

土木工程学院荣获"全国教材建设先进集体"称号。土木工程学院构建了"共性基础＋个性发展"的卓越人才培养体系，以课堂教学、实践创新、交流合作三个链条为横向培养轴，夯实共性发展基础。围绕课堂教学链条，构建了本研一体化课程和教材体系，包括国家精品课程13门、上海市精品课程20门及重点课程35门，"十二五"普通高等教育本科国家级规划教材23部，上海市普通高校优秀教材7部。围绕实践创新链条，重构了虚实结合的实践课程和教材体系，出版教材和指导书40余本，获1个国家级、4个上海市虚拟仿真实验教学项目。围绕交流合作链条，建设了全专业英语课程和教材体系，入选教育部和上海市来华留学英语授课品牌课7门、上海高校示范性全英语教学课程11门，出版英文教材4部。同时，以在线课程和新形态教材建设为抓手，率先在"爱课程"网上推出土木工程微专业，27门课集中上线，累计学习逾60万人次。

得益于深基础、广视野、强素质、重能力的人才培养模式，同济大学的毕业生一直以来受到用人单位的青睐。学校就业指导中心的有关负责人介绍，2004年以来，同济大学本科就业率一直保持在高位，整体在90%以上，其中就业率100%的本科专业近20个。

《同济大学本科教学质量保证体系》在同济大学校内得到全面推广成功后，又开始走向全国。时任全国人大常委会副委员长许嘉璐来同济大学调研,在听完汇报后,高兴地说:"你们是全国第一家,这么全面地把影响教学质量的关键因素和关键环节都考虑进去了,环环紧扣,自成体系,非常好!"

2009年,"全方位监控、循环闭合的本科教学质量保证体系的构建与实践"获上海市教学成果一等奖;2014年,"全方位监控、多阶段跟踪、持续性改进、本研全覆盖的质量保证体系建设与实践"获国家级教学成果二等奖,并推广至全国各高校。

六、为师的魅力

不让上课就难受的沈祖炎院士,究竟是怎样的一位师者?

"教学当然是第一位的。"沈祖炎说,大学的职能就是要为国家培养人才,教师的教学可以说是责任重大,必须采取最有效的办法来培养学生。沈祖炎年轻时,没有繁重的科研活动和其他事务,能全身心地投入备课,但他这种坚持未因副校长、科研带头人等经历而有所改变。曾有媒体这样报道[12]:

给学生上一节课,用来准备的时间肯定比一节课要多几倍。一直以来,他养成了第二天要上课,头天晚上一定要安心备课的习惯。沈院士说:"年轻的时候知识储备少一些,为了备好课,每一章都要找几十篇相关的文章来充实外围知识,精心挑选出能在课上用得到的,这样心里才有底。"

报道说,沈祖炎认为教授一门课程几十年,如果抱着一本讲义一教到底,容易给学生造成一种敷衍了事的感觉,这样往往得不到学生的认可。同一门课程的内容不可能一成不变,随着科学的发展、时代的进步,应该是有新内容不断充实进来的,只有将这些新知识融入课程里面,学生才能学到新东西。

备足了课,就好比准备了丰富的食材,怎样才能端出一桌子美味佳肴,即怎么教才能取得好效果?沈祖炎也想足了办法,面对初次接触的新生,在开始上课的时候,常常采取小测验、随堂问答或者谈话的方式去了解他们,几次下来,就对新同学有了大致的了解。在此基础上,他开始按照学生知识、能力的不同,采取分层教学法。"有的学生接受能力强,可能吃不饱,可以让他们再学深入一些;有的学生接受慢一些,这就要等一等。而在整体上,主要是考虑中间的学生,以便让最多的学生学好知识。"他说。

这种因材施教、精益求精的做法还延伸到板书。一块长长宽宽、上下两层的黑板,究竟如何安排板书,从哪儿开始、重要的东西写在哪里，沈祖炎都有自己的谋划；何时写、写多少、前后顺序怎么安排，他都要做到事先想好，在堂上按照"子丑寅卯"一一流出的顺序，不疾不徐、缓缓呈现，同学们常常发出"沈老师的板书，看着是享受""看着要点、一一推演，逻辑'严丝合缝'，真享受！"的感叹。于是大家的笔记里常有"依样画葫芦"的图片和手机里的板书照片，说："期末考试，这些都是宝！"沈祖炎总结自己板书的经验：第一不能乱，否则学生看不懂，要有顺序、轻重有别，让学生好把握，也便于抄写；第二是不能一上课就抄满黑板，这样学生看着心里容易犯堵；第三是板书也不能太少，这样学生有可能记不住重点。

沈祖炎的课堂，常常会有看似稀松平常、细想高端大气的各种问题抛给学生，这些问题都是从知识生发，铺展开去，延伸到期待同学们生发兴趣、倾心投入的时代（未来）命题。沈祖炎说："通过知识的讲授，启发、引导学生主动学习、独立思考、积极探索的兴趣，慢慢地，他们就会进入未知的领域去探索。学生自己想动脑筋了，将来肯定会有出息。"

改革开放后，沈祖炎开始带研究生。"想入沈先生的门，就得做好吃苦的准备。"这是沈院士的研究生们口耳相传的"真经"，为什么这样说呢？学校规定研究生修36个学分就够了，可是沈祖炎却要自己的学生至少修满50个学分。他的理由很充分：研究生是为专业学科培养接班人的，要先打好基础，知识积累要有厚度和宽度。沈祖炎知道，要修这么多学分，会影响学生评奖学金，修的课程多了想门门都优秀就难了，但他说："为你们的长远发展计，你的弹药粮草多，自然就行稳致远且能为将来发展省去许多力，得远远大于失。"

研究生学位论文当然重要。许多导师都是直接给学生命题，但沈祖炎不是这样。"你先找自己感兴趣的题目。"他常常这样跟学生说，他深知学生感兴趣，肯定就愿意做。但是，能不能深入下去，就需要老师来掌舵了。学生找不出，他也会说："我手上这几个项目，你对哪个感兴趣？"沈祖炎认为，学生没有独立研究的精神，只是被动地为了拿学位而应付，这很难达到学科人才培养的要求。所以，他的研究生在开题时，沈祖炎总是先让学生自己拟定一个研究方向，学生按照研究方向查资料、看文献，然后师生一起商量，看看拟定的题目是否合适。据他介绍，一般他带的研究生都要反复两三次，最后才定下一个主题。这个过程既能让学生初步掌握做研究的一些基本方法和理念，又能通过题目的筛选，找出符合学生兴趣、特长的研究方向，为其今后的科研生涯奠定良好的基础。

"一个好的开题报告，实际上已经把论文的50%完成了。"沈祖炎说。开始做研究之后，沈祖炎更加强调培养学生独立做科研的能力，强调做学术一丝不苟的精神。他常给学生讲，师父领进门，修行靠个人，他负责把学生领到学术殿堂的门前，进门之后，更多的是靠学生的悟性走上独立发展的学术道路。

沈祖炎说，琢磨学生其实也有很多乐趣。他说，"文化大革命"前的学生和今天的学生很不一样，20世纪八九十年代，学生的精神面貌也有很大不同。因此，同一个讲义，必须时讲时新，与时俱进，讲出时代特色才有可能吸引他们。不仅如此，沈祖炎还走进了学生的内心，课外时间只要一有空，就会和同学们谈天说地，说起各种流行之事；找学生谈心，从生活到学习，无话不说，和风细雨。他说，这么好的苗子，交给同济了，我们有责任帮助他们健康成长，成为国家栋梁。

沈祖炎的学生孙飞飞说："读博士时，沈老师给我留言总是以'您'相称。开始很不好意思。后来，问同学才知道，沈老师对自己的学生都是这样称呼的，心里那个温暖！想着他对我们总是笑眯眯的和蔼样子，我暗暗发誓，将来也要做老师这样的人。"

一张沈祖炎指导学生的图片中，沈老师厚厚的眼镜，右手成拳微微托着下巴，正全神贯注地看着小姑娘在纸上演算，师徒二人研究问题的样子顿时让人觉得人间美好大概就是这个模样吧。多方打听，孙飞飞说："这是一位不知名的学生，多年前已经想办法问过，问不到具体是谁了。"

这大概就是这位大家的日常：徒有请，师必应。瞬间已被定格，学生已经叫不出名字；师者，大概都是沈祖炎这个样子吧。

图3　沈祖炎指导学生课程设计。图片来源：同济大学土木工程学院建筑工程系《明师厚德　钻坚仰高——沈祖炎教授从教60周年纪念文集》

七、实力雄厚的学术梯队

严师出高徒，对照沈祖炎院士门下，就是如此。

同济大学原常务副校长陈以一回忆，自己跟着沈先生读在职研究生，从硕士读到博士。他说，因为获得公派留学的机会，1990年他以中日两国政府联合培养博士生身份进入日本东京大学大学院学习。按照培养计划，陈以一在进入博士论文研究前，按一般要求有课程学习，结果两位教授和他面谈后，说这些课程不用去听了。陈以一感慨地说："同济结构工程的本科和研究生课程学习真是管用，也得益于沈先生给学生们进行的严格训练。"看来50个学分，是十分实在不掺水的。

陈以一说，受沈先生的熏陶是全方位的。陈以一第一次上课，经历了被"挂在黑板前"后，只要是第二天有课，当天晚上必定是"诸事不问，只管备课"，陈以一一辈子坚守了这个规矩。

陈以一说："1997年学校建立土木工程学院，我担任了教学副院长的工作。当时面临实施宽口径土木工程专业培养模式的改革，如何把若干个各成系统的窄口径专业课程体系予以合理整合成为一大挑战。沈先生时任全国土木工程专业本科教学指导委员会主任，在先生的直接指导下，学院组织各系用了近一年时间，形成了设置基础课程、明确课群方向的基本方案。其后，沈先生亲自抓试点班，把数学、力学、材料等教师集中起来，请大家一起探索。印象特别深的一件事，是沈先生提出了让新生建立工程意识的观点，基于此在全国首设了'土木工程概论'课程。为了这门课能真正上好，要请哪些名师授课，沈先生都亲自遴选，短时间内就使之成为一个经典品牌。由于沈先生和教指委其他前辈的努力，最早由同济方案提出的许多基本构想很快就被高校同行接受。"

在沈院士的悉心指导下，陈以一渐渐成长起来，从学院到学校，直至负责全校的教学工作，在科研与育人方面都取得了卓越的成绩。他参与的"上海体育场马鞍型环状大悬挑钢管空间屋盖结构研究""上海大剧院钢屋盖系统的试验分析和理论研究""上海浦东国际机场航站楼钢结构屋盖的研究和设计"分别于1998年、1999年、2000年获上海市科技进步奖二等奖。其人才培养风格更是大有乃师之风。

曾任副校长的李国强在多高层钢结构、钢结构抗震、钢结构抗火诸领域卓有建树。他创建了钢结构火灾安全保障技术体系，突破了国外对钢-混凝土混合结构用于地震区的技术壁垒，研发了大承载消能减震钢构件系列产品，成果应用于上海世博永久场馆、北京奥运场馆、虹桥交通枢纽、浦东机场、中国博览中心、中国商飞大飞机总装厂、上海中心大厦等国家重点工程。先后获得国家级科技成果二等奖3项；获得省部级科技成果23项，其中一等奖10项、二等奖9项、三等奖3项、中国专利优秀奖1项；其他科技成果5项。获得国家奖的有："消能-承载双功能金属构件及其高性能减震结构"获2017年国家技术发明奖二等奖（排名1）；"大跨度钢结构防火防腐关键技术与工程应用"获2014年国家科技进步奖二等奖（排名1）；"热轧H型钢产品开发与应用技术研究"获2006年国家科技进步奖二等奖（排名9）。他培养的学生包括徐晴、王苑佐、张文津、孙瑛志、王志鲁等博士，李思同、赵道、冯程远、赵星源、赵忆东等硕士，他指导的博士学位论文获国际火灾安全科学学会"杰出研究"奖；指导的6名博士和1名硕士的论文获上海市优秀学位论文；指导的学生在"挑战杯"竞赛中三次斩获大奖。

全国工程勘察设计大师丁洁民在沈院士从教60周年时，撰《师恩如山》一文："回首跟随沈先生求学的6年硕博生涯，许多往事仍历历在目。他的严谨治学、热情待人和对于专业的热爱深深地影响了我，他的孜孜不倦的教导一直指引着我在工作与研究中不断前行，形成一种善于琢磨和精益求精的工作态度，让我得以自如地应对工作中的多种事务。"文中，他叙述着与沈先生相处的细节："有几次，他约我午饭时间在食堂碰面指导论文，有时讨论提早结束也会一起在食堂吃顿饭。当我端着一小碗面条坐到他对面时，他说一个大小伙子怎么就吃这么少，要我多注意保重身体，多注意补充营养和坚持锻炼，不可忽视健康的体魄对于一个工程师的重要性。"

赵宪忠，1995年至2000年跟随沈祖炎攻读博士学位，现任同济大学副校长。他研究的主要方向是钢结构节点性能、钢-混凝土组合结构、钢结构抗震抗倒塌性能、轻型钢结构体系、生成式结构设计理论和方法。承担的纵向、横向项目数十项。

叶继红，沈院士1995届博士生。主要从事大跨空间结构、轻钢结构的抗震、抗风、抗火等研究，现为中国矿业大学副校长。她的科研学术成绩突出，先后获得国家杰出青年科学基金项目、国家自然科学基金重点项目等十余项项目。她回忆："沈老师对学生的论文工作是极为严格的，每一个公式的推导、每一份试验数据都要细细推敲。记得赵金城向沈老师汇报课题时毕恭毕敬，走出办公室直擦额头上的汗水，我在旁哈哈大笑，心想：幸亏我是女孩，沈老师对待女孩没有这样严厉嘛。沈老师对学生的身心健康极为关心，学术会议的茶歇时分，老师会说，小叶吃些点心吧，关切的神情就像是一位父亲。沈老师对我说：'小叶，老师就喜欢你这种不服输的劲头。'是的，正是老师的这句肯定，一直激励我努力工作，丝毫不敢懈怠。当我获得杰青基金、重点基金资助时，老师叮嘱我：'认真投入，争取获得更上一层楼的成果。'我会牢记导师的叮咛，将它当作科研的准则。"

沈院士爱才惜才远近闻名。他说："我的学生能超过我，是我最大的快乐。"他鼓励学生们结合个人兴趣、社会需求、学科发展，大胆闯，开辟出一片自己的科研新天地。他们中既有主攻高层钢结构及钢结构抗火的，又有致力于高层建筑结构、大跨度结构和结构弹塑性分析的，也有主研钢与轻型结构的,还有瞄准钢结构和新型结构体系研究的……

对于沈祖炎关注学科长远发展这一点,几位年轻弟子也感同身受。当初正是在导师的鼓励下,赵宪忠、李元齐、孙飞飞三位年轻人在留校两年内就分别远赴英国、日本、意大利做博士后研究或开展合作交流。回国后,沈祖炎又与他们坐在一起,共同谋划每个人最合适的研究方向。

这样的一个学术环境,让不少学者心生向往。留学日本多年的吴明儿博士2004年底加入同济大学,在决意回国时,他的目光锁定同济,不仅因为"沈祖炎"这个名字在日本钢结构学界享有很高的知名度,让他格外心动的,还有沈祖炎领导的这支实力不可小觑的中青年学术骨干梯队。

沈祖炎的爱才惜才,延至李杰。1988年12月,李杰获得同济大学结构工程博士学位(导师:朱伯龙)后,回到了郑州工学院继续任教。20世纪90年代中期,沈祖炎邀请他回到同济。李杰院士回忆说:"1985年春,我来同济参加博士研究生考试。复试完毕,同来考试的同事聂建国老师告诉我一个故事:'口试完了的时候,沈先生专门起身,让我回去后请代他向孙国良先生问好!'"孙先生是聂老师的硕士生导师。我想象着当时的情景,不由对沈祖炎先生心生敬意:那该是怎样的一位谦谦君子啊!十年后,在沈先生的支持下,我有幸回到母校工作。与先生的交往,逐渐多了起来。近二十年亲自照顾教诲,每每在内心庆幸自己中年之后又得良师。李杰在回忆其博士导师朱伯龙的文章[13]中详细讲述了这一过程:

1994年夏,我自英国留学回国,恰逢化学工业部体制变更前夜,我作为化工部抗震防灾研究室主任,不得不慎重考虑体制变更后的出路问题。在我为是去清华还是回同济犹豫不决的时候,(朱伯龙)先生一锤定音:"早就要你回来,你要动,就要回同济!"1996年春,在周箴副校长、沈祖炎先生的共同操持下,我顺利回到母校工作。

罗永峰回忆[14],1988年师从沈祖炎教授步入钢结构方向科研之途,并在副导师胡学仁教授的协助指导下,完成了《网壳结构弹塑性稳定及承载全过程研究》博士论文。毕业后留校,依然在沈先生的带领下从事钢结构理论研究,并深入钢结构工程第一线进行应用研究。在沈先生的指导下,罗永峰申请成立钢结构理论与施工技术研究室,带领团队开展钢结构整体稳定性、钢结构施工技术、大跨度钢结构抗震以及既有钢结构监测、检测与鉴定等方面的理论与应用研究。参编了沈先生主编的著作《钢结构学》,主编完成《建筑钢结构施工力学原理》《建筑钢结构稳定理论与应用》，主编完成上海市《钢结构检测与鉴定技术规程（附条文说明）》（DG/TJ 08），作为副手参与沈先生主编的国家标准《高耸与复杂钢结构检测与鉴定技术标准》（GB 51008）、《钢结构制作安装手册》（第二版）。同时，在沈先生的推荐下，参编《新版钢结构设计手册》、《建筑抗震加固建设标准》、《民用建筑可靠性鉴定标准》（GB 50292）、《钢结构加固设计规范》、《建筑金属板围护系统检测鉴定及加固技术标准》（GB 51422）、《建设工程质量检测手册》、《现有建筑的可靠性检测与鉴定标准》。目前，作为主编之一正在负责修订上海市地方标准《格构结构工程质量检验及评定标准》《空间网格结构设计规程》《铝合金格构结构技术规程》等。此外，在沈先生的推荐下，还参加了多个行业协会和委员会，成为专业委员会的一员。

李元齐回忆[15]说："1995年初我提前攻博，有幸成为沈老师的博士生。因为没做过硕士论文，对即将开题的博士论文的研究工作毫无头绪。沈先生一开始没有和我多说，只叫我多看文献，尽快准备一篇关于拱支网壳结构体系的文献综述文章。也正是这篇文章的准备，使我对沈老师教书育人的方式及人格魅力印象深刻。我至今仍然保留着沈先生返还给我的这篇文章的多次修改稿，也只有到今天自己带了研究生，才能更加体会到这对于一个学生的意义。沈老师把我'精心'准备的第一稿改得'面目全非'。印象尤为深刻的是，重要公式他都亲自动手再推导了一遍，文稿修改连标点符号都改得非常清楚，并附上他的意见以及还需看哪一方面文献的建议。这样的修改持续了快半年，必要的时候还要当面讨论，直到定稿后才变得一页只有几个字或标点的修改。我能感受到当时作为主管教学副校长的老师，花了多少宝贵的时间在引导一个学生入门上！面对老师这样认真地修改，作为学生也无法不认真对待。这篇论文学术上可能不起眼，但它的完成让我熟悉了与自己博士论文相关的专业知识、国内外研究现状、目前存在的问题、可供自己研究的内容及可实现的目标和方法，为随后论文工作的顺利开展奠定了很好的基础。更重要的是，这个过程潜移默化地培养了学生认真、耐心和严谨的科研品质，让我养成了自己阅读文献的好习惯，初步领悟到一些做科研的基本方法。我想，我的师兄弟、师姐妹们也都会有与我相同的经历和感受吧。"

沈院士的博士、曾任建筑工程系主任的童乐为教授介绍，1982年以来，沈先生培养了130余名硕士和博士研究生，桃李满天下。目前，建筑工程系的师资队伍中就有12位专业教师（9位教授，3位副教授）曾是沈先生培养的博士生，现在都已成为钢结构方向的学科带头人和学术骨干。沈先生高瞻远瞩，为这些教师一一确定了主要的研究方向，涵盖了钢结构方方面面的研究领域，造就了同济钢结构国内一流、国际有影响力的师资队伍。"要读钢结构，考同济"已成为国内考研大军的首选。"沈先生，敬佩您，谢谢您，您呕心沥血，为同济乃至中国钢结构培养了一支高水平的师资队伍！"童乐为说[16]。

2001年，沈祖炎老师获评"全国模范教师"；2006年，荣获全国"第二届高等学校教学名师奖"。

八、为国家鼓与呼

作为一名教师，沈祖炎对各国的教育制度自然十分关注，他对美国的导师与研究生之间的雇佣关系颇有意见。他说："我1980年到美国做访问学者，1982年回国，发现在美国有一种说法，'研究生是导师的廉价劳动力'，后来我观察了一下，的确有这种情况，导师与研究生之间是雇佣关系，导师出了钱，学费、生活费都给研究生，研究生就给老师做事。"

美国导师缺少关怀与培养学生的观念，更没有为国家培养高层次人才的观念，他们也不提这个东西。就是导师有钱了，请研究生来做，这种市场经济中商业交换的成分比较多。有些导师觉得学生干活很好，总想多留学生在身边一段时间，做廉价劳动力，为此而不让学生毕业。有些研究生对导师的这种做法十分厌恶，美国有些师生关系就非常紧张。

沈祖炎说："回国后我做了研究生导师，就思考该采用哪种方式带研究生，我觉得还是按照我们原来那种方式比较好。研究生培养是为国家对高层次人才的需要而设立的，我们带研究生就是为国家培养高层次人才。这是一种责任，也是国家交给我们的任务。因此，应该把培养的事情、关怀人的事情摆在主要位置。我带研究生主要着眼于培养，根据他的情况，制订培养计划。我坚决反对把研究生当成劳动力。现在也有一些导师接了很多项目，让研究生帮他完成，这些项目与研究生培养关系不大，导师培养的意识非常差，所以研究生也觉得是帮导师'打工'了。此外，我还在考虑怎样全面提高研究生的能力。特别是硕士研究生，我要求他们念的学分特别多，别的老师要求三十几个学分，我要求他念五十几个学分。他需要学的我都要让他学，不要求他非要做我的课题。"

沈祖炎坦言，这种理念是从王达时、李国豪先生那里学来的。他说："做论文的时候，我还是坚持李先生和王先生培养我们的观念，根据学生的兴趣，培养他们独立研究的能力。我很少去告诉他们下一步去做什么，而是让他们自己去摸索，他们摸索不出来我指点一下。"

沈祖炎在薄壁钢构件局部稳定一高

层钢结构抗震弹塑性分析—大跨度结构的静、动力稳定—张拉集成结构与索膜结构的成形分析等领域步步深入，每前进一步就开辟了一个新领域，他带领的学术团队攀上一个又一个学术高峰。李杰回忆说："我印象最深的，是先生在20世纪90年代末进行的钢结构损伤累积效应研究。这是在我国率先进行的将损伤力学引入钢结构基本理论之中的探索性研究。先生带领他的学生们，通过大量细致、科学的试验研究，首次发展了钢材的累积损伤力学模型，并成功应用于高层钢结构的抗震分析，实质性地推动了钢结构力学分析理论从经典弹塑性力学向现代损伤力学迈进的发展进程。"李杰说："纵观沈祖炎院士的学术历程，20世纪70年代末高层钢结构的萌生，80年代末大跨度钢结构的兴起，90年代轻型钢结构的发展。每一个历史发展的关键节点，都可以看到沈祖炎先生和他的学生们在为未来的发展奠基。"

沈先生在《21世纪建筑工程及技术对力学的挑战》《挑战与突破——土建类专业人才培养方案及教学内容体系改革的研究》《研究生与导师关系变化明显》《土木工程专业创新型人才培养的设想》《知识经济时代的工程教育》《知识经济时代的高等工程教育》等文章、访谈中，深入而充分地阐述了关于土木工程、人才培养等"时代之问"的看法。在《土木工程概论综述》一文中，沈院士旗帜鲜明地提出："土木工程与人类、地球、能源、环境、土地、灾害等关系，对于人才培养而言，这些都是应该涉猎的，基础更坚实些、视野更开阔些、决策更周全些，都是要教给我们学生的。"

2012年5月31日，学者、政府人员齐聚同济把脉中国高等工程教育未来发展。沈祖炎院士作了题为"知识经济时代的工程教育"的报告，他指出，当今知识经济时代，需要组织全国力量研究和参与创新型工程教育的改革。他建议国家层面成立专门委员会领导、组织、协调改革中的各种问题，进行顶层设计；工业界参与工程教育改革；教育部着力根治"应试教育"顽症；工科院校攻坚克难，深入推进教学理念、课程体系、教学方法、教师考核制度等多方面改革。

土木工程是不是"晴天一身灰，雨天一身泥"，又土又木？早已不是这样了。沈院士说："土木工程技术由三个要素组成——建造材料、建造理论和建造技术。"绿色建材、金属材料、纳米材料、高分子复合材料等都将大显身手；建造理论方面，计算机仿真分析和虚拟技术、重大土木工程设置"健康"监测系统、各种灾害作用的研究、结构体系可靠度的研究都会有大的发展；建造技术方面，计算机技术、机器人技术都将会进入实用阶段。

沈祖炎满怀激情地畅想，今后土木工程的建造必将从地球表面向其他方面拓展,如向高空、向地下、向海洋、向太空,他说:"要把人类的活动舞台扩展到太空、扩展到另一个星球,还有很远的路要走,需要人类的共同努力,其中也有土木工程师应尽的一份责任。"

沈祖炎对钢结构行业有着自己的见解。他呼吁无论是国家或私人投资的大型工程建筑项目,均应该积极考虑以下几个方面。在建筑形式上,力求"内容"与"形式"的统一;在结构方案方面,必须注重结构方案的合理性与建筑造型的统一;在重大工程建设项目方案选择的运作上,应该有充足的时间,"时间"意味着"经济"和"质量";对于政府投资的重大公共建筑,必须建立具体的指标体系,分专业进行评价,不同专业应该拥有一票否决权;对国家领导部门,应该关心这类重大工程建设项目政府投资的必要性、技术含量和效率,重视工程在相关领域的示范作用。应该避免缺乏专业分析的"以貌取人"而导致高投资、高消耗、低技术含量、低效益的"畸形"建筑的出现,或仅为满足得到"世界第一"、做"形象工程"等的虚荣心理而付出如此高昂代价。

上海市建设工程金属结构"金钢奖"(市优质工程)是1996年设立的,该奖项已列入上海市优质工程系列,享受市优质工程荣誉。沈祖炎是评委之一。同为评委的姚念亮回忆:"每次评审他都认真做好事前资料审阅及要了解的问题和细节。有时他因工作繁忙而不能亲临会场,他不仅事前审阅资料填好选票(按规定一般只需如此),而且在百忙之中写下详细的书面意见。"

他建议在四川地震灾区永久性住宅建设中采用钢结构体系,我国应该大力发展钢结构住宅,以促进我国建筑钢结构产业发展等。针对我国钢产量持续快速增长,但与建筑用钢的现状存在严重反差的现状,沈祖炎等指出,建筑结构用钢、建筑钢结构基本理论及设计技术、建筑钢结构施工技术等均需要采取积极有效的措施予以有力推动。这些真知灼见凝结为《我国钢结构住宅发展前景及其关键问题》《促进我国建筑钢结构产业发展的几点思考》《中国建筑钢结构技术发展现状及展望》《促进我国建筑钢结构产业发展的技术政策研究》《钢结构学科的发展现状及前沿发展方向研究》《建筑工业化建造产业发展的技术政策思考》《我国钢结构设计理论与技术标准发展历程与展望》《上海及长三角地区建筑钢结构产业发展协同创新机制研究》《建筑工业化建造的本质和内涵》等文章,分别作为论文、报告或者内参建议提出。

绿色发展是新时代的主旋律。沈祖炎说:"钢结构是绿色建筑最佳结构形式。"2013年11月15日,第一届钢结构绿色建筑院士高峰论坛在浙江杭州召开。会上,沈祖炎提出,"轻、快、好、省"是对钢结构建筑特点的最好诠释。他认为，中国钢结构建筑的优势表现在以下九个方面：

一是安全可靠。具体表现在建筑材质均匀、力学性能清楚、计算及分析规范成熟。

二是抗震性能好。我国有70%以上的城市位于地震多发地带，钢结构建筑具有良好的抗震性能，钢材的延性好，钢结构建筑可以减少地震灾害所带来的损失。

三是耐久性好。钢结构建筑的材料性能不因时间长而损伤，正常维护下可以长期使用，不受时间限制。

四是可减轻地基受力，这是因为钢结构建筑自重较轻。

五是可增加房屋的使用面积，减小建筑的总高度。钢材强度大，梁、柱、墙、板等截面小，结构构件轻量化，可有效降低建筑自重。

六是可全部工厂制作，质量有保证，部品品质高，具有节能、节水、环保、减排的功效。

七是安装简单，建设工期短。钢结构建筑为现场机械化施工，部品工厂化制造，建设工期短。

八是结构和构件轻，运输方便，且在运输过程中对环境污染小。

九是易拆除，部品可重复利用、材料可循环利用。

沈祖炎表示，以上九大优势再次说明钢结构具有"轻、快、好、省"的优点，是绿色建筑最佳的结构形式。

《明师厚德　钻坚仰高——沈祖炎教授从教60周年纪念文集》简介中说，由于沈祖炎在土木工程教学和科研方面取得的卓越成就，他于1987年获得"上海市普通高等学校先进教育工作者"称号，1988年荣获人事部颁发的"中青年有突出贡献专家"称号，1990年获"全国高等学校先进科技工作者"称号，1991年获上海市"科技精英"提名，1998年获"国务院政府特殊津贴"，2001年获"全国模范教师"称号，2006年先后获得"同济大学校长奖"、上海市"第二届高等学校教学名师奖"和全国"第二届高等学校教学名师奖"。

在高层建筑钢结构方面，他建立了能考虑损伤、损伤累积和裂缝效应的钢材本构关系、各类构件和梁柱节点的恢复力模型以及梁、柱单元的几何非线性弹塑性刚度矩阵，并在此基础上提出了高层钢结构静力和动力非线性分析的统一计算方法。该研究成果在国际上也属创新，它不仅能对高层建筑钢结构的承载力、弹塑性整体稳定、弹塑性抗震等进行更符合实际的分析，还能计算出地震后结构和构件的损伤程度、裂缝的出现和发展规律以及带损伤结构在后继地震时的反应、损伤和裂缝的进一步发展规律。

在大跨度空间结构方面，他提出了能考虑各种初始缺陷的大型空间结构大位移弹塑性稳定分析方法。此方法不仅能正确地得到空间结构在各种类型失稳后的性能，还为大跨度空间结构在地震作用下出现动力失稳提供了判别准则和分析依据。这些研究成果对于大型钢网壳结构在中国的应用起到了积极的推动作用，并广泛应用于上海体育场、国家大剧院等重点工程。

附：生平简介

沈祖炎
（中国工程院院士）

沈祖炎，同济大学教授、博士生导师。1935年6月5日出生于浙江省杭州市。1955年毕业于同济大学工业与民用建筑结构专业，1966年同济大学结构理论专业研究生毕业。

曾任同济大学副校长、研究生院院长，上海防灾救灾研究所所长，国家土木工程防灾重点实验室主任、学术委员会常务副主任，中国工程建设标准化协会轻钢委员会副主任委员，中国工程建设标准化协会钢结构委员会常务委员，中国钢结构协会结构稳定与疲劳协会副理事长，国家土建结构预制装配化工程技术研究中心学术委员会主任，全国高校土木工程专业指导委员会主任及评估委员会主任，教育部工科院校科学技术委员会土木学组组长，上海金属结构行业协会名誉会长，上海市建设管理委员会科学技术委员会副主任，美国结构稳定研究委员会委员，国际桥梁与结构协会钢木结构委员会委员，英国土木工程师学会（ICE）和英国结构工程师学会（IStructE）资深会员（Fellow）。

2005年当选为中国工程院院士。

沈祖炎院士从事土木工程钢结构领域的教学、科研和工程实践工作已届60年，为中国钢结构学科发展和工程建设作出了重大贡献。研究方向主要为钢结构稳定、抗震及非线性分析理论及设计方法等。发表论文400余篇，出版《钢结构学》《钢结构基本原理》《房屋钢结构设计》等20部著作，主编、参编钢结构有关技术标准16部。主持40余项国家及省部级科研项目和30余项重大工程的结构理论分析和试验研究，为上海中心大厦、上海环球金融中心、上海东方明珠广播电视塔、上海体育场、上海浦东国际机场航站楼、上海东方艺术中心、上海南站、中央电视台总部大楼、中国国家大剧院、广州新体育馆、南京奥林匹克体育中心等重大工程建设的建设提供了关键技术支持。获国家及省部级科学技术进步奖35项。

沈祖炎院士耕耘杏坛60年，十分重视教学改革和人才培养，桃李芬芳，成果累累，获国家及省部级教学成果奖17项。2001年获"全国模范教师"称号，2006年获全国"第二届高等学校教学名师奖"。

1 交通大学：1957年，根据当时实际情况，交通大学分设上海部分和西安部分，1959年上海部分定名为上海交通大学，此处指的是上海交通大学。
2 同济大学土木工程学院建筑工程系：《沈老师·同济·交大和我》，载《明师厚德　钻坚仰高——沈祖炎教授从教60周年纪念文集》，上海：同济大学出版社，2015年。
3 沈院士家人说，先生的父亲沈仲寅，曾经参与国泰大戏院的建筑设计。因找不到更多史料，不入正文，留此存据。
4 《建筑结构学报》1998年1期。
5 吴至贤、包联进等：《上海大剧院钢屋顶结构设计》，载《第二届全国现代结构工程学术研讨会论文集》。
6 ANSYS软件是美国ANSYS公司研制的大型通用有限元分析软件，是世界范围内增长最快的计算机辅助工程（Computer Aided Engineering，CAE）软件，能与多数计算机辅助设计（Computer Aided Design，CAD）软件兼容，实现数据的共享和交换。
7 1980年5月，沈祖炎作为访问学者前往美国里海大学土木系，学习至1982年1月。回国后，同年12月，担任同济大学建筑工程系系副主任至1984年8月。
8 吴启迪：《教书育人一甲子——感悟沈祖炎院士执教六十周年》，载《沈祖炎文集》，北京：中国电力出版社，2015年。
9 刊发于2014年7月17日同济新闻网。
10 原载于《同济报》2014年10月25日二版。
11 2000年于同济大学出版社出版。
12 《采取最有效的方法来培养学生》，载科学网2006年9月7日。
13 李杰：《音容犹在　风范长存——纪念朱伯龙先生》。
14 《简言从师之获》，载《明师厚德　钻坚仰高——沈祖炎教授从教60周年纪念文集》，上海：同济大学出版社，2015年。
15 《恩师沈祖炎先生从教60周年随想》，载《明师厚德　钻坚仰高——沈祖炎教授从教60周年纪念文集》，上海：同济大学出版社，2015年。
16 《回眸·感恩·敬佩》，载《明师厚德　钻坚仰高——沈祖炎教授从教60周年纪念文集》，上海：同济大学出版社，2015年。

『到同济来做一流科研』

同济大学大科学工程首席科学家
何满潮院士掠影

"到同济来,就是要做一流的科研。"中国科学院院士何满潮教授表示。

同济大学土木工程学院有关负责人介绍,何满潮院士自2017年受聘同济大学"土木工程多重灾害实验装置"大科学工程首席科学家7年来,交出了亮眼的成绩单。

一、何满潮院士是做什么的？

何满潮，1956年5月24日出生于河南省灵宝市，矿山工程岩体力学专家，主要从事矿山岩体大变形灾害控制理论和技术研究。他提出了"缓变型"和"突变型"大变形灾害的理论体系，研发了多套大变形灾害机理实验系统，创建了深部岩体力学实验室；形成了无煤柱自成巷110/N00工法技术体系，引领了矿业科学技术第三次革命；提出了具有负泊松比（Negative Poisson's Ratio，NPR）效应的恒阻大变形锚杆（索）的理念，通过实验定型了具有负泊松比效应的恒阻大变形锚杆（索）序列产品，成功应用于工程实际，取得了巨大的经济效益和社会效益。2013年，何满潮当选中国科学院院士，2018年和2021年又分别当选阿根廷工程院院士和俄罗斯矿业科学院院士。

何满潮院士有着很多神奇的经历。1977年，何满潮考入长春地质学院工程地质专业，为何报考长春的大学，竟然是为了看电影方便！今天的人们可能都想象不出，在那个艺术几近荒芜的年代，偶尔能看到的电影，光芒四射的片头"抬出"的往往都是"长春电影制片厂"几个金闪闪的大字，于是想到长春念书顺便看个电影当然再正常不过了。机缘巧合，他在放假的时候，真的在长春电影制片厂摄制的电影《赣水苍茫》中饰演了一名红军战士，还和"潘冬子"的扮演者祝新运在一个剧组。

谁能想到一部电影中一闪而过的人物，后来成为了科学家。

伽利略是他的"神助攻"。一走进何满潮院士的办公室，就能见到十分显眼的伽利略像。为何？因为伽利略是他的偶像，伽利略的大事小事他都如数家珍。可巧，那年他考研的英语试卷，英译汉的题目正巧节选自《伽利略》这本英汉双语科普读物，由于他对伽利略传记的描述烂熟于心，考场上心中窃喜的他翻译起来自然行云流水，于是他本不擅长的英文取得了好成绩。

50岁之前，何满潮每年超过一半的时间都在全国各地的矿山，他经常下到千米深井进行现场试验。他说："我们所做的研究工作，与矿工们的工作环境息息相关，我们的负责程度往往关联的都是他们生命的安危。"

何满潮带领团队提出了一种新的采矿工法——110/N00工法（无煤柱自成巷技术）。这是我国具有自主知识产权的原始创新技术。与传统121工法（开采1个工作面，需要提前掘进2条巷道，留设1个煤柱）相比，110工法只需掘进1条巷道，N00工法不需要掘进巷道，且都不再留设煤柱，可将煤炭采出率从约50%分别提高至65%和90%，在大大提高开采安全性的同时，实现了开采的生态保护。该工法已在全国500多个煤矿应用，经济效益和社会效益巨大。该法也适用于非煤矿山的开采，因此被称为"矿业领域的第三次技术变革"。

"采矿就是你拿走了自然界的宝贝，打隧道是你把岩体拿走了。如果你不给补偿，人家会生气，继而引发塌方、岩爆、隧道大变形等。你亏欠人家，人家发脾气不是很正常吗？"何满潮诙谐地阐述着，"这种补偿不是我们买两斤黄瓜、一斤土豆，然后付钱就行的，所以我们提出了用新材料进行补偿。"也就是何满潮带领团队提出的另一项新的隧道开挖方法——开挖补偿法。解决了深埋隧道用传统新奥法开挖失效的难题。

二、他是这样来到同济的

2014年8月暑假期间，何满潮院士受聘为同济大学顾问教授。时任常务副校长陈以一为何满潮院士颁发聘书，并佩戴同济大学校徽。随后，何满潮院士作了题为"NPR恒阻锚索特性实验研究及防冲支护体系"的学术报告。

又过了几年，同济大学开始建设"土木工程多重灾害实验装置"大科学工程，面向全球招聘首席科学家。首席科学家应满足"在土木工程及其相关领域具有深厚的学术造诣和重要的国际影响力，原则上应为中国科学院院士、中国工程院院士、其他国家的科学院院士或工程院院士",年龄不超过65岁。

何满潮正符合这个条件。

2017年3月初,同济大学及土木工程学院一行人赴中国矿业大学(北京),双方签订合作协议,聘任何满潮院士为大科学工程首席科学家。何院士说:"希望两校以此次学科建设合作为契机,互帮互助,将中国矿业大学(北京)土木工程学科的排名提升至国内前列,将同济大学的土木工程学科建成国际一流。"

协议签订不久,2017年5月27日,首届"全国创新争先奖"(该奖仅次于国家最高科技奖)颁奖,何满潮榜上有名。原来,他围绕"岩体大变形"寻找防灾利器,从《笑傲江湖》的吸星大法里找到灵感,研制了具有负泊松比效应的恒阻大变形锚杆/索,做到了刚柔并济,这种NPR材料,国际同行称为He-bolt(何氏锚杆/索)。

三、他来同济后做了些什么?

2018年8月,第二届土木工程大科学工程论坛在同济大学召开。这次大会上,有一个重要事项,即与山东省临沂市签订合作协议。

报道说,为推进同济大学"土木工程多重灾害实验装置"大科学工程建设,提升国家防灾减灾救灾能力,与本届论坛同期举行了郯庐断裂带防灾减灾研究中心签约仪式。同济大学"土木工程多重灾害实验装置"大科学工程首席科学家何满潮院士分别与郯庐断裂带沿线的昌邑市、潍坊市和临沂市签订合作协议,共同推进郯庐断裂带的监测预警和防灾减灾体系建设。

会上,何满潮院士作了题为"牛顿力测量原理及多重灾害空地监测网络"的报告,从基础原理、监测方法和技术、断裂带诱灾机理等方面介绍了活动性断裂带监测及预警体系并进行了前景展望。

这个多重灾害监测网络及预警系统,其基石就是何满潮院士研发的、被称为钢材中的"橡皮筋"——NPR钢。

何满潮历经20余年,从2004年开始提出"理想塑性材料是NPR结构材料"开始,不断探索,2006年发明NPR结构,2014年发明NPR钢新材料,2017年建立材料产品生产线,2018年进一步拓展研究领域,2021年NPR成功注册"He Bolt"商标,2023年研究第二代NPR钢(高性能无磁钢)。"要特别感谢同济大学科研经费、土木工程高峰学科经费的支持。"何院士说。

NPR新材料有哪些"武功"?大家都知道,一根绳子被拉断,都要经历这样的过程:变长、变细,最后从细的地方断裂。钢筋也一样，当被拉拽时，某个弱处就会慢慢变细，直至断裂，但NPR材料就不会，哪怕是最后断裂，断裂处也未见明显的变细痕迹。这被称为"负泊松比效应"，即无明显颈缩。何满潮说，负泊松比（NPR）材料是一种新型超常力学特性材料，又称拉胀材料。当NPR材料被轴向拉伸时，它们将反常地径向膨胀。它的应变值大于20%，拉伸过程中屈服平台消失，呈现出要么巍然屹立、要么轰然倒下，绝不跪着求生的"英雄气概"。为什么会这样？何满潮解释说："我们通过多尺度多重共格界面设计，实现这些共格结构在受力过程中产生连续变形，不易颈缩，因此在受力过程中会出现受拉变粗、恒阻大变形等现象。"

何院士说，这是一种接近理想的塑性材料。在准静态拉伸情况下，它的屈服强度可达600~920兆帕，延伸率可达30%~68%。即使在高应变速率下，NPR钢仍然具有优良的吸能特性，是PR材料（指一般钢材）的5倍，变形能力比PR材料提高30%。作为一种具有自主知识产权的新材料，NPR钢具有高强高韧、抗冲击、无磁、颈缩、无明显颈缩和忍受大变形等特性，这也催生了应力补偿、地震短临预报、滑坡灾害预警、利用矿压自成巷等新技术，从而推动了交通、水利、地灾、能源和国防等领域的工程革命。

"研发成功后，2017年开始投入生产。"何院士介绍，现已建成包括转炉连铸生产线、锚杆/锚索加工智能化生产线在内的多条生产线，开始了批量化、多规格NPR生产，以满足各行各业的需求。2023年6月，NPR专利钢在南京市六合区实现量产。当地媒体报道，NPR专利钢工业化生产项目现场，只见宽敞的厂房内，开卷机、去皮机、主机等一字排开，工作人员正忙着调试设备，为产品批量化生产做准备。只待添加过稀土元素的钢筋盘圆等原材料进场，有着"地表最强橡皮筋"之称的NPR专利钢便将在六合实现量产。

"NPR新材料既高强又高韧，其屈服强度和延伸率大大高于现有的普通锚杆，解决了普通锚杆局部变形断裂的情况，属于国内外首创，2021年我们成功注册He-NPR（何氏钢）商标。"主持此项工作的赵建峰介绍，NPR锚杆钢屈服强度是普通螺纹钢的2倍多；可用延伸率最高可达68%（普通钢材仅为5%），传统的螺纹钢会越拉越细产生颈缩现象而破断，1米长的NPR锚杆钢最多可以拉伸到1.68米不断裂。另外，NPR锚杆钢新材料是全奥氏体材料，具有无磁性的特点。因性能优越，何氏钢先后获得"中国岩石力学与工程学会技术发明奖特等奖"、"第二十一届中国专利金奖"和"国际岩石力学与岩石工程学会（ISRM）首届技术发明奖"，在能源矿山、交通隧道、抗震建筑和桥梁工程等领域有广阔的应用前景。2023年初，在六合高新区多方协调下，项目生产线在六合程桥街道选址建设，正式开启了何氏钢新材料的工业化生产之路。据悉，项目首期拟建设3条专利生产线，分别为1条何氏钢专利棒材生产线、1条何氏钢专利盘圆生产线和1条何氏钢专利锚索生产线。项目建成投产后，可实现年产3万吨何氏钢新材料产品，产值6亿元。目前，棒材生产线设备已安装完成，首条生产线已于2023年7月初正式投产。

四、木寨岭隧道：两院士合力降服"拦路虎"

兰海高速公路渭武段的木寨岭隧道，位于甘肃省定西市岷县与漳县的交界处。用工程建设方的描述，全长15.226千米的木寨岭特长公路隧道，穿越漳河与洮河分水岭，是全线重要的控制性工程。隧道以软质炭质板岩为主，地应力水平高，褶皱带活动强烈，施工难度极大，项目建设中遇到隧道建设史上罕见难题。再具体点，这条隧道穿越多个地块交界地带，最高海拔为3252米，最大埋深约629.1米，隧道贯穿地层的岩石遇风成沙、遇水变泥，地层夹有12条大断层破碎带，岩层挤压强烈，均为五级围岩，属极高地应力区。

"隧道属极高应力区，极易发生大变形。"木寨岭特长隧道一线管理人员李斌介绍，"隧道建设'不怕硬、就怕软'，木寨岭隧道的炭质板岩遇水便成了泥。我们进场建设以来，木寨岭特长隧道软岩大变形破坏情况十分严重，挤压变形速率快、变形历时长、变形量大，局部最大水平变形量超过3000毫米，刷新了国内纪录。"

"在炭质板岩内打隧道就像在豆腐上打洞。"中铁二十一局木寨岭特长隧道项目总工杨宝东说，"我们进去后才发现里边非同一般。为抵御隧道变形，建设者每掘进一段，就要用钢拱架对岩体进行支撑，然后喷射混凝土形成初衬，待岩体稳定后，再进行二衬。然而，随着工程的推进，3号斜井逐步进入软岩大变形地段。在强烈的地应力作用下，岩体对钢拱架形成巨大的压力，隧道日收敛速率达到19厘米，总变形量达到0.7~2.05米。"

"1个兆帕的压力相当于1平方米的面积在水深100米处受到的压力，而钢拱架承受的压力达到了24.95兆帕。"杨

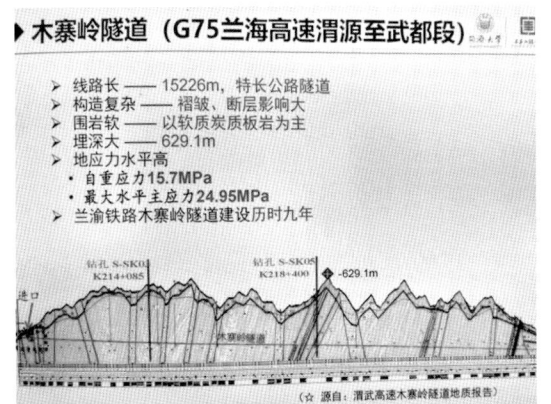

图1　木寨岭隧道地质情况。图片来源：受访者提供

宝东说，"钢拱架撑不了几天就扭成了麻花状。"

普通钢拱架不能承受如此之重，建设单位便将其更换成强度更高的拱架。然而，结果仍然是变形严重。无奈之下，建设者只能一边一点一点蜗牛般向前掘进，一边又不断更换身后被压变形的钢拱架。如此反复，钢拱架不停换，工期遥遥无尽头。

木寨岭隧道最大变形量达到惊人的3.145米。水量越来越大，围岩被水一浸泡就成糊状，引起隧道的变形持续加剧，岩体不停坍塌，地上就像泥石流一样。杨宝东说，建设者紧急采取加大排水、加设钢筋网片等"七步法"，处置险情。

"机械根本使不上力，只能派人爬进洞里进行施工，情况一度非常危急。"杨宝东说，超乎想象的软岩大变形让建设者们一筹莫展，隧道掘进一度陷入绝境，令不少人几乎丧失了信心。

找专家去。

2017年9月，建设方邀请中国科学院院士孙钧、何满潮，中国工程院院士郑颖人等岩土力学和隧道界顶尖专家，赴现场勘察，为工程建设支招。"渭武高速木寨岭特长隧道在建设中遇到的变形量级，突破了地下工程界所遵从的理论和认知水平，勘察设计及工程施工没有可借鉴的成熟经验，可以说是隧道工程的禁区。"孙钧院士说。

何满潮院士现场探查后定性说："它的难点不在于长度，而在于其地质条件复杂多变，炭质板岩地层及大断层破碎带集中，地质构造作用十分强烈。""通俗地讲，当你施工打破了人家原有的平衡，这里的应激反应就很强烈。"

它难在哪里呢？何院士解释说，第一，它的构造背景非常复杂，处在几大板块相互作用的地带。这里的岩石是40~50毫米厚的板岩，这种沉积岩的薄板状岩石展布的形式是各种各样的，有直立的、倾斜的、水平的，还有很多褶皱形状的。它们的破碎程度也很高，还蕴藏着较高的地应力，也就是说它的荷载很大，强度很低。第二，它的工程是复杂的。第三是理论之难。一百多年来，在人类的隧道修建史上逐步形成了一些理论和施工方法。但是到了木寨岭隧道工程，又遇到了新的问题，原有理论不再适用。所以，构造之难、工程之难、理论之难叠加在一起，使得木寨岭隧道的修建难上加难。

如何破局？2018年9月，由孙钧、何满潮领衔的院士工作站正式成立，渭武高速木寨岭特长隧道技术攻关进入加速阶段。

经过反复验证和改进，最终形成了新型软岩隧道大变形治理技术理论与方法，成功以网状锚索系统提高了岩体的稳定性，一举扭转了建设工程进度缓慢的局面。经过不断试验、总结、优化工艺方

图2　甘肃长达路业有限责任公司院士专家工作站成立仪式暨隧道技术研讨会。图片来源：受访者提供

法，转折最终在2018年10月出现。在新方案的支撑下，建设者使用NPR锚索将极高的水平和垂直压力分散到岩体中，有效降低了对隧道支护体系的压力，隧道最大变形被控制在了30厘米左右。

"您见过母亲纳鞋底不？一针一针穿过厚厚的、一层层的布，随着密密麻麻的针线一行行穿过，原本松散的布片儿就变成了'板砖'。隧道穹顶的加固，就像'纳鞋底一样'，把炭质板岩串起来压紧，以起到加固的效果。"杨宝东说，试验结果显示，满足设计要求，属于正常变形。2019年开始，渭武高速木寨岭特长隧道建设步入快车道。

两位院士通过一系列现场调研和理论研究，打破了传统被动支护方案，分别提出了让压支护体系和NPR锚索支护体系两项主动支护技术方案，将被动支护变为主动支护。

经过建设者们的不懈努力，木寨岭隧道于2023年7月6日全线贯通。此次贯通，宣告"米级"软岩大变形这一世界难题被攻克。

解决软岩大变形的问题，首先得从理论上有认识。何满潮院士介绍说，力学中有一个基本假设，就是当变形为无限小的时候，弹性应变和协调方程才是成立的。什么是大变形？什么是小变形？当应变值小于3%时，这叫小变形，应变值介于3%~5%的叫中变形，应变值超过5%的就叫大变形。小变形是稳定的，中变形有不稳定和破坏的可能，一旦到了大变形则必坏无疑。木寨岭隧道的应变值达到25%~26%，是一个显著的大变形。

这种变形问题怎么解决？首先从理论上得有认识。何满潮院士动情地说，2017年，中国岩石力学与工程学会第三任理事长孙钧院士，以91岁高龄亲临第一线，带领院士、专家们奋战了一年，进行了广泛的调研，作了深入的调查，发现在这个地方建设的隧道是世界上最难的软岩大变形隧道。

何满潮院士说："2018年夏天，我们团队进入现场，大家齐心协力做了一个试验隧道，感悟出木寨岭工法，在理论上叫作开挖补偿法。为什么要采取这种工法？隧道里发生的任何破坏都与开挖有关，所以开挖是所有破坏的根源。一开挖，支撑力在垂直方向就为零，但物质运动是守恒的，当支撑力为零，沿着切线方向的应力集中至少在两倍以上，这是第一个效应——荷载增加了。原来没有开挖的时候每个单元上都有三轴强度，一开挖，三轴强度就变为单轴强度，这就是第二个效应——强度大大下降，荷载成倍上升，结果就是破坏。但是我们又不能不挖，若不挖，那么工程怎么办？所以我们要想让它不坏，就要把开挖的两个不好的因素给它补偿了。这就是开挖补偿法。而且在做预应力的时候，我们把它做得很长，延伸到10米、15米，把深部围岩的强度也利用起来。孙钧院士交给我们的任务是把变形控制在600毫米内，我们最后在260毫米内就全部稳定了。把一个大变形的力学系统控制成小变形的力学系统，这是大自然对我们的考验，也是大自然给我们的馈赠。"

何满潮院士说，木寨岭隧道有两个转折点。在2017年之前，面对隧道工程开挖中的难题，大家都没有办法了，可贵的是指挥部门不懈怠，最后他们找到了孙钧院士，这个过程中，展开了艰苦卓绝的工程实践，这是第一个转折点。第二个转折点是孙钧院士把我们带到木寨岭隧道的现场，通过孙院士的指导，我们感悟出开挖补偿法的萌芽。当锚固力为450千牛的锚索在半小时内打到了围岩中，就宣告了木寨岭隧道一定会顺利竣工。道已经定了，能否打通只是器和术的问题，用什么样的装备，用什么样的技术，用什么样的方法，我们是可以反复尝试的。

何满潮等在《高山峡谷区软岩大变形隧道开挖补偿控制技术研究》中提到的变形控制神器就是NPR材料："工程开挖是导致围岩大变形灾变的根本原因。基于开挖补偿法，提出了高预紧力支护和线性补偿支护方案。NPR锚杆/索材料能够提供约为35吨（350千牛）的预紧力，远远超出传统支护系统所能提供的预紧力。长短

NPR锚杆/索可通过W形钢带将点状补偿转换为线性形式，以加强对节理围岩的支护。"他说，科技强国实际上就是科技创新的成果在强国。普氏法、新奥法对全世界的工程作出了贡献，而木寨岭工法将来会在新奥法的基础上给人类的工程科学，特别是隧道的软岩大变形控制作出应有的贡献，展示出科技强国的姿态、境界和成果。

2024年1月31日0时，木寨岭隧道正式通车。其诸多科研创新成果开创了中国公路隧道软岩大变形治理先河，多项研究成果在全国10多个隧道项目中推广应用。

五、全力以赴开展川藏铁路科研

川藏铁路是中国境内一条连接四川省与西藏自治区的快速铁路，呈东西走向，东起四川省成都市，西至西藏自治区拉萨市。线路全长1 595千米，其中雅林段新建正线长度1 018千米，拉林段新建线路长度403.14千米；成雅段全长140千米，设计速度120~200千米/小时。

川藏铁路的修建需要面对崇山峻岭、地形高差巨大、地震频发、复杂地质、季节冻土、山地灾害、高原缺氧以及生态环保等难题。川藏铁路集合了山高壑深、风沙荒漠、雷雨雪霜等多种极端地理环境和气候特征，它跨14条大江大河、21座4 000米以上的雪山，被称为"最难建的铁路"。"板块活动、复杂地质、高原高寒、生态环保等，建设者们要面临太多太多的难题。"何满潮院士说，"但川藏铁路对国家长治久安和西藏经济社会发展具有重大而深远的战略意义。习近平总书记、党中央都高度重视川藏铁路建设，要求在'科学规划、技术支撑、保护生态、安全可靠'的总体思路下，高起点、高标准、高质量地规划建设川藏铁路。"

何满潮院士说，漫长的铁路线从海拔500米的二级台阶跃升到4 000多米的一级台阶，穿越五大地貌单元，穿越高山峡谷地形急变带和多个地震带；跨越金沙江、澜沧江、怒江、雅鲁藏布江等7条大江大河；翻越二郎山、折多山、高尔寺山等8座高山。全线平均海拔3 800米，相对高差4 000~6 000米，垂直变幅16 000米。地貌条件极其复杂，选线和避灾极为困难。目前，拟建的雅安—林芝段全线1 018千米，是川藏铁路难度最大的路段，桥隧占比约93.7%，隧道占比约82.6%。

"铁路穿越龙门山、鲜水河、理塘、巴塘、金沙江、澜沧江、怒江、嘉黎、雅鲁藏布江等十余条深大活动断裂，工程面临着被活断层断错的重大灾变风险。"何满潮院士说，2008年汶川地震，龙门山断裂最大水平位错达4.9米，最大垂直位错达6.5米。线路经过区域历史大地震活跃，铁路工程面临着大震毁坏风险。其中，鲜水河地震带有大震风险；巴塘断裂与理塘断裂也有一定活动性，东构造结附近嘉黎断裂和雅鲁藏布江断裂区域由于工作不足，地震危险性尚不明确。

不仅如此，青藏高原升温是全球海陆升温速率的1~1.2倍。未来青藏高原区域的气温、降水呈增加趋势，与高温有关和强降水有关的极端事件将会增加。铁路工程面临着极端天气和气候灾害风险。何满潮院士说，川藏铁路穿越区环境背景呈现高地震烈度、高陡斜坡、高寒、高地应力和高地温的特点，使得铁路工程面临巨大风险，如地震、崩塌滑坡、泥石流、冰湖溃决、冰雪、岩爆、大变形、高温热害、高压突涌水、岩屑坡等。

解决问题，实地勘察先行。2020年10月26日至11月4日，何满潮院士带领同济大学等7家单位联合组成的"第二次青藏高原综合科学考察地质灾害科考队"，围绕第二次青藏高原综合科学考察研究任务——"青藏高原不同地块的隆升过程与动力学机制"，开展了为期10天的实地考察。该项目是同济大学的纵向科研项目。

何满潮院士总体部署要求本年度科考以满足"地震带地质灾害调查及地壳活动性牛顿力监测台站选址设计研究"任务要求、服务川藏铁路建设为科考线路选择原则，最终选择了四川省境内川藏铁路沿线所穿越的龙门山断裂带、安宁河断裂带、鲜水河断裂带、理塘断裂带和金沙江断裂带等共计5条区域性活动断裂带为科考对象。历时10天，科考队往返行程3 500多千米，跨越海拔高度500~4 600米，途经天全县、石棉县、泸定县、康定市、雅江县、巴塘县等10个县城，先后考察了5个目标断裂带及典型断裂分支，如大川双石断裂、映秀-北川断裂、大渡河断裂、折多塘断裂等。

通过现场调研，团队选取安宁河断裂带紫马垮科考点及理塘断裂带村戈乡科考点作为跨断层界面牛顿力监测台站选址点，以充分了解和认识川藏铁路沿线活动断裂带发育特征与构造运动灾害效应。据介绍，各参与单位将加强彼此间的交流与合作，积极履行职责，对本次科考成果进行总结和深化研究，为川藏铁路沿线地质灾害预防和治理、隧道工程安全施工和健康运营提供理论依据和技术支持。

2021年11月16日，中国科学院学部咨询评议项目"川藏铁路岩体工程关键科学与技术问题"启动，包括18位两院院士在内的专家386人，针对川藏铁路的修建，奉献了12场学术报告，何满潮院士作题为"川藏铁路深埋超长隧道工程灾变机制及防控方法"的报告，专家们对报告逐一点评，发言讨论十分积极踊跃。"咨询会的目的是要聚焦关键核心技术突破，将科技成果为川藏铁路建设不断增添新质生产力。"何满潮院士说。

2022年7月17日，何满潮带领的考察队再次来到川藏线的西藏林芝市，前往中铁第一勘察设计院集团有限公司（以下简称铁一院）川藏铁路指挥部参观川藏铁路岩心陈列室，并组织专题会议研讨川藏铁路隧道相关重难点技术问题，铁一院相关同志详细汇报了川藏铁路的工程概况、施工进展、隧道主要不良地质及对策、隧道科技创新及重难点隧道工程等，与会专家围绕川藏铁路隧道掘进过程中遇到的不良地质灾害问题展开充分的讨论。

18日上午，何满潮院士一行前往色季拉山隧道进口洞内调研，在隧道内抵近观察了岩爆后围岩破坏状态。下午，前往拉月隧道4号、5号横洞洞内调研，询问了洞内岩温、水温、热源控制措施、降温措施和保障措施等。随后，在中铁隧道局现场项目部召开座谈会，会上中铁隧道局相关负责人详细汇报了色季拉山隧道隧道掘进机（TBM）掘进过程中面临的岩爆难题及处治措施，并就岩爆与脆性破坏的区别、岩爆机理和防控技术等问题咨询何院士。何院士从岩爆形成的机理、分类、发生时机、影响因素等方面一一作答，并提出了指导建议。中铁五局相关同志汇报了拉月隧道高低温、超高温热水施工情况，并就高温热水对围岩稳定性和支护系统耐久性的影响等问题咨询了何院士。何院士逐一详细解答，同时针对高温热害问题，提出处理的三超原则，即超前探测、超前注浆、超前加固。

19日下午，何满潮院士一行前往康定2号隧道1号横洞洞内调研突涌水情况，随后在中铁十二局现场项目部召开座谈交流会，中铁十二局相关同志汇报了康定2号隧道1号横洞出水及突涌情况。何院士询问了各个突水点的流量、水压、清澈与否、水中颗粒粒径和形状等，同与会专家围绕突涌隧道掘进过程中遇到的问题展开深入的交流。

20日上午，何满潮院士一行前往康定2号隧道2号斜井洞内调研富水施工情况，随后召开座谈会，会上中铁十二局相关同志详细汇报了康定2号隧道2号斜井工程概况、工程进展、施工技术难题、洞内出水情况和采取的响应措施。何院士就区域地质、洞内出水量随时间变化情况和水压等问题询问了相关人员，同与会专家就施工过程中的科学问题和工程技术难题进行了充分的讨论、对接。

20日下午，何满潮院士参加专题会议，研讨川藏铁路四川段隧道相关重难点技术问题。会上，建设方首先介绍了康定2号隧道水害情况，随后何满潮院士针对康定2号隧道富水问题作了题为"康定2号隧道1号横洞突水涌泥成灾机理及防控对策"的报告，同与会专家就康定2号隧道的科学问题和面临的工程技术难题进行了充分的讨论。

数天来，何满潮院士一行针对川藏铁

路建设过程中所面临的岩爆、软岩、断层破碎带、水害和热害等问题,深入调研,对症开方,贴近指导这一世纪工程。何院士表示,学者的使命是服务科技创新、促进科技创新与实体经济深度融合。希望以服务川藏铁路工程为目标,建立长效合作机制,为国家重大工程建设提供强大的科技支撑。

六、引汉济渭的秦岭隧洞

"引汉济渭是我国南水北调工程和岩爆防治的双重里程碑。"何满潮院士说,引汉济渭工程在秦岭部分埋深达2 000多米,地质构造十分复杂,构造应力非常高,也遇到了世界上罕见的岩爆灾害。引汉济渭工程能够建成,不仅仅是一个引水工程的成功,还是岩爆灾害治理的成功。

何满潮院士说:"岩爆灾害是国内外公认的一个难题,至今没有很好的解决办法,遇到发生岩爆的隧道,掘进机一般都会卡壳、熄火,但是引汉济渭工程项目特别重视科研,让我们在重点实验室中把岩爆过程展现出来,并且研究它的机理,这在国内外都是首次。"

陕西版"南水北调"的引汉济渭工程于2012年开始实施。该工程分为调水和输配水两大部分。其中,调水工程由黄金峡水利枢纽、三河口水利枢纽和秦岭输水隧洞三部分组成;输配水工程由黄池沟配水枢纽、输水南北干线及23条支线组成。

根据设计,在黄金峡、三河口两大水利枢纽调节配合下,汉江之水经98.3千米输水隧洞穿越秦岭,再经输配水工程,优化配置给关中、陕北地区。年均调水规模可达15亿立方米,可满足西安、咸阳、渭南等21个受水对象的用水,惠及1 400多万人。

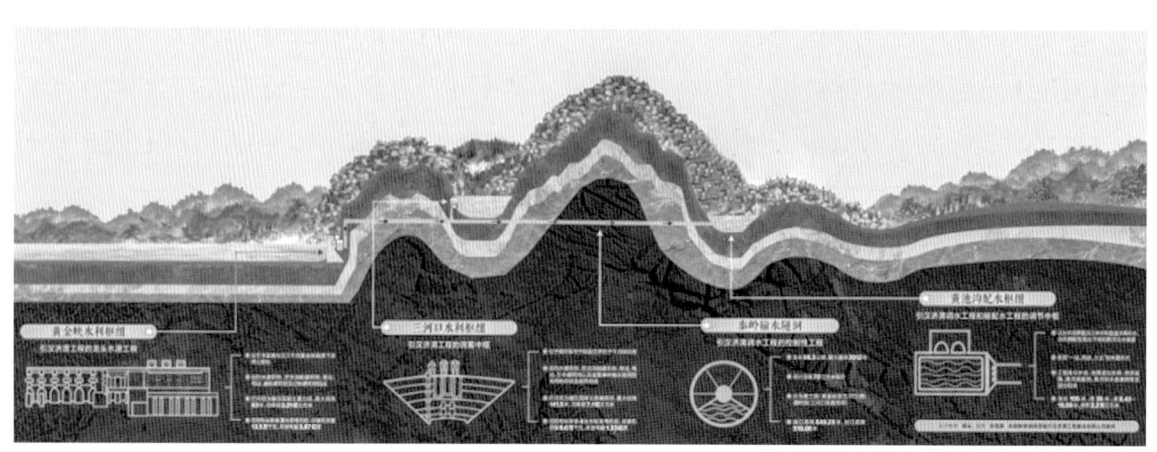

图3 引汉济渭示意图。图片来源:佛坪发布

引汉济渭工程，关键在秦岭引水隧洞，秦岭输水隧洞正是岩爆频发处。隧洞采用钻爆法和TBM法联合施工。据统计，2019年3月至2020年4月，秦岭输水隧洞共计发生岩爆721次，岩爆长度占比77%。

游金虎28岁时就来到秦岭输水隧洞项目部，在这里一干就是7年，现在是中铁隧道局集团引汉济渭项目部项目经理。"岩爆日均发生2次，差不多平均每掘进2米就遭遇1次。最强的一次，石头弹射了20多米，像子弹一样'嗖——'地飞过。"游金虎说，"隧洞工程还需克服超长距离通风、高耐磨硬岩、高温地热等世界级施工技术难题"。

"几乎世界上隧道施工的难题都能在这里遇见。"游金虎说，施工人员作业时必须头戴钢盔、身穿防弹衣。秦岭地质条件极为复杂，隧洞从山体底部横穿，难度可谓空前绝后。98.3千米的秦岭输水隧洞，埋深1 300~2 012米，其中穿越秦岭主脊（越岭段）30多千米，因地质构造复杂，分岭南和岭北，分别采用两台TBM相向而行，最终严丝合缝地完成"会师"，贯通隧洞。

据介绍，整个输水隧洞穿越了3条区域性大断裂、4条次一级断层和33条一般断层，涉及20余种不同岩石。面对石英含量高达96%、抗压强度高达300多兆帕的围岩，即便是被称为"掘进机之王"的TBM也有些"吃不消"。"刀头如同在'钢板'上掘进，有时三四个小时才能掘进1米。"据有关工作人员介绍，超硬岩石致使TBM刀头磨损量巨大，损坏的刀头至少有上万把。

除此之外，施工过程中还面临着高温高湿、长距离、大埋深、高频强岩爆、突涌水等一系列技术难题。"几乎世界上隧道施工的难题都能在这里遇见，所有地质灾害种类它都占齐了，而且都非常严重。"何满潮院士说。

"最难受的首先是高温高湿的作业环境。"已经坚守10年的中铁十八局引汉济渭工程项目经理宋伟介绍，隧道内作业面温度常年在40℃左右，相对湿度则高达90%。用工人们的话说，"就像蒸桑拿，不动都会汗流浃背，每个班我都要喝五六斤水。"

"秦岭引水隧洞的岩爆十分严重。"何满潮院士说，难以预测、时时崩出的岩石，导致拱顶锚杆、钢拱架常常失效、变形甚至损毁，还经常砸到建设者的身上，造成伤害。何满潮团队还是老办法，利用NPR锚杆对围岩进行高预应力快速补偿，运用开挖补偿技术有效降低硬岩隧道岩爆烈度和频次。

何满潮院士介绍："我们比较了普氏法、新奥法和开挖补偿法的应力补偿机制，开挖补偿法可以实现高应力补偿，能够对深埋隧道的软岩大变形进行有效控制。NPR锚杆/索是实现高应力补偿的关键材料,具有抗扰动强、预紧速度快、高恒阻、大变形、可实时监控等特点。"

何院士说:"工程开挖是导致围岩大变形灾变的根本原因。基于开挖补偿法,我们提出了高预紧力支护和线性补偿支护方案。NPR锚杆/索材料能够提供约为35吨(350千牛)的预紧力,远远超出传统支护系统所能提供的预紧力。长短NPR锚杆/索可通过W形钢带将点状补偿转换为线性形式,以加强对节理围岩的支护。"

何院士说:"在开挖补偿法成功应用于木寨岭隧道和昌宁软岩隧道的经验基础上,我们针对秦岭隧洞的特点进行了针对性改进,有效解决了隧道围岩的岩爆问题,取得了良好的支护效果,证明了开挖补偿法的可行性和科学性。"

"打了10年左右能把这个打通,太不容易了。"82岁高龄、曾担任陕西省水资源管理办公室主任的寇宗武说,"感谢何满潮等专家的鼎力支持,工程克服了那么多的困难。"

七、大科学装置之跨断层牛顿力监测系统

我国是个地质灾害种类多、发生频率高的国度,地震、泥石流等灾害极大地威胁着人民群众生命财产安全。"在灾害目标区域,插一些NPR钢筋,配以相应的设备,我们就可以经年累月地持续监视该地地质变化的蛛丝马迹,实现地质灾害的短临预报。"何满潮院士介绍,这套理论、技术被称为"基于牛顿力测量的多重地质灾害空天地监测预警理论与技术"。随着研究的不断深入,将来有望实现土木工程多重灾害的一体化智能监测预警。

何满潮院士解释:"牛顿力是经典力学范畴,关注的是力的作用关系。当NPR钢筋(板)插入目标底层后,如果底层发生扭转、滑动,钢筋就会随着拉伸、扭转,其形态变化就能反映出地质体稳定或破坏的实际情形。当现场的变化通过传感、采集、发射装置被传输到牛顿力远程监测系统中,我们就能采取相应措施。"

在同济大学土木工程学院监控室中可以看到,翠绿的山坡模型,上面一个个红白线相间的白点,侧面是呈梯形迤逦的白墙,上书"断层牛顿力远程监测预警系统",旁边就是箭头或者向上或向下的斜线,"那些红白的警示块,就是我们的NPR锚索插入底层的标志。"工作人员介绍,每当安装处牛顿力发生变化时,系统便会将这些数据采集传输到监控中心,监控中心根据牛顿力是否发生突降等实现预警。现在,已在全国建立了823个牛顿力现场监测点,遍布全国20多个省区市,监测涉及露天矿山、水利工程、自然边坡及活断层监测等。该系统已经成功预警了14

次滑坡灾害，挽救了重大国家财产，保障了一线工人的人身安全。

2019年7月，该系统成功预警云南省熊家山石料场滑坡。熊家山石料场位于云南省德宏州盈江县，是长地方水库坝址附近（5千米范围内）唯一储量能满足水库筑坝用量的石料料源，其下游周边容易发生洪涝、山体滑坡、泥石流等地质灾害。2018年8月28日，何满潮院士团队针对长地方水库熊家山石料场进行现场调查，并制订了牛顿力监测方案，2019年1月完成4套滑坡牛顿力监测设备的安装与调试，对熊家山石料场危险边坡进行24小时远程实时监测。

2019年7月24日17时，NO.2监测点牛顿力值达到黄色预警阈值并触发长期预警；7月27日4时，NO.2监测点牛顿力值达到橙色预警阈值并触发中期预警；7月27日14时48分，该点牛顿力值突降并触发临滑预警。预警信息通过短信和微信两种形式上传至盈江县水利局，驻场领导迅速作出避险决策。现场安全人员对边坡危险区进行了排查和警戒，撤离了危险区内所有人员和设备。预警发布19小时41分钟后，危险区内边坡局部发生解体。由于预警准确、响应时间充足、调整迅速及时，人员与财产终得平安。

"近年来，我们在同济大学各种资金的支持下，相继建立起青藏高原东缘程海断裂地质勘查及跨断层牛顿力监测示范工程、郯庐断裂（潍坊段）地质勘查及牛顿力监测示范工程、理塘断裂与鲜水河断裂带现场地质物探探查等工作（服务川藏工程）等。"何满潮院士说。采访获悉，"牛顿力测量及多重灾害空地监测网"是何满潮院士在同济大学重点建设项目"多重灾害的牛顿力监测预警理论与实践"资助下自主研发的多重灾害预警系统。系统以宏观NPR新型材料和岩土体之间的相互作用为理论核心，实现对滑坡、地震等多种灾害全过程的实时监测和预警。该系统涉及的主要关键技术包括：

❶ NPR锚索传感技术（最大恒阻力850千牛，最大变形量2米）；

❷ 滑坡灾变监测、加固、防治、预报一体化控制技术；

❸ 基于北斗卫星通信平台的滑坡灾变牛顿力3S远程监测预警技术；

❹ 基于牛顿力变化的滑坡灾变预警模式及预警准则。

2018年10月，根据已有断层初步地质资料，郯庐断裂带防灾减灾科研项目主导人何满潮院士、潍坊市地震局、昌邑市地震局等共同确定了昌邑市地震局跨断层牛顿力监测点CY-1号锚孔位置及NPR锚索初步设计参数。用于地震预警与科学研究的超大长度锚索跨断层牛顿力监测系统在国内尚属首次，确定设计参数时主要综合考量了断层带空间分布状态、锚固力大小、钢绞线根数及直径、保护层厚度、成孔直径、取芯率要求、锚固端位置、锚固段长度、自由段长度等诸多因素。穿越复杂断层带300米之超长的大直径NPR锚索施工在国内也是首例。

2019年10月14日，同济大学"牛顿力测量及多重灾害空地监测网"在郯庐断裂带昌邑、安丘两地的跨断层牛顿力测量器具埋设成功，实现了数据的实时传输，为郯庐断裂带沿线多重灾害的监测预警奠定了基础。

目前，何满潮院士团队已在我国东部郯庐断裂带、西南部程海-宾川断裂带等活动性断裂带区域均布设了测点，以期获得更多的灾害预警成果。

八、人才培养硕果累累

随着何满潮院士进入同济大学开展工作，人才培养便随之跟进。何满潮院士的助手乔亚飞副教授介绍，何院士已经培养出赵思奕、肖颖鸣、李红儒3名博士，刘国钊、王博、张腾达3名硕士。从几位毕业生的论文题目来看，悉数对准何满潮院士的在研课题，如边坡、隧道、岩爆及NPR钢筋混凝土性能等。

肖颖鸣的《深埋隧道围岩三维非线性弹塑性本构模型及应用》，依托滇中引水香炉山工程，对地下工程中的深埋隧道进行了界定，针对深埋隧道围岩，开展常规三轴和真三轴试验，分析和总结了深埋隧道围岩的非线性特性及其统一描述方法；提出了非凸及非光滑三维强度准则的数值实现算法，建立了考虑围岩应变硬化及应变软化特性的弹塑性（UHS）本构模型和中主应力影响下的围岩应变硬化及应变软化弹塑性（UHSI）本构模型；提出了考虑围岩非线性特性的隧道地层响应半解析方法及塑性区划分方法；探究了中主应力对隧道应力重分布及塑性区分布规律差异，总结了深埋隧道主动支护策略。李红儒的《开挖条件下多余能量诱发应变岩爆机制及补偿支护策略》，依托国家自然科学基金川藏铁路重大基础科学问题专项"川藏铁路深埋超长隧道工程灾变机制及防控方法"，围绕"岩爆机理及控制"这一主题，在"多余能量"岩爆致灾机制以及"开挖补偿法"控制深部地下岩爆的适用性方面，开展了一系列室内试验、数值模拟、理论解析与工程实践的研究工作。2024年博士毕业的李红儒，一进校门就获得了"同济大学优秀博士新生奖学金"，在校期间连续获得研究生国家奖学金，毕业时获得"同济大学优秀毕业生"称号。妥妥的一位学霸。

硕士们的论文也一样优秀。王博的《挤压大变形隧道让压自适应初期支护承载特性与计算方法研究》，依托国家自然科学基金"不同应力路径下红层软岩流变特性与弹粘塑性本构模型研究"和"滇中引水工程活动性断裂带、白云岩砂化、岩溶及岩爆关键技术研究"项目，针对山岭隧道挤压大变形问题，基于让压的支护理念，提出了一种适用于挤压型大变形隧道的自适应节点，通过轴压试验和纯弯试验研究了节点的承载特性，建立了让压自适应节点的力学模型和简化的数值模型。随后，建立了围岩-自适应初期支护相互作用数值模型，探究了围岩与自适应初支结构的相互作用规律，提出了采用让压自适应节点的挤压型大变形隧道初支设计方法，并应用于渭武高速木寨岭隧道的支护方案优化设计。王博的学位论文获"2021年同济大学优秀硕士论文"。张腾达的《地下NPR钢筋混凝土梁抗冲击性能及计算方法研究》，在调研常见的钢筋混凝土构件抗爆及抗冲击试验方法的基础上，综合考虑试验条件及研究阶段，针对车撞、滚石等低速冲击场景，开展了钢筋混凝土梁的落锤冲击试验，并结合数值模拟与双质点模型等方法，对NPR钢筋混凝土梁的抗冲击性能及计算方法开展了研究，得出了一系列有价值的结论。

"千言万语道不完对何老师的感激。"肖颖鸣说，"何老师每次到同济的第一件事永远是听学生的学术汇报，为我们答疑解惑。犹记得2022年隧道大会前夕，何老师称得上万忙都不过分，即使这样，恩师依然挤出时间，在酒店房间指导我的博士课题，直至晚上11点。每每在接送何老师往返同济的车上，老师见我的第一句话总是，'小肖，最近课题还顺利吗？'"

李红儒回忆："2019年5月31日，正值中国矿业大学的110周年校庆，在矿大南湖校区图书馆报告厅，我当时是硕士研究生，作为现场观众参加了何梁何利基金高峰论坛，有幸听到了何院士作学术报告。当时何院士讲的是采矿的道、器、术，给当时刚刚进入科研的我带来了巨大的冲击和震撼。后来，很幸运地来到同济跟随何老师攻读博士学位。开展岩爆相关研究工作时，我仍旧从传统加载条件下能量转换的角度理解岩爆。当时，何老师非常耐心地听完了我的汇报，肯定我工作的同时循循善诱，就岩爆问题对我进行了详细的解释和指导，让我转变了思路，提高了认识，把我带到了岩爆研究的最前沿。我的博士学位论文是在何老师学术思想的指导下完成的，围绕着他提出的'多余能量'岩爆致灾机制以及'开挖补偿法'开展具体研究工作。"

王博说："永远记得毕业答辩那天何老师对我的寄语，要我学好专业知识，走在工程第一线，把所学知识播撒在祖国的大江大河中。毕业已近3年，何院士学生的名头也让我倍感自豪，行业内外的人对何老师的学术成就高度认可，每次提起自己是何老师的学生，总能被人'高看'一眼，我就莫名地自豪。今日师佑我，明日我荣师,我会继续努力,持续进步,不辱师门!"

张腾达说:"何老师是我在本科阶段就仰慕的老师,在参加推荐免试的时候,我有机会来到同济,看到何老师在导师名单里,便填写了他做我的第一志愿导师,没想到最后竟然成真!研究生在读期间,虽然经历了疫情等困难,何老师仍然坚持通过线上及线下等形式为我们提供指导,耐心地给出建议,并把握我们的研究方向。"

---

[1] 中主应力:物体内某一点在某一微面积元上的法向应力,当剪应力为零时,这个法向应力被称为中主应力。

『要为高质量发展做些有意义的工作』

中国工程院院士肖绪文速写

　　2018年起,肖绪文带领研究团队,开展了包含多项国家级项目在内的研究工作。"绿色建造、智能制造、装配式结构、工程渗漏防治……我们的研究团队会不断面向行业发展需要,依托平台优势,为中国式现代化,为高质量发展做些有意义的工作。"肖绪文院士说。

一、立足平凡岗位，与国家发展同向同行

肖绪文初中毕业后，旋即在1969年加入中国人民解放军基本建设工程兵某部队，成为一名战士。1973年至1977年，他就读于清华大学工业与民用建筑专业。毕业后回到部队，担任某部队施工连队技术员。1983年，这支部队集体整编为中国建筑第八工程局（以下简称中建八局）。再后来，他在中建八局和中国建筑集团有限公司（以下简称中建集团）长期从事科技与管理工作，先后担任过中建八局设计院院长、中建八局总工、中国建筑工程总公司（以下简称中建总公司）科技部总经理、中建集团首席专家等职务。肖绪文回忆说，在他五十多年的职业生涯中，最早在三线建设的工程项目中做过木工、放线工，当过施工员、技术员和工长，后来在设计院担任过设计师、设计所长等职，先后主持和参与了近百个工业与民用建筑工程项目的设计和施工。回忆过往，他感慨道："追寻我的职业发展历程，首先得益于我长期扎根工程设计、施工生产、科研与管理一线，使我有机会从不同维度和不同层面，以不同身份进行'知行合一'的技术功底积累、历练和践行；其次得益于部队'团结、紧张、严肃、活泼'的严格训练……"

"与国家发展大局同向同行，永远是个人发展的最大机遇。"肖绪文在清华大学土木水利学院2022年毕业典礼上深情

地说，"我们毕业的年代，百业待兴，我们积极要求奔赴一线，投身于火热的工程项目施工中，白天在工地与工人同吃同住同劳动，晚上画图纸做内业，经常熬夜工作到凌晨。当时施工设施很落后，生活条件也很差，粗衣粝食，却也乐在其中，劲头十足。"肖绪文说，只要拥有脚踏实地、精益求精的工作作风，拥有广阔的视野和博大的胸怀，一定会在中国式现代化的征程中镌刻属于我们这一代人的丰碑。

长期从事施工技术工作，扎根一线，肖绪文的设计、施工经验丰富，在超大平面混凝土等复杂结构施工、预应力钢结构施工、绿色施工和绿色建造等领域取得了一系列创新成果。近年来，针对房建工程领域的建筑工程防水与渗漏治理、装配式混凝土剪力墙结构连接、多位一体外围护结构体系等方面的技术进行了专题研究，成果得到广泛推广应用。主持和参与了百余项工程的设计施工，多项工程获鲁班奖和詹天佑奖。肖绪文共获得国家科技进步奖二等奖4项，作为主编或副主编完成了《建筑工程绿色施工规范》(GB/T 50905—2014)、《建筑与市政工程绿色施工评价标准》(GB/T 50640—2023)、《建筑与市政工程防水通用规范》(GB 55030—2022)等十余部国家和行业标准；主编出版了《建筑施工手册》《体育场施工新技术》《建筑工程绿色施工》《中国建造关键技术创新与应用》等十余部著作，其中，《建筑施工手册》曾被誉为"推动我国科技进步的十部著作"之一。

2013年，肖绪文当选为中国工程院院士。

二、开展战略研究与工程技术研究，促进行业高质量发展

当选中国工程院院士后，肖绪文继续紧密结合国家战略需求和行业发展形势，带领研究团队持续开展绿色建造、智能建造、装配式结构、工程渗漏防治等研究，并积极开展社会服务，致力于解决工程建设领域关键问题，推动产业关键技术攻关，取得了一系列创新成果。

第一，绿色建造发展战略研究。肖绪文院士一直关注建筑业的可持续发展，他也是国内最早提出和倡导绿色施工、绿色建造理念的专家之一。他指出，绿色建造是在国家倡导循环经济和低碳发展等大背景下产生的一种新型建造方式，它要求建造相关方在工程立项、设计和施工过程中，着眼于工程全生命周期，坚持以人为本，追求资源投入减量化、资源利用高效化、废弃物排放最小化，通过绿色化、精益化、智能化和国际化建造的推进，最终实现"资源节约、环境友好、过程安全、品质保证"的建造目标。2023年，肖绪文

院士团队主持完成了中国工程院战略咨询重点项目——绿色建造发展战略研究，项目通过广泛的调查研究，形成《绿色建造发展战略研究报告》，并向国家相关政府部门提交关于发展绿色建造的政策建议。报告指出，实现绿色建造发展愿景，必须坚持政府引导与市场推动相结合，以工程项目建设为主体，以绿色化发展为基本要求，以管理与技术创新为推动力，全面推进绿色建造，重点工作包括完善绿色建造相关政策法规、监管机制和标准体系，创新有利于实现绿色建造的工程建造组织模式，营造良好的绿色建造社会环境与行业共识，培育绿色建造专业人才队伍，推动绿色建造关键技术研发与应用，提升建筑企业绿色建造能力，促进绿色建造实现等。绿色建造发展的重点任务是要落实环境保护、资源节约、以人为本、品质保障和技术适应性这五方面要求在绿色立项、绿色设计、绿色施工三阶段中的实践应用。此外，肖绪文院士团队积极服务绿色建造领域的行业发展，组织成立了中国建筑业协会绿色建造与智能建造分会、中国土木工程学会绿色建造与运维分会、同济大学绿色建造研究中心等组织，搭建了绿色建造研究与交流平台，有效推动了行业绿色化发展。

第二，智能建造发展战略研究。肖绪文院士时常在工作交流中指出，在当前建筑业工程品质要求提升、劳动力短缺、信息化水平低等大背景下，智能建造是实现建筑业提质增效和建筑产品综合品质提升的重要方式，他认为智能建造是以工程全生命周期综合效益最佳为目标，在基于互联网的信息化工作平台管控下，按照数字化设计的要求，通过机器人作业完成的建造方式，是加快建筑产业转型升级、实现建筑产业现代化的主导途径。近年来，肖院士团队也针对智能建造开展了一系列研究，其中包括2024年新获批立项的中国工程院战略咨询重点项目——智能建造发展战略研究。肖院士的助手、土木工程学院丁陶老师介绍，肖院士牵头的这个项目针对我国智能建造发展现状开展调查研究，包括现场调研，文献研究，召开座谈会、研讨会等，总结我国智能建造的发展历程、发展现状、现存问题及国外智能建造的发展经验；开展调研和专家研讨，全面分析影响我国智能建造发展的政策、经济、产业、技术、管理等关键因素；最终形成《智能建造发展战略研究报告》。此外，肖绪文院士认为智能建造发展要务求实效，应结合高校和企业研究力量，做出更多有益于行业发展的研究成果。为此，他推动中国建筑集团和同济大学合作成立中国建筑-同济大学智能建造工程技术研究中心，中心旨在瞄准智能建造领域国家重大战略需求、行业科技发展趋势及国际学术前沿，聚焦重大科学前沿问题，超前布局智能建造领域可能引发重大变革的基础和应用基础研究，推动核心技术、关键装备的应用落地，打造国际一流的科技创新平台、一流的科技人才基地、一流的技术服务中心、一流的成果转化平台。

第三，装配式混凝土结构体系研究。建筑装配化是工程建设领域贯彻国家"绿色发展"理念的重大举措，是面对我国经济发展新形势，建筑业寻求产业升级和自身发展的突破口，其中，可靠的节点连接技术是装配式混凝土结构的安全保障，也是一直以来的研究重点。近年来，肖绪文院士团队针对装配式混凝土结构体系开展了一系列研究，依托国家自然科学基金等项目资助，研究形成了SGBL装配整体式剪力墙结构、钢筋错位连接装配式剪力墙结构、"四位一体"装配式外墙板等装配式结构体系，并已经在多项工程中应用。其中，SGBL装配整体式剪力墙结构是墙体竖向分布钢筋断开连接，并按等强设计加强现浇边缘构件纵筋形成的装配式剪力墙结构；钢筋错位连接装配式剪力墙结构体系是利用高强纤维混凝土浇筑预制结构构件连接节点，实现上、下预制构件的外伸钢筋不强求准确对接，采用横向错位连接的装配式剪力墙结构体系；"四位一体"装配式外墙板体系，即结构、装饰、保温、防水同寿命，高度集成的外墙板，研究团队通过理论研究、物理模型试验、数值分析等方法，系统论证了这几类装配式结构的可靠性，研究形成了技术标准，并在多项工程中应用。工程实践表明，装配式剪力墙结构可降低工程成本10%左右，并且由于去掉了灌浆套筒，装配式剪力墙结构施工质量得到有效控制。

第四，工程渗漏防治技术研究。渗漏问题是建筑工程的顽疾之一，肖绪文院士也长期关注并开展对工程渗漏防治的研究。2021年7月，肖绪文牵头完成了中国工程院"工程渗漏防治发展战略研究"项目，研究建议应合理规定防水工程设计工作年限，进一步强化工程总承包负总责的防水工程管理体制，加强防水工程技术研究，强化防水工程专业、技能和继续教育等意见。如针对加强防水工程技术研究，肖绪文等建议：科技部应加大对防水材料绿色化与耐久性等基础研究的投入，加大国家研发计划对防水工程技术研发的支持力度，强化防水工程设计、施工、渗漏检测技术与装备研发，特别是防水材料现场快速检验检测方法、防水工程施工机器人和无损渗漏检测设备的研究。该项目的研究成果也有效支撑了《建筑与市政工程防水通用规范》（GB 55030—2022）的编制，为我国工程防水管理与技术进步作出了积极贡献。

三、人才培养硕果累累

近年来，肖绪文院士团队培养或引进

了卢昱杰、许碧莞、丁陶等年轻才俊的同时，也培养了包括董恒、傅强、曹志伟在内的12名硕士、博士研究生，还有一位在站博士后。

"肖老师每次出差回学校，都会认真听取我们课题的工作汇报；我出现研究偏差时，每次他都及时纠偏。每次试验肖老师也都亲临试验现场进行指导，细致把关试验过程和试验细节，使得试验得以顺利开展。"肖院士的博士生傅强说，"我从肖老师那里学到了很多，包括思考问题的系统性，看待问题的全局思维，也深刻感受到了创造性思维的妙处。"

「这里充满活力」

中国工程院外籍院士赫伯特·芒的同济日子

2024年2月3日，2023年度"中国政府友谊奖"颁奖典礼在北京举行，同济大学特聘教授、中国工程院外籍院士赫伯特·芒（Herbert A. Mang）作为50名获奖者之一，接受这一殊荣。"非常荣幸能获得这一重要荣誉。同济大学充满活力，20年来与同济大学的合作非常愉快。希望未来能持续深化合作，共同培养青年人才，为推动中奥科技发展进步贡献更多力量。"赫伯特·芒教授说。

一、赫伯特·芒是谁？

1942年1月5日，赫伯特·芒（Herbert A. Mang）出生于奥地利，1967年毕业于维也纳技术大学，1970年和1974年先后两次分别在维也纳技术大学和美国得克萨斯理工大学获得博士学位。他在美国得克萨斯理工大学攻读博士学位时，主修结构工程，辅修数学。1983年至2010年担任维也纳技术大学教授。芒教授是结构工程和计算力学领域公认的国际学术权威、结构工程数值解法的开创者、有限元方法的国际先驱之一。现任同济大学和维也纳技术大学教授，中国工程院外籍院士，德国、美国等多个欧美国家的外籍院士，并曾长期担任奥地利科学院秘书长、院长。2004年，奥地利以其姓氏命名了第17460号行星；为表彰其在计算力学领域的贡献，2021年中欧计算力学学会以其姓氏特设"芒"奖章。

1981年，赫伯特·芒以联合国特派专家身份来中国讲授有限元法。他作为一名结构工程学家，当计算机为工程结构计算助力后，芒教授的工作插上了翅膀，二者完美融合，就诞生了当下工程设计行业最常用的方法——有限元分析方法。这是芒教授当年带给中国的一份厚礼。芒教授来华，为世界银行资助项目"大型计算机主机建设"提供技术支持，他在中国各地传播有限单元法。在工程结构分析中，有限单元法是包含了一切可能的方法，不仅计算精度高，而且能适应各种复杂形状，因而成为行之有效的工程分析手段。那时，芒教授推动了我国机械与土木领域第一款有限元软件的研发。

"1981年，我以联合国特派专家的身份第一次来到中国。那时，北京机场特别小，进城的路上也没几辆车，满眼都是如潮水般的自行车。"耄耋之年的芒教授愉快地回忆着40多年前的情景，那神情宛如回忆昨天。他提着泛黄的行李箱，里面装着精心准备的有限元讲义和20多本参考书籍。"从北京夜里坐火车到郑州，将要在那里工作数月。郑州机械研究所里没有空调和取暖设备，冬天太冷。所里的计算机个头很大，速度很慢。"芒教授说，"但是我被同事们忘我工作的精神所感动，条件那么艰苦、简陋，大家仍一丝不苟地工作！我十分感动。从那时起我就决定一定要和中国科研机构加强合作。"

1981年9月中旬，赫伯特·芒在郑州讲授为期三个月的"有限单元法及其工程应用"课程，并受中国机械工程学会邀请赴西安、受中国科学院邀请赴北京中国科学院计算中心举办讲座和学术交流。这项学术与技术交流工作有力地促进了有限单元法理论向我国机械、航天、水利等多个行业的推广应用，也推动了次年有限单元法国际会议在上海的成功举办。该项目的一些负责人（如崔俊芝院士）早已是享誉世界的计算力学专家。

从那时起，赫伯特·芒每年都要来中国，有时甚至一年来多次，往往一住就是数周。1982年8月，他来上海参加国际有限元会议。1989年之后，他到中国的频次大大增加，足迹遍布北京、上海、南京、西安、澳门、重庆、杭州、天津、徐州等地，广泛开展讲学、会议、合作科研等活动。

2004年，赫伯特·芒与我校袁勇教授首次合作；2007年赫伯特·芒受聘为同济大学荣誉教授；2010年受聘为同济大学访问教授；2012年受聘为同济大学特聘教授；2017年至今受聘为上海市高峰学科特聘教授；2015年当选为中国工程院外籍院士。

二、他的学术造诣深厚

土木工程学院有关负责人介绍，赫伯特·芒教授是结构工程和计算力学界国际公认的学术权威，在杂交位移法、边界元法以及有限元-边界元耦合算法领域造诣极深，跻身世界知名学者行列，与英国威尔士大学的欧文（Owen，中国科学院外籍院士）、美国西北大学的巴赞（Bazant，美国科学院和工程院院士）等齐名。其主要学术成就和贡献如下。

❶ 针对杂交位移法，1977年，赫伯特·芒与理查德·胡戈·加拉格尔（Richard

Hugo Gallagher）一起，揭示了杂交位移法（一种早期流行的有限元方法形态）的数值不稳定性。这项成果引起了国际同行的广泛关注，国际同行均给予了很高评价。

❷ 在研究有摩擦力的非线性接触有限元算法时，赫伯特·芒提出了将接触问题的几何边界条件直接施加到平衡方程中，从而提高了求解大变形、大应变接触问题的效率。这项成果解决了汽车轮胎摩擦研究的困境。

❸ 为解决传统边界元中应力计算积分的奇异性，他创造性地提出对边界面单元的奇异积分采用三角极坐标，内部边界面单元采用四面体极坐标。这样既可以提高边界单元法的计算效率，又可以避免数值积分的不稳定性，为边界元法处理弹−塑性界面提供了理论和算法依据。该成果同样受到学界的普遍关注。

❹ 巧妙地构造了一种对称边界元−有限元耦合算法，避免了在受流场影响的薄膜−板−壳类结构表面需要划分密集网格的问题，提高了数值稳定性与计算效率。该成果已被商业软件NADwork采纳，成为求解弹性体振动与周围介质耦合作用的一种有效计算方法。

❺ 系统深入地研究了混凝土冷却塔等结构的稳定性，理论上证明钢筋混凝土冷却塔的倒塌是拉应力区裂缝迅速扩展后，伴随着短暂硬化，由钢筋屈服所导致的渐进失稳。成果发表后，国际知名专家Zerna教授（他认为冷却塔破坏是因屈曲所致）对芒教授的见解首先表示欣赏。芒教授的这一观点已被多名学者所证实，实践上推动了结构稳定性设计思想的转变。

❻ 创造性地建立了混凝土材料的热−化学−水−气−弹−塑性力学的多场多尺度耦合模型，从微观层面揭示了混凝土宏观性能在多场耦合下的演化规律。同时，提出了将隧道掘进现场量测数据与结构计算相结合的混合分析方法。将材料的多场多尺度模型与结构分析方法相结合，实现了工程材料与结构的一体化设计。这一成果应用于奥地利西贝格（Sieberg）等隧道的分析表明，该方法可以有效地支持"新奥法"隧道支护结构施工的及时决策。

赫伯特·芒著有专著5部，主编论文集25部，发表期刊与国际会议论文500余篇（其中期刊论文300余篇），口头报告500余次（其中特邀报告337次）。学术成果得到了国际学术界、工程界及高等教育界的高度关注，并产生了广泛而深远的影响。"他和金特·霍夫施泰特尔（Günter Hofstetter，因斯布鲁克大学教授）合著的《强度》至今已被施普林格出版社（Springer Vieweg）出版印刷5次。"他的学生张姣龙介绍，这本书已经成为欧洲高校土木工程、力学、材料科学等专业大学生学习力学的基础课本。1994年，赫伯特·芒担任《工程结构》(*Engineering*

Structures）的区域主编，该期刊现已成为结构工程领域的顶级期刊。2012年，该期刊出版特刊为赫伯特·芒教授庆祝70岁生日，2019年该期刊举行了"赫伯特·芒教授担任区域主编25周年庆活动"。

赫伯特·芒在土木工程科学和技术方面所作出的杰出成就使其荣获了多项学术奖励与荣誉。1996年获得奥地利政府的威廉·埃克斯纳奖章（Wilhelm Exner-Medal，获此奖章的科学家中有16人获得诺贝尔奖）。2002年获得国际计算力学学会颁发的成就奖（IACM Award，该奖项是国际计算力学领域的主要荣誉奖之一）；同年获得奥地利科技界的最高荣誉奖励——科学与艺术荣誉十字勋章（Austrian Cross of Honor for Science and Art, First Class）。2012年，获得欧盟应用科学计算方法学会颁发的欧拉奖章（The Leonhard Euler Medal，颁发给在计算固体力学和结构力学领域作出杰出和持续贡献的人，其研究成果已有深远影响，还将继续极大地促进对力学领域的数学理论和方法的深入理解）。2014年，获得美国土木工程师学会颁发的纽马克奖（Nathan M. Newmark Medal，颁发给结构工程与力学领域具有国际声望的个人最高学术成就奖）。2019年获得中国国际科技合作奖。2023年获得中国政府友谊奖。数十年间，赫伯特·芒教授共获得各种重要学术奖励26项。

值得一提的是，赫伯特·芒是为数不多的先后获得中国外籍院士荣誉称号、中国国际科技合作奖、中国政府友谊奖三大国家级荣誉的外国专家。1985年，他当选奥地利科学院通讯院士（这一年他43岁），1992年当选奥地利科学院院士。他还先后当选波兰科学院（2000年）、欧洲科学院（2003年）、美国工程科学院（2004年）、德国工程科学院（2008年）、中国工程院（2015年）等20个国家或地区的院士（外籍院士、荣誉院士或通讯院士）。

为表彰赫伯特·芒教授为科学事业所作出的杰出贡献，2004年，奥地利以其姓氏"Mang"命名了一颗小行星。

三、为同济科学研究竭尽全力

芒担任奥地利科学院秘书长（1995—2003年）和院长（2003—2006年）期间，积极倡导推出政府间的科技合作项目，并多次代表奥方与中国科学院、中国社会科学院等签署科研合作备忘录。2010年，他在陪同奥地利总统海因茨·菲舍尔（Heinz Fischer）访华期间，在人民大会堂受到时任国家主席胡锦涛的亲切接见。2020年受到时任总理李克强、副总理刘鹤的接见。2024年受到李强总理的接见。

2000年后，赫伯特·芒与华的合作主

要在同济大学和中国科学院数学与系统科学研究院，在发展固体力学多尺度计算方法、混凝土结构工程的应用方面，协同作出了巨大贡献。芒教授的科研合作伙伴、地下建筑与工程系袁勇教授介绍，深度密切合作从"中奥隧道与地下工程研究中心"开始。

2007年10月9日，同济大学与奥地利欧亚－太平洋学术网络合作共建的"中奥隧道与地下工程研究中心"成立，中心致力于促进中奥双方科学家开展隧道与地下工程领域的联合研究，建立相关的教育、培训以及科普项目，并组织学术交流活动。"2007年以来，我校地下建筑与工程系与欧亚－太平洋学术网络已经合办过多次研讨班、研讨会，共同开展研究工作，并交换研究生，取得了系列合作成果。"土木工程学院有关负责人表示，该研究中心的成立，是双方合作关系的进一步深化与拓展。

赫伯特·芒教授引荐德国波鸿鲁尔大学金特·梅施克（Günther Meschke）教授（德国工程科学院院士，赫伯特·芒教授在1984年至1988年期间指导的博士研究生）、维也纳技术大学伯恩哈德·皮希勒教授（Bernhard Pichler，中欧计算力学协会主席，赫伯特·芒教授在1999年至2003年期间指导的博士研究生）等一批国际上活跃的中生代学者，开展深度合作交流，先后在世界各地举办系列研讨会。

2012年，"土木工程"专业国际评估开始，芒接受时任同济大学土木工程学院院长顾祥林教授的邀请，以国际评估专家身份参加评估。评估期间，赫伯特·芒教授积极建言献策，助力土木工程学科确定学科发展方向与拓展视野，引进国际化人才、定位学科前沿、建设国际联合实验室等，促使土木工程以蹄疾步稳的国际化步伐迈向世界一流学科。

"教育部第四轮学科评估中，同济大学土木工程学科继续保持第一；'软科'排名2017年、2018年连续领跑世界。这些成绩的取得都与包括赫伯特·芒教授在内的著名专家密不可分。"院长周颖说。

四、人才培养硕果累累

借助声望崇隆的国际地位，赫伯特·芒不断为中国学术界鼓与呼。

除了担任中国工程院主办期刊《工程》（Engineering）编委外，赫伯特·芒教授2013年还受沈祖炎院士邀请，担任中国工程院主办期刊《结构与土木工程前沿》（Frontiers of Structural and Civil Engineering）编委。不仅如此，他还推荐诸多中国学者获得国际学术大奖、入选欧美国家或地区院士，如推荐袁勇教授、张姣龙博士参加《工程结构》（Engineering

Structures）编委会，推荐袁勇教授在第11届世界计算力学大会（2014年，巴塞罗那，WCCM XI）作大会主题报告；推荐张姣龙博士在第2届国际固体与流体多尺度计算方法大会（2015年，萨拉热窝，ECCOMAS-MSF 2015）作大会特邀报告。

土木工程学院相关负责人介绍，赫伯特·芒还积极推进中国主办的国际会议。2007年12月，在"城市地下空间防灾减灾国际研讨会"上，他作主题报告；2009年6月，芒教授与袁勇教授等联合举办了"国际计算结构工程大会"；2012年，他与袁勇教授、美国普渡大学安东尼奥·波贝特（Antonio Bobet）教授等联合举办了"地下结构与空间研究新进展国际研讨会"。"还有各种国际会议上的专题研讨会，在这些会议和国际学术场合，中国的学者纷纷崭露头角。"袁勇教授说。

"我翻出了他给我修改的论文，感动不已。如此认真，密密麻麻，反复修改了三四次。"赫伯特·芒的博士生张姣龙说。红笔、绿笔、黑笔……各种颜色的笔，天头、地脚、侧面、缝隙里，A4纸上到处都是工工整整的英文蝇头行书，这些被修改的论文，画面居然很是养眼。

1981年，芒教授开始接收中国学生和访问学者，涉及土木工程、材料工程、应用数学、汽车工程、航天航空工程等多个领域，指导了18名博士研究生、1名博士后，还有6名访问学者、1名讲师、5名硕士研究生，其中大部分现已成为国内外科研机构、高等学校、企事业单位的学术或业务骨干。例如，1981年至1986年间指导的博士生陈振声毕业后进入奥地利科学院工作，对中奥持续的学术交流起到了积极推动作用（已退休）。1986年至1990年间指导的博士生李仲奎回国后任职于清华大学土木与水利学院，曾任水利系系主任（已退休）。1989年至1994年间指导的博士生刘苍弘和赫伯特·芒教授在"汽车轮胎在雪地上的牵引机理"方面的研究取得了突破性进展，该项研究成果获得了奥地利汽车工业协会一等奖。2006年至2014年间指导的博士生贾新在结构稳定方面的研究成绩卓越，获得了国际薄壳及空间结构协会的最佳论文奖（2010年）。2009年至2013年间指导的博士生张一鸣，2017年受聘为河北工业大学副教授，2018年入选"四青"人才计划。

40年间，芒教授指导了31名中国学者和学生。2005年开始，芒教授在同济指导博士研究生，2009年，在芒教授和袁勇教授的推动下，同济大学与维也纳技术大学签署了双博士学位联合培养项目协议。目前，有4名（其中奥地利籍1名）博士研究生参与该项目。2024年3月，在郑庆华校长的见证下，双方签署了共建暑期学校的合作协议。

赫伯特·芒还积极推动研究生的国际学术交流。2019年10月，由同济大学土木工程学院、维也纳技术大学材料和结构力学研究所联合举办的"中奥土木工程专业研究生学术论坛"在维也纳技术大学举办。为期两天的会议总共分7个分论坛举行。报告主题包括：隧道结构力学性能、结构动力特性、混凝土材料性能、工程风险管理、受损隧道性能评估等。来自同济大学、维也纳技术大学的博士生在论坛中分享了各自的最新研究成果，近30场精彩报告。在每场报告后均设置了讨论环节，教授与学生们竞相提出问题与建议，与演讲者充分沟通。

据了解，这项合作2004年由维也纳技术大学赫伯特·芒教授和同济大学袁勇教授发起，之后在两位教授和同济大学柳献教授、张姣龙博士、维也纳技术大学皮希勒教授的共同推动下，延续至今，并取得了丰硕成果。

五、科研为重大工程建设服务

土木工程学院院长周颖介绍，2004年，赫伯特·芒教授与同济大学建立了合作关系；2007年起，作为同济大学聘任的荣誉教授，先后指导了国家高技术研究发展（863计划）计划课题"超大特长越江盾构隧道关键技术研究"、国家科技支撑计划课题"城市地下空间防灾减灾技术"、国家自然科学重点基金"地下工程混凝土结构施工期性能形成机理"的实施，这些科研项目成果为我国上海长江隧道、港珠澳大桥工程沉管隧道、上海中心建筑基础等重大工程建设提供了重要支撑。

2015年，以港珠澳大桥工程为背景，赫伯特·芒教授与袁勇教授研究团队联合申请，并获批奥地利科学基金委员会资助的科研项目1项，该项目的获批引起了当地主流科技媒体奥地利《新闻报》（*Die Press*）的关注，并发文报道。

2018年，赫伯特·芒和同济大学袁勇课题组的禹海涛、李翀一起以项目骨干身份参与国家重点研发计划1项。

2021年，赫伯特·芒与袁勇团队联合申请，并获批国家重点研发计划国际合作专项项目1项，项目着力推动"新奥法"隧道施工的集约化、智能化升级。

参与重大科研项目的同时，他还积极宣传与中国科研机构的合作研究成果。周颖介绍，芒教授经常以同济大学特聘教授身份出席国际会议，并以和同济大学合作研究成果为主题作大会报告。接受媒体采访时，他多次详细介绍了他与中国的渊源和研究成果，促使港珠澳大桥工程的合作研究成果刊登在德语区杂志《学术界》（*Academia*）上。

据不完全统计，赫伯特·芒与同济大学等学者10余年的密切合作中，联合发表国际期刊论文50余篇。在工程材料和结构的计算分析与设计方面形成的主要研究成果如下。

一是混凝土类材料宏观性能属性的微观本质模拟方法。混凝土是最为常见的一类脆性材料，掌握其材料性质是工程应用的重要前提。合作团队从混凝土材料多相多尺度的本质出发，通过多尺度建模方法探究混凝土材料属性的固有特性。该方法具有以下创新点：

❶ 建立了混凝土渗透性与随机分布孔隙的孔隙率和孔隙连通性的对应关系；

❷ 发展了拟周期性材料的渐近展开方法，建立了跨越微观–介观–宏观三个尺度的数值模型；

❸ 从纳米尺度逆向递增导出混凝土宏观尺度的热膨胀性，并表征水化产物吸附/释放水过程的耦合作用；

❹ 给出了水泥基材料强度随加载速率变化的微观原理，揭示了静态强度是其基本属性，而动态强度则是结构属性。

二是解决了内嵌裂缝模型的伴随应力锁死问题。内嵌裂缝模型由计算力学专家泰德·彼莱奇科（Ted Belytschko）教授于1988年提出，在过去20年间，米兰·焦塞克（Milan Jirsek）教授、贾维尔·奥利弗（Javier Oliver）教授、格哈德·扎菲尔（Gerhard Holzapfel）教授等知名国际权威专家反复提及，该模型用于静力优化对称模式时伴随严重的应力锁死问题，长期悬而未决。赫伯特·芒教授自2013年开始关注该问题，2014年指导团队成员张一鸣博士和奥地利因斯布鲁克大学教授罗曼·拉克内（Roman Lackner）揭示了导致模型应力锁死的矛盾假设，进而提出了解决该问题的算法。该算法具有以下创新点：

❶ 揭示了基于迦辽金模型的线性插值位移模型与（准）脆性材料破坏模型的矛盾假设；

❷ 提出结合伽辽金模型的高阶变异单元方法，充分反映了（准）脆性材料破坏过程中的高度局部化破坏行为；

❸ 提出内嵌裂缝模型的能量最小化裂纹开展路径方法，预测追踪黏聚/无黏聚裂缝的扩展路径与萌生方向。

三是盾构隧道衬砌结构安全预警与处治措施。城市化建设带动了城市地下轨道交通的快速发展，如何确保我国运营隧道结构安全？合作团队通过足尺试验技术和计算分析手段揭示了盾构隧道衬砌结构破坏机理，建立了结构安全预警机制，提出了受损结构修复的多种处治措施。该方式具有以下创新点：

❶ 通过混合分析方法明确了接头性能对衬砌结构性能的影响；

❷ 建立钢筋混凝土衬砌结构的多尺度模型；

❸ 提出了基于受力状态的结构安全评价方法；

❹ 提出内衬钢圈、复合腔体以及组合

结构等多种方法，处治受损盾构隧道衬砌结构。

有一组数据非常直观：多年来，芒教授联合培养了31名博士和近百名访问学者；与中国学者共同发表了140余篇学术论文，占其论文总数的1/4以上；共同组织20余次国际会议，在我国20多地开设百余场学术讲座，直接受益学者、工程师超万人。

六、港珠澳大桥、上海中心，都有他一份力

袁勇介绍，2012年的港珠澳大桥沉管施工现场，就有赫伯特·芒的身影。那时，芒教授与同济大学等合作，拓展了随机分布复合材料优化设计方法及多物理场多尺度分析模型。该方法应用于港珠澳大桥沉管隧道管节和上海中心大厦底板混凝土设计与施工，解决了大体积混凝土结构施工期性能控制难题。此外，合作单位提出的隧道-地层强震非线性大规模仿真方法，也得到了芒教授的大力支持，试验成果有效支撑了工程建设，解决了港珠澳大桥隧道结构抗震关键技术难题。

袁勇和芒教授的科研缘分很早，持续时间也很久。"1994年，我到日本参加第四届国际计算力学大会，他是国际计算力学指委理事会的成员，当时我是第一次参加国际会议，我那时博士刚毕业，他已经是国际上比较著名的学者了。"袁勇回忆，如今，他们通过电子邮件探讨研究项目；或者在国际会议上设立一个小的专题，一起来组织讨论；学生的互访则是常态，包括联合培养、双学位、年轻教师的访问……维也纳的学生和同济学生因此会经常联系，共研学术，一起推进科研的进步。

在平时的讨论中，没有分歧是不可能的。"通常来说，每种方法都有不同的流派。比如数学所他们那边发展了一种基于随机力学的计算方法，芒那边的方法是基于微观力学的方法，我们开始做的是基于宏观力学的方法。所以，三种方法会有所不同。"袁教授说，他们会分别使用不同的方法解决，看看有什么差异，从差异里面找到新的值得研究的方向。

袁教授与芒教授的友谊，从学术到文化思想交流，最后归于日常。"他每年会来中国，一年至少来两次。他经常希望我们也能到奥地利去体验一下那里的风土人情。我们会赠送他一些代表同济、上海、中国文化的小礼物，比如说中国的绘画、篆刻作品之类。他也会回赠一些莫扎特巧克力、巧克力蛋糕给我们。"袁教授说，老先生年已耄耋，但身体还算硬朗，喜欢到处走动，据说一年中只有四分之一的时间待在维也纳。

即使在维也纳，他每周也会找个时间去吃中国菜，有一家名叫"青岛"的餐馆是他的最爱。袁教授说："去维也纳访问的时候，他特意找当地一家常去的中国菜餐厅，让我去'亲尝'并评价。我当然如实相告。老先生来中国，我会陪他去品尝各种中式美食，陪他到湖南长沙体验湘菜，参观岳麓书院等。

七、赫伯特·芒如是说

"老师带学生就像锤子钉钉子。"芒教授说。他每年要来中国两三次，带学生、指导项目。跟他打交道的人都知道，芒教授要求严格，一篇百页的博士论文，年近八旬的老人要拿着放大镜一个单词一个单词地仔细看，并用四五种颜色的笔来回修改。自己的修改，也要改上加改，反复推敲，直到找到最准确的表达。芒说，内容好还要表达好，就像中国人严复提的"信""达""雅"，不好的表达就好比美味佳肴放到了脏盘子上，看着心中不适。正是这种严苛，学生、晚辈的文稿最后就成了色彩斑斓的"图画"，每一页几乎都是。"做他的学生，压力老大了。"芒教授的博士生张姣龙坦言，原本学霸的他毕业于浙江大学、同济大学，一路开挂然后到了芒的手里，落入芒教授的"炼钢炉"千锤百炼。芒教授这般评价他："张从事的土木工程结构多尺度研究很有价值"。芒教授说这是他和同济大学袁勇教授合作的港珠澳大桥工程背景下的中奥科技合作项目的一部分。他个人很喜欢工程结构与前沿材料科学相结合，在这一点上张姣龙的研究做到了。张姣龙将混凝土材料前沿与多尺度计算相结合成功用于隧道结构分析，在实践中证实了这种多尺度方法的价值。芒教授以钉子举例，说老师带学生，好比用一个锤子往墙上钉钉子，锤子再先进，如果没被拿来使用也是毫无意义的。学生材质不行，会导致钉子钉不进去；学生材质好，就需要锤子一下一下把他（钉子）钉进去，才能挂油画，体现一枚钉子的价值。

芒教授说，以同济大学为代表的中国顶尖大学，学术氛围、治学传统好于今日欧洲的绝大多数高校，还有连年增加的科研经费、浓厚的创新氛围和对知识科学热爱的大环境。他说工程科学是一门永远不会过时的学问。美国早年是工程技术大国，但已经几十年没有发展，他说自己曾参加一个业内会议，发现原来美国那些专家已经移居到了亚洲、欧洲，且没有什么新人出现。"中国到处充满活力。"芒教授说，随着青藏铁路、南水北调、港珠澳大桥、深中通道等一系列世纪工程的开展，中国已经走在世界工程技术的前列，世界工程技术的未来在中国，在中国年轻人身上。

知情人说，尽管芒教授已耄耋之年，但他每天依然工作12小时以上，几乎没有休息日，并且生活、工作诸般事务都是自己动手。他说，拧得动螺丝、做得了论文，脑子就不会锈。

八、张姣龙眼里的芒先生

说起自己的博士生导师芒先生，张姣龙满怀深情。他说："老先生眼里，育人是永远排在第一位的。"虽然芒先生自己的事务繁杂，做过奥地利科学院的院长，同时也是20多个国家组织地区的院士，可想而知，他每天要处理的事情是非常非常多的。但是，时间再紧张，学生需要他的指导，老先生回邮件基本都在24小时之内；约时间，一般都会在一星期内能见面；每次讨论，学生事先都有一个小时左右的时间来陈述自己的思路、想法，学生的每一个疑问，他都会给予详尽的指导和建议。

关于自己的论文，芒先生的批改让他铭记如刻如琢，无法忘怀。"他虽然已经80岁高龄，但他非常认真，每一次都一丝不苟地指导我的论文，看到他在我的论文上一次又一次地修改，往往一篇论文有多种不同颜色的笔，逐字逐句地反复帮我修改，改到我的稿件最后'面目全非'！这样一位老先生，这样一位大科学家，这么细致地指导一个学生，我能跟着他学习，真是幸运！"张姣龙说，同一篇论文一般要经过老先生至少3至4次的修改，有的时候可能5至6次，才会投出去。芒先生从教50多年，基本上他改的论文投出去就中，没有被拒稿的。

张姣龙说："芒先生除了关心我的科研，对我在奥地利的生活也给予了无微不至的照顾。我在奥地利长期工作和学习，每隔一段时间就得去奥地利移民局申请更换签证。记得有一次，在办理过程中遇到了一些困难，老先生闻讯，一早八点钟就赶到了办事处，提着他那个旧旧的公文包，带着我在大街小巷来回奔走，跑遍了每一个部门，亲自与工作人员沟通解释，最后得益于芒先生的帮助，顺利地解决了我的签证问题。"

张姣龙说："老先生还非常关心和支持中国年轻学者走向国际舞台。1981年来中国，那时国内计算机还不太发达，他作为联合国特派专家，当时就想带一名中国学生去奥地利学习。那时国内比较封闭，合作单位跟他说：'要么一个也不能带走，要么就带走3个中国学生。'芒教授对张姣龙说起这事，说当时经过考虑，还是决定带走3个学生。在那个年代，先生要带3个中国学生出国费了很大周折。最后，3个学生都到了奥地利，其中有一个后来也到奥地利科学院工作了。张姣龙说:"这位学长现在也已经70多岁了。他曾跟我说,他的一生,都受到老先生的照顾和支持,芒先生是他的恩人。"

张姣龙所说的这位学长名叫陈振声,1984年至1987年间跟随芒教授在奥地利攻读博士学位,毕业后留在奥地利科学院工作。

为了世界上的建筑都成"不倒翁"

吕西林院士和他的团队风采录

"未来二十年,能否实现地球上的建筑物在地震面前都成'不倒翁'?"

"可以呀,可以做到的。"同济大学土木工程学院结构防灾减灾系教授、中国工程院院士吕西林笑眯眯地说。40余年来,吕院士潜心研究地震下的建筑反应,琢磨减少震害的方法,在取得了突出成绩的同时,还带出了一支高水平的科研队伍。

一、他的研究从五层砌体开始，一路走来

1983年，因为论文的需要，在导师朱伯龙教授的指导下，攻读博士学位的吕西林在刚刚建成的振动台上做五层砖砌体房屋的抗震试验，以检测地震时房屋的受损情况。他首先确定比例为1∶4的房屋模型，随后设计了3个长宽高为2.2米×2.2米×3.5米的模型房屋，房屋底座和圈梁均为钢筋混凝土现浇。随后，安装了10个加速度传感器和2个位移传感器，测量各层的加速度和顶层的位移情况。"当时没有今天这样的技术条件，各个传感器的位置都是手绘的。"吕院士介绍。他们根据当时《工业与民用建筑抗震设计规范》要求的人工地震波来输入地震波。

"振动台建设，我们都参与了，第一次试验大家都很兴奋、很期待。"吕院士说，设备在当时代表国际先进水平，试验中使用了国产的差容式加速度传感器和位移传感器，还使用了美国生产的压阻式加速度传感器、位移传感器，将这些仪器与振动台数据采集系统相连后，采集系统可以自动标定，这提高了试验测试数据的精确度。试验结果评价了这类砌体结构的抗震能力，为后来的评估和建设提供了技术支撑。

此后，吕西林便在建筑抗震的科研道路上一路前行，日夜兼程。其中，尤为特别的是上海浦东国际机场二期和上海世博

主题馆。

上海浦东国际机场二期是在钢筋混凝土大型框架之上,再加一片"Ω"形的"帽子",其外形像一只振翅飞翔的鸟儿。这顶"大帽子"和下部的钢筋混凝土是两种截然不同的材质,且"大帽子"面积广阔,纵达414米,横有217米。纵向上,每72米或90米设置一条结构缝,将整个屋盖分成5个区段;横向上,整根多跨连续张弦梁跨越了3个混凝土结构单元。作为上海市科学技术委员会的重点课题,这种奇异建筑被要求阐明其抗震性能。"我们选择受力状态比较典型的X3、Y3段进行结构模型的模拟地震振动台试验,针对其长宽巨大而高度很小的特点,采取1∶35的比例制作模型。"吕西林介绍,钢筋混凝土结构浇筑按照常规方法进行,钢屋盖则采取委托工厂加工、现场拼装的办法,最后制成的模型总质量加上试验时的配重超过21吨,其中下部混凝土结构为9.36吨,上面的钢架只有0.76吨,就好比铁疙瘩戴了顶大大的"草斗笠"。

上下结构的质量差异巨大,当二者成为一体之后,地震状态下如何反应?为了得到答案,测点布置就十分重要。课题组在模拟阶段测量模型结构各层的加速度反应,然后经过频域分析,计算模型各层结构的绝对位移、相对位移和层间位移反应。在模型结构的关键部位布置了应变传感器,布置位移传感器12个、应变片20个、加速度传感器33个,总计65个。

想了各种办法,经过多个烈度的地震波模拟测试,团队得出的试验结论是:该结构的地震反应比较特殊,呈现耦联现象,具体可表现为结构整体平动振型、扭转振型和竖向局部振型的耦合;结构整体呈现平动振型、扭转振型和楼板翘曲变形的耦合。进一步分析认为,此结构可以满足上海市7度区Ⅳ类场地土的抗震设防要求,能够实现"小震不坏,中震可修,大震不倒"。

上海世博会主题馆是亚洲最大的单体展馆,面积达8.1万平方米,其大屋顶长288米、宽180米,中间没有立柱。由于建筑功能需要,结构绕Y轴(短边)布置不对称,288米长边不设缝。不仅如此,采用纯钢框架结构还带来结构的周期比[1]不满足抗震规范要求的问题;由于结构的不对称性,地震作用下结构将发生扭转,导致Y向位移比过大、层间位移角偏大等问题;还有采用全部钢支撑结构带来的温度应力[2]过大的问题。吕西林介绍,经过振动台试验发现问题后,为了克服全部钢支撑结构带来的上述缺点,减小结构的温度作用效应,使其地震反应趋于理想,团队建议增设支撑+速度型黏滞阻尼器,把抗侧力体系布置成消能减震支撑体系。采用这个方案后,结构体系更加合理,施工更加方便,在保证结构安全可靠的前提下也取得了一定的经济效益。

二、硕果出自躬耕家

伴随着广泛的工程研究，20世纪八九十年代以来，吕西林先后申请并获得包括国家自然基金项目在内的许多重要课题，如"结构与地基相互作用体系的振动台试验与分析研究""结构振动台模型试验技术及其远程协同试验方法研究""结构模型试验的动力相似关系研究""高层建筑沿竖向耗能抗震理论与应用研究"等。

吕院士介绍，1998年开展的"结构与地基相互作用体系的振动台试验与分析研究"项目，以高层建筑与地基基础动力相互作用这一问题为重点，主要研究相互作用体系的动力相似理论，模型试验系统的设计和实现方法，考虑相互作用后模型试验时的输入，桩-土动力反应的量测方法和试验数据的分析，相互作用体系的动力分析理论和抗震设计方法。研究成果对丰富和完善动力相似理论、提高我国高层建筑结构抗震设计水平具有积极的意义。"结构振动台模型试验技术及其远程协同试验方法研究"开展于2004年，研究工作包括大型复杂工程结构整体模型振动台试验的动力相似理论，结构构件与子结构抗震性能混合试验的原理与方法，大型复杂工程结构振动台试验模型的系统参数识别方法和远程协同模拟地震振动台试验技术、方法与资源共享等四个方面的内容，这项课题研究，对推动我国结构振动台模型试验技术的发展起到了很好的作用。

随着研究的深入，自1996年起，吕西林开始担任同济大学结构工程与防灾研究所所长；2000年成功获得国家自然科学基金杰出青年科学基金；2001年入选"教育部长江学者奖励计划"特聘教授。

随着扎实的研究和工程实践的不断深入，吕西林的建筑抗震研究日渐炉火纯青。"上海市的建筑抗震规范基本都参加或者牵头制定，包括国家的大概十几部。"吕院士提到，其研究成果主要应用于各级各类行业规范规程的制定，结构振动台模型试验方法被纳入行业标准《建筑抗震试验规程》，结构变形限值和分析方法等被纳入国家标准《建筑抗震设计规范》，软土地基设计反应谱、复杂结构抗震分析和混凝土板与柱节点抗震设计方法等被纳入上海市标准《建筑抗震设计规程》；在超限高层建筑的抗震概念设计、性态设计、抗震力学分析模型、结构抗震措施以及整体结构抗震试验等方面提出的新方法，被纳入由上海市政府部门批准发布的《超限高层建筑工程抗震设计指南》（2005年第1版、2009年第2版、2019年第3版），为上海和兄弟省市超限高层建筑抗震设防审查和抗震设计提供了参考。

硕果出自躬耕家。多年来，吕西林主持完成了60多项国家、省部级科技项目和重大工程研究项目。随着研究的深入，成果频出，实际应用日益广泛，吕西林带领的团队渐渐"登顶"。"结构抗震防灾新技术研究及其工程应用"获得2006年国家科技进步奖二等奖（排名1），"新型组合剪力墙及筒体结构抗震理论与技术"获得2009年国家科技进步奖二等奖（排名2），"建筑物移位改造工程新技术及应用"获得2014年国家技术发明奖二等奖（排名2）。团队还获得省部级科技奖特等奖1项、一等奖7项；吕西林本人2015年获"何梁何利基金科学与技术进步奖"，历年累计发表论文430多篇，获发明专利27项，主编技术标准/指南5部，参编8部。因为这些突出的成绩，他先后受聘担任国际知名学术期刊主编、当选国际实验结构工程协会副主席，2019年当选为中国工程院院士，2021年成为日本工程院外籍院士，2022年成为欧洲科学与艺术院院士（技术与环境科学学部）。

三、抗震"组合拳"是啥？

在吕西林团队的高层建筑抗震技术成果获得上海市科技进步奖一等奖后，当地媒体以《高楼大厦练"马步"——同济大学研发成功结构抗震新技术》为题，介绍了这项技术[3]。走在同济大学土木工程学院楼梯上，常有人要问，那转角处贴着墙面、顶着天花板的人字形灰色结构干啥用？这正是专家们的得意之作：将橡胶支座、黏滞阻尼器这两大减震设备创造性地连在一起，不仅能令大楼抵抗住相当于6~7级强震的冲击，而且施工较传统方法更为简易。这一消能减震支撑体系，获得国家实用新型专利，并应用于上海市的三项实际工程。报道说："让摩天大楼的'下盘功夫'更强，同济大学专家再做'加法'，采用各种滑动支座'并联'橡胶支座，组成全新的组合隔震、减震系统，成功应用于高层建筑的基础隔震。据了解，它已在日本的四个高层建筑工程中发挥作用，当地企业数据显示，这一技术在达到相同抗震效果前提下，工程成本降低10%左右，产生直接经济效益6 169万日元。"

工程研究要解决的当然是实际问题。吕院士团队经过数十年探索，打出了结构抗震的"组合拳"：橡胶支座＋滑动支座＋黏滞阻尼器。他科普道，当地震来临时，如果结构与基础连接太坚固，就会和地震硬抗，这样损伤会较大。人们在建筑与地基之间垫一个橡胶坐垫，就好比垫一个软软的"馒头"，这样震动就会被减弱，地震就好比拳头打在海绵里，力量会被卸掉一部分；滑动支座的作用则体现在，当我们的房子摇晃时，有了这个支座，它就会顺着地震波晃动，而不是原地不动地硬顶，因此地震能量可以随着晃动被顺走，这种做法有点像传统建筑基础上的木柱，可以适度滑动，故而如故宫在六百年间经历了大小地震都不倒；黏滞阻尼器则是在建筑结构中加一个类似"注液活塞管"一样的装置，它与建筑结构连在一起，当地震波摇晃建筑时，阻尼器就会随着运动，不过顺势如弹簧般施加阻力，以减小楼体晃动幅度，从而消解部分地震能量。

吕院士进一步解释，垫"馒头"其实就是用来隔震，以柔克刚。隔震层的"馒头"在地震中变形会比较大，因它"扛"了地震的重锤，上面的构筑物就不会坏了。滑动支座一般都由钢制金属板、橡胶垫和滑动材料组成。金属板承受建筑物的重量，橡胶垫起减震、缓冲作用，当外力摇晃建筑物时，滑动支座就会发生水平位移，过程中吸收和分散外力。再就是加阻尼器以水平向减震。像土木工程学院的大楼，就加了阻尼器等减震器件。他们在2004年就把这个阻尼器装上了，是全国第一个在钢框架里面加阻尼器的。传统中第三种减震措施，如上海中心的鱼形装置，叫调谐质量阻尼器。这三种都是传统的。

吕院士用手机比画着，"故宫柱基础上的木柱，类似我们后来的自复位建筑。"他说，"自复位建筑，我们已经研究了十几年。像故宫的木柱，如果摆幅过大，还是会倒。通过控制摆幅，让建筑的摆幅不超过极限，确保其震后能自动复位，在这方面我们已经申请了多项专利。现在海盐的几栋建筑（主要为宿舍、办公楼）就采取了自复位技术，外形和其他建筑没啥区别。而一旦地震，我们安放在每一层的隔震、减震器件就会发挥作用，这就是养兵千日，用兵一时，平时看不出，震时显功力。大地震发生时，要坏就坏橡胶支座等隔震、减震装置，这样更换就容易了。他说，橡胶支座用的就是普通橡胶，不给人家添麻烦，要给人家减成本。"

吕院士说："这些技术最初的推广难度不小，因此21世纪初在建设土木工程学院大楼时，我们就在楼梯里装减震、阻尼器等装置，各地的来访人员说抗震减震的事，我都带他们去看，千言万语不如一个实例。"

四、"学院给我安排了两个本科新生，做学业导师"

"这学期，学院给我安排了两个本科新生，做学业导师。"吕院士笑眯眯地说道，"我按照要求每个月和他们见一次面。前不久我带他们去了一次张园，告诉他们：'你看这栋房子，原来在那边，为了给东园的建筑工程下施工地下室腾地方，它被集体挪到这个位置。这样东园就可以舒舒展展地开挖地下空间了。'两个本科生，一个是来自云南昆明的男孩子读了一年预科，他说对防灾减灾感兴趣，将来要学这个，因为他们家乡多地震。另一个是来自东北的小姑娘，我问她关于防灾减灾的问题，她还没概念。"吕院士还说，"学业导师是学生报名，学院分配，老师服从，然后好好带。"

热爱教书育人的吕西林院士，长期奋战在三尺讲台。他说，培养的硕博毕业生已有200多人，一半一半，本科生的课那是从1984年留校到今天，一直也没落下。他担任"土木工程概论""高层建筑结构分析与设计理论""建筑结构抗震"等多门本研一体专业课程的教学。他还主持多项教学改革项目，同时积极将思政教育融入专业课程，践行"三全"育人。常年深耕三尺讲坛，他的课先后获评国家级精品课程（2009年）、第一批国家精品资源共享课（2016年）、国家级线下一流课程（2020年）；他主持编写的《高层建筑结构》是国家级规划教材，获得2020年首届国家级优秀教材奖，自2001年8月出版以来，已经改版3次，印刷31次，累计印数超过19.7万册。据不完全统计，每年有40余所高等院校土木工程专业的80余个班级在使用这本教材。他主持编写的《建筑结构抗震设计理论与实例》也是国家级规划教材，为研究生教学和专业人员自学所用，《钢筋混凝土结构非线性有限元理论与应用》为我国结构工程师基础理论提升发挥了重要作用。

随之而来，吕西林1988年获得霍英东教育基金会首届青年教师奖，1993年和2014年两次获评全国优秀教师，2007年获上海市育才奖，2008年获同济大学第三届教学名师，2008年获同济大学2006—2008年度"师德师风优秀教师"荣誉称号，2008年获"感动同济"十大人物，2020年获上海市"四有"好教师，2021年荣获上海市优秀共产党员，2022年同济大学"追求卓越奖励基金"获奖者，荣誉累累。

说起自己的学生，吕院士的脸灿烂得如同一朵花：浦发集团党委书记、董事长李俊兰在他这里获博士学位；在他这里读了博士、博士后的陈跃庆，现任武汉市政协副主席兼秘书长，在建委主任任上，适逢新冠疫情暴发，他是火神山、雷神山建造的现场指挥；宋和平博士毕业后扎根新疆，将消能减震技术应用于新疆地震高烈度区；还有兰州理工大学副校长韩建平、南京工业大学副校长陆伟东都是他的学生；留校的有周颖、蒋欢军、鲁正、李培振等。吕院士说，台湾也有4个他的学生，4个人都有自己的公司，他们有的比他年纪大，4人中的黄清和现在是台湾地区建筑鉴定协会副理事长、高雄的理事长。

"现在您手头还有多少研究生？"

"20个。"吕院士脱口而出，"名单上

有17个，院里又给我加了3个。"20个学生，有做隔震的，有做智能防灾的，传统与现代研究方向各占一半。"土木工程老学科搭接新技术，出去好找工作。"他坦言，"同学们现在用AI技术检测建筑，无人机飞飞，回来就有数据，就可以分析了。新技术，我得跟着学。但是，经验也很重要。他们获得的一些数据，比如裂缝的像素水平，就比较模糊，难以使用，我告诉他们，裂缝的物理量是多少，得清楚。建议他们去做，这样他们就会少走弯路、免入误区。"

五、"我的理想是，再强的地震，房屋也不倒"

"建筑防灾、减灾是一项公益性事业，可谓功德无量但功利诉求甚少，大家投身此项事业，必须要有悲天悯人、慈爱苍生的大情怀。"这是吕西林在课堂上经常说的一句话。

正因为如此，2008年汶川地震发生时，他第一时间请求奔赴震区。作为住建部首批汶川地震灾区房屋应急评估同济大学专家组组长，他穿行在一片片断壁残垣、碎石瓦砾中，和几位同事一道，为一幢幢受损的房屋快速问诊，凭借自己的专业眼光，对一处处受损的结构"望闻问切"，把脉诊断。他身先士卒，远看近观，进屋察看。灾民一边替他担心而捏把汗，一边焦急地等待这位上海来的专家下达"诊断书"。因为在抗震救灾中表现突出，他获2008年"感动同济"十大人物，同时荣获"中国科学技术协会抗震救灾先进个人""住房和城乡建设部抗震救灾先进个人"等称号，这在高校教师中是少有的。

汶川地震发生后，对于灾区的灾后重建工作，吕西林从未中断过支持，只要有需要，他都随叫随到，为受损的学校、体育场馆等建筑提供加固、抗震服务。例如，都江堰中学工程加固，特点是"建筑面积大、工期短、造价要低、空间影响要小"。吕院士团队通过多方案比选，最终采用了组合消能减震支撑方式进行加固，在80天内完成了6万平方米的加固任务，将抗震水平从7度提高到8度，并确保学校按时开学。

吕院士说："当时从汶川回来，我就萌生了'如何才能让房屋大震不倒'的想法。当时正值庄稼长势好的季节，毁了庄稼搭防震棚，看着叫人十分心疼。我们在勘察中发现很多建筑虽然外观不太好看，但主体结构没坏，是完全可以住人的。我就说，那些房子可以住人，没必要都进防震棚。当地官员有的信，劝百姓住进去了，有的则不信。""地震灾害，信心比问题更重要。"吕院士说，"在灾区体检房屋，遇上青川地震（2008年5月25日16时21分，在四川青川县发生6.4级余震。这是汶川大地震后发生的最大的一次余震），我当时就住在宾馆里。那家宾馆，100多根立柱，只有一根裂了，安全没有问题的。"

此后各地地震，吕院士常常第一时间奔赴震区。他说，看到满目疮痍，心里别提多难受了。他的理想是即使大震，房屋也不倒：第一种，摇摆（不倒翁）后自复位；第二种，房屋核心部件不坏，减震隔震装置受损，可轻松更换。这样地震来临时，人们就可以不住防震棚，而是居家避难。

2008年从汶川回来后，吕西林筹划举办了光华学术论坛，第一届论坛的议题为"汶川地震与灾后重建"。从那以后，光华论坛紧密围绕地震工程领域的热点问题，邀请国内外地震工程领域知名专家作大会报告。目前，该论坛已经成功举办了十届，成为国际地震工程专家及学者水准最高的沟通平台。

随着研究成果的不断产出，吕西林带领的团队走向世界舞台的步伐蹄疾步稳。他已40余次在国际学术会议上作大会报告及特邀报告；担任国际实验结构工程协会副主席兼秘书长、国际桥梁与结构工程协会资深会员（Fellow）等；受聘担任《高层与特殊建筑的结构设计》（这是该杂志创刊20多年以来，首次由华人担任主编）和《亚洲建筑与建筑工程》两本SCI杂志唯一主编；连续10年被评为爱思唯尔中国高被引学者（2014年至2023年）。应邀参与美国、日本、加拿大和欧盟研究机构的合作项目，预制混凝土结构研究成果为制定欧盟抗震设计规范提供了技术支撑，混凝土结构抗震性态设计和鉴定加固成果被国际混凝土联合会（fib）2020模式规范采纳。2015年7月，汇集中、美、日、意四方力量，共同致力于联合开展国际前沿重大抗震科学问题研究的"地震工程国际合作联合实验室"，在同济大学宣告成立。2017年，吕西林获美国土木工程师学会"纽马克奖"，成为该奖项1975年设立至今第一位获奖的中国学者（亦为唯一一位）；2020年当选为国际结构混凝土协会"终身荣誉会员"，成为首位获得该协会年度奖项的中国学者。

"20年后的建筑，技术上完全可以做到成为'不倒翁'。"吕院士回答我的问题时说，"我国过去就有不倒的建筑，像故宫就屹立数百年，为何？它的柱基础设计、榫卯结构等都能很好地消耗地震之力。老祖宗的这些经验，我们要好好总结。"他一边讲一边用手机比画（将手机倾斜成45°以下），"但是木结构，地震摆幅超过其'忍耐'的极值，就回不来，自复位不了了。我们做的建筑，要让摆幅可控，就要在建筑中加进去必要的技术，像阻尼器、隔震等，我们通过试验和计算让其加得恰到好处。建筑不倒，技术上我们完全可以做到，但被公众坦然接受和广泛应用，得有个过程。"

"理想是美好的，我们的努力也是没有止境的。"吕院士最后说。

1. 周期比：周期比是《高层建筑混凝土结构技术规程》(JGJ 3—2010)中的第3.4.5条规定，结构扭转为主的第一周期Tt与平动为主的第一周期T1之比，A级高度高层建筑不应大于0.9；B级高度高层建筑、混合结构高层建筑及复杂高层建筑不应大于0.85。
2. 温度应力：由于温度变化，结构或构件产生伸或缩，而当伸缩受到限制时，结构或构件内部便产生应力，称为温度应力。
3. 彭德倩：《高楼大厦练"马步"——同济大学研发成功结构抗震新技术》，载《解放日报》，2006年7月6日第6版。

"要让中国的结构工程设计理论领先世界"

李杰院士的科研与人才培养之道

"要让中国人发展的结构工程设计理论领先世界。"中国科学院院士、同济大学土木工程学院教授李杰数次重复这句话。他说:"中国人不仅有能力把国家建设得非常美丽,也应该在土木工程的基本理论,尤其是在解决结构工程的关键科学问题方面,有独特的贡献。"

数十年如一日,李杰院士在结构工程基本理论领域默默耕耘,取得了骄人的成绩。他带领研究团队构建的第三代结构设计理论体系,正在被国内外所关注、跟踪、学习。

一、从化学理想到土木工程

"雨生百谷"的谷雨时节，笔者对李杰院士做了一次深度采访。先生简略介绍了他的人生经历：1973年底高中毕业后，在1974年秋天到沈丘化肥厂做了亦工亦农的工人。那时的他，十分喜欢化学，那些结构奇特的分子表达式和赤橙黄绿的各色化学反应，让他着迷、让他向往，他希望有一天自己也能钻进那个美妙的世界，做出一番事业。

当了3年多的工人，1977年12月，李杰参加高考，填志愿却完全没有经验："第一志愿报郑州工学院，第二志愿报华中工学院，层次高低完全颠倒过来了，但都是化学工程专业。"李院士回忆道，"郑州工学院土木建筑系的老师后来告诉我，他拿到我的志愿表后，就揣在兜里不拿出来了。结果，我从此与化学无缘了。"李院士笑眯眯地，仿佛在说邻居的事，"就这样进了郑州工学院，学了土木工程。"

阴差阳错地进了土木工程领域，李院士说："那时的我们，觉得上大学是一件梦里都不敢想的事情。进了土木工程系，并没有什么思想负担。安心学习吧。"

大学放假回家，路途有两百多千米。一路上，满眼都是土坯垒成的草房子。学土木的李杰，开始梦想着让这些草房换成砖瓦房。本科毕业时，同学们畅想未来，他说，希望到70岁时有一沓照片，都是他与自己设计、建造的房子的合影。

"那时的大学生，一心想着的就是为振兴中华而读书，那是一个阳光明媚、充满理想的时代。"李院士看着我说。作为同一时代的过来人，我一个劲儿地点头。

1981年底，李杰从郑州工学院（现郑州大学）毕业，考进重庆建筑工程学院（现重庆大学）结构工程专业，师从丁德忠教授，攻读硕士研究生。1984年12月获得硕士学位。1985年，他被朱伯龙先生收为弟子，1988年9月获同济大学博士学位。毕业后，他又回到了郑州工学院。1996年春天，在沈祖炎先生、朱伯龙先生的合力推荐下，李杰回到同济大学工作。

二、"客观世界充满随机性"

20世纪90年代初，我国形成了城市抗震防灾规划研究工作的热潮。

"我在博士毕业后独立领导的第一项工作，就是城市抗震防灾规划的研究。"李院士介绍说。城市防灾规划研究中的一项基础性工作是工程场地的地震动区划，这需要通过钻孔获得工程场地的地质资料。"我们在一个城市钻了几十个孔，还整理分析了上千份工程地质钻探资料。结果我发现，土体的剪切波速[1]具有很显著的随机性。当我们用这些资料计算场地地震动反应谱时，它的峰值竟然有5倍之差！这种变异性几乎等于由不同地震波造成的变异性。"谈到这里，李院士眼中闪着激动的光。

李院士说："这是一个科学发现，场地力学性质的变异性影响可以达到地震动自身的变异性影响，这充分说明了随机结构研究的必要性！"

从此，李杰走上了研究"随机世界"的道路。为什么有的楼房在大震中不倒？狂风中的高耸结构为什么依然淡定坚强？随机性和我们所熟悉的确定性世界之间又是怎样的关系？"客观世界充满随机性。"李院士说，20世纪90年代末以来，这个问题一直伴随着他。他曾半开玩笑地对国外同行说："自从开始研究这个问题，我的生活快被毁掉了。"

三、何谓"概率密度演化理论"？

何谓"概率密度演化理论"？"我们生活在一个充满不确定性的世界中，但人们总是希望获得确定性的结果。"李杰院士介绍说，学者们普遍认为，有两种反映客观世界的理论体系——"确定性理论"与"概率理论"。这两个体系是没有联系的，甚至是互相对立的。"概率密度演化理论，就是希望用一种精确的方式，反映随机系统中概率结构的变化规律，而我们建立的

'广义概率密度演化方程',则揭示了确定性系统与随机系统之间的内在联系。"

李院士曾以壮美的喷泉为例解说:一簇簇水柱喷涌而出,微风吹过,水花随之偏斜、飘舞。水花会飘散多远?这取决于一系列随机因素:风来的方向、风速大小和水压大小。一旦确定了这些随机要素及其概率分布,就能分析、确定水柱的随机运动规律。

"实话跟您说,我看了这个例子,依然雾里看花、不明所以。"我如实禀告。谷雨时节的窗外,正是春和景明、满眼翠绿。

李院士看着我,笑眯眯地说:"好比我们从这里到学校门口和人见面,约定10分钟后见面。从我们现在的位置到校门口,距离是一个物理量,是确定的。但是,我们在路上可能碰到熟人聊几句,看到鲜花又驻足看一下,这样,何时走到校门口就成了一个随机变量,因为我们走路的速度成了随机量。由于时间和空间里随机发生各种事件,我们的计划就变得不那么确定了,到校门口的具体时间就成了一个随机量。"

"这就是李-陈方程?"我问。

"还不是。与时间、空间相关的物理状态在实际问题中是随时变化的,不是一成不变的。为了衡量物理状态,我们首先需要一个方程,反映物理规律的方程。当客观世界中有一些不确定因素影响这个方程的基本要素时,我们就需要另一个方程反映随机性在物理系统中的传播,这就是李-陈方程。"李院士介绍,在土木工程领域的研究中,地震、强风、环境侵蚀等灾害何时何地发生、强度多大、破坏性多大,都是不确定的、随机的。但是否意味着下一秒发生什么就杂乱无章、毫无规律可循?有了概率密度演化理论,这些问题就有了科学的答案。

说起概率密度演化理论的应用,李院士娓娓道来:"它是从土木工程学科中'长'出来的,因而在上海中心大厦、重庆污水处理厂卵形消化池、10度高烈度地震区的牙买加西摩兰大桥抗震的可靠度设计等一系列重大工程中得到了应用。同时,由于这一理论揭示了随机系统的内在规律,它也跨界在海洋、材料、生物、航天等领域都有了应用实例。"

李院士讲了这么一个故事:

"大约2018年吧,我到赤峰路一家面馆吃面,一位素不相识的人过来问我'您是李老师吧?'"

"是。"

"终于见到您了,我是看着网上的照片与您对号入座的。"那人不太好意思地说,"我们造船用到了您的概率密度演化理论方程,很好用、效果很好。谢谢您!"

李院士还说,到西宁去开会,南京理工大学的副校长告诉他:"我们在用您的概率密度理论造大炮。"更有趣的是,伊朗人用飞机做实验，测试机翼的振动，也验证了概率密度演化理论的正确性。凡此种种，不一而足。

四、第三代结构设计理论

1992年，李杰在哈尔滨建筑工程学院参加国家自然科学基金委组织召开的第二届全国青年结构工程专家研讨会。会上，一位老先生作报告说："结构工程理论，已经是一个非常完善的体系了，你们要做的，就是做好应用。"

"这句话当时对我是一个极大的刺激。"李院士坦言，"十年之后，我才有了自己的答案，结构工程理论，就像一个血气方刚的青年，堪当大任、远未成熟。"在他的眼睛里，我看见了远方。

"随着科学技术的不断进步，对结构工程理论的探索同样进入深水区。我关于第三代设计理论的探索，同样经过了一个漫长的过程。"李老师坦言，"2006年，我在美国加州理工学院访问了三个月，有了一段相对集中的时间进一步深入思考结构工程中的基本科学问题。回国后，我在我们学校作了一个讲座。题目是'结构工程研究中的若干关键科学问题'。后来，学生们整理了这个报告的录音稿。我在作了认真修改后，在其后记中指出，我们结构工程科学研究的总体目标是建立结构工程新一代结构理论。五年之后的2011年，我又在我的梯队内部作了一个报告——'我们离目标还有多远？'在报告中明确提出了第三代结构理论。又过了五年，我写出了《论第三代结构设计理论》，并在同济大学110年校庆之际发表在《同济大学学报》（自然科学版）上。可以说，这篇文章，凝聚了我二十年的思考，是这一方向性研究的纲领性文本。"

"为什么要提出这一理论？什么是第三代设计理论？"我问。

"简单来讲，如果梳理结构设计理论发展的历史，可以清晰地看到这样一条主线：第一代结构设计，是基于经验安全系数的线弹性设计理论；第二代设计理论，是基于近似概率的极限状态设计理论；第三代设计理论，是基于整体可靠性的结构全寿命优化设计理论。"李杰院士侃侃而谈，"之前，看德国人写的《结构理论的历史》，我很有感慨，书中提到的上百位结构工程科学家，没有一个中国人；而且这样一部600页的著作，讲的只是结构分析的历史，完全没有对工程中不确定性因素量化的表述，更看不到现行结构设计理论中的基本矛盾。"

"是什么样的矛盾？"我忍不住插问。

"就是第二代结构设计理论中的两个基本矛盾。第一，在结构分析与设计中，构件层次的极限状态设计和结构层次的弹性力学分析之间的矛盾；第二，是构件层次基于可靠性设计和结构层次的确定性力学分析之间的矛盾。这样的两个基本矛盾，我在2000年的一次全国性学术大会上公开提出。"李院士明显加快了语速，"第三代结构设计理论，就是要解决这些基本矛盾！"

用第三代结构理论设计工程结构，可以实现基于可靠度的结构全寿命周期优化设计。"一代一代做下去，我们有能力让中国的结构理论领导世界结构工程的未来。这是我们的理想。"李院士说，"夜深人静时走在校园里、工作疲劳时望着窗外……我常常警示自己：你还在路上，尘土依然飞扬。"

"第三代结构理论的大厦耸立起来，还有很长的路要走，唯其拼搏，无远弗届！"我对李院士说。

李院士看着我，一如既往地微笑。

令人欣喜的是，第三代结构理论的最简版，已经付诸应用。李院士介绍，上海中心大厦就是一次成功的应用，"我们按照概率密度理论，给出了上海中心大厦抗震可靠度的分析结论。"

五、城市安全有了"金钟罩"

李杰院士团队的研究，可用"一枝两叶"来概括。作为上海防灾救灾研究所的所长，他肩上还扛着护卫城市安全的重任。

防灾救灾，得有"武器"，即理论武器。2005年，李杰受命担任上海防灾救灾研究所所长。从那时起，年年月月春夏秋冬，他带领团队倾情投入，致力于上海市生命线工程的研究与实践。

重大灾害突如其来时，电力中断、供水中断、煤气中断、交通瘫痪……城市的"大动脉"瞬间停摆，怎么办？李杰带领的团队从大城市的"生命线工程"如何在地震中免遭重创入手，开始了城市生命线工程的系统设计。

要让生命线工程有足够的韧性，可靠性设计工作必不可少。可是，随着研究的深入，加入的因素日渐增多，可靠性分析涉及的问题也越来越多，可谓乱如麻、重如山。"网络可靠性分析问题的复杂程度，就像阿拉伯棋盘上的麦粒数量一样，呈现组合爆炸式的增长。"李杰院士说。

针对大型工程网络分析中的复杂性难题，李杰团队独辟蹊径，提出了"基于结构函数递推分解"的技术思路，建立了"递推分解理论"，有效解决了大型生命线工程网络分析中的复杂性问题，团队的理论方法成为城市安全、生命线韧性的"金钟罩"。

何谓递推分解理论？我找到李杰团队成员刘威。他迅速发来3篇论文，我认真看了半天，仍感到困惑不已。只好对他说："麻烦您把这个理论的基本原理帮我科普一下。"

刘威说："简单来说，就是将一个复杂网络的求解一级级地分解成一系列简单的子网，通过简单子网的求解来得出复杂网络的结果。"接着，他告诉我："稍微复杂一点就是，将复杂的网络分解成一系列简单的子网和函数，要同时在网络分解过程中实时进行最小路和最小割的不交化[2]，利用概率不等式给出满足工程要求的高精度结果。这样，就创造性地解决了网络系统可靠度分析的网络复杂性与计算复杂性问题。"

我说："化繁为简，以简明义，给出大网络的关键和要领。对吧？"

他说："对。"

我的理解是，城市生命线，包括维持城市运转的水、电、煤、交通、电信系统等。它们在城市空间中会叠加、会交错，会有各种样态，呈现出你中有我、我中有你的样貌。李杰团队所做的，就是把这些千丝万缕、如同乱麻的系统捋出头绪，指明薄弱点，告诉管理者哪里是关键点，什么状态下可能会出问题，让管理者知道在天寒地冻、赤日炎炎、台风袭来、地震发生这些情境下，生命线会在哪里出现问题。

从21世纪初开始到今天，李杰院士带领刘威、胡群芳等团队成员开展了系统科学攻关。以递推分解原理为核心，团队系统研究了最小割递推分解技术、快速递推分解技术、考虑相关失效的递推分解技术，形成了以解析图论为特征的网络连通可靠性分析理论体系，为500万以上人口的特大型城市、上千个节点的大型生命线工程网络的抗震可靠性分析提供了精确、高效的技术工具。同时，"递推分解理论"也得到了国际学术同行的广泛认可，被认为是分析大型生命线工程系统可靠性的首选方法。美国佐治亚理工学院克雷格（Craig）教授等撰文评述："这些研究代表了生命线网络分析中最重要的进展。"

与此同时，李杰院士团队还深入研究了大型生命线网络的抗灾优化设计理论和关键技术，为大型生命线工程网络系统的抗震设防、抗震设计与系统优化，提供了基础理论与技术支撑工具。

2015年以来，李杰和他的团队将生命线工程研究从抗灾设计向安全运维方向深入拓展，取得了国内外领先的研究成果。2021年2月，上海市供水管理事务中心来函，感谢同济大学为上海市科学应对两次寒潮、保障城市供水安全提供了重要科技支撑。函中写道："2020年底到2021年初，上海市连续两次遭遇罕见的'霸王级、断崖式'寒潮袭击，城市供水安全保障受到严峻考验。由同济大学胡群芳教授领衔的寒潮灾害风险决策工作组，勇挑重担、不计得失、不畏艰苦、奋力拼搏，提出了一系列具有针对性、综合性、前瞻性的建议,为科学决策与有效应对寒潮提供了积极有益的指导……赢得了各级领导和同志们的高度肯定和称赞。"

李杰院士告诉我,自2015年,上海防灾救灾研究所城市市政管网运行安全与防灾研究团队就开始持续推进城市市政管网系统运行安全保障技术的研究,通过理论模型分析、关键技术研发、室内试验和室外现场观测等手段,揭示了寒潮灾害对城市供水管网系统灾害破坏形成机理,并建立了运行安全风险评估与预警模型。这些研究成果有力地支撑了这两次寒潮灾害的应对工作。

李杰院士介绍,目前,上海防灾救灾研究所已建立起上海市多种灾害的风险预报、预警和管理体系,"这一先进平台必将对上海市的城市安全发挥科学技术的支撑作用"。

六、"人生路上的'恩人'"

采访中,李杰院士深情回忆说,在漫长的求索路上,他遇到了多位人生路上的"恩人"。

"高中毕业后进入化肥厂,我认识了人生路上的第一位导师。"李院士悠悠地说,"他叫徐海亮,是华中水利电力学院的毕业生。"

"那时,我跟着徐老师做氨水库设计,只是跟着跑,完全不懂。"李院士说,"去请教徐老师,徐老师让我学习材料力学。"

"他借给我一本材料力学书,读到第二章,我就遇到了问题,极限公式[3],就搞不懂了!徐老师又叫我去读高等数学,以当时我所受的教育,高等数学哪里能搞懂啊!虽然不懂,但我的内心对知识、对学问充满了向往。"李院士缓缓地说,这种向往一旦遇到春来风暖,就立刻生根发芽、破土拔节了。所以,1977年春天,20岁的李杰成为"文化大革命"后的第一批大学生。

1988年李杰博士毕业,他碰到了第二位贵人——厉良辅教授,时任郑州工学院院长。李院士说:"回到郑州的第一件事,就是奉厉院长之命,成立郑州工学院青年学术中心,九个人。后来这九个人中,出了两位科学院院士、一位工程院院士、两位大学校长。"

李院士回忆说,有一天学校召开大会,散会没多少时间,系办公室里的电话铃就响了。"李杰,你的电话。"接过电话筒,那头传来:"李杰,你对我刚才大会上的讲话有什么看法?"是厉院长打来的。李院士说,从那时起,他开始注意从全局出发思考问题。

谈起他的导师朱伯龙先生,李杰院士更是滔滔不绝:"1976年,唐山大地震发生后，同济人在李国豪校长的率领下，迅速把研究重点转到工程抗震方向。朱伯龙先生身先士卒，在混凝土结构抗震性能与非线性分析方面展开了一系列独具创意的研究工作：混凝土裂缝效应、正截面滞回模型、非线性分析方法……不仅迅速使我国在这一领域的研究赶上了国际先进水平，还使一些工作（如裂面效应的表述）被欧洲混凝土设计规范所借鉴、采纳。1983年，在朱伯龙先生的主持下，同济大学建成了全国领先的地震模拟振动台。1984年，先生的学术专著《钢筋混凝土结构非线性分析》出版，成为此后二十年国内广为传播的研究生基础教材。1986年，先生率先开拓了混凝土结构抗火、抗腐蚀的研究方向。20世纪90年代初，先生又开始了既有建筑的加固改造研究。此后近十年，他亲力亲为、孜孜以求，逐渐形成了我国建筑工程领域的一个重要学科分支，也为90年代后期国内开始开展的工程结构全寿命研究抢占了先机。"

李杰院士感慨地说："创新之于先生，好比血液之于生命。创新是先生的学术法宝，创新是先生的智慧结晶，创新是先生授业、传道、解惑的不二法门。"沉静片刻，李杰院士淡定而坚决地说："作为先生的入室弟子，我有什么理由不努力实践先生的创新精神呢？"

"学术传统，大约就是这样代代相传的吧。"意犹未尽的李院士仿佛在自言自语。

七、育人之道

李杰院士谈读书，有"三问、三结合"。"读书三问"，即读一本书，要弄清楚"是什么，有什么用，局限性在哪儿"。作为研究生，则要思考前人科学理论的局限性，从而获得学术上的突破。"读书三结合"指的是"读书要结合文献、结合研究、结合著述"。

李院士认为，对于研究生来说，在科研工作中最重要的是培养自己的能力——解决问题的能力。要善于将老师的问题转化为自己的问题，当研究的问题变得有趣时，也就不会觉得有压力了。"生活是个微积分，微分是每天的积累，积分是你的一生，几十年，生活的微积分要求我们每天都要对明天负责。"

他认为，获取知识的目的是解决问题，重要的是要将培养学生解决问题的能力放在第一位。他要求学生在"战争"中学习"战争"，在研究中形成活的、具有结构的、生机勃勃的知识体系。他为自己的博士生布置的寒假作业是阅读《唐诗小札》《宋词小札》。"开学时，是要组织讨论的，李老师是要一个个点评的。"博士生们说。

洪旭对此印象深刻：先生对学生的教导却又不仅仅停留在传道、授业、解惑上。他一直主张要读"无用之书"，提高自身的人文素养，涵养出一个读书人应有的性情。"受先生的影响，我开始锱铢积累，从小说到历史再到诗词，虽不能窥见宫室之美，却逐渐感受到了一代又一代读书人广博的内心世界。"洪旭至今还记得李老师的话："对学生的唯一要求是希望他们为理想而奋斗。"

在李杰院士心中，教学是师生教学相长的过程，教师要不断学习、武装、丰富自己。"学生看的是最新的文献，涉及的往往是最新的知识。作为导师，不能懵懵懂懂地敷衍、应付学生，而是要花时间去学习新知识，否则无法与学生进行讨论、交流。"李院士说，学生的个性、禀赋各不相同，导师一定要"因材施教、因势利导"，着力培养学生的文献意识、问题意识、创新意识，研究主线要注重逻辑与历史的统一。一手抓国际学术前沿，一手抓工程第一线，关注、提炼具有价值的关键科学问题、核心技术问题、重大工程问题。老师则要努力帮助学生构建起包含数学基础、力学基础、专业基础和人文基础等核心知识结构的"四梁八柱"。

李院士告诫年轻教师："当研究生导师要想清楚，到底是你的三年，还是学生的三十年？如果你想的是你的三年，你就想着学生多给你干事。如果你想的是学生的三十年，你就会尽力去了解学生，帮助他们在原来的基础上进一步提升。要像爱自己的孩子那样爱学生！把对研究生三至五年的培养与他们一生的发展结合起来。"

在李杰院士的办公室中有个书柜，里面整齐地叠放着一个个文件盒，这是他为所有博士生建立的学术档案。里面有他修改过的学生毕业论文手稿，还有记录每次与学生探讨学术问题的手写纪要。随手翻出一个学生当年的作业，李院士都记得很清楚："他很聪明，读书时需要督促他专心研究，毕业后也经常督促他发表成果……"

数十年来，李杰院士孜孜以求地倡导科学精神的涵养与团队文化建设。"作为导师，自己要先蹲下身子，扶起学生，一步步把他放到自己的肩上，之后你再站起来，把学生推上山峰。""老师和学生，学术带头人和助手，就如同同一战壕的战友，要一起研究、一起工作，恰如老兵之于新兵……"他培养毕业了100余名研究生，在60名毕业的博士生中，有7人获得上海市优秀博士论文、3人获得全国优秀博士论文提名奖。在他的学术梯队中，已有2人获得国家杰出青年科学基金、1人入选教育部长江学者特聘教授、4人入选教育部新世纪优秀人才支持计划、3人入选上海市曙光学者、5人入选同济大学青年英才攀登计划。

学生陈隽、陈建兵、任晓丹、胡群芳、彭勇波……个个杰出优秀，皆能独当一面。

因为成绩突出，李杰于2001年当选全国优秀教师，2004年当选上海市劳动模范。

八、学生眼里的李老师

学生像老师，同济素有师风绵延不绝、代代相传的优良传统。

"当年师从朱伯龙先生，每次见面，朱先生都要问我'有没有新想法'，我从事研究后，往往第一个念头就是，这是不是新的？不仅要新，而且要有用。"李杰院士说，"跟着朱先生，我学到了创新；跟着沈祖炎先生，我学到了大度。沈先生告诫我，荣誉只是事业的副产品，要抓住自己的主业。"

如今，李老师又把这些传给了下一代。"我觉得首先要归功于李老师，在李老师的带领下，才有了我们学术梯队对基本科学问题的长期坚持和锐意创新。没有长期坚持，就不会有深入系统的成果；没有锐意创新，就不会有一流的科学发现。"团队中的青年学者、李-陈方程之"陈"——陈建兵教授说，"李老师特别重视学术梯队的建设，特别鼓励并支持我们年轻人在学术上的独立创新和探索。"他至今依然清楚地记得，在博士论文选题之前，李老师有一次说："你很喜欢研究和思考，但是思考的问题是从书缝里找的。"陈建兵说，真是"一语惊醒梦中人"！

这个要求在李老师的博士生那里一一得到证实。艾晓秋说："在李老师学术梯队的研究生办公室里，挂着一帧条幅——'人生重境界'。李老师常对我们说，'取法乎上，仅得其中；取法乎中，仅得其下。'李老师特别注意从土木工程的重大现实需求中提取基础研究的关键科学和技术问题。他常常对我们说，科学研究的前沿在两个地方，一个在工地和工程师那里，一个在前沿文献中，要注意两条腿走路，才能有所作为。我的工作主要是发展基于物理的随机地震动模型。在取得初步成功之后，李老师在此方向先后安排了三名博士生进行持续深入研究。在李老师的带领下，整个团队历经二十余年的攻坚克难，最终获得了重要研究成果。而这种坚持和信念，将一直鼓舞我们每一位学生。"

艾晓秋又说："李老师特别注重与学生的共同工作，包括关键建议和具体指导、公式的推导、结果的分析和物理本质的把握乃至程序的关键细节，而不是简单地听取汇报。他常常对我们说'我们是一个战壕里的战友'，也常常谦虚地说'我在向你们学习'。"

2018年1月，学校土木工程学院组织师生观看了《师道·李杰》，大家纷纷表达感想。

"之前对李杰老师的了解，主要是从他课题组几位年轻老师的师者风范体会得到。也有幸听过李老师作的几次报告，每次都被他富有感染力的语言所打动，为他的气场和内功所折服。今天才了解到，李老师在三十出头的时候就给自己写下了作为一名大师的标准。"土木工程学院李奇说。

"李老师在教学中严守'温故而知新'的原则，课前备课四个小时，课后加以思考，将课堂中涉及的新内容记录下来，并对课件进行修改，从而保证每年的教学内容均有所更新。"卢文胜说。

"作为李杰先生之门生，硕士以来追随其左右已近十五载。从一招一式、一字一句，到科学之精神、毕生之追求，十五年来耳濡目染、切磋琢磨，既未敢丝毫放松，又望高峰而兴叹。"任晓丹感慨。

土木工程学院缪惠全博士说："怎样才算是好老师？这是这些年我一直苦苦思索的问题。生活上关心和爱护自己的学生，当然是一个好老师；学习上指导帮助学生，当然也是好老师；但是真正伟大的老师，是在'世界观'和'方法论'上重塑一个学生，在'价值观'和'实践'之中再造一个学生，如此才可谓伟大的老师。"

学生洪旭说："先生对学生的教导真的可以说是诲人不倦了。每两周的见面往往开始于我的工作总结，他聚精会神地一边听一边作笔记，一有学术上的进展，他就在笔记本上进行系统、扼要的总结，而对于研究中的缺陷，又不厌其烦地讲解、点拨。这样的讨论有时可能持续一两个小时，日复一日，极少中断，如此辛勤地培育学生，在众多教师中恐已是凤毛麟角，更何况是已过耳顺之年的先生呢？"

《人民日报》记者在采访李杰院士后感慨道："我们今天强调原始创新、自主科研，并不意味着会有'平地春雷''天才陡现'，相反，科技发展中的重大发现、跨越式进步，要更多地依靠代际累积。有良师德高身正、耳提面命，而不将师生关系庸俗化、物质化、利益化，也不做低水平培养经营，促使青年人踏上学术征途之初便可以获得高起点、大视野、高远境界，有正确的科学精神与科研文化传承，创造力与个性便能得到更好的融合。作为后辈也更有机会站在前人的肩膀上，画出科研中最有力的一笔。"

在李杰院士看来，中国人对世界的贡献应是以一个个具体成果来体现的。"要专注真正的科学问题，让世界听到中国的声音。"他说。

又记：

李杰院士认为，科学家的不断涌现，是同济大学走向世界的重要标志。他说："2006年，我受邀到美国加州理工学院作短期访问研究，加州理工学院满校园都是大师传记的景象，让我印象深刻、冲击很大。这些大师的传记（也有个人口述史），对于莘莘学子的影响与熏陶，怎么评价都不为过，那是先贤、那是自豪、那是传承、那也是责任。设若我是这所学校的学生，看过自己学校里的这些先贤故事，我就会想，我能为加州理工贡献什么？"

李杰院士说："加州理工校园里，到处都是理查德·费曼（Richard Phillips Feynman）的传记。20世纪60年代，加州理工要他讲物理学。他答应讲一次，但提出要求：录音，配两名助手。演讲后，整理成《物理学》。后来在英国剑桥，人们只要谈起物理学，就会问'你看没看过小红书（费曼的《物理学》是红皮的）'。可见其影响力！"

李杰院士感慨："什么叫世界一流大学？什么叫有传承的大学？加州理工学院值得学习。"

附：同济大学土木工程学院网站介绍李杰

李杰院士主要从事随机力学与工程防灾研究工作，在随机动力学、随机损伤力学、工程结构可靠性分析与工程网络可靠度研究中作出了具有国际声望的学术贡献。主要包括：

❶ 提出了物理随机系统研究的基本思想，创造性地发展了随机结构与随机系统分析理论，包括：提出了随机结构分析的扩阶系统方法与随机建模准则；合作建立了随机系统分析的广义概率密度演化方程；在结构灾害性动力作用的物理随机过程模型研究中做出了开创性的工作。

❷ 建立了混凝土随机损伤力学的基本理论框架，包括：提出了"随机介质"基本概念，为非均匀介质材料的力学研究开创了新的道路；发展了微–细观随机断裂模型，建立了混凝土弹塑性随机损伤本构模型；发展了混凝土结构非线性分析数值算法。

❸ 具有独创性地建立了结构整体可靠度分析的"物理综合法"，形成了统一解决结构整体可靠度分析问题的基本理论体系。

❹ 建立了大型工程网络抗震可靠性分析理论与设计技术，包括：发展了大型复杂网络抗震连通可靠性分析理论；建立了大型城市供水系统抗震功能可靠性分析理论；在国际上率先推出了生命线工程网络抗灾优化设计技术。

先后出版《地震灾害预测与防灾规划》《地震工程学导论》《随机结构系统——分析与建模》《生命线工程抗震——基础理论与应用》《结构随机动力学（英文版）》《混凝土随机损伤力学》《工程结构可靠性分析原理》7部学术著作，在国内外核心期刊发表论文600余篇。

1 剪切波速：是指震动横波在土内的传播速度，单位是米/秒。剪切波速是抗震区确定场地土类别的主要依据。
2 不交化：一般是指一种特殊的数学运算方法。这种方法在进行运算时并不交换参与运算的量（如数列或多项式）的顺序。
3 求极限$\lim x \to 0$公式：$\lim\limits_{x \to 0} \dfrac{x^2}{\sin(x^2)} = 1$。数学术语，表示极限（limit）。极限是微积分中的基础概念，它指的是变量在一定的变化过程中，从总的来说逐渐稳定的这样一种变化趋势以及所趋向的值（极限值）。

数字化地下空间科研的领头雁

记朱合华院士的数字地下空间与
数字化地下工程研究

2024年3月30日，同济大学朱合华院士团队、中国信息通信研究院和苏州协同创新智能制造科技有限公司在同济大学签署了业务合作框架协议。三方将围绕城市基础设施数字化转型和新型基础设施建设的国家重大需求，发挥各自在技术攻关、平台研制、设备研发和市场推广等方面的优势，致力于升级新型基础设施产业，打造数字化生态圈。"朱合华院士长期从事数字地下空间工程研究与实践，现已成为数字化地下空间科研的领头雁。"业内专家如是说。

一、数字化地层，从城市开始

地下空间的开发是伴随着交通拥堵、城市地灾、城市内涝和生态环境污染等"城市病"而产生的，向地下要空间成为当代的共识。随着人们生产、生活需求的不断升级，更方便的交通，更便捷的水、气等催生了长大隧道的建设需求，但是，地质条件复杂、施工难度大、安全风险高等困难，给地下空间的开发和隧道掘进等的工程建设带来了极大的不确定性。

如何让地下空间开发、地下工程建设长上"千里眼""顺风耳"，以便遇到问题立刻解决？这是全世界工程界共同面临的问题。无论在地下展开何种施工，我们面对的都是未知的世界，是否会塌方，是否会冒顶，是否会碰到更坚硬的石头、更多的沙、更黏的泥浆……毫不讳言，那是把命拎在裤腰带上干的活。

"年少时，我误打误撞地与数字化结缘。"朱合华介绍，1979年他考入重庆大学化学矿开采专业。那时的计算机技术相较于现在，就是"石器时代"，用他自己的话来说，叫"学了一点计算机编程语言的粗浅知识"。1983年9月成为重庆大学硕士研究生后，才真正与计算机应用打交道，学习计算数学、有限元编程等。1986年9月，朱合华考入同济大学，从此，计算机技术、土木工程就成了他形影不离的"伙伴"。

1993年7月，朱合华进入日本大阪土质试验所和京都大学从事软土地下工程研究。当时，日本快速发展的地下基础设施建设，能够为研究工作提供大量的室内和现场试验的工程数据，而我国当时还不具备这个研究条件。更值得一提的是，在大阪土质试验所工作期间，朱合华亲身经历了大阪土质试验所时任所长岩崎先生所做的一件事：岩崎说"岩土工程师一定要与地层交朋友"，而且交朋友的方式十分特别，土质试验所长期聘请几位短期工作人员，持续将大阪湾的三维地质数据输入计算机中，形成了大阪湾的地质、地震数据库系统。"这套数据库信息系统在日本具有重要的影响。"朱合华说。

"这项工作，对我产生了极为深远的影响。"朱合华说。两年后，他选择了回国。一日，他在同济大学附近的小书摊上发现了当时的畅销书《数字化生存》，digital（数字），digital，这么厉害，简直颠覆认知！朱合华如获至宝，那段时间，"数字"二字始终萦绕在他的脑海里。于是，当友人约他为《岩土工程界》期刊撰文时，朱合华立即撰写了《从数字地球到数字地层——岩土工程发展新思维》一文，从此打开了地下空间与工程数字化研究的大门。

1999年，朱合华申请获批上海市教育委员会的曙光计划"城市三维地层信息管理系统的开发与应用"，这是他进行数字化研究工作布局的起点，该项目在2002年结题论证会上得到了专家们的高度评价。他们的工作有力地助推了2004年上海先后启动的29个重大科技专项之一：城市地下空间信息平台建设。同期还有国土资源部与上海市联合资助的三维地质调查项目。

至2009年，上海初步集成和整合了上海地区近50年地质资料成果，收集了30多万个钻孔资料，掌握了2万多个工程勘察报告，突破了长期以来存在的地质资料部门分割所有、难以汇总交融的难题，上海建立了一个可为社会服务的开放式的地质公共信息平台——上海市三维城市地质信息与管理系统。在上海，地质信息已有效地服务于城市规划、城市管理、城市建设等方面，走出了长期以来我国地质资料只服务于地矿部门的"怪圈"，真正服务于经济社会发展的诸多方面[1]。2009年1月15日召开的全国国土资源厅局长会议，决定借鉴上海经验，推进地质资料信息服务集群化和产业化的工作。

二、厦门翔安隧道

"我国正处在大规模建设期，我们的研究必须与工程相伴而行。"朱合华说。他开始了探寻数字化、智能化服务于地下工程的征程。恰在此时，位于福建厦门市连接湖里区与翔安区的跨海通道打算动工建设，它是厦门市东北部城市主干路的重要构成部分，是一项控制性工程。翔安隧道西起五通立交，下穿浔江港海域，北至翔安南立交；线路全长8.695千米，跨海部分全长6.05千米；道路为双向六车道的城市主干路，设计速度为80千米/小时。隧道按照100年的使用年限进行设计施工。厦门翔安隧道不仅是中国大陆第一条海底隧道，也是第一条由国内专家自行设计的海底隧道。

翔安隧道项目副指挥长曾超介绍，隧道两端陆域部分是在全强风化层下开挖隧道，通俗地说就是在泥土中掘进。由于泥土缺乏足够的支撑力，如果在整条隧道内进行一次性开挖掘进，将面临巨大的塌方风险；隧道还要穿越450米长的透水砂层。

厦门翔安隧道最大深度达70米，相当于18层楼高。多高？从上往下看，底部的人就像一个土豆大小。可是，要在埋深这么深的隧道且四周一片漆黑无方向的地下施工，所经之地地质状况极其复杂，需要采取陆域全强风化地段大断面浅埋暗挖施工、浅滩段透水砂层施工、海底风化深槽施工，个个都是"难啃的骨头"。有隧道专家曾在厦门召开的海底隧道修建技术研讨会上表示，翔安隧道难度极大，是具有国际意义的重大工程。建设方听说朱合华从事数字地下研究，很乐意"吃螃蟹"，便找上门来，因此朱合华成为我国数字化跨海隧道建设的"第一个吃螃蟹者"。

朱合华团队的"厦门东通道（翔安隧道）数字海底隧道工程应用研究报告"，介绍了团队面对翔安隧道的难题时，先从建立隧道数字平台入手，对海底隧道全生命周期信息进行分类，建立隧道的标准化数据格式，并设计工程全生命周期数据库；研究适合于隧道工程特点的三维地层建模方法；研究海底隧道可视化方法，以及基于可视化的信息集成方法；研究海底隧道施工动态数据及监测数据的可视化管理方法，并开发出海底隧道数字化软件，应用于翔安隧道工程。这一套操作初步体现出朱合华团队的数字化研究路数：摸清工程"家底"并建立数据库，针对工程特点建立可视化、交互式的施工、管理方法；针对出现的问题，随时、即时会商，第一时间解决。"就好比夜间打仗，战士个个戴上了夜视镜，黑茫茫中每个目标都丝毫毕现，遇到状况随时研究解决。"翔安隧道项目副指挥长曾超热情点赞，他表示，随着工程实践案例的富集，这套工具将会成为诸多工程的"神助攻"。

当地媒体报道[2]，隧道翔安端的浅滩段存在一段450米长的透水砂层。砂层就像一块巨大的海绵，一段在陆地一段在海里，砂粒之间充满了水。在这样的地方开挖隧道，随时可能发生严重的涌水、塌方和透砂事故。针对这一问题，工程人员采用了"地下连续墙井点降水"的办法，即用混凝土造出隔水墙，切断砂层与海水的连通，把砂层里的水排干，断了涌水的根，然后开始施工。

2007年2月7日，翔安隧道A1标遭遇世界性难题：风化深槽。海底风化深槽是海底岩层因风化作用形成的深坑，就像一只嵌在岩石中的V形水缸，下半部装满了淤泥沙石，它竖直地嵌入岩层，与海水相通，一旦施工不慎，捅破了，深处几十米海水下的整条隧道都有报废的风险。

摸清"V形水缸"的情况，采取相应措施，让隧道在烂泥般的风化深槽里"硬"起来。施工团队与朱合华团队密切配合，采用全断面帷幕注浆技术填"水缸"。简单地说，此技术就是往泥巴里注入快干水泥浆，把烂泥、碎石板结成与岩石硬度相当的水泥块。当硬度符合标准后，再进行开挖。开挖断面上，密密麻麻地打了200多个孔，再缓缓注入比一般水泥价格贵8倍的快干复合水泥，然后用几个星期的时间等待其完全硬结。事实证明，开挖效果非常好，最初往风化深槽打钻孔时，出水量是每延米每小时50立方米，后来变成了每延米每小时0.1立方米。

"风化深槽的长度不过120米，通过它，却足足花了20个月的时间。"朱合华说，团队没日没夜地协同作战，因为确保"水缸"不破太重要了。

朱合华介绍，翔安隧道的主要研究成果如下：

❶ 提出了基于网络的隧道数字化平台架构。平台由服务器端和客户端两部分组成：服务器端建立隧道全生命周期数据库，实现数据的存储与管理，在此基础上，提供数据服务、模型服务、基本应用服务和专业应用服务；客户端利用浏览器实现数据浏览、查询和数据远程管理，并进行工程三维可视化、虚拟浏览以及计算分析等。

❷ 提出了隧道的数字化模型，即采用工程类型树和工程结构树对隧道空间数据进行描述，然后将属性信息按工程全生命周期的特点进行分类，并挂接在工程结构树不同层次节点上进行管理。

❸ 提出了隧道全生命周期数据的分类体系、数据命名与数据编码方法；制定了数据标准格式，并进行隧道全生命周期综合数据库的逻辑设计和物理设计。

❹ 提出了采用广义三棱柱（GTP）数据模型的地层建模方法，该方法完全基于钻孔数据，并且不需要人工干预，特别适用于处理成层地状的情况，并且可以较好地处理地层褶皱、地层尖灭和透镜体等地质现象。

❺ 提出了隧道及其附属设施的三维空间数据模型和隧道及其附属设施自动建模方法，即基于隧道结构、附属设施等实体对象的零件模型或断面模型，根据轴线定位信息，按照一定的组织关系进行拼装或拉伸，自动生成整个隧道的三维模型。该方法可简化隧道的建模过程，实现动态建模的需要，如模拟隧道的施工过程、隧道上动态出现的病害等。

❻ 自行研发了基于虚拟现实技术的可视化控件，该控件可以直接嵌入Internet Explorer浏览器，在方便用户使用的同时，达到逼真的可视化效果，在细节层次（LOD）技术的基础上，提出了大场景实时动态管理技术，为大场景、大模型情况下的隧道可视化系统高效运行提供了可靠保证。

❼ 为了更好地管理和利用隧道全生命周期信息，提出了信息可视化集成方法，即采用细节层次、数据分层组织、主题管理和空间暗示等多种手段对可视化信息进行有机组织，以使信息可视化达到较好的效果。

❽ 基于时态地理信息系统（TGIS）技术，提出能够反映隧道动态施工过程的时空数据模型和时态数据库中的数据结构，实现了隧道施工和监测等动态数据的可视化管理。

❾ 以厦门翔安隧道为工程背景，建立了数字化平台，制定了翔安隧道的数字化模型、数字化系统软件，实现的功能主要包括数字隧道、数据管理、数据查询与分析和系统管理等，工程效果显著。

三、地下空间与工程的数字化

随着理论创新与工程实践的持续积累，地下空间与工程数字化成为朱合华团队科研的鲜明特色。从一开始研究数字地层、数字地下空间，到后来研究数字化工程，团队一步一个脚印，实现了课题从工程中来、成果到工程中去。朱合华带领团队的研究足迹越走越远、步伐越来越稳健：数字地下空间研究的范围涵盖上海世博地下空间、常州地下空间和延安新城地下基础设施等；数字化工程的研究遍布广州龙头山双洞八车道公路隧道、淮南望峰岗煤矿和上海长江隧道等。

围绕这些工程，团队相继研究开发出"复合纤维和预应力管片结构技术""盾构地层适应性理论和试验方法""大断面、高水压、近间距下盾构施工微扰动控制技术"等一系列方法与技术，解决了复杂环境下地下建筑结构设计分析、施工安全与控制的诸多难题，主持的项目"软土盾构隧道设计理论与施工控制技术及应用"荣获2008年国家科技进步奖二等奖。

随后，他又针对大规模、集群化的地下空间的建造难题，组织国内相关单位联合攻关。经过多年的艰苦努力，攻克了当前我国在城市高密集地区建造地下空间面临的周边环境控制、改扩建及安全穿越等难题，建立了以点状新建与改扩建、线状穿越、面上集成示范为主线的核心技术体系，成功应用于多项重大工程，并被遴选为国家注册土木工程师（岩土）继续教育内容，培训了近万名注册工程师。得益于这些应用，他主持的项目"城市高密集区大规模地下空间建造关键技术及其集成示范"于2016年获国家科技进步奖二等奖，该成果为我国城市地下空间领域的第一个国家级科技成果。

这样，在城市地下空间和地下工程领域，朱合华十年中两次以第一完成人身份获国家科技进步奖二等奖。

基于数字化地下课题与工程的"比翼双飞"，团队实现了基础理论和前沿交叉研究的良性循环。他们提出了地下空间工程全寿命数据采集-表达-分析-服务的数字化范式，开辟了数字地下空间工程新方向。研究成果成功应用于贵州高速公路网、上海地铁网等重大工程，极大地提高了工程安全、质量和效率，推动了工程建造和运维的数字化转型发展。

朱合华解释，地下空间开发有哪些内容需要数字化？它包括地层的数字化、周边环境的数字化、地下结构的数字化。地层的数字化就是通过三维可视化的数字地层为地下数字工程提供准确的工程地质、水文地质、环境地质数据，提供一些基于三维地质的分析功能。周边环境的数字化是指地面环境、地下环境进行数字化，为地下空间的设计施工、维护提供准确的数据，并用作可视化的表达，提供空间分析、距离测量、影响范围分析。

朱合华说："我们花了两年时间帮助常州开展地下空间数字化测绘与建库，搭建起城市地下空间数字化平台，并应用于常州轨道交通等重大基础设施建设，各应用单位登录后就可以轻松了解施工环境和条件，以及施工对周边建筑的影响。"

还有延安的"上山建城"。众所周知，延安主城区位于三座山峰和两条河流之间，沿着三个峡谷向外延展。延河和南川河穿越城市，而宝塔山、清凉山、凤凰山高高耸立，城市建筑密集地布局在一条"Y"字形的河谷之中。延安城市的"骨架"已经被拉得异常延伸，南北市区长度达20多千米，但宽度和长度明显不协调。即使是最为宽广的东川一带，其宽度也不足一千米，而地势更为狭长的南川，其最宽处仅有200米，仅为两三条马路的宽度。延安城区占地仅38平方千米，却居住着近50万人，人口密度达1.47万人/平方千米，局部人口密度甚至超过了北京、上海。据预测，到2030年，延安市的人口数量将达到70万，如果不扩大城市发展空间，城市功能将面临瘫痪的危险。

延安以其丰富的红色旅游资源闻名，拥有168处革命旧址。然而，因为用地紧张，这些历史遗迹周边环境不断受到侵占和破坏，保护革命旧址和历史文化名城的任务异常艰巨。

面对这种局面，为了城市的长远发展，延安作出了一个引人瞩目的决定：上山建城！在延河北侧的大山里，投入千亿元资金，通过"削山、填沟、造地、建城"

的方式，对33座大山进行了平整，规划了一个新城，其面积是旧城区的两倍。新城选址位于旧城北侧的清凉山上，经过削山建城工程，为延安注入新的发展动力。新城规划面积为78平方千米，分为北区、南区和西区，计划居住人口数量超过40万，相当于再造一个延安城。

削山建城必然涉及一系列问题，如是否会对生态环境造成破坏、工程安全性是否可靠、地下空间如何开发等。延安请来了各路专家，用当地政府的话来说就是"所有决策都是在经过科学论证后才得以实施的"。据了解，延安组织了30多位专家，反复研讨论证，最终认为这一举措是可行的。这其中，就有朱合华团队的数字城市平台的支撑。

2012年4月17日上午，延安新城一期项目正式启动，清凉山半山腰被削平，新区建筑高度控制在五六十米，最高不超过100米。朱合华说："用数字化方式要把延安的建城过程记录下来，将来再建立城市基础时就有了一些数字基础。"

新华社上海4月16日电[3]，国内首座超大容量、多电压等级、全地下的智能化变电站——上海500千伏静安世博变电站16日竣工投产，标志着耗资155亿元用于保障上海世博会供电的85项电力配套工程全部建设完工，将有力保障世博会期间上海用电需求。

这座位于上海市中心的地下变电站"装"在一个深入地下30多米、直径130米的混凝土圆柱筒里，开创了以500千伏电缆和变电站伸入市中心地下的新供电方式，既节省了城市用地，也简化了电网结构。其建设规模位列全国同类工程之首，在工程设计和施工等方面创造了多项国内和世界第一。

朱合华指着PPT介绍："世博变电站输电线路全程15千米，由上海3家公司联手施工，这红的是硬管基础，这些圈圈点、穿越点，穿越了轨道交通12次，穿越南北高架，穿越黄浦江……与已有构筑物的距离非常近！最大距离4.7米、最小距离1.5米。这个工程方式难度很大，但我们完成了。"

四、创建了基础设施智慧服务系统

最近，该团队用简洁的表述提炼了朱合华院士的主要学术成就与贡献。

❶ 共性基础方面，提出了地下空间工程的数字化赋能范式，创建了地下三维动态信息表达与分析的理论和方法，为安全建造与高效运维提供了技术支撑。合作创建了岩体真三维非线性GZZ强度准则（被国际岩石力学学会推荐、国内团体标准采纳），提升了岩体工程三维精确分析水平；

建立了三维数字地层与数值分析模型一体化的方法，研制"同济曙光"分析平台，实现了力学计算从数字地层到数值分析模型的无缝衔接。基于上述成果，研发了自主可控的数据集成管控系统，即基础设施智慧服务系统iS3（infrastructure Smart Service System，2013），该系统为本领域国际上首个开源系统。

❷ 工程安全建造方面，研发了地下空间工程建造的实时动态设计和微扰动施工的调控技术，实现了快速优化分析，解决了建造参数调控难的问题；

❸ 工程高效运维方面，研发了地下空间工程运维的建养一体定量综合评价技术，实现了隧道结构的移动感知，突破了服役状态判断难的瓶颈。

朱合华说："我们在思考，中国人为什么老是跟着人家转，为什么不能提出自己的理念和平台？为此，我们经过一年多的思考和充分讨论，创建了基础设施智慧服务系统iS3，即基础设施全寿命数据采集、处理、表达、分析的一体化智慧决策服务系统。"iS3系统从广义工程应用场景出发，以信息流为主线，采用面向服务的组件式框架和微服务技术架构的系统平台，具有先进性、开放性和实用性三大特征，是国际上第一个开源的基础设施智慧服务系统。iS3系统提供信息资源规划管理、数据接入、管理、开放和可视化以及数据分析模块集成等基础平台功能，有机融合了WebGIS/BIM、大数据、云计算、人工智能、数字孪生等新理念和新技术。

2017年，以iS3平台为纽带，旨在解决基础设施数据采集难、数据标准缺乏和平台兼容性差的难题，团队依托中国岩石力学与工程学会成立了"中国智慧基础设施联盟暨全球研究中心"，开辟了iS3平台的生态化之路。目前，全世界有174家单位参与其中，其中境外单位占1/4。该研究中心旨在打造自主知识产权的基础设施智慧服务系统平台，推动基础设施全寿命智慧化管理和数据共享，促进传统行业和产业向"互联网+"时代转型。

在2017年开源发布iS3 V1.0基础上，2018年升级为V2.0网络版本，2020年升级为V2.1云平台版本，包含信息资源目录管理、数据管理、数据处理、数据分析和服务平台五大中心，支撑了城市地下基础设施综合监控、山岭隧道远程诊断、珠三角盾构掘进等项目的实施应用。随着基础设施行业数字化转型的不断推进，各信息系统烟囱式[4]生长现象日益显著，数据流通不畅、系统开放性不强等问题阻碍了行业更进一步的发展。

在此背景下，iS3 V3.0基础设施数字底座应运而生。iS3数字底座是传统物理基础设施数字化转型的支撑平台，助力基础设施数字化改造，推动基础设施向融合基础设施演进。iS3数字底座基于iS3信息流理念，结合复杂系统理论和数字孪生方

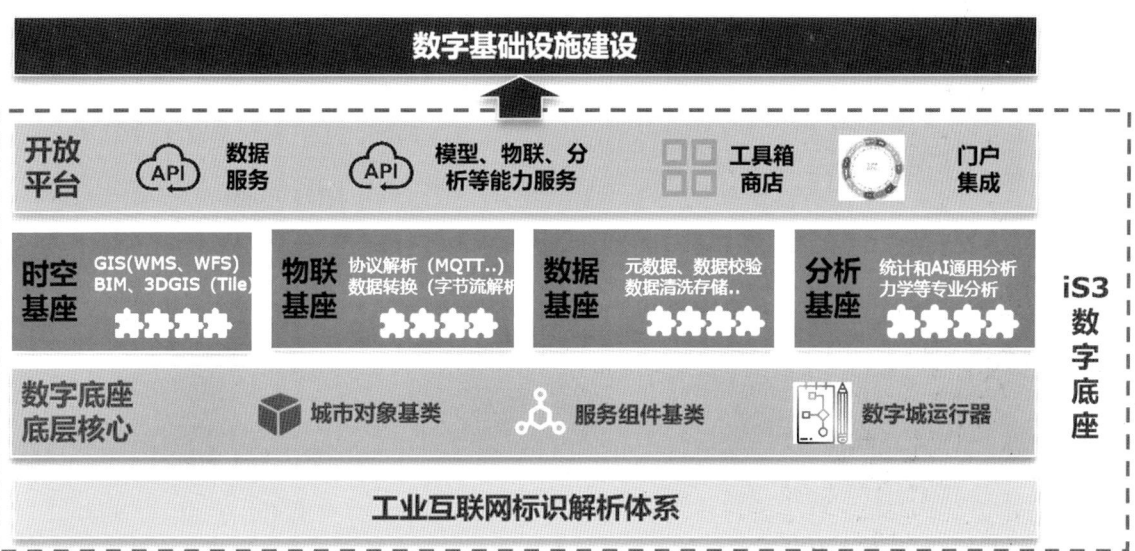

图1 数字基础设施建设示意图。图片来源：受访者供图

法，解构基础设施孪生体、孪生场景和孪生系统，打造IT能力和专业能力兼备的基础设施智慧应用底层支撑平台。iS3数字底座包含五大模块，分别为时空基座、数据基座、物联基座、分析基座和开放平台。通过构建数据标准、服务接口标准，提供开放式可拓展的组件式开发模式，实现多元主体共同参与的能力集成开放与应用生成，构建基于组态式自生长数字底座的行业能力生态和应用生态，推动基础设施行业数字化转型。

与此同时，土木信息工程人才培养渐成气候。采访获悉，朱合华团队围绕iS3数字底座研发与工程信息化实践工作，面向兼具土木理论基础与信息化思维能力的复合型人才缺口巨大这一现状，将数字化手段、智能化方法与工程知识相结合，研究土木工程对象和活动过程数据的采集、传输、处理、表达、分析的科学方法和技术。

朱合华介绍，土木信息工程是由传统土木工程理论和信息化思维深度交叉融合而产生的一门综合性新学科，是土木工程学科的一个新兴学科分支。土木信息工程专业旨在培养学生掌握土木信息采集、传输、处理、表达、分析、服务的基本原理和基本方法，帮助学生成长为能够为基础设施全寿命期提供数字化、智能化乃至智慧化服务的"拔尖创新人才"。我们汲取剑桥大学、麻省理工学院（MIT）、加利福尼亚大学伯克利分校（UC Berkeley）等国际著名大学的交叉学科办学经验，着力培养面向未来、兼具土木工程理论基础与信息化思维的行业精英。

由于上述一系列杰出的工作和成果，朱合华受聘为剑桥大学智慧基础设施与

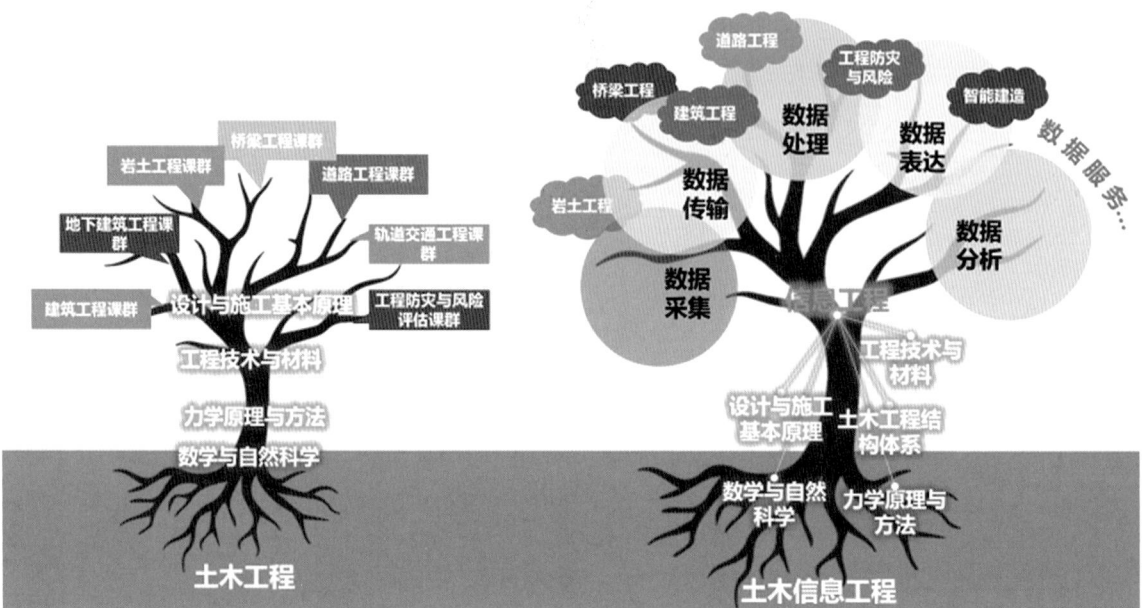

图2 土木信息工程专业人才培养示意图。图片来源：受访者供图

建设中心（Cambridge Centre for Smart Infrastructure and Construction，CSIC）国际顾问，并于2015年被推荐荣获德国洪堡研究奖。

五、四川峨汉高速工程2-6标段大峡谷隧道

大峡谷隧道为峨汉高速公路全线最为重要的控制性工程，进口端位于乐山市金口河区，出口端位于凉山州甘洛县，全长12.1千米，于2017年初开工建设。该隧道埋深1944米，为世界第一埋深公路隧道。隧道设计负责人介绍，隧址中有10千米的岩层为近似水平的白云岩层，这种一片的岩层相较于完整的岩层，在开挖过程中更不稳定、更容易掉落，从而造成塌方。此外，由于大埋深，隧道开挖工作面的围岩地温高，有的高达40℃，施工作业环境比一般的隧道更为艰苦。掘进过程中出现不同程度的岩爆、大型溶洞、高地温等地质和环境灾害，施工安全风险高、施工难度极大。

"从2019年3月开始，隧道出口端岩爆频发，最初主要是水平围岩拱顶掉块、坍塌，垮塌多次造成开挖设备损坏。"项目经理叶少波说。随着掘进深入、埋深越大，掌子面（即隧道掘进的工作面）正面、拱腰出现岩石弹射现象，持续性的弹射剥落如同子弹一般，同时伴随垮塌，施工安全风险极大。

角峰如林、峡谷深切，恶劣的地质地

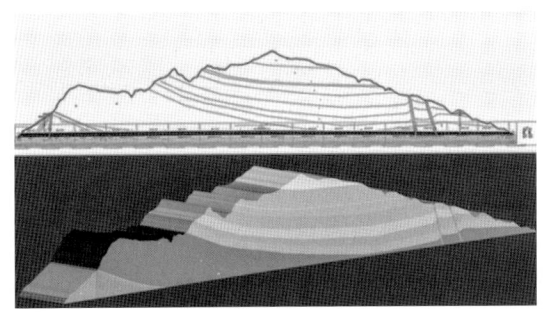

图3 大峡谷隧道地质模型。图片来源：受访者供图

形条件，给项目团队带来了极大的困难和挑战，岩爆、高地温、瓦斯、溶洞等多种不良地质难题如影随形。2019年3月后，大峡谷隧道出口端的岩爆难题更加明显。掌子面正面、拱腰围岩频繁出现岩石弹射现象。"拳头大的石块，就像子弹一样弹出来，站在40米外被打中都疼得厉害。"谈及自己被岩石击中小腿的经历，叶少波记忆犹新。

还是到同济找专家。

2020年12月，朱合华带领的科研团队进入峨汉高速工程2-6标段大峡谷隧道，成功进行了基于数字孪生的隧道围岩等级自动判别及数字化动态支护设计示范应用。朱合华介绍，这次技术示范是围绕课题核心技术内容"基于智能移动终端虚拟多目算法的岩体隧道开挖面三维自动重构及地质信息自动提取"与"基于移动互联网与云计算的隧道围岩等级自动判别及数字化动态支护设计"进行的。由于在钻爆法隧道施工过程中，从爆破出渣后开挖面暴露，到开始施作支护，只有1小时左右时间。要在每个施工循环做到真正的动态支护设计，就需要在这1小时内完成开挖面地质信息采集、提取、分析与设计。这对于现有勘察设计规范中的基于人工采集、判别和设计的技术体系而言，几乎不可能完成。

针对这一世界范围内尚未解决的工程技术难题，科研团队提出了一套基于地质体数字孪生平台，以智能移动终端作为数据采集、传输和反馈枢纽，以云计算平台为数据处理中心，融合岩体力学与三维几何地质信息自动识别算法，自动计算围岩分级指标并智能匹配支护设计图的隧道智能化设计体系。主要环节如下：

在隧道施工爆破出渣环节完成以后，采用智能移动终端对开挖面不同位置多次拍照，获取8~12张开挖面表面二维照片；通过施密特锤[5]岩体回弹试验，获取20次岩体动力回弹刚度平均值；通过自主研发的智能移动终端微信小程序平台，利用隧道内高速无线网络，将智能移动终端采集的开挖面照片、动力回弹刚度与桩号等信

图4 采集现场数据。图片来源：受访者供图

息自动上传到云端（2~5分钟完成）。

在云服务器，通过虚拟多目算法云计算将多张二维照片，自动重构为三维岩体表面点云模型；通过科研团队提出的基于邻域点分配的适应性法向量算法和基于改进密度峰值的快速最优化聚类算法，自动识别空间产状并进行节理面最优化智能分组；通过科研团队提出的基于特征点收缩技术的三维迹线提取算法等方法，自动提取开挖面迹线与节理露头粗糙度（1~3分钟完成）。

在云端，将自动提取的开挖面几何力学信息，以及地应力、地下水等信息，导入围岩自动分级模块，自动计算出国家隧道规范中的修正BQ值，也可计算出目前国际上广泛采用的Q、RMR、GSI等分级指标，并同步到智能移动终端微信小程序；根据分级指标值自动匹配对应的支护设计图纸，并同地质数据、分级指标一起，供现场施工人员在智能移动终端微信小程序查看，并照此施作支护（1~2分钟完成）。

朱合华介绍，示范中，隧道围岩等级自动判别及数字化动态支护设计全过程在10分钟内完成，获得圆满成功，并通过洞内无线网络向隧道洞口工程监控室与位于上海的同济大学数字化工程实验室进行了全程远程直播。

据悉，除了解决快速动态支护设计技术问题，科研团队还通过智能移动终端采集的三维地质信息，结合自主研发的隧道围岩三维非连续稳定性分析软件，在大峡谷隧道试验段成功预测了多次塌方与掉块，为施工安全提供了有力支撑。朱合华说，这是国际上首次仅用10分钟就完成现场三维远程实时动态支护设计工作，是隧道动态设计的重大技术突破。本次示范验证了这项技术的可行性和先进性，证明了智能设计技术可以有效解决岩体隧道工程实践中支护设计施工脱节严重、时效性不够、精细化程度不足的问题。他表示，科研团队将进一步加强数据结构、数据组织的标准化建设及数据采集的装备化研发。

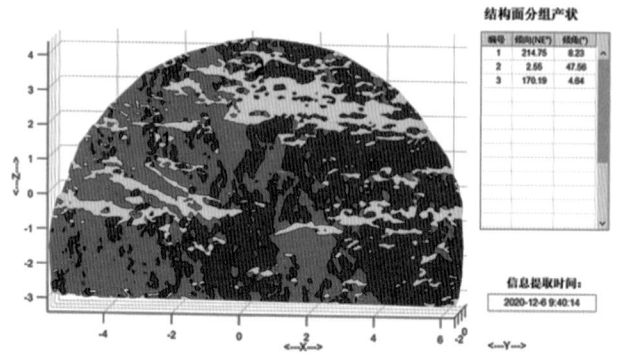

图5　隧道截面图。图片来源：受访者供图

图6 大峡谷隧道实验现场与上海同济大学远程分会场。图片来源：受访者供图

系统化总结相关成果，力争落实到行业标准和设计规范，并进一步在行业内推广应用，更好地服务岩体隧道智能建造。

六、数字孪生智慧隧道一体化管控平台、基础设施智慧服务系统长啥样？

在介绍数字孪生智慧隧道一体化管控平台时，朱合华说，当一条隧道投入运营后，团队开发的智慧隧道系统，基于3D可视化平台，通过在隧道两侧的智能感知单元，结合隧道入口高清摄像机，将物联网传感器、跟踪移动目标的GPS单元和射频识别单元，以及地质超前预报系统连接起来，形成物联网，以高成本效益实现整条隧道的全覆盖、实时精准展示车辆ID、隧道内车道级车辆位置与轨迹，让各种交通事件无所遁形。平台采用综合态势看板，可以综合视频监控系统、设备管理系统、智能控制系统、智能照明系统、智能通风系统、智慧巡检系统、智能报警系统并实现智能应急处理等功能。

隧道运行后，如何保证运营维护的精准、高效和高质量？朱合华说："我们研发了数字孪生智慧隧道三维可视化系统，这套系统以'安全提升、高效救援、养护提升、低碳节能、数字治理'为建设目标，分别建设调度协同、营运管理、节能减排、数字管控等各类场景，保证隧道的营运安全。项目通过构建一体化管控平台，实现了多屏展示、精细化管理、数字孪生管控、感知预警、设备控制、云调联动、协同处置。通过先进技术和管理模式的结合，实现安全高效的隧道运营管理。"

朱合华团队的基础设施智慧服务系统很好用。朱合华坦言："在多年的数字化研究工作中，不断地有人问我'数字化技术到底在工程中起什么作用？'实际上，我们的研究工作一直源于工程，并切实服务于工程、保障工程安全与质量。"他以常州为例介绍，"我们建设的常州市地下空间数字化平台，帮助常州市摸清楚了地下空间开发利用的家底，实现了未来地下空间规划和建设的可知、可控；平台不仅有助于工程建设的清晰化，提升了常州市地下空间的韧性、城市的韧性，促进建设生态文明常州，还可以服务于政府决策，实现地下空间开发利用的最佳化；并有利于科普宣传，实现地下空间知识的普及化。"

七、公路隧道的"智慧医生"

公路隧道结构服役性能状态如何？是否也会像人一样累了、困了、渴了，被病害侵扰？朱合华团队针对浅层病害快速非接触检测的难题，研究揭示了带病结构的热传递效应和衬砌病害部位的温度场"冷-热斑"发生机制，提出了基于红外热成像的浅层剥离、钢筋锈蚀的非接触检测技术和检测时机，提出了数字重构模型转换为数值仿真分析模型的方法和基于数字模型的一体化数值仿真技术，实现了基于检测重构模型的力学快速分析，研发了公路隧道全断面快速检测车与服役性能智能分析平台，为隧道结构快速检测、服役性能精确诊断提供了新的技术手段和方法。

朱合华说，截至2020年底，我国公路隧道达2.131 6万处（2.199 9万千米），隧道规模位居世界第一。隧道运营过程中，受环境、施工、设计等因素影响，结构会出现不同程度的变形和病害，导致服役性能降低。2 200千米隧道检测数据表明：平均每千米有43处裂缝、17处渗漏水，轻微破损和中等及以上破损的隧道所占比例为80%。病害是隧道服役性能衰退的"头号元凶"，严重威胁结构及交通运行安全。隧道"带病"服役成为常态，养护检查、诊断和处治任务艰巨。传统的病害检测技术存在诸多缺陷，如在高速行驶过程中如何识别0.1毫米的裂缝、精准定位病害里程和快速检测内部病害、难获取断裂力学参数、分析求解效率低且难于构建精细化数值仿真模型等问题。

团队研发的隧道结构病害快速采集技术包括：

❶ 表观病害的全断面采集技术。采用全断面检测技术方案，通过相机阵列同步控制系统、高强红外补光（不可见光）装置、隧道受限空间内多层次精准定位模型等技术，实现隧道内一次行驶模式下的表

观病害全断面采集，检测采集速度可达每小时80千米，解决了半断面检测潜在的交通安全隐患高、病害定位误差大、历史溯源难等问题。其中包括纳秒级相机阵列同步控制与存储系统、全断面红外补光装置、隧道轮廓变形激光扫描辨识系统、隧道受限空间高精准定位模型等。

❷ 结构内部浅层病害的非接触式定量探测技术。朱合华介绍，相比雷达、超声等手段，红外热成像检测技术更适用于结构内部浅层病害的远距离、非接触检测。现场实测表明，隧道结构内外存在温差，且冬夏两季较为明显，一般可达5℃以上，为红外热成像探测技术的应用提供了良好条件。

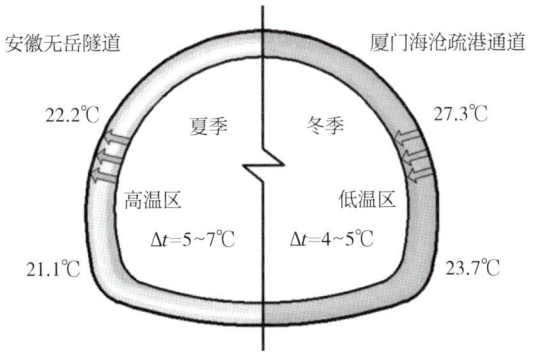

图7　不同季节隧道结构内外两侧的温度差异。图片来源：受访者供图

通过试验与数值分析发现：当隧道内外温差显著时，伴随明显的热传递过程，内部浅层病害区域的热传导系数与混凝土结构存在较大差异，会阻碍热传递过程，由此激发病害区域的"冷斑"或"热斑"现象。

❸ 团队还研发出表观病害的AI识别技术，建立了从海量检测数据中获取包含病害的图像，判定病害类型，识别病害特征。朱合华说，通过结构三维激光扫描点云数据可快速构建隧道内表面模型，隧道结构表观影像经图像裁剪与拼接等处理后，可形成隧道表观病害的二维影像展布图。在此基础上，借助隧道三维轴线解算分析与三维空间映射关系，快速构建隧道内表面三维实景模型，并与隧道结构三维数字模型耦合，形成隧道三维数字化模型。以隧道三维数字化模型为载体，动态集成隧道轮廓、裂缝、渗漏水、剥落剥离、背后脱空和内部缺陷等病害信息，实现病害数据的三维可视化、信息化管理，为结构服役状态诊断提供基础数字模型，实现病害三维可视化集成。最后，依据建设与运营期围岩和结构工程编码体系，制定了围岩、结构、病害及时间等多源数据的融合标准；在自主研发的同济曙光数值分析平台框架下，基于同一平台，以几何对象空间位置参量和工程编码为索引，通过数据链接方式快速准确地将公路隧道三维数字模型中的几何、物理、空间拓扑和病害等属性信息，自动转换成数值分析模型所需的数据，并提出了同一平台下数字-数值模型属性数据的自动提取与传递方法。

朱合华说，团队以同济曙光数值分析平台为载体，集成上述提出的数值分析技

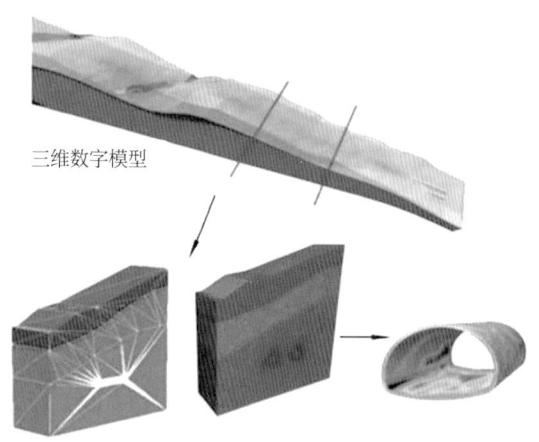

图8 精细化数值模型高效创建与分析。图片来源：受访者供图

术及病害特征精确模拟方法、围岩三维广义H-B破坏准则等成果，研发了公路隧道结构服役性能分析平台，其不仅可以实现病害检测结果的信息化管理与历史溯源、跟踪，还可以快速构建精细化的带病结构仿真模型，分析结构在各类病害特征下的承载状态与服役性能，精细化数值模型高效创建与分析。

《公路隧道结构服役性能快速移动感知技术》[6]一文中称：上述成果已累计用于全国16省市、3 563千米的隧道工程，及时指导隧道维修加固，并已推广应用至地铁领域，有力推动了我国公路隧道养护技术进步和标准化进程［主编产品标准《公路隧道检测车》（T/CECS 10024—2019），参编行业标准《公路隧道加固技术规范》（JTG/T 5440—2018）、团体标准《公路隧道衬砌结构快速检测规程》（T/CECS G: J61-01—2021）等］，显著提升了养护检查作业的效率与质量。

八、团队成员的贡献

2021年，朱合华等撰写的《数字地下空间与工程：理论方法、平台及应用》由科学出版社出版。这本书清晰地记录了朱合华团队数十年地下空间数字化、地下工程数字化的探索历程及贡献。

朱合华说，以"数字化技术赋能地下空间与工程"为核心思想，团队先后申请获得了国家重点基础研究发展计划（973计划）项目"城市轨道交通地下结构性能演化与感控基础理论"、"十二五"国家科技支撑计划项目"城市深层地下空间与地下综合体开发技术及数字化研究"与"软土地下空间开发工程安全与环境控制关键技术"课题中的子课题之一"地下工程数字化安全监控技术"、国家自然科学基金重点项目"隧道围岩稳定性三维精细化模拟方法与应用"、国家重点研发计划项目"城市地下基础设施运行综合监测关键技术研究与示范"等。这些项目的持续开展，促使拉开了新一轮的数字化技术研究序幕，推动数字地下空间与工程向智慧基础设施建设与工程服务方向发展。

团队有关地下空间与工程数字化的研究工作，受到了国内外学术界与企业界同行的关注。2006年，朱合华应邀参加日本第41届岩土工程协会年会的地下空间建设中调查监测技术研讨会，并作"地下空间调查、监测中的三维数字化技术介绍"的专题演讲，引起了较大反响，并因此于次年被邀请去东京地铁作"地下空间数字化及其应用"的学术交流报告。随后，应邀赴新加坡、英国、美国、韩国等国举办了近30场学术报告，引起了同行专家的极大兴趣，尤其是2012年在华盛顿举行的国际华人基础设施工作者协会（International Association of Chinese Infrastructure Professionals，IACIP）第二届年会上所作的特邀报告"the Information Technology for Tunneling Construction（隧道施工中的信息技术）"，引起了美国技术猎头公司的关注。2010年，团队在上海创办了信息岩土工程技术国际学术会议（International Conference on Information Technology in Geo-Engineering，ICITG），随后在英国杜伦大学（Durham University）（2014）、葡萄牙吉马良斯（Guimarães）（2019）召开了第二届和第三届ICITG会议，于2022年在新加坡南洋理工大学举办了第四届ICITG会议。ICITG系列会议已成为信息岩土工程领域的国际性重要会议。2015年底，在中国岩石力学与工程学会下成立了"岩土工程信息技术与应用"二级分会。

朱合华一一列举团队成员的贡献。他说，从2003年起，以"数字地下空间与工程"为主题，团队先后完成了14篇博士学位论文和17篇硕士学位论文。其中，李晓军博士是数字化研究团队的核心人物，他孜孜不倦，用自己的智慧和汗水为团队的数字化技术发展作出了不可磨灭的贡献；吴江斌博士是从事数字化研究的第一位博士生，他承受着巨大的压力和挑战，在地层三维建模方面完成了开拓性的工作；郑国平博士完成了地下空间信息系统设计的研究工作；张芳博士提出了地下空间地理认知的理论框架；琚娟博士提出了基于特征的地下空间建模技术；张建斌博士、解福奇博士和周维硕士开展了数字隧道三维和四维建模方法研究与应用；王长虹博士提出了地下空间三维数据快速检索方法；胡金虎博士完成了复杂地质体的建模工作；李新星博士、董文澎博士、孙雪兵硕士和孙庆旭硕士建立了数字-数值一体化分析方法；周春霖博士研究了岩体节理的数字照相采集方法；李培楠博士建立了多源数据的不确定性建模方法，并初步实现了复杂地质数字化模型的有限元数值分析；叶勇庚硕士开展了三维数字地层的建模工作；刘凤华硕士建立了盾构隧道通用管片的自动建模技术；李志刚硕士开发了隧道监测远程数据库系统；桑中顺硕士建立了隧道变形监测的摄影测量方法；郑路硕士开展了盾构隧道数据组织与管理的研究；丁小彬硕士研究了高放废物地质处置库工程元数据模型；陈加核硕士和黄赫硕士研究了地下管线和井巷的三维数字化设计方法；芮易硕士研究了隧道结构上的全寿命期荷载分布模式；袁钊硕士开展了盾构隧道施工的空间分析；王帅硕士初步研究了地下工程增强现实注册技术；汤渊硕士开发了公路隧道健康的数字化系统；牛耘诗硕士探讨了基于双目照相技术识别岩体结构面的产状初步识别方法；左育龙硕士提出了隧道围岩裂隙岩体精细化描述与三维动态重构方法；陈建琴博士基于非接触测量技术提出了全自动提取岩体不连续面信息的方法。同时，以刘学增博士为代表的上海同岩土木工程科技股份有限公司研发团队为数字化技术的推广和应用起到了积极作用，并形成了"工程数字化"的企业创新技术的核心。

九、研究还在继续深化中

厦门海沧疏港通道是朱合华团队数字化成果的又一个成功应用案例。2022年10月26日，厦门海沧疏港通道主线通车。朱合华接受当地媒体采访时表示："作为亚洲已建成通车开挖断面最大的城市地下互通立交隧道，海沧疏港通道为今后国内类似隧道工程建设提供了参考依据，为提升行业施工技术水平奠定了坚实基础。"

与常规的地下互通隧道不同，海沧疏港通道结构形式极其复杂。作为厦门进出岛交通路网的"动脉"，海沧疏港通道及芦澳路（马青路至翁角路段）呈十字相交，以隧道形式穿过蔡尖尾山，在交会处形成四层大立交。也就是说，立交工程是建在蔡尖尾山的"肚子"里。正因如此，海沧疏港通道蔡尖尾山2号隧道有4处位于主线和匝道分岔位置的大断面。

其中，互通分岔段最大断面容纳了"主线3车道+匝道2车道"。断面有多大呢？最大开挖面积达421.73平方米，最大开挖宽度为30.51米，比一个标准篮球场的面积还大，开挖面积创城市地下互通立交隧道的亚洲之最。

海沧疏港通道在设计和施工过程中，采用了朱合华团队的智慧隧道技术。厦门交通运输局总工程师林树枝表示，朱合华院士团队与施工技术人员紧密合作，通过系统的科研和实践探索，先后解决了大断面开挖围岩稳定、小净距隧道中夹岩保护、渐变段扩挖和衬砌、不良地质超前预报与处治、监控量测与信息化施工等一系列难题，形成了一套行之有效的施工技术体系，对今后城市地下空间开发建设具有极大的示范作用和推广价值。

朱合华介绍，海沧疏港通道是一条"数字化隧道"，在建设中运用了智能监控技术和信息化等一系列成套的施工方法。比如，运用自动可变断面的二衬台车，可适应不同隧道截面的变化。

1 丁全利：《为城市建设提供基础信息——上海市地质资料信息服务集群化产业化采访记》，载《中国国土资源报》，2009年6月17日。
2 徐景明：《翔安隧道：智慧在海底会师 攻克世界级难题》，载《厦门日报》，2010年8月20日。
3 郑晓奕：《保障世博会供电的85项电力配套工程全部建设完工》，中央政府门户网站，2010年4月16日。
4 烟囱式系统：一种不能与其他系统进行有效协调工作的信息系统，又称为孤岛系统。
5 施密特锤：即回弹仪，一些国家称施密特锤。是地质人员可随身携带的代锤工具，能在现场或室内快速测定岩体（或岩块）表面硬度，获得回弹值（或称回弹指数），根据回弹指数（N）与岩块抗压强度的相关性分析，求得岩石抗压强度（R）。
6 朱合华、刘学增：《公路隧道结构服役性能快速移动感知技术》，载《华中科技大学学报》（自然科学版），2022，50（18）。

「同济的氛围吸引我」

同济大学首席教授贝斯科斯速写

"同济的氛围吸引我。"中国工程院外籍院士、同济大学首席教授贝斯科斯说。土木工程学院院长周颖介绍,自2016年贝斯科斯首次来到同济大学土木工程学院,他就像一只"燕子",年年准时到来,开展科研、教学工作,为同济走向世界献智出力。

一、他是世界著名的计算力学专家

贝斯科斯（Dimitri Beskos），1946年生于希腊，先后在希腊、美国完成学业，获得康奈尔大学结构动力学博士学位。他长期致力于计算力学的研究与教学工作，是国际上最早应用边界元法分析复杂土动力学问题的学者之一。

贝斯科斯对边界元数值分析技术的发展完善及工程问题拓展应用方面的诸多首创工作赢得了学界认可。为表彰他在边界元法及结构动力学方面作出的杰出贡献，国际计算力学顶级大会ICCES（计算与实验科学工程国际会议）于2003年授予他E. Reissner奖，2011年授予他终身成就奖。2009年，施普林格出版社（Springer）出版题为《边界元法之进展》的特刊，以表彰他的学术贡献。贝斯科斯荣获2013—2014年度德国洪堡研究奖。

他发表了200余篇SCI国际学术期刊论文，出版了28部学术著作。凭借着国际学术影响力，贝斯科斯教授长期担任国际著名学术期刊《土壤动力学与地震工程》(*Soil Dynamics and Earthquake Engineering*)主编，曾任《计算力学》(*Computational Mechanics*)、《应用力学评论》(*Applied Mechanics Review*)副主编，还担任其他十余本国际期刊的编委。

因在边界元法及结构动力学领域学术成就卓著，贝斯科斯成为欧洲科学院院士、欧洲科学与艺术院院士、雅典科学院院士。他曾任国际边界元法学会副主席，是希腊计算力学学会创始人、希腊力学学会名誉主席、希腊金属结构研究学会主席。

二、他与中国结缘已经40多年

贝斯科斯很早就与中国结缘。

在我国改革开放初期的1980年，贝斯科斯在美国明尼苏达大学任教期间就开始接收我国派出进修的高级访问学者，曾先后指导过多名来自中国的研究生和访问学者。他们当中，有的学成回国为国家建设效力，有的获得洪堡奖学金赴德国继续深造。

20世纪90年代初期，贝斯科斯积极协助并接纳同济大学青年教师参与中国与欧共体第二科技合作框架协议的项目研究。同济大学土木工程学院的钱江获欧共体联合研究中心"居里夫人研究金"，赴希腊帕特雷大学做访问学者，访问研究结束后再获贝斯科斯教授支持，转赴德国成为洪堡基金会访问学者。

贝斯科斯的早期经典著作《弹性动力学中的边界元法》于1991年引进我国，并由天津科技出版社出版中译本，对我国边界元及土动力学研究产生了重要影响。

自1992年起，贝斯科斯多次参加在我国举办的国际学术会议，应邀访问北京、上海、广州、重庆、哈尔滨、南京、杭州、武汉等地的十几所大学及科研机构，举办学术讲座。

2019年初，贝斯科斯作为雅典科学院学部代表团主要成员（工程领域召集人）负责接待了到访希腊的中国科学院一行。此次访问促成中希两国科学院之间新一轮科技合作备忘录的签署。

三、2010年，他走进同济

2010年，贝斯科斯教授应邀首次访问同济大学，对同济大学在土木工程领域的成就和实力印象深刻。2016年，他受邀担任同济大学土木工程高峰学科讲座教授。此后，他每学期定期来到同济大学，指导团队成员、青年教师和研究生开展基础科学研究，指导师生撰写论文。

土木工程学院相关负责人介绍，针对青年教师和研究生在高水平科学研究、高质量研究论文写作方面的困惑及经验不足的情况，贝斯科斯举办专题讲座，讲授做科研的方法，详细介绍高水平学术论文的内容组织、写作要点、投稿注意事项等。他的每场报告都会成为"高能磁场"，现场总是座无虚席，甚至教室后排都站满了听众，部分同学只能站在走廊隔墙聆听。平日里，有的学生听闻贝斯科斯老师有求必应，便携带论文寻求指导和帮助，他总是不厌其烦地逐字逐句审阅修改，直至论文被高水平学术期刊录用。

贝斯科斯还力促同济大学的国际交流合作。2017年，同济大学举办了主题为"基于性能的结构抗震设计"的国际研讨会，他亲自邀请了20多位国际著名学者、重要学术期刊主编、编委来到同济大学开展研讨交流。与此同时，他全力推荐中国学者在他担任主编的国际重要学术期刊出任编委工作，提升了中国学者在相关领域的国际知名度。在他组织的编委会中，来自中国5所高校的8位学者已占编委会总人数近五分之一，其中半数来自同济大学。

他积极推荐欧洲博士学位获得者来中国从事博士后研究工作。其中，来自希腊的艾迪博士（Edmond Muho，埃蒙德·穆琥，平时大家喊他"艾迪"）成为同济大学首位拥有欧洲学位的博士后研究人员，三年在站工作期间，发表了18篇高水平期刊论文，取得了丰硕的研究成果。

不仅如此，他还结合我国的科技发展战略需求，利用"一带一路"共建国家的优势地位，联合申报国际合作科研项目，发挥其在国际工程力学、土木工程领域的影响力，并为同济大学的国际评估提供建议。

采访获悉，仅2023年，贝斯科斯教授便先后邀请希腊开放大学科学与技术学院结构技术与应用力学实验室主任George D. Hatzigeorgiou教授来同济作题为"地震作用下复合材料结构分析与设计的新进展"的学术报告；9月11日至13日在德国基尔举行的DACH博士论文讨论会上作题为"基于性能的钢筋混凝土和复合材料框架的力-位移混合抗震设计方法"的学术报告；9月14日至15日在德国基尔举行的第18届DACH Tagung会议上作题为"使用改进的直接位移设计方法进行钢框架的抗震设计"的学术报告；12月8日至11日，他在同济大学第十届光华地震工程研究创新与实施论坛上作题为"MDOF等效线性系统及其在框架结构抗震分析与设计中的应用"的特邀学术报告。这一年，贝斯科斯教授依托同济大学成功获得上海市人才高峰工程项目，开始组建多领域跨学科科研梯队，致力于解决城市韧性的核心科学问题，形成高密度城市各系统韧性理论及其耦合级联效应理论，构建实体、信息、社会三度空间系统的城市韧性评价理论，为"筑牢城市安全底线"打好理论基础。

"贝斯科斯工作很投入。"学院相关负责人表示，他不仅在结构防灾减灾工程系开展科研、教学工作，还以其担任国际顶尖期刊《土壤动力学与地震工程》（SDEE）主编的丰富经验，指导同济大学土木工程学院的期刊《地下空间》(Underground Space)、《低碳材料与绿色建造》(Low-carbon Materials and Green Construction)、《智能建造》(AI in Civil Engineering) 和《韧性城市与结构》(Resilient Cities and Structures)。

在人才培养方面，贝斯科斯同样投入颇多。他推荐迭戈（Diego）和叶敏图（Ye Min Thu）先后来同济大学攻读博士学位，其中迭戈已在贝斯科斯的指导下工作。"贝斯科斯教授召集我们开了一个讨论会，就挡土墙问题展开探究。"贝斯科斯指导的硕士研究生潮曦回忆说，挡土墙作为支撑路基填土、山坡土体的重要工程结构，其在防止土体失稳、保护道路运输方面有着重大意义。近年来，伴随着自然灾害频发，地震多发地区挡土墙的抗震设计也越来越受到国内外学者的重视，贝斯科斯来同济大学指导三名硕士研究生（Z. Liu、Q. Gong、X. Chao）有关移动荷载和挡土墙研究工作。该研究工作主要基于平面应变条件下，采用数值解析的形式对刚性基岩上具有饱和裂隙孔弹性岩层的刚性挡土墙进行了地震响应分析。

潮曦说，贝斯科斯老师首先研究了一对刚性悬臂墙的地震行为，紧接着通过自己构建的孔隙模型以及傅里叶级数展开等数学分析方法，获得了单个刚性悬臂墙的数值精确解，并利用该精确解验证了回填土为线弹性材料下的地震基底剪力和倾覆力矩。最后，利用该精确解进行广泛的参数研究，用于评估各类参数（如孔隙度、渗透率、弹性常数等）对墙-土体系的地震响应影响。通过不同参数的影响程度对比分析，找到挡土墙地震响应的最敏感参数，在后续的工程应用中，这对于挡土墙的抗震设计具有重要的指导意义。

四、正在组建上海市高峰人才团队

"贝斯科斯教授目前正在欧洲广罗人才加盟'高密度城市系统'研究团队。该团队属于上海市高峰人才建设团队。"土木工程学院院长周颖说。

2016年7月28日，习近平总书记视察唐山时提出了"两个坚持，三个转变"的防灾减灾思想理念："坚持以防为主、防抗救相结合，坚持常态减灾和非常态救灾相统一"，努力实现"从注重灾后救助向注重灾前预防转变，从应对单一灾种向综合减灾转变，从减少灾害损失向减轻灾害风险转变"，全面提升全社会抵御自然灾害的综合防范能力。

贝斯科斯正在组建的高峰团队以这一重要论述为指导思想，围绕上海市"十四五"规划"筑牢城市安全底线"这一基点，以"城市韧性"为研究核心，以

"大数据、物联网、新材料"为研究手段，以"高密度城市系统"为研究对象，致力于解决城市韧性的核心科学问题，发展符合上海市市情的高密度城市安全治理理论和关键技术，引育并举打造一支国际顶流的韧性城市科研队伍，形成具有高效运营、智慧管理、科学防灾、韧性恢复四位一体的现代化城市安全管理体系，为上海智慧城市建设服务，最终把上海建成全球韧性城市"样板间"。

根据这一设想，团队集中精力攻克高密度城市韧性关键技术，在城市韧性、大数据、物联网、新材料等领域全面突破，产生一批高水平研究成果。团队具体研究方向如下：

❶ 高密度城市系统安全大数据，包括开发城市系统韧性大数据处理、存储及服务平台，形成大数据融合分析技术。

❷ 高密度城市系统耦联安全，包括大工程设计和建造安全提升技术、城市生命线风险形成机制、地下工程施工诱发建筑群耦联灾变推演、爆炸荷载下建筑群与地下工程耦联灾变推演。

❸ 高密度城市灾害安全评价和决策，包括城市系统智慧运维、以大数据和物联网技术为支撑的城市灾害应急与恢复策略的可视化管理。

❹ 高密度城市灾害安全防御，包括城市空天地立体监测、数据融合和安全态势感知体系、城市多灾害全过程建模及灾害链效应。

❺ 高性能工程防灾材料，包括梯度材料、负泊松比材料等超韧性工程材料研发、制备技术及其防灾韧性应用技术。

"近期，团队聚焦城市安全基础理论。"周颖表示，将集中解决城市韧性的大数据技术和核心科学问题，形成高密度城市各系统韧性理论及其耦合级联效应理论，构建实体、信息、社会三度空间系统的城市韧性评价理论，为"筑牢城市安全底线"打好理论基础。项目力争在三年内完成杨浦试点区智能安防感知"神经元"，形成试点区高密度城市韧性大数据及其分析融合算法；发展重大工程设计施工运维安全分析理论；构建城市生命线系统韧性实时预测理论；形成高密度城市地上建筑群落－地下基础设施耦联灾变推演理论；提出高密度城市灾害评估和决策分析模型；形成高密度城市空天地立体韧性监测和防御算法。

团队的中长期目标将主要围绕高密度城市系统韧性感知、智能决策和设计提升，以及全面提升上海市城市运行的工程韧性、功能韧性和系统韧性展开。团队表示，力争在6~8年内成功研发高性能工程防灾韧性新材料，应用于上海市既有及新建重大工程，实现城市工程韧性的全面提升；开发全方位智慧生命线监控管理系统，实现高密度城市生命线韧性管理智能化应用；开发高密度城市地上地下工程耦联灾变智能推演系统，实现地上地下工程综合安全风险管控；开发高密度城市全天候动态立体灾害安全风险信息管理平台并进行应用示范，实现"统一指挥、专常兼备、反应灵敏、上下联动、平战结合"的城市安全评估、预防、应急管理信息化联控指挥体系；形成高密度城市安全集成关键技术和管控平台，纳入上海市"一网统管"系统；出版超大城市安全国际标准，引领国际城市安全的发展，使上海成为国际化安全城市标杆。

为何韧性城市研究会选择贝斯科斯来主导？周颖介绍，贝斯科斯院士及其团队在高密度城市防灾韧性方面已经研发了系列结构韧性新体系并实现了工程应用；研发了面向城市地铁隧道场景的多源感知数据智能处理关键技术；破解了无GPS和地磁环境下的地下封闭输水斜井内无人机飞行控制的难题，实现了无人机在超视距条件下的自主飞行；提出了建筑裂缝信息辅助的无人机自动控制算法，实现了无人机的实时航线调整和优化。而且，他在国际学术界具有广泛的影响力和人脉。

"现在，贝斯科斯正在全球物色人才。"周颖介绍，目前团队已有专职科研人员3人，均已签约入职，全部为外国籍海外引进。高峰团队项目将设立学术委员会，由贝斯科斯院士担任学术委员会主任，形成以贝斯科斯院士为中心，课题负责人-专职科研人员-博士后的科研梯队，由贝斯科斯统领研究团队，全权负责团队搭建、经费管理、研究方向以及课题部署。据了解，围绕城市安全总体目标，共设5个分目标，每个分目标下设2~3人不等的课题负责人，由国际引进人才担任，并根据研究需求设置1~2名国内专家合作领导课题攻关。每位课题负责人配置专职科研人员3~5人、博士后4~6人、研究生8~10人从事科学研究工作。

所有课题负责人、专职科研人员、博士后均为高峰团队全职研究人员。

据介绍，团队成员Muho教授已全职入职同济大学，团队成员希腊开放大学的George D. Hatzigeorgiou教授来同济工作的意向较为明确。目前，贝斯科斯正与土木工程学院周颖、钱江、卢文胜、赵斌等教授开展关于韧性城市的合作研究，将极大推进构建城市建筑群韧性实时预测理论，形成高密度城市地上建筑群落-地下基础设施耦联灾变推演理论，提出国际先进的智能韧性防灾理论和技术，全面提升上海市城市运行的工程韧性、功能韧性和系统韧性。

五、"我不断被他的奉献精神所鼓舞"

您见过一页A4纸上的论文内容被导

师改到只有10行左右还是原初的样子、剩下的全被铅笔涂抹，有的整段抹去、有的累赘"斜杠"吗？替之者，边边角角、天上地下的文字横排竖贴，或单个卓立、或浩瀚一片，被长长短短的线牵着拽着，替换原先所在位置的表述。鸟瞰，一页纸，几无"闲田"，全部"种"满了修改的文字。改此文时，贝斯科斯已经70岁！

这是在贝斯科斯的学生艾迪博士2016年的论文上看到的景象！如今艾迪已是同济大学土木工程学院贝斯科斯团队的一员。

艾迪说："我擅长的领域是结构动力学－地震工程，包括混凝土结构的分析和设计以及路面动力分析。迄今为止，我已撰写了45篇科学论文，其中28篇发表在国际期刊上（Google Scholar的H指数为11）。我也一直在从事钢结构、钢管、土壤－结构相互作用、可靠性和边坡稳定性的分析和数值方法的研究工作。我在混凝土结构抗震设计和分析方面有着较为丰富的经验，开发了三种基于性能的钢筋混凝土结构抗震设计方法；在路面动力学方面，我开发了新的分析/数值解决方案。"

"我第一次见到贝斯科斯教授是在帕特雷大学土木工程系的一堂钢结构课上，他的讲课深深地激励了我，激发了我最初对该方向研究的兴趣。"艾迪说，"我渴望在他的指导下攻读硕士学位，重点是钢结构抗震设计，贝斯科斯教授一直强调我们工作中原创的重要性。"

"获得理学硕士学位后，贝斯科斯鼓励我在他的指导下继续攻读博士学位，他说他相信我有能力在学术界出类拔萃，这个评价深刻地影响了我的决定。贝斯科斯教授考虑到混凝土在希腊等国的主导地位，建议我把研究重点从钢结构转移到钢筋混凝土结构。我的博士论文聚焦'具有模态强度折减系数和不同性能水平的平面钢筋混凝土结构的抗震设计'。博士期间，我开发了一种新的钢筋混凝土框架结构抗震设计方法，该方法基于模态行为（强度折减）因子的使用，而不是当前规范中所有模态的单一此类因子。这些因素也依赖于变形/损伤，因此强度和变形要求可以在一个步骤中同时得到满足。在论文方面，三篇文章已在国际顶级期刊上发表，我也获得了博士学位。"

"他帮助我发展了科学写作和批判性思维的技能。"艾迪说，"我的第一篇论文交给他，他把素净的页面变成了'图画'，我收到后羞赧不已，但平静下来后，仔细揣摩、咀嚼，我的科学写作和英语语法理解能力得到了大大的提升。贝斯科斯教授的评论从文章结构建议到细微的语法差别，还有不断地调整表述，从中我体会到了什么叫科学严谨和清晰表达。他评论的彻底性不仅极大地提升了论文质量，还教会了我科学交流的方式方法，这十分有益于我的职业生涯。师恩如山，山高水长，贝斯科斯教授的奉献精神对我的职业发展影响深远，所以我一直保存着这份珍贵的修改稿。"

"贝斯科斯教授非常体贴，总是注意不让任何学生失望。他始终以深深的尊重对待每一个人，营造信任和鼓励的氛围。"艾迪说，贝斯科斯教授的关怀超越了学术指导，触及我生活的方方面面，他帮助我应对了很多挑战。他曾经在我人生中一个充满挑战的时期，对我说，'你的妻子可以和你离婚，但你永远不可能和你的教授离婚。'这个幽默而有见地的评论不仅活跃了气氛，也突出了他努力与学生建立持久且有影响力的关系。这提醒我们，一个敬业的导师可以提供持久的影响和支持，超越学术和职业生涯的界限。"

他对待学生更像是对待家人。这种家人般的关怀和温暖，在他的许多学生中引起了共鸣，学生中大多数人现在已经是教授了，说起这些便如数家珍。他的善良和对学生发展的点拨，留下的影响十分持久，现在他的学生也像先生那样去教学和指导学生。他的学生中，现在大约有25人是教授，他是一位充满智慧的导师，总能将学生顺利转变为学者。因此，他可被称作教育家。

"在反思贝斯科斯教授提供的专业和个人指导时，我不断被他的奉献精神所鼓舞。"艾迪说，"随着我在自己的学术生涯中不断进步，我努力效仿他的为人处世方式，永远记得他是如何优雅而聪明地处理各种情况的。"

艾迪说："我现在供职于同济大学，计划继续从事基于性能的抗震设计和路面分析方面的工作，我的工作重点将放在可持续性和弹性研究领域，目标是开发用于抵御风、洪水、火灾和地震等自然事件的结构创新技术和设计方法，以保护能源和材料。我目前的计划是致力于3D打印混凝土结构的抗震分析和设计，因为我坚信这项技术有可能彻底改变施工效率。它可以提高建筑项目的可持续性，创造出更多生态友好、成本效益更好、更美观的新结构。"

说到未来，艾迪表示："未来的计划是设计出既能挽救人的生命，又能在经历损害后可修复的结构。打算将研究拓展到结构健康监测、地震风险和多灾害风险评估等领域，因为我相信，由于气候变化和人口密度的增加，自然灾害的风险正在不断增加。人工智能将在提高我们预测和有效应对这些风险的能力方面发挥关键作用。我的最终目标是将研究集中在结合建筑效率和对我们社会的可持续发展产生积极影响的创新技术上。例如，在我最近的文献检索中，我观察到像中国这样的国家有一个明确的目标，即实现碳中和。我认为实现这一目标的关键来源是风能。因此，需要在更高海拔的塔架上，安装功率更大的风力涡轮机（WT型），以利用高海拔地区更大、更稳定的风速，为家庭和工业提供可持续能源。"艾迪说："具有多层次性能的高海拔塔楼，不仅要有良好的刚度、强度和稳定性，而且要有良好的回弹特性，以便在灾难性事件发生后仍保持功能正常。此外，我计划结合目前在钢筋混凝土和钢结构方面的经验，扩展新型组合结构系统与钢管混凝土研究，以发挥这两种材料相结合的长处。"

艾迪，2018年至2021年在同济大学土木工程学院结构防灾减灾工程系从事了三年的博士后研究，师从钱江教授和贝斯科斯教授。研究工作主要集中在结构动力学及其在钢筋混凝土结构和路面中的应用。2018年获爱思唯尔（Elsevier）《土壤动力学与地震工程》期刊优秀审稿人；2019年获得中国博士后科学基金资助两年；2021年荣获MSCA颁发的卓越印章证书（玛丽·斯克洛多夫斯卡－居里行动）个人奖学金，以表彰其对高层抗御灾害风塔的研究；2023年获评上海市领军人才（海外）；2024年5月预聘为同济大学土木工程学院副教授（上海领军人才）。

深耕航天测绘遥感，服务深空探测任务

童小华团队的航天测绘遥感与深空探测研究掠影

"2024年5月3日，嫦娥六号探测器在中国文昌航天发射场点火发射成功，准确进入地月转移轨道；5月8日，顺利进入环月轨道飞行；6月2日，成功着陆月球背面南极-艾特肯盆地预选着陆区；6月4日，上升器携带月球样品自月球背面起飞；6月25日，返回器携带来自月球背面的月球样品准确着陆于内蒙古四子王旗预定区域。"全球媒体纷纷报道这一消息。探月工程嫦娥六号取得圆满成功，实现世界首次月球背面采样返回，其中同济大学再次助力嫦娥六号成功着陆月背。多年以来，从地球观测全球遥感测图到深空探测，自嫦娥三号开始一直到嫦娥四号、五号、六号，后续嫦娥七号、八号，国际月球科研站和载人登月，以及天问一号火星探测、天问二号小行星探测、天问三号火星采样返回等任务，同济大学航天测绘遥感与深空探测研究团队在这些测绘遥感任务中作出了重要贡献。

一、嫦娥系列的月球奔赴，童小华院士团队作出了重要的测绘遥感贡献

21世纪初以来，童小华带领同济大学航天测绘遥感与深空探测研究团队，聚焦测绘遥感理论方法与工程应用研究，建立遥感空间信息可信度理论与方法，突破行星测绘遥感关键核心技术，开展重大工程应用，取得了一系列创新性成果，有力支撑了包括嫦娥系列月球探测、火星探测、小行星探测在内的多项月球与深空探测任务。

童小华领衔完成的"航天重大工程的遥感空间信息可信度理论与关键技术"，荣获2016年度国家科技进步奖一等奖。

我国探月工程按"绕、落、回"三步走战略实施，其中嫦娥一号、二号为绕月探测，嫦娥三号、四号为着陆探测，嫦娥五号、六号为采样返回，后续将进行月球南极探测，包括嫦娥七号、八号和国际月球科研站等。2013年12月14日，嫦娥三号探测器成功平稳落月，中国成为世界上第三个独立自主实施月球软着陆的国家；2019年1月3日，嫦娥四号探测器翩然落月，首次实现人类探测器在月球背面软着陆；2020年12月1日，嫦娥五号探测器的着陆器和上升器组合体成功在月面预定区域安全落月；2024年6月2日，嫦娥六号着陆器和上升器组合体成功着陆在月球背面南极－艾特肯预选着陆区。每一次

探月着陆成功，都有同济大学航天测绘遥感与深空探测研究团队奋力迸发的努力和贡献。

二、数十年如一日，探索测绘遥感空间数据可信度理论方法和关键技术

自人类进入航天时代以来，通过各类遥感传感器全天候、全方位地开展对地观测，已成为获取时空信息的重要手段。同时，人类开展的空间探测活动不断拓展，已基本覆盖了月球、行星、小行星和彗星等太阳系各类型天体，月球与深空探测已成为测绘遥感的新战场和前沿。

从1996年读博士开始，在导师们的指导下，童小华瞄准"空间数据精度"这一国际前沿方向。从空间数据误差开始了研究之路，后来拓展到空间数据不确定性，再到空间数据可信度理论与方法，数十年来，他的研究方向始终如一：获取精准的遥感空间信息，提升空间数据质量。团队沿着这样的研究脉络一路向前、力耕不辍。在国家、上海市、学校等长期大力支持下，在国家重点研发计划项目、国家自然科学基金创新群体项目、航天重大工程项目等持续资助下，在前辈和同行们的指引、帮助下，他带领团队探索出了一套测绘遥感空间数据质量控制的理论、方法与技术，建立了遥感空间信息可信度理论与方法，破解了航天探测场景静态要素可信度量、航天器实时动态数据可信处理和海量遥感空间数据产品可信评估难题。研究成果推动了测绘遥感从地球到深空天体、从广域到实时的技术发展，取得了系统性的创新成果并支撑了多项重大工程，获得国家科技进步奖一等奖、国家自然科学奖二等奖、国家教学成果奖二等奖、全国创新争先奖、光华工程科技奖等，团队入选全国教育系统先进集体。

面向国家月球与深空探测对测绘遥感的迫切需求，在遥感空间信息可信度理论指导下，童小华带领团队在测绘遥感技术方面不断拓展，在地形与地貌测图、着陆选址与避障、定位导航与巡视、资源勘查与利用等方面取得了一系列创新成果。

地形与地貌测图

测图精度对应用效果和工程任务顺利开展具有重要影响，而深空天体探测中姿态轨道测量精度低，缺少高精度控制，受复杂地形和光照等环境因素影响严重，使得地外天体遥感测图面临着严峻挑战。为此，童小华带领团队攻克了高精度影像反演颤振探测与重成像补偿、广义控制大规模影像区域网平差、摄影测量与光度法融合三维形貌重建等技术，研制出月球南极大范围高分辨率形貌与光照关键数

据产品，支撑月球南极探测选址等重大任务。

着陆选址与避障

众所周知，在嫦娥探月工程中，探测器落月的关键是实现软着陆。在探测器着陆时，悬停避障探测精度是一个必须要解决的问题。为此，童小华带领团队突破了着陆避障激光三维遥感信息精准处理方法，创新性地建立了宽视场多法向大平面控制网平差检校方法，为嫦娥系列激光三维成像系统在极短成像时间条件下实现量测级探测精度提供了重要支撑，以高可信度探测出威胁安全软着陆的月面障碍。

在相关部门和学校的大力支持下，同济大学建设了一个占地3万多平方米的月球与深空探测精密测绘遥感综合实验场。这是目前全国第一个多法向大平面航天激光三维成像与障碍探测精密测量综合实验场，完成了嫦娥系列激光三维成像检校、模拟悬停避障探测、不同场景安全区快速优选、降落位姿测量等的地面验证任务，为嫦娥三号、四号、五号、六号和天问一号着陆避障提供了重要支撑。

高精导航与巡视

地外天体无人探测车的远距离长时间安全运行，需要其能够在未知环境下寻找到风险最小的行进路线，并结合轨道器、着陆器、飞跃器等其他探测器来实现环境的自主感知与导航定位，为完成预定科学探测任务提供支持。童小华带领团队攻克了复杂环境三维可视化、长距离巡视路径规划、巡视三维仿真、自主导航与智能避障等关键技术，为巡视探测中的路径选择、障碍规避等提供决策支持。

资源勘查与利用

资源开发与利用是未来深空探测的主要目标之一，尤其在国际月球科研站建设中起着至关重要的作用。童小华带领团队制备了高真实度均匀模拟月/火壤，支撑巡视器的轮壤相互作用工程分析和地面测试；突破了月球南极与火星全球水冰雷达等多源遥感探测技术，并为嫦娥七号、嫦娥八号、天问三号的水冰精细选址提供关键信息；研发了面向月球科研站建造的3D打印技术，为国家月球与深空探测中的科研站建设提供关键支撑。

在理论创新的基础上，还需要反复地试验验证。"做试验很辛苦，不算前期准备，往往一干就是一整天或一个晚上。"团队成员谢欢告诉笔者，"特别是激光系统对工作环境要求高，赶在夏天做试验，基本上都是凌晨或者晚上干活。"团队成员表示，能参与到嫦娥探月等国家重大工程项目中，为国家航天事业贡献测绘遥感人的力量，是时代带来的机遇，也倍感荣幸。

图1 童小华院士带领团队成员开展着陆避障激光三维遥感地面试验。图片来源：受访者供图

三、"感谢国家和学校提供这么好的科研条件"

说起各部委、上海市和学校等各方支持，童小华话语间满满的都是感激："感谢国家航天局、教育部、科技部、基金委、自然资源部、上海市等的大力支持，感谢学校提供这么好的科研条件，让我们可以放手探索。"童小华说，在各部门和学校的大力支持下，同济大学先后建设了教育部深空探测联合研究中心同济大学深空探测测绘遥感与导航定位分中心、上海市航天测绘遥感与空间探测重点实验室、天都-同济大学深空探测联合实验室等科研基地。

团队的发展与同济测绘学科的发展相依相存。2012年5月20日，同济大学测绘与地理信息学院正式成立，同济测绘学科再次迎来新发展。上海市委、市政府领导高度重视和关心同济测绘遥感学科的发展。2017年5月18日，时任上海市委书记韩正同志莅临同济大学实验室调研指导，听取团队的研究攻关过程，了解科研成果在嫦娥探月、测绘卫星等重大工程中的成功运用。2018年5月21日，时任上海市委书记李强同志前来实验室调研，察看航天重大工程测绘遥感技术有关情况，要求力争在核心技术领域取得更大突破。

童小华介绍，在学校的大力支持下，其团队当前正在对综合实验场进行升级改造，继续服务于后续嫦娥探月、火星探测、小行星探测、国际月球科研站建设等测绘遥感任务。

四、人才培养，同样是团队的重要任务

同济大学是我国民用测绘高等教育的发祥地。1932年12月，同济大学工学院高等测量系正式成立，这是当时国立大学中唯一的测量系。叶雪安、夏坚白、王之卓、陈永龄、方俊、曾广梁等同济测绘的核心力量，成为我国测绘领域的奠基者。后根据国家需求，同济测绘于1956年整体搬迁至武汉组建了测量制图学院。在一代又一代同济测绘人的努力下，同济测绘恢复重建并进入了快速发展的新阶段，1998年获大地测量学与测量工程专业博士学位授予权，2003年获得测绘科学与技术一级学科博士点授予权，2017年同济测绘科学与技术学科入选国家一流学科，2021年再次入选新一轮国家一流学科，2023年教育部第五轮学科评估位列全国高校测绘类前三。

测绘遥感学科是一门与社会发展和国家需求紧密相关的学科。我国有100多所不同层次的高校开设测绘工程专业，为国家培养着各类测绘创新人才。同济测绘一直秉承"宽口径、厚基础"的人才培养模式，这也正是同济大学第17任校长夏坚白院士倡导的人才培养理念。夏先生曾在《我国测量教育管见》一文中提到："同济测量系的课程，起初三年为普通的基本必修课，最后一年分成若干方向，这样他们不但专精一门，而且于全般的测量也有清楚的概念，将来也不至于坐井观天。"在这样的育人模式下，同济大学培养了测绘领域的众多知名专家和为国家奉献的测绘科技工作者。

童小华在同济大学接连读完本科、硕士和博士，毕业后留校任教，也曾在香港理工大学、武汉大学、美国加州大学等高校有过学习与工作经历。20多年来，他带领团队一直专注于研究测绘遥感的理论、方法和技术，并服务于国家航天重大工程。"从学生时代起，他就是最勤奋、最用功的那一个。"曾是童小华大学本科班主任的程效军教授回忆。"童老师本就天赋极高，偏偏还比别人更加努力。"说起童小华，他的学生们众口一词，无论多忙，三尺讲台是童小华的最爱。同学们都知道童老师是不会轻易调课的，为了第二天的课，他常常是头一班飞机去出差，最晚一班飞机回，早上他一定准时站在讲台上，哪怕回到家已是凌晨。

童小华迄今已指导培养博士、硕士研究生100余人，毕业生很多都成为这一领域的青年学科带头人和所在单位的技术骨干。在深空探测等重大任务支持下，童小华带领团队指导学生完成"基于SELENE MI影像的月球南极典型区域物质成分遥感探测研究"项目，获得第十八届"挑战杯"全国大学生课外学术科技作品竞赛主

赛道一等奖；指导学生完成"月球就位探测巡视器自主导航与路径规划软硬一体系统"项目，获得第十八届"挑战杯"全国大学生课外学术科技作品竞赛专项赛特等奖。谢欢教授是童小华带出的第一个硕士和第一个博士，如今她先后获得国家杰出青年科学基金、上海市优秀学术带头人、上海市育才奖等荣誉，她也一直为同济测绘学科发展和人才培养不懈努力。

五、仰望天空、脚踏实地，建立一支聚焦国家重大需求的科教团队

2019年8月，教育部"高校青年人才培养与选拔机制研究"课题，以童小华领衔的"同济大学航天测绘遥感与深空探测研究团队"为对象，采访分析后得出了该团队"以国家重大战略需求为导向，加强团队建设和青年人才培养"的结论。文章说，加强党的建设，创新党建工作模式；聚焦国家重大需求，明确团队发展定位；矢志爱国奉献，潜心教书育人；加强团队文化建设，建立高效和谐运行机制是该团队健康迅速成长的密码。

童小华介绍，在长期的发展中，形成了良好的团队文化，团队文化发挥了凝心聚力的作用。对于教师而言，团队能够提供平台支撑和保障，既有统一的规划和总体要求，也有个人自由探索的空间和条件。而对于学生管理则是统一的，包括学生选题、资助、毕业等，标准都是一样的。团队在组织管理上，坚持每周两次组会制度，一次是具体问题的研讨会，着重于解决科学研究中发现的问题和困惑；另一次是文献阅读会，由自己或者导师定选题，将研究前沿信息分享给更多的师生，有效地捕捉和跟进国际最新的研究进展。

教育部此项课题顾问张福贵教授点评道，该团队建设有三个方面突出成绩，令人印象深刻。一是科学研究与教书育人有机融合，团队坚持科学研究的初心，秉持"仰望天空、脚踏实地"的理念，坚持理论与实际相结合，强调理论研究、基础研究的成果与国家战略、国计民生、经济社会发展需求相结合。二是团队注重学术传承和文化传承，建立了良好的学术生长机制，内部氛围和谐，青年人才辈出。三是团队注重创新，创新人才培养模式，培养创新人才。科学研究从理论和技术两个方面并行发展，创新力和竞争力不断提升。

得益于国家测绘地理信息事业的蓬勃发展，学校的高度重视和前瞻布局，一代又一代同济测绘人接续奋斗，前辈、同行的长期指导帮助，为适应新一轮科技革命和产业变革，同济测绘确立了创新人才培养的内涵转变和高质量发展目标，以"与祖国同行，以科教济世"为育人理念，布

局和谋划同济测绘一流学科建设的重点与特色研究方向。在本硕博培养方案中融入"同济天下、崇尚科学、创新引领、追求卓越"的新时代同济文化，以航天测绘遥感和人工智能技术驱动测绘卓越人才的培养，创新纵向贯通、横向融合、科教双擎的新模式，全过程综合素养和全方位创新能力塑造的新体系，以及多导师多学科交叉、多平台多任务协同的新机制，实现了从地球到深空、地面到航天、传统到智能的三领域育人新转变，努力培养社会栋梁和专业精英。该人才培养机制和模式得到了广泛认可，获得了国家级教学成果奖二等奖、上海市优秀教学成果奖一等奖、高校GIS优秀教学成果奖等荣誉。

后记

同济大学土木系科110年发展历程中，重要的事件、节点和人物的整体风貌以及科教济世的经典瞬间一直萦绕在我们心头：南浦大桥、东海大桥、杭州湾大桥、崇明桥隧、港珠澳大桥、上海中心大厦、上海世博会、深中通道……同济大学积极参与国家建设，每一项重大工程的现场和幕后都闪现着同济土木人的身影，李国豪、孙钧、项海帆、卢耀如、范立础、沈祖炎、何满潮、肖绪文、赫伯特·芒（Herbert A. Mang）、吕西林、李杰、朱合华、贝斯科斯（Dimitri E. Beskos）、童小华等一大批杰出科学家，带领无数同济土木人披肝沥胆，夙夜不懈，扎根中国大地，奉献同济力量。

峥嵘岁月应当有记。土木工程学院第五次党代会后，我们开始思考土木系科发展110周年纪念文集的编撰。本书的编写任务艰巨、责任重大，鉴于时间久远，有些资料的搜集较为困难；部分工程实践和科技创新是集体智慧和劳动的结晶，梳理和介绍也有所不易。所以书中内容难免有不足之处，诚请各位同行、专家及读者不吝指正，以便后续修编完善。

历时近一年，我们完成了资料的搜集、编撰与审定工作，并在这一过程中得到了顾问委员会各位院士、专家的全力支持，大家在百忙之中投入大量时间、精力，为本书提出许多宝贵意见。从设想的提出到书稿的成形，我们得到了学校宣传部、档案馆等相关职能部门及相关学院的倾力支持，土木工程学院各系学科带头人及学科组全力协作，做了许多细致的资料收集、整理工作，为全书的编写奠定了重要基础。书籍的出版获得了上海光华教育发展基金会-同济学人图书馆的支持，在此一并致谢。

感谢程国政同志，他在同济大学从事宣传工作20余年，见证了土木工程学院21世纪以来的跨越式发展。接受邀请后，在近一年的时间里，查阅学院资料档案、采访相关人员、沟通写作事宜，撰写了本书全部初稿稿件，并在随后的日子里与学院同志来回往复，编辑、商讨、校改增删，循环往复，不计严寒酷暑随叫随到，令我们十分感动。感谢同济大学出版社的通力合作和大力支持，组织专业出版团队为本书付出大量心血、不辞辛劳、兢兢业业。感谢所有关心、支持、参与本书编写的各方人士、机构，是大家的同心协力、无私奉献，让本书最终得以呈现。

乾坤一硕果，万物所从始。发展新质生产力是推动高质量发展的内在要求和重要着力点。作为高校科研机构，土木工程学院是新质生产力的重要溯源地、富集地和传播基地，学者们就是新质生产力的研发者、传播者，是催生新质生产力的"发动机"。我们相信，随着学院的新活儿、绝活儿不断问世，"万物皆是生命体"的时代将会在土木工程学院的学者们手里变成可看可听、可知可感的温暖现实。

时值同济大学土木系科创立110周年之际，期待系列书籍的出版，能够吸引更多人关注土木系科的发展。我们将砥砺奋进、勇毅前行，助力一流人才培养，服务国家战略需求，开创中国特色世界一流大学建设新局面。

本书编写组
2024年10月